砥砺十年 星火燎原

——国家大学生创新创业训练计划十周年

（成长篇）

国家大学生创新创业
训练计划专家工作组 组编

高等教育出版社·北京

图书在版编目（CIP）数据

砥砺十年　星火燎原：国家大学生创新创业训练计划十周年．成长篇 / 国家大学生创新创业训练计划专家工作组组编．-- 北京 ：高等教育出版社，2018.11

ISBN 978-7-04-049726-7

Ⅰ．①砥… Ⅱ．①国… Ⅲ．①大学生－创业－研究 Ⅳ．①G647.38

中国版本图书馆CIP数据核字(2018)第238224号

策划编辑　张　龙　　责任编辑　饶卉萍　　封面设计　王　鹏
插图绘制　杜晓丹　　版式设计　高海钰　　责任印制　尤　静

出版发行　高等教育出版社
社　　址　北京市西城区德外大街4号
邮政编码　100120
印　　刷　廊坊十环印刷有限公司
开　　本　787mm×1092mm　1/16
印　　张　23.5
字　　数　481千字
购书热线　010-58581118
咨询电话　400-810-0598

网　　址　http://www.hep.edu.cn
　　　　　http://www.hep.com.cn
网上订购　http://www.hepmall.com.cn
　　　　　http://www.hepmall.com
　　　　　http://www.hepmall.cn
版　　次　2018年11月第1版
印　　次　2018年11月第1次印刷
定　　价　57.00元

本书如有缺页、倒页、脱页等质量问题，请到所购图书销售部门联系调换

物 料 号　49726-00

序　　言

创新关系国家命运、关系民族未来，是世界大势所趋、全球发展的动力之源。创新创业教育就是要激发大学生的创造力，为国家创新发展培养源源不断的有理想、有本领、有担当的青春力量。近年来，中国创新创业教育改革呈现出星火燎原之势，大学毕业生创业率已达到 3%，超过发达国家 1.6% 水平近一倍。可以说，创新创业教育已经成为新时期大学生素质教育的新突破，高校人才培养模式的新探索，当代大学生绽放自我、展现风采、服务国家的新平台，中国为国际高等教育改革和发展贡献的新经验。

国家大学生创新创业训练计划（“国创计划”）是深化高校创新创业教育改革的重要载体。十年来，“国创计划”一直坚持“兴趣驱动、自主实践、重在过程”的原则，倡导以学生为主体开展创新性实践，并推动高校深化教育教学改革，形成了校内外结合、创新创业教育与专业教育有机融合、理论与实践紧密结合的创新创业教育模式。目前，1000余所高校参与“国创计划”，累计有18万个国家级项目获得了资助，内容覆盖全部学科门类，参与学生近70万人；各地各高校也开展了省级、校级大学生创新创业训练计划，计划实施的三级管理体系不断完善，累计有近千万大学生直接参与大学生创新创业实践活动。“国创计划”已成为覆盖所有高校和全体大学生的一项创新创业人才基础培育工程，培育了一支敢闯会创的创新创业生力军。

为全面总结“国创计划”取得的成果和经验，教育部高教司组织“国创计划”专家工作组编写了“国创计划”十周年纪念丛书，包括管理篇、回眸篇、改革篇（上下）、创新篇、创业篇和成长篇等7部。专家们为丛书的编写付出了大量辛勤的努力，对十年来“国创计划”的政策制度、改革经验、学生创新创业典型案例进行梳理和汇编，希望能为高校持续深化创新创业教育改革提供参考。

我们要学习贯彻习近平新时代中国特色社会主义思想和党的十九大精神，深入落实习近平总书记给第三届中国“互联网+”大学生创新创业大赛“青年红色筑梦之旅”大学生重要回信精神，持续深化创新创业教育改革，助力打造“双创”升级版，推动高校实现从就业从业教育到创新创业教育的战略转型，最大程度释放我国人才红利，促进新产业蓬勃发展、新动能持续壮大、新人才不断涌现，支撑国家创新发展。希望高校能够承担主责，从课程体系建设、教学方法改革、教师能力提升、管理制度创新等方面下大功夫，把创新创业教育融入人才培养的全过程各环节。希望教师能够成为主力，增强培养创新创业人才的责任感、使命感，挖掘和充实各类课程的创新创业教育资源，努力成为大学生创新创业的引路人。希望行业企业和投资机构能够提供助力，为大学生创新创业教育提供资金、技术支持和实践指导，为青年实践创新、建功立业搭建更广阔的舞台。希望青年学生能够把激昂的青春梦融入伟大的中国梦，勇立时代潮头敢闯会创，扎根中国大地书写人生华章！

吴 岩

2018 年 3 月 12 日

前　言

2007年，教育部、财政部共同实施了国家大学生创新创业训练计划（“国创计划”），迄今已有整整十年。十年风雨砥砺，执梦前行；十年春华秋实，铸就辉煌！值此十周年之际，我们收集并出版这本记载着“国创计划”十周年故事的文集。在秋天里讲述着“春天里的故事”，一则为的是“不忘初心”，对过去十年工作进行反思总结，二则为的是“继往开来”，让历史为未来提供启示。

当前新一轮科技革命和产业革命正孕育兴起，新技术、新产品层出不穷，互联网、云计算、大数据等现代信息技术与人工智能深度融合，深刻地改变着人类的思维、生产、生活与学习方式。尤其是在我国已进入全面深化改革、创新驱动发展的新阶段，创新摆在了国家发展全局的核心位置，创新、协调、绿色、开放、共享成为新的发展理念。社会对个体的要求不仅仅是具备丰富的专业知识与技能的“从业者”，更是适应创新型国家建设需要的创新创业人才。党的十八大以来，国家不断深化高等学校创新创业教育改革，确保能为建设创新型国家提供源源不断的人才智力支撑。反思我们的高等教育，何以能让学生在毕业五年、十年乃至终身都能保持着不断开拓、不断创新的精神与能力？ 换句话说，高等教育何以为学生的终身发展奠基?

我国高等教育长期以来注重以“知识传递式”为主的课堂教学显然无法满足这一需求——条块化分割的知识难以将知识融会贯通，简单的“授-受”模式使得学生的思维停留在记忆与理解等低层次的认知水平，标准化考试固化了学生对知识的理解，学生学习兴趣缺失，实践动手能力弱，缺乏创新精神与创新能力。这种工业时代的大规模产品制造式教育已经不能适应信息时代对人才的需求。加快高等教育变革，尤其是加强以创新精神与创新能力为核心的综合素养成为新时代对高等教育的要求。

“国创计划”正是高等教育跳出以课堂为中心窠臼的一次大胆尝试。通过探索以问题和课题为核心的教学模式，倡导以学生为主体开展创新创业实践，使学生在本科阶段得到创新性科学研究或创业实践的训练。同时，通过“国创计划”的牵引，转变高校实践教学环节薄弱、学生动手能力不强的现状，探索创新型教育的方式，提高创新创业人才培养水平。

通过此次对“国创计划”十周年的总结与回顾，我们欣喜地看到，在“国创计划”中学生的创新思维和创新意识得以激发，逐渐掌握思考问题、解决问题的方法，创新实践能力也得到了极大地提高。本篇中，项目组的同学们分享了他们参加“国创计划”及在实施国家级、省级、校级大学生创新创业训练计划（统称国创）项目过程中的故事，让我们看到他们付出的努力以及个体自身获得的发展：

——同学们融会贯通了不同学科的知识，主动建构起属于自己的完整知识体系。如“超临界 CO_2：超基性 / 基性岩水岩反应机理研究”课题组在实验过程中运用了“数字信号处理”“数值分析”“地球物理”等多门课程的知识。他们形象地将实验比作一根“引子”，串联起所学的课程；“基于多种通信网络的智能居家机器人”项目组感慨道：“电路设计是十分复杂的，不仅仅需要电路的基础知识，还需要材料、电磁场和电磁兼容方面的知识。”

——同学们增强了实践动手能力，发出了“纸上得来终觉浅，绝知此事要躬行”的感悟。“基于互联网的车位管理系统”的项目组学生写道：“烧坏无数个电容才知道从设计电路到焊接、调试再到成功，与书上写的那几行字几乎是天壤之别。”

——同学们养成了科学的思维方式，提升了创新意识与创新精神。就像“黑鲨”团队总结道：“我们一直很难跳出一个思维定式，就是说造出来这辆赛车它就一定要上赛场给人开才能被消费，但是消费升级、消费观念提升、消费方式多元的今天，不摆脱这样的思维定式，很难找到新的机遇。”“基于‘悬崖效应’视角的农村低保最优覆盖率界定研究——以山东省泰安市为例”项目组以逆向思维的方式研究农村低保，不拘泥于传统的收入测算研究、低保标准研究、资金投入研究、标准规范研究，而是从目前低保收入“悬崖效应”这一崭新视角入手，提出解决当前农村低保存在的问题的新方法。

——同学们养成了严谨的科研态度、磨炼了坚忍不拔的品质以及团队交流与合作的意识。例如，“新型非规则可展张拉整体的折叠控制模式、数值及实现”项目组在制作实体模型时遇到了节点构造设计的难题，为此课题组尝试多种方法，制作了很多的测试模型并最终解决了这一问题。“可变径转向的螺旋推进式管道机器人”团队每两三天就开一次短会，相互交流设计灵感和研究方向，通过这样的“头脑风暴法”，许多具有创新意义的点子就这样渐渐浮现。

——同学们在探究过程中激发了学习的兴趣，感受到探索知识带来的乐趣。天津医科大学的闫佳银同学说：“我们面对着前所未有的挑战，但是，每天沉浸在探讨与分析中的我们是快乐的。”

几乎所有人的故事都在传递一个共同的观点：在“国创计划”中收获的绝不仅仅是知识的增长，更多的是在态度、品格、素质、能力、思维等各方面获得的综合性成长。而这种成长使他们在当下的学习或工作中受益匪浅，也成为他们未来发展的坚实基础。现在的他们，有的攻读博士或硕士学位，在学术界继续深造，有的已经成为企业的技术或管理骨干。可以说，“国创计划”切实为国家现代化建设厚植了人才优势，培育了创新动力。

学生在“国创计划”中收获了个体的成长与发展，同时也收获了累累的研究硕果：他们有的解决了生产企业的实际问题，如“高能摩擦制动器的设计机理及控制策略研究”项目作品获得了“首届山东省大学生创新设计大赛”一等奖，并吸引了某石油机械有限公司与团队进行合作；“基于神经网络的自主机器人学习系统”获得了首都“挑战杯”一等奖的荣誉，得到投资者的青睐；有的促使学生走上了创业之路，成为“创业达人”，如“拾忆 APP——哈尔滨时光慢递有限责任公司”项目实现了在广州股权交易中心青年大学生创业板挂牌，这也是团中央主导的全国第一批青年大学生创业挂牌的19个公司之一；还有的取得了先进的科研成果，如“石墨烯、氧化镍和聚吡咯的三元结构超级电容器的制备及性能研究”项目的最终成果发表在*Journal of Materials Chemistry A*（简称JMCA）期刊上，而JMCA是材料科学领域受到广泛认可的高水平权威期刊；等等，不一而足。

苏格拉底曾说，教育不是灌输，而是点燃火焰。火焰可以照亮前路，但是却不能替代行者跋涉的双脚。在信息化时代，我们的教育要转变思维，树立以学生为中心的观念，注重激发学生的学习兴趣与探究精神，引导他们学会学习、学习做事，让学生真正获得“有感”的学习。这才是我们所期望的教育。

最后，对十年来所有参加“国创计划”项目指导的教师表示感谢。从事过教学工作的人都知道，单纯的灌输式教学方法其实是最简单、最轻松的，学者们将其称为“教学舒适模式”，这样他们可以躲在自己熟悉的领地而不用担心教学过程偏离预设的轨道。反而是指导学生开展探究式学习、研讨式学习以及学科竞赛的教师更为辛苦——当学生遇到困难或瓶颈时，教师要发挥“点燃火焰”的作用，引导而不是替代他们思考；甚至有时候学生们会遇到教师也无法解释的问题，这对中国传统文化中教师的权威性是一种极大的挑战。而我们的“国创计划”指导教师们在研究过程中对学生悉心指导、善于启发，秉持着“道而弗牵，强而弗抑，开而弗达”的原则，确保了整个“国创计划”的实施，在校园内里形成了创新教育氛围，建设了创新教育文化，全面提升了学生的创新精神与能力。

本篇编写组

2018年3月

目　　录

国创，平凡的蜕变之旅

项目名称： 基于神经网络的自主机器人学习系统

完 成 者： 周彦钊，苏　毅，盛　烨

完成时间： 2014 年

推荐学校： 北京交通大学

1 序

人生就像一场旅行，不必在乎目的地，在乎的是沿途的风景，以及看风景的心情。朝朝暮暮，行色匆匆，每个人都奔忙在不同的旅途上，有的山明水秀，有的沐雨栉风，还有的平平淡淡却让人在不知不觉中、在身边悄然逝去的时光里见证生命的力量。于我而言，国创就是这样一段旅程，一段平凡的蜕变之旅。

2 平　凡

戏如人生，人生却不是总如戏般跌宕起伏，非凡往往源于日积月累的努力，创造往往来自点点滴滴的积累。我的国创选题来自于一个最平凡不过的想法——“偷懒”。2013 年，当我还是北京交通大学一名通信专业大二本科生时，我在电信学院一门选修课上第一次见到了“电脑鼠走迷宫”。主讲戴胜华老师向我们介绍，电脑鼠虽名为“鼠”，但是外观看起来更像一辆微型小车，由嵌入式微控制器、传感器和机电运动部件构成。轮子好比它的四肢，头部安装的传感器是它的眼睛，而嵌入式微处理器则是它的大脑。电脑鼠需要在随机排布的迷宫中自动记忆和选择路径，快速到达所设定的目的地。在这一过程中，硬件电路、机械结构、搜索策略优化决定了其求解迷宫的效率，而准确地嵌入式控制则保障了其完成任务的可靠性。课程要求每个学员调试一台电脑鼠来跑完迷宫，然而这一过程并不是那么简单。每一台电脑鼠在机械结构上都不可能完全标准，有的重心偏左、有的偏右，有的轮胎松一点、有的紧一点。仅有的红外传感器只能返回粗略的迷宫墙壁信息，缺乏实时精确反馈的情况下，控制补偿参数的调校变得尤为重要，稍有偏差就会造成电脑鼠像无头苍蝇一样在迷宫中碰壁，继而导致任务失败。传统的参数调试思路很简单，人工反复运行电脑鼠，肉眼观察其移动轨迹，如果左斜就通过补偿参数让其往右偏，反之亦然。

这个过程听起来十分简单，行动起来却是相当烦琐。首先，依赖于人眼的观察不够可靠，由于观察视角等原因，往往看着偏移量很小实际相差很大。其次，控制参数有多组且相互耦合，调节过程需要足够的经验，盲目修改要么是没有明显修正效果，要么会适得其反。还有最重要一点是，人工的操作很累：将电脑鼠连接上位机修改参数，断开调试线接上主电源，放入迷宫中调好起始姿态，运行电脑鼠观察运行轨迹，到迷宫里“抓”回电脑鼠再连接上位机修改参数，循环往复这一过程，更别提一块电板续航时间有限，操作正紧张时突然没电了还得反复拆装电池充电，好不容易充满电装回电板之前的参数又不对了。两节课后，我问戴老师：“调试都是这么麻烦吗？不能想办法偷偷懒吗？”戴老师笑着回答：“懒可以驱动人的创造力，你不如就以这个课题为研究目标申请大创项目吧。”源于最平凡的生活故事，“机器人智能训练平台”项目就这样开始了。

要堂堂正正地偷懒，必须更勤勤恳恳地努力。初步调研工作确认了技术框架方案与设计目标：一个基于神经网络算法的智能机器人自主学习系统。此系统能够基于计算机视觉技术跟踪测量机器人状态，根据当前执行量和预期执行量的误差自动优化相关参数，并且经多次训练之后，系统能够利用训练过程的数据反馈，选择最优的一组参数作为最终的应用参数。整个过程无须人工干预，从而能够大量减少重复的程序化参数调节过程，提高设计效率。当然，要实现这些并不简单。首先，不同种类机器人的功能各不相同，我希望这套系统不仅可用于电脑鼠的调参，还可在其他机器人上得到应用，如舵机云台控制、多旋翼无人机飞行导航，而这种通用性势必会对系统架构提出很高的要求。其次，工程应用难免存在传感噪声、响应速度要求等问题，在系统进行数据处理时，算法的鲁棒性、实时性也同样非常重要。最重要的是，完成整套软硬件结合的系统需要的知识储备远远超出了学校所教的范围，专业课本上没有的光机电知识需要我们在探索中掌握、在应用中加深。

有了学校的支持，有了兴趣的驱动，整个学期我和我的组员把所有的闲暇时光都泡在实验室里（图 1），如饥似渴地补充着新知识，计算机视觉特征点提取、LK 光流算法、Adamdelta 优化、StateFlow 仿真……没有缤纷的周末，没有多彩的休闲，没有电影、烤串，有的只是日复一日的实验、程序调试（图 2）、系统设计、方案讨论。然而奇怪的是，没有人感到疲惫也没有人感到厌倦。我们怀揣着快乐的心情在这平凡的生活点滴中收获了时光的充实、收获了知识的积淀。国创项目就像我们种下的一颗种子，它不会陡然间变成参天大树，但却会在日月的打磨中茁壮成长。

风轻云淡时我们默默成长，电闪雷鸣时我们也波澜不惊。当关键性技术难点遇到瓶颈时，我们团队选择共同面对，迎难而上，在一个个不眠的夜晚里我们没有焦躁

图 1　项目组成员凌晨 2 点在实验室测试嵌入式板卡

图 2　“国创计划”项目组组长周彦钊在实验室调试算法

与叹气，有的只是安静而默契的无间合作。上位机异常 Bug、无线通信丢包严重、PCB 打样金手指过细造成加工短路、模型过拟合以及不收敛、视觉测量标定误差大……咬牙坚持走来，待到解决方案终于出现时，我们相互之间只是淡然一笑便奔赴下一个难点。是的，国创是一段平凡的旅途，沿路没有争奇斗艳的花朵，也没有浑浊不堪的淤泥，偶尔天晴、偶尔阴雨，只有脚下一个个坚实的脚印陪伴，直到蓦然间回首，才会意识到自己越过了多少高山大河，才会真真切切地感受到一个全新的自己蜕变而生。

3 蜕　变

国创提升了我们的软硬件开发能力和团队合作沟通技巧，国创答辩被评定为高分优秀，得到了全场评委的认可，可是对于我们项目组每个人而言，收获的远远不止这些。我们在历练下都有了一颗为创新勃发而怦怦跳动的心。答辩的结束不是我们思考的结束，项目的完结也不是我们探索的完结。戴胜华老师再一次给了我们充分的鼓舞和支持，提供条件以便我们进一步求索求知。大三、大四的时间里，我带领团队一头扎入了新的研究工作——无人机物流。我们展望未来的科技发展趋势，让国创项目成果得到更进一步的继承与发展。

在周末慵懒的下午，当你惬意地坐在阳台上喝着咖啡，突然一架无人飞机“光临”。机身一个简单的盘旋后，平稳地将一个快递包裹放在你面前，闪烁的提示灯向你告别，然后加速离开，前往下一个客户家……这一切不只是想象，而是正在我们身边发展的科技趋势。亚马逊、京东、顺丰都在无人机快递领域进行了相关研究。然而传统思路主要依赖于 GPS 和视觉技术进行导航，其中前者 3 ~ 5 米的精度限制使得最后 10 米的精确投递变得非常困难，往往需要一片较大的空地，这一点对于在城市环境塔楼密布的条件下是难以满足的；后者功耗开销较大、对光照条件的鲁棒性也不足，因此要想做到精确投递到户，更加准确的末端引导系统变得不可或缺。为了解决这个问题，我们团队实现了一套基于激光的高速空间跟踪系统（图 3）。

图 3 项目组组长周彦钊展示无人机精确投递系统

有了这个系统之后，就相当于把原本安在无人机上面的“眼睛”安装在地面，在无人机上只用装一个极轻的无源靶球，即可实现地面系统的追踪和定位，并产生自动控制信号引导无人机飞至指定位置精确投放货物。这一成果获得了首都挑战杯一等奖的荣誉，得到了《京华时报》《北京晚报》《人民网》等媒体的报道，多位投资人也纷纷向我们伸出了橄榄枝。可在光彩的背后，只有我们自己知道在系统研发过程中遇到了多少挑战、攻克了多少难关。SolidWorks 机械设计、SLA 快速成型加工、Zemax 激光仿真……我们又一次在知识的激流里迎浪向前，而能做到这些，不得不感谢国创项目给我们带来的蜕变。那是一种由里及外的转化，是一种脱胎换骨的革新，让整个人乃至整个团队都迸发出了生命的张力，这种张力让我们有勇气也有能力去甩下所有的软弱和焦虑，去面对前路所有的不确定，去踏上一段段新的征程。

4 旅　途

2015 年本科毕业后，我来到中国科学院大学进一步攻读硕博学位，我的团队成员们也到了北航、北邮等知名学府汲取更多的学识，为我们未来的创新谱写序章。感谢“国创计划”，感谢北京交通大学，感谢电子信息工程学院，感谢戴胜华老师给予我们的支持和帮助。研究生时光已过近两年，我过得充实而精彩，当我独立完成大型企业横向项目、当我在计算机视觉三大顶级会议之一的 CVPR 上发表学术文章时，我知道这些成果都源自国创精神在每一个国创人身上刻上的烙印，这种印记不随空间和时间转移，它支撑我们去拥抱一切挑战，它驱动我们去追寻更高的意义，它鼓舞我们去创造更美好的未来。国创，一段平凡的蜕变之旅。

大洋灯塔，伴我远航

项目名称： 基于多种通信网络的智能居家机器人

完 成 者： 钟方威，郑天悦，赵　昊

完成时间： 2015 年

推荐学校： 北京交通大学

1 关于成长，关于兴趣

大学是人生中十分关键的阶段，在这一个时期，我们需要确定自己未来的职业发展目标，需要为未来的工作积累专业知识和技能，而大学生创新创业训练计划项目无疑能帮助我们更好地了解专业知识、锻炼实践能力、开阔视野并最终为日后的深造打下了基础。

2 知止而后有定

初期立项时，选择正确的方向、确定合理可行的目标，将促使我们坚定前进的步伐，克服重重困难。对于当时还只是一个初出茅庐、没有任何项目经验也没有足够知识储备的我们来说，这其实是一件十分困难的事情。我们首先通过与指导教师刘颖老师沟通和不断查阅文献，结合我们的兴趣和刘颖老师的意见，确定了我们项目的题目。在这个过程中很困难的一件事是项目难度系数的评估，虽然我们有很多异想天开的想法，但是如何确定这件作品是我们能力范围内且利用一年课余时间是可以完成的，这是十分关键的。为了确认这一点，我们查阅了大量的文献资料，同时借鉴了很多学长学姐的经验。另一件重要的事就是要明确创新项目的创新点在哪里，如果我们的概念和市面上已有的产品完全重叠，那么参加创新竞赛并完成整个项目的意义也就大大降低了。为了确认这一点，我们参考了市面上销售的智能家居机器人，了解了智能家居机器人的市场前景，应用范围和目前已有的智能家居的优缺点，并最终确定了使用旧手机作为机器人总体控制器的方案。这个方案大大降低了成本，并达到了旧手机再利用的目的，也为环境保护贡献了力量。在这个环节中，我们通过查阅资料增长了知识，确认完成整个机器人的整体思路和框架，这种系统性的思维对我们日后的工作和学习有很大帮助。

3 定而后能静，静而后能安

在项目成功立项、确定目标之后，我们正式开始了漫长的智能家居机器人的制作过程。因为我们团队三个人之前没有任何项目经验，因此在项目开始时，我们就根据项目需要制订了详细的学习和开发计划，静下心来，充分利用课余时间进行学习和开发。在这个过程中，我们巩固了课堂上学到的知识，包括单片机原理与应用、C 语言程序设计，以及通信协议的设计，这些动手实践让我们对课堂上学到的理论知识有了更加深刻的认识。书本上的知识并不是僵硬的，通过实践，我们认识到了知识的实用性，这也大大增强了我们对专业知识的学习兴趣。同时，通过不断地实践和学习，我们进一步拓宽了已学过的知识，单片机的使用更加熟练，并且还使用了单片机里新的功能，同时进一步规范了代码的编写格式，让代码更好的被阅读。为了完成机器人的功能，我们还学习了很多新的知识和软件，包括各种传感器的使用、PCB 设计、安卓平台的开发，等等。在这个过程中我们提升了自学的能力，从书本和互联网上搜索自己想要的信息。特别是在信息爆炸的今天，如何快速有效地获得信息成了十分重要的素质，这种自学能力对我们以后的其他动手项目有很大的帮助，并让我们快速适应了研究生的生活。

完成机器人不仅需要软件开发的能力，还需要扎实的硬件基础。机器人项目需要我们自己设计电路并且焊接元器件，在这个过程中，刘颖老师给了我们很大的帮助。通过不断地沟通交流，刘颖老师将积累的硬件设计经验分享给了我们，这些经验是十分宝贵的。同时通过和刘颖老师的交流，我们发现电路设计是十分复杂的，不仅仅是电路的基础知识，在设计过程中还要考察材料、电磁场和电磁兼容方面的知识。硬件设计中的知识十分复杂，而且经验的积累也十分重要。在焊接元器件的过程中我们也锻炼了动手能力。

4 安而后能虑

在实际制造的过程中，我们还是经历了一些曲折，遇到了很多问题，但通过对这些问题逐一克服并解决，我们思考问题、解决问题的能力得到了很大的提升。机器人是一个软硬兼具的复杂系统，对故障的排查，往往需要从系统软硬件上逐一排查，这需要具备从系统的角度分析问题的能力。出现故障的时候如何排查错误，程序的 bug 怎么调，电路硬件出了故障怎么找，处理这些问题的过程极大地锻炼了我们的思维能力和排查问题的能力，在后来的研究生学业中，遇到了问题我们知道如何将问题拆分，最终一步步找到问题，而不是面对问题束手无策，这也是这段经历带给我们的宝贵财富。

5 虑而后能得

在制作机器人的过程中，通过制订完善的工作计划，我们提升了团队合作的能力。我们首先根据每个人的兴趣特点进行了分工，一个人负责软件，一个人负责硬件，一个人负责协调和组织。项目过程中，大家相互沟通，有问题一起讨论解决。我们协调分工，发挥每个人的长处，完成了机器人的制作。最终机器人受到了各方的关注，并从众多项目中脱颖而出，获评国家级奖项，并获得了诺基亚杯创新大赛冠军。

“国创计划”项目带给我们十分深远的影响，在制作完成机器人后，我们认识到，当前智能机器人的主要瓶颈在于“智能”二字，因此，有两名组员在后来的研究生学习阶段，根据个人兴趣投入到人工智能相关领域的研究当中。其中一名成员认识到机器人对世界的感知主要来自于视觉，因此对计算机视觉产生了浓厚的兴趣，并最终在研究生阶段选择了计算机视觉作为自己的主要研究方向。另一名成员则对机器人在环境中自主导航和自主学习产生了兴趣，并在研究生阶段选择了增强学习和机器人的自主导航作为自己的主要研究方向。

“国创计划”项目锻炼了我们的能力，开阔了视野，让兴趣的萌芽逐渐生长，如海洋中的灯塔，为我们的成长指明了方向，指引我们继续前行。

国创之旅，始于足下

项目名称： 上市公司资源价值状况分析研究

完 成 者： 贾云雁，赵　丹，何丹妮

完成时间： 2015 年

推荐学校： 北京交通大学

1 项 目 概 况

本项目基于企业资源价值理论，从会计学角度对企业资源进行界定和分类，对企业资源、资产、能力的相互关系进行探析，在研究商誉价值构成的基础上，采用割差法，应用 BS 期权模型计算自创商誉，并在此基础上对上市公司资源价值进行计算与分析。以期把商誉纳入会计核算体系，为科学合理地披露企业资源价值提供思路。

研究过程中，我们对医药行业上市公司的商誉与资源价值开展研究，以 135 家公司为样本，结合 CSMAR、锐思数据库收集 11 个指标共计 10 万多条数据，并将数据汇总为 1 年期、3 年期和 5 年期三个子表进行大样本计算。之后我们整理研究数据，通过三种方案计算结果的对比分析，得出了研究结论是：公司的资产规模并不能完整反映其整体资源的价值状况，将自创商誉纳入会计核算体系有利于提高会计信息质量，可帮助投资者做出科学决策。

基于整个项目，我们有以下的研究成果：第一项是完整的独家样本数据；第二项是 3 篇已公开发表的论文，包括国家级核心期刊论文 2 篇、ISTP 检索会议论文 1 篇；第三项是基于整个研究进程所形成的结题报告。

我们项目的三名成员在立项之初都没有会计基础，两个人由理工科学院转到经管学院，另一名成员的专业则是交通运输工程。在研究过程中我们遇到了不少困难，也学习到了很多经验，从零基础到“国创计划”项目，我们付出了很多，收获得更多！在此要特别感谢指导老师李玉菊，正是她的严格要求，我们才能做到精益求精；正是她的孜孜不倦，我们才能一路披荆斩棘，取得佳绩！

2 成员后续发展情况

组长：贾云雁

我是贾云雁，是此次“国创计划”项目的主要负责人，2016 年于经管学院会计

系本科毕业，随后通过笔试、面试加入了德勤华永会计师事务所。我一直很感谢国创项目这个平台，它不仅使我结交到了良师益友，也为我的职业发展道路提供了很多帮助。

因为国创项目的优异成绩，我在大三上学期获得了第一个实习——在君百略咨询公司担任咨询助理。这期间，公司为一家大型国企的混合所有制改革做方案，最后通过的报告得到了国务院副总理马凯的亲笔批示。凭借在国创项目中积累的经验，我在实习过程中发挥了资源整合与数据处理的能力，为同事提供了强有力的支持，最终，作为实习生的我的名字也被列印在扉页上呈报，这无疑是对我工作的肯定与鼓励。实习结束后，我们组建了一个实习微信群，现在有北京大学、清华大学、中国人民大学、南开大学等高校的同学，丰富的人脉资源为将来的进一步发展提供了基础。大三下与大四上两个学期里，我又分别在瑞华会计师事务所、宝马（中国）财务部取得了实习机会，大四下顺利拿到了四大会计师事务所中三家的 offer，这一系列的发展都是有因果关系的，正是因为国创项目的成功，才让我在大学期间取得了三次实习机会，而正是这些实习机会，让我明确了自己的专长与兴趣所在，确定了毕业去向，迎来了人生中的第一份正式工作。

进入德勤华永会计师事务所后，马上就迎来了紧张的年审。编制审计底稿、调整分录、处理成千上万行数据等工作一下子迎面扑来。尽管接受了培训，我仍感到巨大的压力，这种压力来源于两个方面，一是经验不足导致对审计流程缺乏深刻理解带来的精神压力，二是海量的工作任务与高强度加班带来的心理压力。真正投入到工作中后，我开始积极寻求提高工作效率、与客户有效沟通的方法。这时，国创项目给我带来的益处逐渐显现，主要有以下两个方面：工作态度与工作能力。

工作态度：众所周知，在事务所能够接触到各种项目，经常需要和不同的人合作，在我经历过的三个项目中，项目负责人都对我有很不错的印象，评价都离不开“认真负责”这几个字。正是国创项目培养了我认真负责的态度，作为团队负责人，项目的推进工作与时间安排一直是我的责任，即使在我们的项目中期评级下降的情况下，我和团队成员也没有放弃，仍旧认真地对待每一次例会，写好每一篇论文，仍按照国家级项目的标准自我要求，最终通过锲而不舍的努力，重新赢回了国家级项目的称号。这样的经历让我明白，无论遇到怎样的困难，都应该脚踏实地做好该做的事，只有认真对待，努力付出才能有所收获。

工作能力：对于审计新人，能够用来衡量工作能力的指标很少，Excel 技能是其中很重要的一个，因为其熟练程度会直接影响到工作效率。年审时参加了一个有上百家子公司的集团项目，A1 均被分配了二十几家公司的会计分录完整性测试，如果按照上一年底稿的顺序往里录入年初数、本年变动及年末数，可能一家就要花费半天的时间，二十家少说也要一周半，而且还无法排除出错的风险。我试着用数据透视先把客户的原始资料进行整理，然后按照财务报告的科目顺序用 vlookup 进行整理，剔除本年既无发生额也无余额后的科目，就是测试所需的内容了。这种处理方法步骤简单，当熟练后 10 分钟就能做完一家，我把这个方法分享给了其他同事，极大地节约了时间，让项目组能够将更多精力放在风险更大的环节。

类似的例子还有很多，虽然高级别的同事懂更多 Excel 技巧，但由于时间紧任务重，一般他们只看结果，对审计结论进行复核，至于小朋友是怎么完成的，运用了什么方法，基本不会有时间细究。这时候想办法提升工作效率就成了加分项，不仅有利于团队合作，也能为自己争取机会接触并学习更高要求的内容。国创项目的研究锻炼了我使用 Excel 处理大量数据的能力，更重要的是培养了我对数字的敏感程度，与一上来就埋头苦做相比，先分析数据特点并加以整理常常会收到惊人的效果。

说完了工作硬实力，国创项目对提升我的沟通与理解能力也有很大帮助，年审的一半时间是需要下现场的，如何有效与客户沟通、识别客户要求并给予合适的回应都是需要不断学习的。在担任国创项目组长期间，我负责与指导老师沟通、联系学长开展模型讲解、完成答辩等工作，这些都极大地锻炼了我的表达能力与沟通能力，在不同的项目交接时也能够与同事愉快合作。

在工作一年的我看来，审计的起步阶段就像是一个拼图，很多事情做过一次就给你的拼图补上一块，感谢国创项目对我的锻炼，为我提前完成了拼图的一小部分，也让我在刚工作的第一年走得步伐稳健。

成员：赵丹

国创带给我的不仅仅是知识和荣誉，更重要的是锻炼了我的科研能力。毕业设计是我们大学生涯的最后一关，它不仅检验了每个学生的四年所得，更是对每个学生能力的考察。虽然研究方向不同、课题不同，但对论文写作、科研能力、答辩能力的要求是一样的。国创的经历让我对课题研究有了更深刻的认识和更强的独立性，在毕业论文的课题研究阶段，国创给予我的关于研究课题的思维深深地影响了我的研究过程，包括数据处理、参数选择、论文写作以及毕业答辩等一系列的过程。令我感受深刻的是，在科学研究的过程当中，科学研究的方法和科学研究的思维是通用的，在国创时学到的方法，同样适用于毕业设计，国创的这段经历对我毕业设计的研究也有着极大的帮助。最终，我以 A+ 的好成绩顺利地为大学生涯画上了一个圆满的句号。

毕业后，我打算出国深造，拓宽眼界。在国创项目的经历是我简历上值得骄傲的一项荣誉。在申请学校的面试阶段，面试官曾经问我国创的有关经历，当对方听到我的研究成果和所获奖项的时候表示，科研能力是学校录取学生很重要的一项指标，他们很欣赏有过科研经历的同学。同时，学校在招生的时候也会注重学生的团队协作能力，国创这个平台不仅仅是一个科研平台，也锻炼了我们团队合作的能力，在一个团队当中，每个成员发挥所长，共同实现一个目标，这是一个非常锻炼能力的过程。由此可见，科研经历是学校申请中极为重要的一个加分项，这不仅仅体现在录取的结果上，更加体现在日后的学习当中。毕业后，我决定去加州大学欧文分校攻读硕士学位。我在参加国创期间所学到的科研能力、团队协作能力以及论文写作能力还在发挥余热。在研究课题的时候，我们很多是以小组讨论的形式来进行的，这让我想起了国创那一年一次次的小组例会、一次次的激烈讨论、一次次的头脑风暴，这些都不仅仅是回忆，而是深刻影响我的能力和思想，让我更好地投入到研究生的学习中。

成员：何丹妮

2016 年 9 月，我成了北京交通大学交通运输学院的一名研究生，开始了我在交大第 5 年的学习生活。我的专业方向是交通运输工程，交通运输工程研究是一项富有挑战性的工作，需要多学科知识的综合运用、扎实的理论功底及丰富的实践经验学习。

在参与项目的过程中，我感受到了参加大学生创新创业训练计划带给我的优势。

首先，是勤于动脑、主动学习的能力。由于本科时期已经培养了自己的自学能力，所以就算我们做的可能是一个没有接触过的新领域，但是我能够迅速检索相关国际、国内文献，查阅相关算法并确定创新方向，用最短的时间弄清楚要研究的事情；其次，创新创业训练增强了我的项目管理能力，管理好一个团队是很不容易的，也非常锻炼人，在参加国创项目时我的感触很深，可能团队中的成员性格迥异，互相之间关系不够融洽；可能在经历了一段时间低谷后，团队的斗志削减得很厉害；可能大家对项目的想法有偏差，不能统一；可能项目成员面临着项目与学业的矛盾，等等。这时团队的领导者就需要时刻准备着，永远站在团队利益高于个人的立场上去思考问题，并且经常和团队成员沟通，找到最简单可行的解决办法。已经有了项目管理经验的我，能够在现在的项目中协调好各种关系，有条理地安排各项任务并落实到每个成员身上，并且在成员之间形成一股凝聚力，鼓励并带领大家用旺盛的斗志去对待每一天。同时我仍延续之前学到的集中办公的方式，这样有利于培养团队的集体荣誉感和团队精神、增强团队的整体战斗力。在国创项目的实施研究过程中，我深深感受到团队合作的重要性和必要性。很感谢它给我提供锻炼与成长的机会，帮助我得心应手地完成当前和今后的各项任务。

虽然我读的是专业硕士，研究生期间没有太多的学术任务要求，但是大学生创新创业训练计划培养了我的学术精神，让我明白科研的重要性以及科研必须具有的主动性和一丝不苟的严谨态度。独立钻研是从事学术研究的重要品质，但我们当下的研究生往往过度依赖导师。在参加国创项目时，我充分理解 “师傅领进门，修行在个人”的道理，所以研究生期间，我在导师指明了研究领域的前提下，自己独立钻研，而不是依赖导师的指示，按部就班。

参加国创项目学到的知识，锻炼的能力以及其他方面的收获，使我终身受益，这不仅有利于我现阶段研究生期间的学习科研，对于我今后参与社会竞争，也具有很强的现实意义。所以感谢大学生创新创业训练计划给我锻炼与成长的机会，我将在今后的学习科研中继续努力，再接再厉，不断求实创新，争取获得更好的成绩。

3 经验与启示

都说大学是培养能力的地方，参加国创项目培养了我们各个方面的能力：问题解决的能力，即我们日后在工作和学习中遇到问题时解决的能力；论文写作能力，对于继续深造的同学来说这是研究的基础；团队协作能力，在日后的工作当中是一项必备的技能。这些对每一个参加国创的学生来说都有着深远的影响。

国创也锻炼了我们实际操作的能力，在大学期间，我们接受的大部分是理论上的知识，由于经济管理专业的特殊性，理论和实际往往是存在差异的，这些差异是我们很难从课本上学到的。在研究过程中，我们会发现理论的那一套在实际运用时会存在很大的差异，比如说市场上的某些参数并不能真实地反映上市公司的真正的财务情况。这些问题也曾让我们一筹莫展，这些也是我们研究上市公司资源价值的意义所在，通过不断地调整参数，不断地查阅资料，我们能将理论向实际靠近一点点都是有意义的。

在国创期间，我们同样锻炼了自己的逻辑能力。在科学研究中，逻辑的严密是很重要的，也就是说，我们在论文写作和解决问题时要做到“有理有据”。犹记得在最开始写文献综述的时候，我们没有论文写作的逻辑严密性意识，最开始的时候只是分类罗列已有的研究成果，李玉菊老师在看了我们的文献综述后告诉我们论文写作要有逻辑，而不是简单地罗列研究成果，同样，问题的解决也要有逻辑，我们选的每一个参数、每一个公式，提出的每一个结论都要有依据，都要做出解释，说明“为什么”。老师的这番话让我们豁然开朗，所以不论是国创还是之后的研究，我们都恪守逻辑严密这一准则，这样的研究结论才能使人信服。

国创项目强调“创新”，这就意味着每个项目都要有其创新点，这也锻炼了我们发现问题的能力。发现问题不仅要有专业知识作为基础，更要有创新的思维，做出大胆的假设，刚开始提出企业资源价值分析这个课题、提出自创商誉这个概念时，就意味着我们要突破传统的以资产为基础进行核算的理念，利用企业资源理论来改进会计报表。突破传统理念就需要我们有发散性的思维，勇于提出创新性的解决办法。

除此之外，国创带给我们的还有抗压能力和坚持不懈的精神。那一年，我们也曾遇到过阻碍，我们经历了中期答辩的不顺利，经历了解决问题的瓶颈期，一次次的修改论文，一次次的例会讨论。从确定项目主题到撰写项目申请书，从立项审查的波折到确定研究方案与寻找创新点，从制定详细的实施计划到项目的具体研究，我们一点点揭开科研工作的面纱，从中学到了严谨的科研态度、坚忍不拔的钻研精神和敢于创新的实践勇气。通往成功的道路从来都不容易，这需要我们有坚持不懈的精神，一路披荆斩棘，才能取得理想的成绩。

然而，取得成功需要的不仅仅是坚持不懈的精神，我们同样应该注意方法，才能达到事半功倍的效果。在研究过程中，我们要勤学、好问。一开始，我们对课题只是有一个大概的认识，这就需要我们查阅相关的资料文献，在李玉菊老师的指导下，我们对现在国内外关于企业资源价值状况分析的文献进行了系统性的阅读，对课题有一个深入的了解；其次，我们在提出自创商誉的时候要先对已有的商誉计量方法进行总结、学习，分析利弊，这样才能够更好地运用到自己的研究中。在数据收集，模型建立的时候，我们也积极寻求指导老师和有经验的学长的帮助，怎么样能够最快、最完整、全面地收集数据并且筛选出有代表性的数据。也就是说，在课题研究的过程当中，我们要善于利用身边的资源，拓宽信息来源的渠道，从而应用到自己的研究中。

经验的传递是一个过程，在国创项目初期，项目成员参加了学校举办的国创宣讲会，听获得国家级项目荣誉的学长学姐介绍经验、流程以及注意事项。现在，在“国创计划”十周年之际，我们写下这篇文章，记录我们和国创之间的故事，记录我们的成长经历，把我们的经验和启示传播给每一届国创项目的参与者，很荣幸能有这一次机会，同时也希望“国创计划”能够帮助千万名大学生成长。

创新创业成就素养，修身修习创造未来

项目名称：国有企业资本配置效率与投资效率

完 成 者：刘英慧，李　鹤，余　姗

完成时间：2017 年

推荐学校：北京交通大学

1 学生参与"国创计划"情况

本小组以国有企业为样本，以资本配置效率和投资效率为对象，充分学习前人成果，运用理论研究和实证检验，对国有企业的资本配置与投资效率水平的历史成因、现状以及如何改善目前国有资本效率低下的状态进行探究，共完成论文 6 篇并全部发表。

小组以中期答辩时间将整个"国创计划"项目期间分为两个阶段。第一个阶段为 2016 年 3 月—2016 年 10 月，研究国有企业资本配置效率。第一个月主要是进行国有企业改革相关政策的学习，导师为成员推荐了相关研究报告和书籍，成员也积极通过网络等媒介对国企改革进行深入研究，同时阅读了 Jeffrey Wurgler 2000 年发表的 *Financial Markets and the Allocation of Capital*，对其中的资本配置效率模型进行了研究，这阶段小组每周至少开会半天，进行学习成果的交流，为后续论文写作打基础。

从第二个月开始，成员进行论文写作的准备，通过提前学习方法论的课程，逐渐熟悉论文写作的模式并阅读大量的论文，在锻炼语言的同时，寻找创新的观点并与导师沟通，在此过程中不断提炼，形成自己论文的初步方向。

思想成熟之后，在小组会议时多次邀请导师参加，并同时开始写作，写作过程多与导师沟通，逐步完善论文逻辑与结构，其中一人进行实证研究，对国有企业的整体资本配置效率进行测度，为进一步研究奠定基础，其他两人进行改善资本配置效率的理论研究，理论与实证相结合，在资本配置效率方面成果良好。最终小组完成两篇理论研究论文和一篇实证研究论文。

第二阶段从 2016 年 10 月开始，进行国有企业投资效率的研究，由于有了第一阶段的理论经验，小组工作推进得比较顺利，前期仍然是文献的学习和模型的深入了解，并伴随着统计学知识的学习，定期召开小组会议讨论学习心得，由于成员积累了一定的经验，该阶段三位成员都选择了倾向于用数据说话的实证研究。

文献阅读、学习模型之后，成员开始寻找研究方向，通过与导师不断沟通并最终确定，然后开始进行论文写作。由于全部是实证研究，小组定期每周一次例会，

交流数据处理和 Stata 遇到的问题，逐步完善论文初稿并与导师沟通改善。

2 最终完成 6 篇论文

论文一：

实证研究：《市场竞争、产权性质与过度投资》

结论：

（1）国有企业的过度投资行为比其他企业更为严重，提高国有企业投资效率是国企改革的重要目标。

（2）市场竞争可以降低国有企业的过度投资，且在高竞争中，国有企业过度投资水平的抑制作用更加明显。

论文二：

理论研究：《引入产业投资基金与优化国有资本布局》

结论：

引入产业投资基金能够释放处于过剩产能行业的国有资本，实现战略性新兴产业的加速发展，加快行业重组整合的进程、调整产业结构，促进国有资本的合理流动，优化国有资本布局。

论文三：

实证研究：《产权性质、产能过剩问题与国有资本配置效率》

结论：

（1）A 股整体在 2008—2015 年的资本配置效率呈上升趋势，国有企业受经济周期波动的影响较小，处在一个相对稳定的状态。

（2）国有企业内部资本配置效率较低，民营企业内部资本配置效率较高；中央企业内部资本配置效率与地方企业内部资本配置效率无显著差异。

（3）产能过剩行业企业内部资本配置效率较低，非产能过剩行业企业内部资本配置效率较高。

论文四：

实证研究：《企业对管理层的监督会影响过度投资行为吗？》

结论：

（1）管理层平均年龄越小，企业更易产生过度投资。

（2）管理层年龄异质性越小，企业更易产生过度投资。

（3）管理层持股比例越低，企业更易产生过度投资。

（4）两权分离度越低，企业更易产生过度投资。

（5）管理费用率对企业的过度投资行为无显著影响。

论文五：

实证研究：《供给侧改革背景下的公司治理与国有企业过度投资》

结论：

经过研究，为公司治理提出以下意见：

（1）破除预算软约束。

（2）强化监督机制。

（3）谨慎选择激励机制。

论文六：

理论研究：《整体上市——国有企业改革有效路径》

结论：

通过整体上市，企业集团能够实现混合所有制、建立现代企业制度、优化资本配置，在提高证券化率和国有资本价值方面有极大推动作用，从而逐步实现内部治理运营高效、外部监督有力，提高国有企业的竞争力，实现国有企业做大做强、国有资本保值增值的最终目标。

3 后续发展情况

小组通过对“国有企业资本配置效率与投资效率”的研究，每人发表2篇论文，其中4篇发表于国家级期刊。通过项目研究，小组成员对国有企业改革有了深入了解，对专业知识和以后的发展方向有了更深的认识。

小组以“国有企业资本配置效率与投资效率”为题参与了第十五届挑战杯大赛并获得二等奖，同时小组成员还将此次比赛的经验以及学习到的技能，包括论文写作、重点摘录、应用统计、案例分析等，运用到学习以及其他比赛中，均取得了较好的成绩。

4 主要经验与启示

（1）研究能力明显提高

项目小组中每一个人都发表了2篇论文，在这个过程中，每个人在论文写作需要的各个方面都得到了锻炼，如文献阅读与归纳、数据收集与处理、软件使用与解读等，每个人都收获很多，技能得到了很大的提升。

（2）知识储备明显丰富

由于是第一次进行研究，小组成员做了很多基础工作，阅读了大量的有关国有企业改革的政策、文献、研究报告等，并且了解了许多国企改革的案例，还通过与第一次国有企业改革的对比，了解我国国有资本的瓶颈，以国有企业研究为载体，丰富了大量的专业知识。

（3）答辩能力显著提升

比赛看两个方面的能力，“做”的能力和“说”的能力。做不好，没有内容就不会获得好的成绩；说不好，不能把自己做的东西充分展示出来，就会大大降低研究成果的影响力。因此，小组成员非常重视答辩，每次都会对答辩稿的 PPT 进行反复修改，力争做到“句句有料”，并且运用演讲技巧进行反复的练习，成员的演讲能力得到充分锻炼。

（4）写作能力更上一层楼

写作是成果展现的重要形式，一个清晰、有逻辑的文章可以为科研成果加分。小组成员深知此道理，所以从一开始就注重论文写作逻辑的培养，这主要是通过大量阅读文献、总结重点来实现。通过一年的培养，成员们的写作能力明显提高，在之后的课程中体现得尤为明显。

（5）团队协作能力加强

比赛是聚集精英的地方，国创一年，成员们合作意识明显增强，合作默契度明显提高，同时还结识了许多有研究精神和创业精神的同学，我们在一起交流科研心得、分享资源，共同进步、共同成长。

恰同学少年，撰无悔青春

项目名称： 基于互联网的车位管理系统

完 成 者： 江文亭，李旸熙，雷 怡

完成时间： 2017 年

推荐学校： 北京交通大学

1 参与“国创计划”情况

作为最早接触“国创计划”的成员，我从大二便开始陆续参与科研项目。在完成了一个北京市级的国创项目之后，渐渐萌发了对于创新创业、对于“国创计划”的浓厚兴趣。这也促使我选择在创新创业方面继续发展，继续锻炼并提升自己各方面能力。大三暑期，我作为队长，组织起一只全新的队伍，并在指导老师的帮助下选择了“基于互联网的车位管理系统”项目。

在项目开展过程之中，尽管遇到了不少困难，但每一位团队成员都尽心尽力，一一克服，一步一步完善项目成果。

本项目发展至此，已经不单局限于科研成果。我们三人也历经了从一个创新科研团队到创业团队的转型，团队碰头会议的内容从产品的不同模块如何协同工作，到产品成本收回的可行性、市场推广的延伸方向。一步一步，明显感知到自己的变化和团队的进步，也逐渐认识到“国创计划”对于高校大学生的意义。

（1）项目研发现状

本项目立足大中型城市日益紧缺的停车位资源，通过构建一个基于互联网的车位管理系统，搭建起车位资源共享的平台，释放闲置车位，缓解停车难的问题。在土地成本和城市总体规划不变的前提下提升车位资源利用率。

本产品由智能新型地锁、云服务平台和手机 APP 组成，实现通过 GPS 定位车主当前位置，以及地图查询、实时查看目的地周边停车位数量及停车价格、提前预约车位、导航到指定停车位、地锁智能切换三个模式（预约、停车、闲置）、线上自动结账等步骤给车主一个便捷的停车体验。

其中，云服务平台是一个空闲车位共享及交易平台，将对接单位的车位进行闲时放租，供给有需求的用户。需要提供单位提前设置车位的使用时限和小时费用（应低于市场收费三分之二以上）以及超出使用时限部分费用（应明显高于市场价，以维护良好的租赁秩序），保证车位的原有需求是产品实现和推广的基础。

在手机 APP 端，使用者通过手机绑定确定用户信息，除了 APP 基础功能之外，

还将设有个人诚信账户以及社交功能。

小区物业以现场管理者的角色参与收益分成，同时实现公共车位的自动管理功能，省去车位管理的人工花费，实现双赢。小区业主和企业也可得到相应的分成。

产品设计功能如下。

① GPS 定位以及地图查询，自动导航

产品通过 GPS 定位车主当前位置、输入目的地实时查看目的地周边停车位数量及停车价格、车主选定最合适车位预约，并导航到指定停车位。对于地图接口的利用，将用户抵达停车位过程尽量流水一体化。

通过市场调研和资料收集，产品计划使用市场占有率较高、准确度也较高的高德地图作为该功能实现的合作方。

② 预约功能

产品将在 APP 端实现预约功能，根据不同情况，预约保留时间在 20 ~ 30 分钟，超过保留时间平台将自动计费，一个小时之内未到，则预约失效，后台自动结账收费，具体时限将在面向市场之后再做调整。以此避免用户车辆在停车场内的滞留和徘徊。

预约车位之后，地锁进入预约模式，车位的状态将从“闲置”改成“预约中”。用户车辆到达车位附近之后，手动在 APP 上确认，地锁进入停车模式，同时平台上的车位状态将从“预约中”改为“使用中”。

③ 地锁智能感应

研发的智能新型地锁和目前市面上常见的地锁在用户体验上有极大的优化。通常，市面上的地锁大多数为纯机械化结构，需要人工手动操作升降，而稍复杂的地锁也仅仅实现了蓝牙遥控的功能，暂时只能近距离控制单一的升降状态，并不能提高车位的利用率和价值。

而本系统中的智能新型地锁（图 1）顺应时下物联网的大趋势，实现了地锁的远程监控和车位共享。在用户抵达车位时，在手机 APP 端确认之后，地锁即可自动进入停车模式，而用户车辆离开车位之后，地锁则自动感应，转变为闲置模式，并将状态上传云服务平台。

图 1　智能地锁

确认后降落是最大程度上保护用户的使用权限，自动抬起是为了尽可能精简使用流程，优化用户体验。同时具备应对无预约停车或人为恶意干扰时的报警系统，并与停车场的工作人员合作监管停车系统。

④ 线上自动结账

地锁抬起之后，利用信号模块，将实现在平台上自动结账和线上扣费。同样是精简使用流程。而如今正是线上支付大行其道的时代，对于一个 OTO 产品而言，线上自动结账既是一个加分项也是一个必备功能。

预期平台将开通微信、支付宝和网上银行等多个付费渠道。

⑤ 个人诚信账户

平台上设立个人诚信账户，每次超时停车都将支付较高的违约成本，违约停车费用将超过市场价，以示惩戒，且对于多次超时停车或者预约失效的用户将实施相应惩戒，情节严重者可以短期或者永久性取消账户使用权限。

产品是基于闲时车位的利用，保障提供车位单位自身的使用需求，尽可能杜绝超时停车的情况发生，是产品实现功能的基础，更是对产品的后续推广的保障。

（2）项目开展情况

初期立项过程之后，团队就经历了几次徘徊和选择。如何在现如今不计其数的大学生投身科研的学术环境之中找到我们独有的优势和创新点，如何在市场上数不尽的新产品之中找到市场空白，如何针对现状找到消费者的痛点和最小阻力路径，这都是我们需要解决的众多问题的冰山一角。幸而在指导老师的帮助之下，我们选择了一个市场前景广阔而又相对空白的项目。

产品大方向决定之后，功能的设计又是一大关卡，产品的存在是以面对市场作为目标，所以人性化和市场适应性都将纳入我们考虑的范畴。功能的实现当然是产品的根本，设计出的产品功能有实现的可能性，产品才有可能成型。为了提供流畅的用户体验，我们通过市场调查、用户问卷等方式，反复琢磨，设计了较为完整的使用流程。从通过GPS定位车主当前位置、地图查询、实时查看目的地周边停车位数量及停车价格、提前预约车位，到路线导航、地锁智能切换三个模式（预约、停车、闲置）直至线上自动结账，这才又一次认识到，科研成果须顺应市场才具有现实价值。研发产品功能的过程是对于研究方法的学习的提升，是对于商业市场的进一步了解，也是对于创新创业的深层次认识。该产品设计使用流程如图 2 所示，车位管理系统及功能如图 3 所示。

在将设计付诸实践的过程中，从单片机语言的编写、控制电路的设计连接、硬件模块的连接，这是基础知识的运用；到无线传输模块的构建、与硬件的通信、这是专业知识的延伸；再到 APP 程序的编写调试、云服务器的选择搭建，这是学科知识的拓展；然后到 SWOT 分析、经营模式设计，这是创业知识的学习；最后到商业计划书的撰写、推广方案的呈现、演示视频的制作，这是理论知识以外的提升。以上这一切都是我们团队不断需要学习并仍在学习的内容。

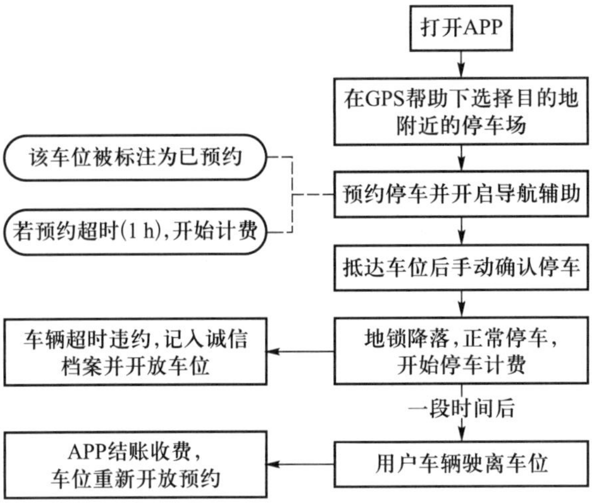

图 2　产品设计使用流程

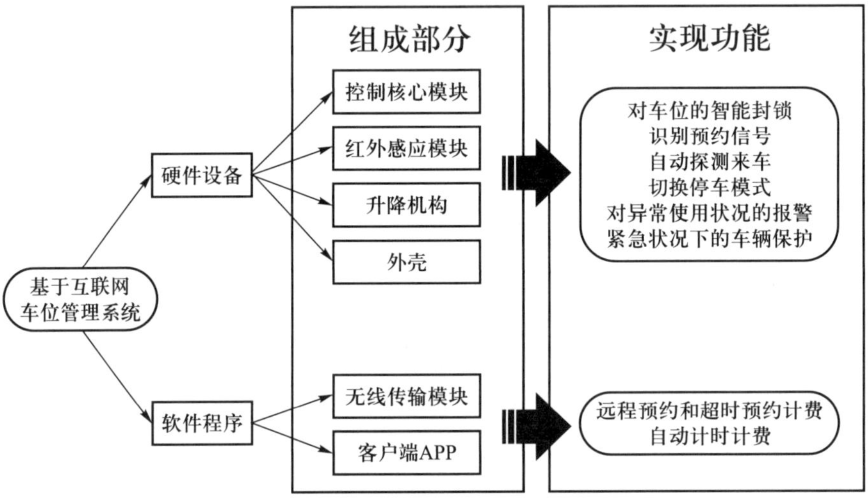

图 3　车位管理系统及功能

（3）项目获奖情况

本项目从立项伊始，就在一次又一次的科研和创业类比赛中不断完善项目成果，完善商业计划，锻炼团队成员的应变能力和逻辑能力。目前项目已经被评为国家级大学生创新创业训练计划项目。但我们团队仍在认真准备第三届“互联网 +”大赛的北京市赛阶段。

以下所获奖项按时间顺序排列：

➢ 中国智能制造挑战赛华北赛区特等奖

➢ 中国智能制造挑战赛全国赛区一等奖

➢ 全国移动互联创新大赛高校组一等奖

➢ 挑战杯校赛一等奖

➢ “诺基亚”杯创新大赛二等奖

2 学生后续发展情况

江文亭：即将从北京交通大学电气工程学院毕业，远赴英国华威大学攻读硕士学位。“国创计划”对于她的意义，不仅是申请材料上浓墨重彩的一大亮点，更是其学术能力、科研能力、创新能力、逻辑能力等多方面综合水平的证明。在未来的学习工作中，这次参与“国创计划”的经历，都能够为其在处理问题、为人处世、团队协作等多方面提供经验启示。

李旸熙：以优异成绩考取了北京交通大学电气工程学院研究生，主攻新能源方向。凭借在“国创计划”中的优秀表现，顺利通过本校创新能力认定，同时获得一等学习奖学金。“国创计划”让他真正意义上拥有了第一次将自己的专业知识转化为具有实用价值的商业产品的机会，也进一步促进了他对于学习电气学科知识的浓厚兴趣。在项目开展的一年多时间里，其专业课成绩以及备战研究生考试却并没有受到科研任务的影响，反而多门专业课满分成绩，并以高分顺利通过研究生考试。

雷怡：该同学仍旧在北京交通大学攻读本科学位，并已经开始准备报考本校研究生。大三就拥有如此丰富的科研经验，毋庸置疑，对于她来说是一件非常幸运的事情。对于专业知识运用的历练，对于科研能力的培养提升，对于学科实践的深度认识，对于团队协作的深切体验等，都是“国创计划”带给她的收获。

3 主要经验与启示

虽然团队里只有三个人，但是从产品研发、产品改进到产品市场可行性分析，我们尝试着完成产品面世之前的所有准备，尝试着接触学习这其中一切我们的学科空白。虽然有时意见不合，甚至几乎“剑拔弩张”，但是这样的打磨才是真正的科研精神，从关于实现方案的激烈讨论，到推广方案的奇思妙想，项目在完善，我们也在成长。

这样的成长是难以复制的。在象牙塔里的我们，恰同学少年，无牵无挂，勇往直前。一次次的小组会议，一次次的电路设计改良，一次次的通宵调试和改进，我们的收获也不仅仅是三版实验电路、三版实验样机、三版客户端 APP 和两款服务器。这些数字不是冠冕堂皇有意为之，我也是落笔时才发现，我们竟做了如此大的改变。

完成项目最紧张的时候，正是北京最炎热的季节，是距离考研不过三四个月的冲刺时期，也是本应该奔走实习的大三暑假。我们几个人却在实验室里度过无数的日夜，一天一顿饭，通宵是家常便饭，这时的我们才知道“废寝忘食”也不过如此。

这样的体验对于我们而言难能可贵，我们的付出也换来了收获。在中国智能制造挑战赛华北赛区的比赛中，经过两轮选手车轮式的质疑，我们组都是全场最高分。

有一位参赛选手问道："你们的商业计划书看上去很完美，那么你们会背单片机的某条指令吗？"当听到这个问题时我不禁窃喜而又满怀感动，我们的商业设计竟能获得对手的认可，而他们几乎已经找不到任何漏洞了。这样的成就感是鼓励我们一直往前走的最大动力。

“国创计划”，启蒙之路

项目名称： 毫米级微型固体火箭发动机的设计、加工与封装

完 成 者： 吴瀚枭，吴弘涛，田腾跃，宋 越

完成时间： 2016 年

推荐学校： 北京航空航天大学

1 学生参与“国创计划”情况

这个项目共有 4 位 2013 级的本科生参与其中，由李海旺老师作指导，依托北航微加工实验室进行制作与实验。

这 4 位同学在这个项目中既有明确的分工任务，同时相互帮助讨论，共同解决遇到的问题。具体分工如表 1 所示。

表 1 任务分工表

姓名	任务
吴瀚枭	负责项目整体运行
吴弘涛	负责 MEMS 工艺优化与加工方案制订
田腾跃	负责 PECVD 工艺优化与点火方案
宋 越	负责硅玻璃键合工艺与燃料装填

这个项目从 2015 年 6 月立项，到 2016 年 11 月结题，共一年半的时间，4 位同学全程参与，并较为满意地完成了既定的目标。

2 学生后续发展情况

吴瀚枭：北京航空航天大学动力工程及工程热物理方向攻读博士学位。

吴弘涛：美国约翰·霍普金斯大学攻读博士学位。

田腾跃：北京航空航天大学航空宇航推进理论与工程方向攻读博士学位。

宋越：北京航空航天大学动力工程与工程热物理方向后备博士计划录取。

3 主要经验与启示

我们的“国创计划”项目是完成一款新型的毫米级微型固体火箭发动机，并完成发动机点火试验。发动机的加工采用的是基本成熟的 MEMS 加工工艺，利用微机电加工技术，来实现发动机的微型化和集成化。

刚开始报名参加“国创计划”的时候，我们还都是大二的学生。对相关的 MEMS 知识和火箭发动机也是毫无了解。就这样，我们开启了自己的“国创计划”之旅。

这一年半的“国创计划”之旅，是我们四位同学在科研上的启蒙之路。虽然在此之前，也参加过一些科技实践的活动，但是真正体会到科研的艰辛和乐趣，真正从科研中有所收获，还是从“国创计划”开始的。所以，“国创计划”对我们几位同学最大的影响，用两个字概括便是“启蒙”。通过“国创计划”，我们的自主学习能力、基本科学素养、科研创新能力、团队协作能力得到了长足的进步。

由于对相关的专业知识知之甚少，尤其是 MEMS 相关的知识，与大学期间所学的内容完全无关。因此，在项目初期，我们只能抓紧时间补充知识，学习 MEMS 技术，了解 MEMS 的技术特点和要求。那段时间正值考期，我们需要在保证课业复习质量的前提下，学习 MEMS 基础知识。就这样，我们利用考期复习的空隙，在放假之前基本了解了 MEMS 的工艺特点，保证了暑假工作的顺利进行。这段时间，我们在有限的时间里高效地完成了课内课外的任务，自主学习及合理规划时间的能力得到了提升。

除了对 MEMS 工艺不了解外，对火箭发动机的设计流程也了解很少。比如如何设计发动机燃烧室尺寸、喷管厚道宽度和喷管角度；如何将发动机与 MEMS 工艺相结合，设计出可以加工的火箭发动机；推进剂采用何种成分、何种配比；发动机点火采用什么方式等问题，都需要我们去研究，去查阅相关的资料进行比较优化。所以暑假前期，我们的工作主要包括两个方面，一是 MEMS 相关设备的操作学习以及加工方案的制订，二是发动机尺寸的参数、燃料配比的确定。这样，我们 4 个人分成了两个小组，由吴弘涛负责 MEMS 工艺的学习，田腾跃和宋越负责发动机的设计，吴瀚枭同时负责参与两方面的工作。我们查阅了大量的文献资料，从发动机设计、喷管性能计算到国内外微推进器的研究文献，确定了发动机的整体结构和每一部件的几何参数。确定了采用 APCP 复合推进剂，以及相应的成分、比例和配置方案。同时，工艺组通过工艺探索基本确定了发动机的加工方案和工艺参数。

在项目初期，我们遇到了很多的困难，但也都通过自己的努力克服了这些困难。在这个过程中，我们真正体会到了科研的艰辛和乐趣。不再是根据经验、凭借感觉来设计相关的结构和方案，而是通过查阅文献，对不同方案进行比对优化和分析之后，来制定出较为合理、完善的流程。这种科学素养的积累，为我们之后的科研之路打下了坚实的基础。

同时，在项目实施过程中，我们也积累了很多工程上的经验。工程实践与理论研究相比，工程实践中有太多的不确定性因素，以及受实际条件的限制。很多在理论研究或者方案制定时认为很简单、很容易实现的条件，在实际操作中才会发现理论与实际的巨大差距。这种情况在项目进行中随时可能会遇到，而每一次问题的解决，都是一次经验的积累，都会让我们收获更多。比如项目中燃料装填部分，我们一开始制订的燃料装填方案是将 APCP 推进剂溶解在乙醚溶液中，然后将液态燃料装填入燃烧室后将溶剂挥发留下固态部分。在文献中也有过类似的装填方案，所以我们最开始按照液态燃料设计了燃料装填的装置。但是在实际操作中发现，这个方案存在了太多的问题。首先 APCP 推进剂包含 HTPB、AP、氧化铁三种成分，其中只有 HTPB 可以溶解在乙醚中，AP 和氧化铁在乙醚中的溶解度几乎为零，导致已经交联的推进剂在乙醚中迅速分散，其中 AP 和氧化铁很快沉淀，完全无法按照预定的方案进行装填。我们采用了加热、搅拌等各种方案，都无法将推进剂均匀地分散在乙醚溶剂中。其次，即使液态燃料填入燃烧室中，但溶剂挥发之后，燃料的致密性也完全无法保证。因此，最初制定的液态燃料装填方案只能放弃，转而采用直接进行固态燃料装填的方案。但是所用的固态燃料黏度极大，是介于固态与液态之间的黏稠状物质，因此，将这种推进剂装填入燃烧室中的难度也很大。我们想到了用高压差来进行燃料装填的方案。其实这种方案在原理上非常简单，但是实际操作的时候难度依然非常大，虽然我们利用了密封螺纹等结构来保证装置的气密性，但在硅胶垫与装置侧壁之间仍然无法保证绝对气密。因此，燃料装填经常需要多次填充，来保证装填的致密性和均匀性。就这样，在不断的出现问题、解决问题的过程中，我们终于将推进剂顺利地装填进了燃烧室中。

另一个例子是发动机的点火方式。在一些文献上，写的方法是将电热丝放入预先刻蚀好的导线槽中，然后再将硅玻璃键合起来，从而将点火电路置于发动机内部。但是在我们实际操作中发现，由于硅片很薄，因此导线槽最深也不会超过几百微米，这个深度完全无法保证导线稳定地固定在槽中。而且，由于硅玻璃键合对硅片表面的洁净度有着很高的要求，因此在放置导线时，不能触碰到硅片表面，这个操作难度大大超出了手工可控制的范围，导致这一点火方案无法继续进行。最后我们提出了两种方案，一种是将导线通过尾喷管置于燃烧室内部，这种方案对流动有着较大的影响，但可以用于初期验证结构和尺寸的合理性。另一种方案是利用金钛点火电路的方式，利用电子束蒸镀的方案制作点火电路。最终，我们利用第一种方案验证了发动机结构的合理性，在第二阶段则利用点火电路提高了点火的成功率和发动机的集成度。在整个项目进行过程中，我们遇到了很多在设计时没有考虑到的问题，而这种情况在任何工程项目中都会出现，因此，这些经验的积累对我们将来的工作将会有巨大的帮助。

参加“国创计划”的过程还让我们体会到了全身心投入科研的乐趣，那种废寝忘食的经历，将会是一生中宝贵的财富。在 2015 年的暑假，我们 4 个人几乎整整一个暑假都泡在实验室里，整天为了项目而奋战着。负责工艺的同学，经常在洁净间做到深夜，才关掉设备，回到宿舍；负责实验的同学，则一整天都坐在实验台前，在 30 多摄氏度的温度下穿导线、配火药，也顾不得汗水浸透了衣服，顾不得是该吃饭还是睡觉。每当出现问题的时候，我们都会聚在会议室里讨论，讨论问题的原因，制订解决的方案。在发动机点火的那个晚上，我们全部围坐在地上，4 个人紧密配合，为了保证点火成功，每个人都做得十分认真，空气仿佛都凝固在了一起。但即使这样，实验还是经历了一次一次的失败，每次失败，都会废掉一个发动机，每次失败后我们都会讨论问题的原因，并在下一次实验里进行改进。每一次实验，都会让我们的操作更加熟练一分，让我们对发动机的工作过程理解得更加透彻。就这样，在一次一次的失败之后，终于成功将发动机点火。这时，已经是深夜 4 点。这一天也是我们几个最为难忘的一天，在一个暑假的不断拼搏和努力之后，终于在这一天取得了成功，也算是对我们辛勤工作的一个回报。当然，这个时候的发动机依然存在着各种各样的问题，还需要不断去改进和优化，但是这个阶段性的成功还是让我们兴奋不已，让我们心中充满了继续前进的动力。我想，这种体会是其他任何事情都无法替代的，也是这个经历中最为宝贵的财富。

上面说的很多是能力的提升，而在这个过程中，知识的积累和视野的开拓同样非常重要。

我们的项目是一个涵盖了众多学科领域的交叉型项目，其中加工上涉及的是微电子学，发动机本身又会涉及燃烧学、气体动力学、传热学，部分装置的加工又会采用传统的机械制造工艺，推力测量部分则涉及了结构力学、动力学、信号处理等内容。因此，这样一个多学科交叉的项目对我们广泛涉猎不同科技领域的知识具有非常重要的意义。首先 MEMS 技术是最近几十年兴起的一个新兴的领域，现在的科技前沿也在向着微型化发展，无论是微小型电子或机械器件，还是微尺度的力学、热学现象和机理，都是当今科学研究的重要领域。而通过这个项目，我们不仅学习了 MEMS 基本的加工原理和加工工艺，更了解了众多以 MEMS 为基础的科技前沿。国际上众多国家和研究机构都在研究基于 MEMS 的微型器件，包括微型等离子体推进、微制动器、微泵等机械器件，也包括微传感器、微电容器等电子器件，这些领域也将有着十分广阔的发展前景，因此这些知识的积累为我们将来的发展也提供了更多的思路和选择的空间。另外，学科交叉是如今科技发展的一个重要方向，不同学科之间的交叉既是科技发展所必需的，又是当今科学研究的前沿阵地，因此通过这个项目，了解了不同学科的知识，对不同的学科都有所涉猎，对我们将来的发展也有着重要的指导意义。

在参加这个项目的同时，我们也获得了很多与同行或者相关领域的前辈和同学交流讨论的机会。在 2016 年 6 月，我们所做的部分成果，还参加了 2016 年国际微纳流体与微流控芯片实验室大会并做了会议报告。这个会议不仅仅涉及 MEMS 的器件，也包括了微尺度的流体和换热领域的研究。在这个会议上，除了汇报我们自己的成果，还聆听了许多专家的报告，了解了相关领域的科研动态，体会了这些专家敏锐的科研判断力和创造力。在与他们交流的过程中，也体会到了这些前辈扎实的基本功底和严谨的科学精神，他们给我的项目提了很多意见和建议，也为我们指出了除皮纳卫星外很多可以应用这款微推进器的领域，使我的思路得到了极大的拓宽。这次会议对我而言，既是这个项目本身的提升，也是对科学素养的一次洗礼，让我们第一次近距离地接触了学术的前沿和学界的大师，受益匪浅。

同样是得益于“国创计划”，我们有幸参加了第九届全国国创年会，见到了来自全国各个省份、各个学校的优秀项目，得以与全国的优秀同学进行交流和讨论。让我们印象最深刻的是北京大学的一款图像处理的四旋翼无人机，无论是图像处理算法还是无人机的设计，这款产品都令我十分折服。在与作者交流的过程中，了解到这个项目他也已经做了好多年，正是这样长时间的完善和磨砺，才打造出这一款优秀的航模作品。而在“国创计划”年会上，这样的作品还有很多，他们严谨的求学求知精神让我备受感染。也是在年会上，我们结识了微型卫星项目的学长和老师，他们的项目与我的项目有着一致的应用背景，我们所制作的微型推进器正是用在微型卫星和皮纳卫星的轨道控制与姿态控制上，所以我们就微型卫星与微推进器进行了大量的讨论和交流。通过交流，我们对目前现有的微型卫星的轨道控制和姿态调整的方法有了更加清晰的认识，对各种方法的利弊也有了更透彻的理解。这次与全国各地优秀同学的交流也让我们受益良多。

最后，我们这个团队里共同奋斗过的同学，无论是一起挑灯夜战克服困难，还是围在地上为了点火而废寝忘食；无论是平时在繁重的课业之余仍然抽出时间定期开会讨论，还是寒假期间正月初八就来到学校为了项目继续奋斗。这段经历，这份情谊，也许才是最宝贵的。

一路坎坷，一路收获

项目名称：自适应混控仿人灵巧手

完 成 者：孙 尧，汪常进，徐佳锋，刘星栋，周信兵，卢奕昂等

完成时间：2017 年

推荐学校：北京理工大学

科技创新活动对我而言并不陌生，高中一年级时加入了信息学竞赛小组，学习计算机编程知识，获得全国奥林匹克信息学竞赛一等奖，并因此保送至北京理工大学机电学院探测制导与控制技术专业学习。在入学前几个月空闲下来的时光中，每天都在关注着北京理工大学相关新闻，憧憬着即将开始的大学生活。这时，一条名为《北理工机器人足球队打进 2013 年 RoboCup 机器人世界杯四强》的新闻出现在学校官方网站的首页。这是学校第一次出征机器人世界杯，在群雄追逐的大赛中夺得第四名，并且一名团队成员被选为中型组技术委员会委员。一次偶然的机会，在 QQ 群中，我惊奇地发现了这位学长的名字，当时来不及多想，直接跟他私信聊了起来，果然，正是他那位因表现突出被选为中型组技术委员会委员的 2011 级学长。在和学长沟通的过程中了解到，学校鼓励学生参加课外科技创新活动，教育部也有相关的实训计划。听到这些，男孩子心中的工程师梦想瞬间被唤起，经过几次咨询，得知学长主要负责机器人的机械设计部分，常用软件是达索公司的一款三维实体造型软件 SOLIDWORKS。整个 7 月，其他同学都在享受着高考后的休闲时光，我则在电脑前面对着一个个视频教程和模型案例，从最简单的平面拉伸到复杂的曲面建模，一点点被我啃透，一个月下来，绘制出了 30 多个实体模型。现在回想起来，这一个月的努力对我日后的国创项目起到了至关重要的作用。

大学一年级上学期，一场学生组织的招新演讲，将我彻底带入国创的大门。在综合教学楼一层的一间教室里，机械学部机器人创新基地的新生招新宣讲如期进行。作为一个热爱机器人的大一新生，很早便关注并自然而然地坐在教室第一排，听着学长们讲述创新基地的相关情况。在这里我知道了机器人创新基地服务于国创，为国创项目组提供场地、工具和技术支持。多年来基地培育出了许多获得校级、国家级奖项的科技作品，并且每年组织学生参与国创项目的申报。

11 月份，学校发布了校级大学生创新创业训练计划申报通知，在校生可以项目团队形式申报项目，由学校对项目进行审核评定，最后符合计划的项目团队会获得学校资金支持，在一年的时间内完成项目，由学校教务处组织专家对项目进行评审。

关于项目的选题，应用前景是最重要的方面，其次是科技含量、实现难度等。

在选题期间，要的就是大胆和自信，多咨询老师意见，敢于发邮件，敢于敲开办公室的那扇门。从最初的三足搜救机器人到后来的仿人灵巧手，要感谢当时班主任宫久路老师的批评与建议，搜救机器人的实现难度和应用价值不对等，而且同等水平下很难做出创新改进。刚好，哈尔滨工业大学刘宏教授团队在那时研制出了国内第一款仿人机器人灵巧手 HIT/DLR Hand Ⅱ，该灵巧手是采用齿轮传动方式通过电机驱动完成手指曲张运动。看到这条新闻，我收集了许多国内外灵巧手的研究现状，了解到目前仿生机器人领域逐渐发展为机器人研究重点领域。仿生灵巧手因为其结构独特，功能复杂，更是成了研究的热点。当前能够运用于医疗的假肢大多数不具备高灵活度，只能提供 1 到 2 自由度的夹持功能，而且只能由使用者提供机械响应进行控制。那么针对这一情况，我萌发出了一个思路，我何不设计一款具有高灵活度、能够智能控制、符合市场的低成本灵巧手呢?

团队的组建是第一要务，当时许多学长传授经验说，要兼顾各专业的知识，增加团队综合实力。但在我看来，同为大一新生，即使专业不同，却都未开始对专业知识的学习。而且各专业间的课程设置、时间安排很难达到统一，往往会出现开会讨论人不齐的现象。相反，如果直接联系班级内部同学或者相近专业同学组队，大家在时间上基本统一，目标上基本一致。分散学习不同知识，既能完成项目，又可以提升自身能力。针对于此，我们的团队中 3 人来自机械电子专业，2 人来自武器系统专业。同时也分为两组，机械电子专业的同学负责机械设计和硬件系统搭建，武器系统专业负责程序设计和控制。在接下去的半年时间中，我们并没有急于完成项目，而是利用资源，一起学习相关知识。

2014 年 4 月，国家级和北京市级立项开始申报，如果申报成功，将获得更多资金支持。这对我们来说是一个重要的转折点。申报的过程中，我们整合了半年时间内学习的相关知识和查阅的国内外文献，撰写了一份三万多字的国创项目申请书，详细阐述了项目背景、项目设计方案、实施计划和预计成果。而创造转折点的关键是我们有了一位科研实力雄厚、教学经验丰富的指导教师罗庆生教授。罗老师当时是机电学院机械电子工程专业的责任教授，为我们开设“机械电子工程导论”一课。在课堂上，罗老师讲述了许多仿生学在机器人技术中的应用成果，记得一次关于杨森机构的讲解过后，罗老师问我们，有没有同学愿意去中关村校区参与杨森机构步行机器人的组装，下课的时候可以报名。听到这句话，我当即查阅了杨森机构的工作原理，做好了回答问题的准备。正是这个机会让我留下了老师的联系方式。通过短信的联系，在一次课前，将我们的申请书和项目方案给罗老师审阅，或许是这种勇敢的态度，也或许是申请书撰写的认真。罗老师同意指导我们的项目，并鼓励我们申报国家级立项，还从专业的角度指出申请书中出现的几点关键错误。经过半个月时间的仔细修改，“仿生灵巧手”项目申报国创项目并成功立项。

国创项目立项后，为了达到更好的控制效果，我们对原有的设计方案进行了更改。我们在驱动方式上遇到了难题。传统灵巧手大多采用腱绳式传动，即模仿肌腱牵引手指的方式，这种驱动方式虽然模仿人手，具有仿生学依据，但是控制精度低，结构稳定性差，不易于操控。针对以上问题我们设计了蜗轮蜗杆减速电机，利用蜗轮蜗杆的自锁原理，减轻了对电机性能的要求，从而减小了电机尺寸，这样便能将电机内置于手指指节中。同时，这种指节的设计符合模块化设计理念，制作方便，易于更换。我们共用了22个指节模块，制作了一款具有22自由度的五指仿人灵巧手。22个电机的存在，极大地增加了控制难度。最终，在老师的建议下我们采用I^2C总线控制，通过指令串行控制每个电机的旋转。在灵巧手的制作过程中，罗老师帮我们联系了广东省东莞精奇机械有限公司，利用暑假时间去工厂进行实习，完成灵巧手机械部分加工制作和组装。在那里学会了许多机械加工设备的使用方法，体验了智能创造的生产理念。当今制造业的发展已经步入智能化、产业化，再也不是依靠双手的钳工时代。为了寻找一个大小合适的电位计，我们去了深圳华强北电子市场，见识到了一个庞大的电子产业帝国。一个下午的时间跑遍了11层楼，认真比对了各种型号电位计的尺寸和成本，找到了我们一直沿用了2年的电位计型号。这次实习经历，让我接触到了真正的工作环境、真正的社交环境；让我开始思考如何平衡理想和自身能力；培养了我的观察力和解决问题的能力，并提高了动手的能力；提高了我的团队合作观念，培养了团队合作精神；使我学到了太多课堂不能给的知识、见识和视野；也让我明白了再次投入科研项目中该用什么样的态度去学习，知道了自己的不足，还需要准备些什么；更加坚定了我的目标。可以说为之后的科研之路打下了扎实的基础。

伴随着“国创计划”项目的是各种级别的竞赛，校级的世纪杯、省级的华北五省机器人大赛和国家级的大学生创新创业年会。这些比赛有的注重项目的实用性，有的注重项目的创新性。大学4年里我们共参加过3次世纪杯竞赛，获得特等奖一次、一等奖两次。世纪杯是北京理工大学的挑战杯校赛，比赛形式与挑战杯相同，通过网站提交项目信息，由各级评委进行审核，逐步筛选出获得特等奖答辩资格的参赛项目，进行集中答辩，最后由评委综合给出评定。至今，准备答辩的过程还历历在目，从作品本身的准备到答辩场上的提问环节都必须要经过反复排练推敲。庆幸的是灵巧手项目本身就具有很高的定位性，不需要耗费过多时间为评委解释项目研究的意义，可以把更多的时间用于展示项目本身具备的技术和应用情况上，事实也确实如此。作品的定位决定了作品发展前景，如果本身定位含糊不清，就很难在此基础上有所突破。以灵巧手为例，在民用角度它可用于医疗假肢；在军用角度它可应用于太空作业、空间操作等。在设计过程中模块化的理念和良好的机械结构使它可以作为仿人机器人技术研究的机械载体，可以搭载不同的控制系统和控制源，如肌肉电流、语音信号、脑电波等。

2016年在厦门大学举办的第九届全国大学生创新创业年会上，仿人灵巧手项目——“自适应肌电语音混控灵巧手”大放异彩，一举斩获“最具创新项目”第一名、参赛学生评“我最喜爱项目”第一名的双料冠军。此时参赛的已经是在我们完成国创结题并且获得“十佳优秀项目”之后再次改进的第三版灵巧手。从作品本身的角度来讲它已经完全具备了“一只手”的功能，并且我们已经申请了两项国家发明专利，均已公开发表。从现场情况来讲，互动式的数据手套控制、直观的虚拟显示技术，使灵巧手在评委和参赛学生面前展现出了北京理工大学学子应有的科研水平。准备比赛的过程共历时 4 个月，从 6 月初获得优秀国创结题项目开始，在罗老师和学院的大力支持下，我们获得了申报大创年会的资格。刚开始的两个月，伴随着自我质疑，我们开始对灵巧手进行艰难的改版，在原有的基础上，我们重新绘制图纸送去工厂加工，根据实际情况选择了质量更轻的铝作为主体材料；在对灵巧手控制方式的改进上，迫切需要一种更具有现场展示能力的控制方式，数据手套是不二之选。但是市面上的成品数据手套价格昂贵，且接口数据封锁严重，难以二次开发。我们针对灵巧手的自由度设置，参照其他产品的设计方法重新设计了一款数据手套，用于现场展示和互动，这也是我们制胜的关键之一。在这个过程中我们也有信心大跌、精神疲惫的时候，但我们整个团队始终相互支持、相互鼓励，依靠强大的意志力，一直坚持完善灵巧手的各项目技术。面对各种困难、疑惑，我们反复推敲、反复推理、勇于突破。在准备年会前我们进行了多次彩排，针对每一个动作、每一条指令、每一个细节、每一个漏洞，仔细琢磨、一一矫正，并研究专家将提出的问题，做好解说答辩准备。在比赛现场过程中，学校给了我们很大支持和帮助，罗老师亲自带队现场指导，给了我们信心和鼓励。在此请允许我代表团队向各位领导、老师表示衷心的感谢，正是有他们在背后的强大支持，才让我们走得更远。

付出总会有收获。年会已经结束了，回首来时路，为了这份学术作品，为了这场决赛，从课题的立项到最后的成功，我们团队付出了无数的汗水，熬过了无数坎坷夜，舍弃了大部分的节假日，无数的日夜都奋斗在灵巧手项目研发上。从最初对项目的陌生到今天的侃侃而谈，这过程中的一路坎坷，一路收获，它不仅仅是一次突破、一项荣誉，它更是一次难忘的人生历练，一笔人生财富。一个个不眠之夜，一次次疲惫与坚持，一场场比赛展示，激动、快乐、遗憾、悲伤、笑容、泪水涌动在那奋斗与拼搏的多少个日日夜夜里，说不出千万次表情的变化，说不出反反复复心理的矛盾与抗争。

接下来的目标是 2017 年的挑战杯，挑战杯竞赛始终坚持“崇尚科学、追求真知、勤奋学习、锐意创新、迎接挑战”的宗旨，在促进青年创新人才成长、深化高校素质教育、推动经济社会发展等方面发挥了积极作用，被誉为当代大学生科技创新的“奥林匹克”盛会。能够凭借项目本身获得参加挑战杯的资格，可以说已经是一种荣誉的表现。虽然已经临近毕业，但是灵巧手项目承载了我们团队太多，可以说到最后我们已经不是为了奖项，不是为了荣誉，而是为了一颗放不下的心。灵巧手于我们如同亲手带大的孩子，一点点看着它成长，获得认可，更希望它能为社会做出贡献。

仿生灵巧手项目立项于2013年11月，以项目负责人身份担当责任的4年中，仿生灵巧手共获得国家级奖项一项，省市级奖项两项，校级奖项三项，参加国家级展览两次，申请专利4项，获多家企业合作意向，并将自身技术参与到相关社会公益事业。4年时间也算是交上了一份满意的答卷，为了项目的传承，秉承着“国创计划”培养锻炼创新能力的理念，根据面试组建成了一支由下届学生主导的新团队，相信他们在之后的科创过程中，通过项目本身和罗老师的辛勤指导一定能收获良多，为学校争得更多荣誉。

青春正好，创业当时

项目名称： 学生圈新媒体
完 成 者： 韩东君，刘　悦，马晓颖，王华笙，徐　丹
完成时间： 2016 年
推荐学校： 北京邮电大学

不知道从什么时候开始，我被人称之为“青年创业者”，也许是因为创业已成为我的一个习惯吧。回望这一路上的苦与乐、成长与收获，不胜感慨。曾经迷茫过，失落过，但更多的是在不断的尝试后懂得了坚持和不放弃。创业，注定在我的青春岁月里成为浓墨重彩的一笔，它真的教会了我许多。

1 参与“国创计划”情况

北邮是一所具有创新创业基因的理工院校。在本科阶段，我就参加了学校的大学生创新创业项目训练。基于专业及兴趣爱好，我组队完成了“基于云平台的图像检索”项目，该项目最终被评为“北京市优秀创新项目”。之后，在指导教师的支持下，我在此项目基础上进行深化，经历了从创新训练到创业训练再到创业实践的成长过程，项目被评为国家级大学生创新创业训练计划项目，同时我创立了“学生圈新媒体”和“7 点一刻”品牌，代表学校参加了第二届全国“互联网 +”大学生创新创业大赛，并荣获银奖。

参与“国创计划”项目的经历给我的学习生活带来了重要的影响，它让我认识到了独立思考的重要性。这些项目不是简单的上课或做实验，只需按照老师讲的步骤走就行了，我们面对的可能是一个完全没有接触过的新领域，没有人告诉我们该怎么做。我们需要自己去找文献、查资料，思考原理和方向，探索解决问题的办法。这其中的每一步都需要独立思考。与此同时，创新能力、解决问题的能力、团队协作能力、组织能力、执行能力等也都在一次次的项目实践经历中逐渐得到了培养。

我的第一次创业，发生于 2014 年 7 月。那时，微信公众号刚处于发展的上升期。从身边同学对各种优惠的需求出发，我创办了“学生价”项目，发布一些优质折扣信息。7 月份起，我开始招募小伙伴，搭建属于自己的团队。在我的努力及朋友的信任支持下，我们的新媒体运营团队不断补充新鲜血液，“学生价”的定位也由最初单纯发布优惠信息渐渐转型为吃喝玩乐等活动的资讯。与此同时，我带领 5 人团队从零开始摸索新媒体运营的模式，从内容运营、活动策划到用户运营、广告变现，渐渐地我

们也找到了自己的方向。新媒体的关键在于对用户心理的把控以及团队的充分准备，于是每当有重大节日或者重要活动时，我们会召集所有的小伙伴，一起集思广益，头脑风暴，策划主题活动，在执行中不断调整、总结、优化。凭借所有人的努力，我们终于拿到一个比较大的合作订单：与乐谷音乐节官方平台联合售票。凭借这次合作，我们团队挣到了创业的第一桶金。

我们的创业小团队在半年内就为“学生价”公众号聚集了 8 万多名粉丝，也制作出了多篇刷爆朋友圈的内容。“学生价”也因此成为当时北京地区活跃度最高的生活休闲类自媒体。同年 9 月起，利用内容的高关注度，我们就通过营销业务获得了月均万元以上的收入。

“学生价”取得的小小成功坚定了我创业的决心。2015 年 2 月，北京君宏科技有限公司正式成立。2015 年 4 月，我带领团队创办“帝都学生圈”，同时该项目入选学校当年的“国创计划”项目。在我们的精心耕耘下，帝都学生圈一直保持着非常好的发展趋势，并获得南方周末高校新媒体排行榜的第二名。因此，我将“帝都学生圈”置于公司战略的中心，立志通过优质、有趣、有温度的媒体内容，发现新鲜多彩的生活方式，消灭大学生活的枯燥无趣，引导大学生树立积极的价值观，陪伴大学生成长，致力于成为中国校园新媒体的标杆。

在此阶段，我带领整个公司深耕新媒体领域，不断优化内容，拉近与用户的互动，并策划了一系列参与度很高的线上线下活动，同时还在商业模式上进行了大胆的探索。对于新媒体来说，广告公关是最简单的变现模式。我不断思考，发现了品牌推广和校园市场的巨大空间，于是开始尝试搭建企业与校园的桥梁。我们团队利用丰富的新媒体经验，对用户习惯特点的把握及对校园市场的深度了解，为许多企业品牌制订校园活动营销策划方案，并联合品牌进行校园的线上线下推广。通过大家的努力，我们与近 300 家企业达成合作，为其进行了不同程度的营销推广，也为我们团队找到了更稳定的盈利点。

在新媒体布局方面，我经常深入思考，及时把握最前沿的行业媒体趋势，不仅积极与各媒体平台如今日头条、一点资讯等合作，还作为发起方创办了中国高校新媒体联盟，并成为联盟的首位执行主席，联通各高校协同内容创作，共同发起系列活动，扩大文化品牌的影响力。

2 后续发展情况

作为公司创始人，我不断调整项目的发展方向，同时在第一线密切关注着每一个计划、每一个活动的落地效果。在公司影响力还很小的时候，我就积极地抓住每一个合作的机会，利用自身的优势和合作伙伴一起前进、一起成长，收获了许多坚实的合作伙伴。虽然公司项目目前逐步成熟，但是市场比较有限，所以我也一直在追寻着更大的发展空间。

2016 年 1 月，新年伊始，经历了一段时间思考和探索之后，我创办了“7 点一刻”品牌，以“让大学生早一刻看看象牙塔外的世界”为宗旨，开始在新的领域继续探索新的方向。2016 年 2 月，公司顺利地完成天使轮融资，由“软银赛富”的合伙人羊东先生领投，公司的估值达到数千万人民币，这无疑为公司规模和核心业务的进一步发展奠定了坚实的基础。同年 3 月，“7 点一刻”在一个月之内实现 2 万粉丝的增长量，成功把品牌推向市场。

凭借着对互联网前沿趋势的把握和对行情的深入思考，我嗅到直播新媒体浪潮即将来临。2016 年 7 月初，我果断决策，迅速成立学生圈直播新媒体，并推出“黑暗料理”“恋爱进行时”“小胡说书”等一系列原创直播内容。由于切入的时机恰到好处，我们每期直播节目观看人次高达 10 多万人，并通过两周时间迅速聚集 5 万多粉丝。在此良好的发展势头下，我们相继与映客、花椒、人人直播平台达成战略合作伙伴关系，将学生圈直播新媒体的人气推到了新高峰。

考虑到目前大学部分知识内容与社会发展需求脱节，且在校学生缺乏相关渠道去了解象牙塔外的社会状况，造成大多数毕业生毕业即失业的状态，于是决定将“7 点一刻”打造成一个大学生职业成长社群，通过搭建学习、分享、交流的平台，结合直播答疑、线上内容、企业游学等形式，提升学生求职竞争力，帮助学生顺利进入心仪企业。“7 点一刻”学习社群也于 2016 年 8 月正式上线，为当今大学生了解互联网职场、提升求职竞争力提供了新的途径。

一分耕耘一分收获，在 2016 年的第二届全国“互联网 +”大学生创新创业大赛上，我们“学生圈新媒体”项目荣获全国银奖。这既是对我们团队所有人努力的回报，也是坚定我们继续创业之路的一剂强心针！我将更有信心把“为大学生服务”的理念做到极致，为解决社会“就业难”和“招人难”的问题贡献全部的力量！

3 主要经验与启示

选择创业，我从不后悔。这是我给自己青春最好的献礼。但是，我也深知，创业绝非是理想主义的情怀之举，而是在栽跟头、咬咬牙、擦干汗水与泪水后继续打着鸡血前进的反复之中不断锤炼。

作为创始人，我始终如履薄冰、踽踽独行。这遍布荆棘与小小果实交织的一路，我也收获最多、成长最快。尽管我现在只是带领着 10 人左右的团队，但在公司经历各种机遇与挑战的过程中，在与团队成员不断磨合过程中，我逐渐理解了作为 CEO“管理能力”的重要性，也在学习中不断提升自己。

作为管理者，要明确公司发展方向。我曾经研究过一个 10 人创业团队，他们既想做SKD，又想做新媒体，一会儿想做游戏，一会儿想做电商，一会儿又想做DSP联盟。原本就 10 个人的公司，什么都想做，执行的人员也努力做了，结果公司不但没有赚到钱，更重要的是精力分散，错过许多发展机会。因此在公司能够明确一到两个方向之后，必须调动全公司的力量去执行，这样才能够形成合力。

要加强分工合作。在团队慢慢扩大的过程中，我渐渐发现作为公司的 CEO 不可能承担所有的工作。一个 10 人创业团队，必须要实现分工协作。我认为，对于初创互联网公司来说，核心成员有 4 个人比较合适的。一个人负责公司的市场和业务，带领市场人员保证收入来源；一个人负责公司的人事，保障公司人员稳定并调动成员积极性；一个人负责公司的运营，根据市场反馈，协调技术人员，对用户进行数据分析，不断提升项目的绩效；一个人负责公司的技术，做好技术保障工作，防止项目出现各种 bug。

市场、人事、运营、技术分工合作势在必行，因此在沟通上必须要及时，以免出现方向上的不一致。市场尤为重要，因为市场人员在前线长期跟渠道和客户打交道，对于客户反馈的问题最有发言权，如果碰到问题不能向运营和技术人员及时反馈的话，将有可能导致运营和技术人员在工作中陷入误区。而公司的运营人员在整个过程中起着重要的沟通和协调作用，因此在平时的工作中需要向市场人员了解情况。

要不断完善公司的管理制度。管理制度能够使得每个人明确自己的岗位职责和工作内容，将有助于提升工作效率，获得优秀业绩。对于 10 人创业公司，每个人都有必要写工作汇报，及时沟通工作中存在的问题。例如，是不是市场人员在工作中对待客户的态度不够好，运营人员是不是过于急躁而忽视运营细节，技术人员是否缺乏和运营市场人员沟通。管理制度完善之后，同事的能力是否得到了提高，学习态度是否有所增强，工作的主动性是否有所提升，这都需要我们在实际中不断验证并改进。

我始终认为，所有管理制度的最终目的，一是为了能够使公司在激烈的市场竞争环境中生存下来，二是公司的每个同事通过管理制度能够不断学习和提升——即使离开这个团队，仍然能够找到一份适合自己的工作。

最后，我觉得真正决定公司高度的，是做事的执行力。执行力在任何一个公司都非常重要，在保证方向明确的前提下，执行公司的战略决策才能够带来实际的生产力。说到执行力，其实有的人以为很虚，实则不然。一个团队的市场、运营、人事、技术配合是否足够到位、执行是否高效，都关系到公司的整体发展。

因此，作为一支 10 人创业团队，我们有必要效仿：领导者提升管理水平和业务能力，员工通过不断学习提升工作能力，这样才可能使得创业团队在激烈竞争中的互联网浪潮中活下来，而且有了一定的生存空间之后，才能获得更多的发展机会。

这些道理，在我接触创业之前会觉得很空很不接地气，但在我带领团队一步一步走下来之后，才切实地感受到了这些管理学知识的重要性和实用性。因此，在创业的过程中，我只有不断地学习、进步，不断地去解决问题，才能够跟得上创业所需要的迭代速度。为此我看 了很多相关的书籍，也真正意识到了，不论是在学校还是在职场，学习是永无止境的。

在成长的路上，我尤其要感谢母校——北京邮电大学的支持。最初的我，作为创业小白，不懂学校的创业政策，不了解外部的创业环境，也并没有深入了解过关于竞赛、创业、融资等方面的信息。学校老师们总是积极主动、热情地给我们传达创新创业的政策理念，带领我们去参加社会各界重量级的比赛，给我们争取各种各样的机会，去接触不同领域的资源，进而接触社会，由此我们才能结识创业路上的天使投资人，也一步一步地修完了创业的“必修课”。现在，我们公司已经完成了百万级天使轮融资，用户超过 40 万，排名全国校园新媒体前十名，并多次在全国各类创新创业大赛上取得佳绩。

当然，我还是会经常听人说到，大学生创业不靠谱，大学生抗压能力太差，创业会遭遇很多坎坷，大部分小企业都撑不下去，等等。但我仍然相信，这是一个最好的时代，好到你也许只需要一台电脑，就可以改变世界。我们是幸运的，赶上了大众创业、万众创新的时代号召，又有社会、政府、学校等多方力量的支持，这一切资源的倾斜使得听上去有些雾里看花的大学生创业拥有了更为坚实的基础和强大的后盾，也为我们能在未来实现梦想提供了更大的可能。

时代在召唤，希望我们能在这样一个好的时代腾飞！

创新精神与踏实研究共筑成长

项目名称： 网购消费者的信息搜索模式研究

完 成 者： 韩　晴，胡慧莹

完成时间： 2013 年

推荐学校： 天津大学

1 参与“国创计划”情况

本科期间我在天津大学管理与经济学院工商管理专业就读，在本科学习期间便将市场营销特别是网络营销领域作为主要学习、研究的方向。适逢大学生创新创业训练计划开展，为提升学生的创新能力和研究水平，学校鼓励学生自主选题进行研究。我与项目组的成员一起，基于市场营销实践中网络营销的新形式，发现实践现象，归纳提升成为科学问题，形成研究项目，于 2012 至 2013 年度参加大学生创新创业训练计划。针对网络营销过程中消费者信息搜索和信息过载问题进行研究。

我作为项目负责人，带领团队制订具有科学性和逻辑性的研究计划，采用文献研究与情景模拟实验相结合的研究方法，得出消费者信息搜索行为特征和信息过载对消费者行为影响的结论。最终完成了题为“网购消费者的信息搜索模式研究”的研究论文。

在学校的评审中该项目被评为优秀创新类项目，推荐到第六届全国大学生创新创业年会进行展示交流。我有幸代表项目组就论文的研究问题、研究方法和研究结论做学术报告，并与来自全国多所大学的老师和同学们进行深刻交流。最终获得评审老师的认可，论文获得第六届全国大学生创新创业年会优秀论文奖，并入选第六届全国大学生创新创业年会优秀论文集。

2 后续发展情况

我本科阶段参与大学生创新创业训练计划，使我对市场营销领域的研究问题、研究方法、研究思路都有了更进一步的了解和掌握。帮助我将本科阶段学习到的基础知识和基础理论系统地整合成对市场营销领域研究的基础，更加深了我对该领域研究的热爱。本科毕业之后我被学校免试推荐到本专业继续攻读研究生，师从我的指导老师郑春东，继续针对网络营销领域中的消费者行为进行更深入的研究。并于

2017年1月顺利毕业，进入中国汽车技术研究中心情报所工作，继续从事汽车行业消费者满意度的研究工作。

3 主要经验与启示

创新是以新思维、新发明和新描述为特征的一种概念化过程。起源于拉丁语，它原意有三层含义，第一，更新；第二，创造新的东西；第三，改变。创新是人类特有的认识能力和实践能力，是人类主观能动性的高级表现形式，是推动民族进步和社会发展的不竭动力。一个民族要想走在时代前列，就一刻也不能没有理论思维，一刻也不能停止理论创新。创新在经济、商业、技术、社会学以及建筑学这些领域的研究中有着举足轻重的分量。

我认为大学生创新，特别是市场类学科的创新，就是要改变传统的思想、观念，利用自己的知识、能力和技术，结合目前市场营销的现状和新形式发现新问题，进一步总结、提炼出科学问题，在此基础上深入研究问题的形成机制、外部影响和改进措施。市场营销领域的创新不仅仅是发现新规律、新方法、新理论，更应该将学术界的理论发现运用到营销实践中去，认识消费者行为的规律、营销工具的作用，切实解决市场营销运行中的痛点问题。

李开复老师说过，大学阶段就是一个很好的科技创新机会。因为创新是基于扎实的专业基础知识上才可创新，如果对于专业基础知识都了解不透，那么谈创新则是空想的。特别是在大学阶段，创新的同时可以利用丰富的资源去参加学术论坛、科技竞赛、创业实践等探究型活动，培养求实、探索精神，掌握与人沟通、团队协作等方面的技能，在锻炼抗挫折能力的同时也开阔了视野。并且帮助我们培养善于发现和认识有意义的新知识、新思想、新事物、新方法，掌握其中蕴含的基本规律的能力。

国家级大学生创新创业训练计划的提出正是给了我们大学生一个平台，让我们有组织、有计划地进行创新探索工作，并且给我们提供了跨越学科领域、跨越校际探讨交流的机会。在项目实施的这一年中，有痛苦也有快乐，有付出也有成长。我从刚开始的一无所知和一筹莫展，到目标明确、方案清晰，最终得出研究结论，这其中经历了很多困难与挫折，同时也收获了很多经验与成长。回想过去参加研究项目的过程，从开始的寻找课题到申请立项、撰写项目申请书，到查阅相关参考文献，确定实验项目、实施方案和寻找创新点，制定详细的研究方案和步骤，确定项目的可行性，到最后实施实验得出研究结论。一步步走来，这其中的辛苦和辛酸只有经历过的人才懂，其中的经验和成长也只有经历过的人才会拥有和分享。这一年，让我学会了坚持，让我知道面对困难除了克服别无出路；这一年，让我知道了什么叫执行力，从闲散到充实，从做事拖拉到雷厉风行，我看到了自己在一步步成长；这一年，让我体会了什么叫团队，一起工作，一起熬夜，相互慰藉，相互鼓励，我感受到了一个团队真正的战斗力；这一年，让我知道了什么叫创新，创新不是天马行空，创新是创造、是改变，是为了满足社会需求获得一定有益效果而不断探索的精神。这是一次难得的经历，一次让我们得到锻炼和成长的经历。下面我将从三个方面介绍我在这一年过程中的主要收获。

（1）提升发现问题和解决问题的能力

在项目确定初期，一系列的问题就出现在我们面前。首先就是创新方面，由于这是一个创新创业项目，所以创新方面是必不可少的。创新方面首先要明确一个方向和目标，方向和目标是贯穿整个项目的核心，只有明确方向，围绕这个方向努力下去，才可能有结果。创新点可以从很多方面着手，不一定要很高深很前沿，只要不是照搬别人的东西、在自己力所能及的范围内就好。我们发现了现实中网络购物消费者都面临着不同程度的信息过载现象，这一现象是伴随着互联网大数据的兴起而产生的，与传统的营销实践和营销理论的背景有很大的差别，这是一个有创新点的研究问题。这就导致我们在现有的市场营销和消费者行为的研究中很难找到相关的理论支撑与假说，思维出现了“停滞不前”的现象。这时候指导老师给了我们很多帮助，教导我们在这种情况下不要着急也不要想着放弃，要试着换一个角度思考，发散思维进行多方位思考，做出大胆猜想。在指导老师的帮助下我们参考引入了信息系统研究的理论和方法，与市场营销、消费者行为学的原理相结合，突然产生了一种柳暗花明又一村的感觉。

确定了研究问题以后就开始进入解决问题的研究过程中。在研究方面，我最深的体会就是要善于勤于思考，主动动手、动脑。创新创业训练项目不是基础课上我们做的练习，只要按着老师讲的步骤做就行了。课题对于我们来说，完全是一个没有接触过的新领域，没有人告诉我们每一步该怎么做。当时我们尚处于本科学习阶段，对市场营销、消费者行为学、信息系统的理论知识和研究方法的掌握都十分有限，需要自己去找文献、查资料，去弄明白市场行为的刺激与消费者感知、消费者行为之间的关系和影响机制，然后确定研究的基本思路和技术路线，再按照这个思路一点点努力，所以每一步都需要独立思考。其中会遇到很多困难，这个时候除了寻找帮助，最重要的还是自己思考。最开始的时候，我们急于求成，凭着自己积累的微薄的设计研究思路和实验方案就想获得成功。结果前面两个星期一事无成，设计的研究思路和实验方案给老师看，老师一看就是漏洞百出，没有一点可行性。后来我们听了老师的建议，不再着急，一步一步地慢慢来，先查阅文献资料，弄明白其中原理，再勤于思考，在文献资料中获得有用的信息，得到启发，然后将不同领域的研究思路融会贯通，再运用到自己研究的项目中。在项目实施过程中，我们由被动学习转为积极主动的自主求学，心态发生了变化，学习效率也明显提高，掌握新知识的速度明显加快。随着项目的逐步推进，我们查找文献、获取重要信息的能力，以及分析、归纳、解决问题的能力逐步提高，得到所需信息的时间明显缩短。

在这一过程中我体会最深的是要勤于思考，要善于从不同角度分析问题。每个课题研究的都是新的问题，没有现成的方案，需要自己去找文献查资料，去抓住问题的本质寻找规律，然后确定要创新的方向，不断地努力，独立思考。项目真正做起来才发现并不那么容易，需要做很多的工作，并且这些工作都还需要很大的耐心和毅力。比如早期的文献查阅、数据收集、数据计算及其分析、模型构建。整个过程中我认识到做科研必须具有一丝不苟的严谨态度，要本着对科研负责、对科学负责的态度，进行自己的研究。

（2）增强知识的系统性

在学习知识上，我认识到光靠学习书本知识是不够的，真正设计完成一个创新性研究项目需要各个方面的知识，而且市场实践和理论往往是有差距的，在实践中我们会发现很多理论的知识是不实用的，必须要靠经验以及不断地摸索去解决。参与创新训练项目之前，我们学到的都只是一些理论知识，与市场实践的需求匹配度不高，所学知识离散、不系统。在项目实施过程中，我们以实际需求为导向，综合学习创业方面的各课程知识，活学活用，以解决具体问题，专业与非专业知识有机结合，所学知识更系统，学习效果明显增强。

我们在学习过程中，总是习惯于在教室里、在课本上学习知识，所以缺乏实践方面的思维，很少去思考从课本上学习到的理论知识在市场营销实践中是怎样去应用的、会产生什么样的效果、为什么会产生这些不同的效果。随着科技日益发展，这些理论还能不能指导新环境下的营销实践，能不能预测未来的市场发展趋势。特别是我们市场营销学科面临一些特殊性，所有的营销工具最终要通过影响消费者感知和消费者行为才能产生作用。而消费者作为社会人，他们的感知和行为不是受简单因果关系控制的。这就更要求我们对市场营销、消费者心理学、消费者行为学等领域的基本理论、研究思路、研究范式要进行系统性的学习。在此基础上还要结合目前市场运营的新背景、新形式，有针对性地应用理论知识。

以我们的项目为例，就要求我们在网络营销的新情景下运用营销理论研究消费者信息搜索的行为。在做这个项目的过程中，我深刻地意识到市场营销学、消费者行为学、信息系统这些在课本上单独教学的学科居然有如此紧密的联系。说实话，刚接触网购消费者的信息搜索模式研究这个项目，我连如何设计、实施一个完整的营销学实验都不知道，更别说让我去推动项目进展得出研究结论了。虽然，我查阅、整理了很多相关研究的文献，了解了网络营销领域的研究动态，以及相关领域实证研究的研究范式，但是对于与消费者感知和消费者行为有关的实验设计和测量还是不能很好地掌握，幸运的是我们指导老师研究的课题中正在进行消费者方面的实验，我们参与到老师设计的实验中，逐一探讨每一实验步骤与研究目的的对应关系、实验设计的原理和注意事项，这才基本理解了其中的研究机制，这为我们后续的研究起到了很大的作用。

（3）增强协作精神和团队意识

其实这段时间，在对这个项目的付出和努力过程中，让我们觉得收获最大、体会最多的应该是团队合作。一个人不管怎样都是需要团队协作才能把事情做得漂亮，也许一个人也能完成，但是可能要花上十倍百倍的时间，而且完成的可能也没有那么漂亮。“众人拾柴火焰高”这句话是有道理的。团队合作中需要我们成员间的不断磨合，学会倾听意见和分享看法，做到组员的互相尊重，开心地交流与合作。

项目的每一个环节都需要大家的通力协作与配合。项目确定初期，我们先分头查阅资料，再进行集体交流讨论，在较短的时间内获取了大量信息，了解了市场营销、消费者行为学相关方面的知识，制订了项目的实施方案，撰写了项目申报书，顺利通过了申报评审环节。完成项目需要投入大量的时间与精力，这不是一个人单枪匹马就可以做到的，需要大家相互配合。每个人都要努力贡献自己的力量，尽可能多承担一些工作。同时，团队成员之间应互相帮助，高效快速地完成本项工作，以便尽快进行下一项工作。

项目是我们团队共同的，大家的目标是一样的，在团队合作中难免会因为观点的不同而产生摩擦，这时候需要我们以团队为重，以项目为主，全身心投入，并充分尊重团队中成员的意见和建议。从项目立项之初成员之间的不太了解到现在发展成为很好的队友、很好的朋友，这也说明了我们的团队合作精神。每一个人的力量都是有限的，在团队中我们能聚集起每个人的能量，将其团队作用发挥到最大。

在项目研究过程中，我深深感受到团队合作的重要性和必要性，同时也学到了很多东西。首先，此次创新训练项目让我更加理解协作精神与团队意识的真谛。在以后的研究或是工作中团队合作是非常重要的，我们要和不同的人进行不同的合作，在与人合作的过程中互相交流、取长补短，形成知识、能力的互补。而这一点正是我们当代大学生所欠缺的部分，因此本次参加大学生创新创业训练计划，我能有机会带领团队完成一个完整的项目，对我的团结意识、协作意识、个人能力的培养都是一次宝贵的机会。其次，我学会了合理安排时间。在团队合作中我的研究进度安排不仅仅影响我一个人的研究，还影响项目组的整体研究进展。特别是作为项目负责人，还要合理安排项目各项工作的整体进度，合理分配时间和人员工作量，对我来说都是前所未有的挑战。这种经历对我今后的研究、工作都有非常深远的影响。

（4）感悟

这次大学生创新创业训练计划让我颇为受益，有能力上的提高，有思维上的创新，有情谊上的收获。我在忙碌中充实了自己，学到了很多东西，并坚持认真细致地完成了项目的研究内容。在实验中，尽管困难重重，尽管工作量较大，但我仍不断鞭策鼓励自己无论怎样都要有始有终，尽最大努力做到最好。这次锻炼对我后续的学习、工作和生活都产生了很重要的影响，为我研究生阶段的研究和参加工作都奠定了坚实的基础。很感谢大学生创新创业训练计划给我的这次机会，同时希望我与我所在项目组完成的研究能够成为大学生创新创业训练计划在社会科学方面有价值的项目，能够为后续的同学提供有意义的参考。

国创，让我收获快乐

项目名称：便携式滚齿机——齿轮范成法实验台

完 成 者：周　静，张晓龙，王　彪，杨广渠

完成时间：2016 年

推荐学校：天津工业大学

1 学生参与“国创计划”情况

我是天津工业大学机械工程学院机械工程及自动化专业 2012 级学生周静。2014 年我进入机械创新设计实验室学习和工作，在刘文吉、洪英老师的悉心指导下，有幸作为主持人参加完成了 2014 年国家级大学生创新创业训练计划项目“便携式滚齿机”。项目在进行、完成的过程中取得如下成果：

（1）授权发明专利一项：一种教学演示用便携式滚齿机，专利号为 ZL2014 10203826.8。

（2）授权实用新型专利一项：一种带有齿轮蜡模定位机构的教学演示用便携式滚齿机，专利号为 ZL201620046554.X。

（3）发表科研论文一篇：《一种新型渐开线齿轮范成法原理实验装置》，期刊名称：实验室科学。

（4）全国三维数字化创新设计大赛天津赛区一等奖。

（5）在第九届全国大学生创新创业年会上被评为“我最喜爱的项目”。

在实施大学生创新创业训练计划项目的过程中，我的能力得到了极大的提升，包括：

工程设计能力：熟练地使用 AutoCAD 做二维图，能使用 Solidworks、Pro/E 生成三维模型并出工程图，掌握了 UG 建模和动力学仿真知识。

团结协作精神：在项目完成过程中，针对解决方案中存在的每一个问题与缺陷，团队中的每一个人相互切磋讨论，不断涌现新的灵感、新的思路，充分发挥集体的力量。

创新能力：通过参加国创项目，激发了我的创新意识。我的创新思想和实践操作能力在产品制作实现的过程中得到提高，从而将自己的创新潜力真正转化为创新能力。

国创激发了我的创新意识，让我喜爱上了创新并积极参加各种创新类比赛。其间，我获得第五届天津市大学生机械创新设计大赛二等奖、第六届天津市大学生机械创

新设计大赛三等奖、全国三维数字化创新设计大赛天津赛区一等奖。

国创对我更重要的是使我对专业课的学习产生了浓厚的兴趣，使我在非常充实的状态下完成了我的大学生活。大学四年，我共获得国家励志奖学金2次、天津市人民政府奖学金1次、校长奖学金3次；而且被评为校级优秀三好学生、优秀共产党员、优秀团干部、优秀共青团员、优秀毕业生、暑期社会实践校级先进个人。

由衷感激国创给了我这样的机会，让我作为负责人独立完成了一个项目，全面激发了我的创新意识和学习热情，并从此改变了我的人生轨迹。

2 后续发展情况

国创使我更加优秀。2016年，我被保送到东北大学攻读硕士学位。在读硕士期间，我认真学习每一门专业课，不断充实自己的理论知识。得益于国创的研究与实践能力，我研一便跟随老师做科研项目，发表科研论文一篇：*Research on Wear Resistance of Plasma Remelted FeNiCrAl Sprayed Coating*，并以优异的学习成绩获东北大学硕士研究生一等学业奖学金、东北大学硕士研究生校长奖学金。

在科研之余，我积极参加各项学生活动，并担任我校研究生会生活部部长。如帮助同学们办理医保及学生证充磁工作；举办“弘扬学术道德”征文大赛，加强学风建设和学生道德培养，弘扬学术道德，培养我们严谨求实的科学精神；组织安全卫生大检查，让同学们生活在一个干净、舒适的环境中。在为同学服务的过程中，我收获了快乐，培养了团结协作精神，锻炼了与人沟通的能力。

3 主要经验与启示

（1）主要经验

首先，在参加“国创计划”时，我们应该有一个好的选题，好的选题应具有价值性、创新性和可行性。其中价值性是指：如果一个课题的研究没有现实意义，对我们的生活没有任何的帮助、没有任何推广价值，那么这将是一个失败的课题。创新性是指选择的课题应该是别人没有提出来的，或者在别人研究的基础上提出新的问题，发现别人没有解决的问题。可行性是指项目完成的可能，即我们应该具备相应的知识结构、研究能力、实践经验及相应的物资条件。

其次，团队一定要团结协作，能够充分发挥集体的力量。在项目进行中，大家经常可以坐在一起相互切磋讨论，用不断涌现新的灵感、新的思路，解决方案设计中存在的每一个问题与缺陷。在我们完成项目中，三维模型的建立、运动仿真验证设计的合理性、应用 CAD 出零件图及装配图、零件的加工制作、产品的装配与调试等无不需要小组成员间的分工协作。此外，作为负责人，应合理分配工作，使团队中每一位成员优点与特长充分发挥。

最后，我们应该做好项目进度安排，严格按照计划完成工作，只能提前不能错后。人都是有惰性的，如果总错后、总拖着，到最后是不能结题的。我们也应该关注申请专利及发表论文的时间，一般发明专利要 2 年才会授权，论文审稿周期较长而且有被拒稿的可能，所以应尽早完成专利与论文。

（2）启示

“国创计划”不仅培养了我们的责任意识和创新意识，锻炼了解决实际问题的能力，提高了专业技术水平，而且使我们的表达能力和为人处事能力也得到锻炼。大学生创新创业训练计划是全方位培养高素质人才的行之有效的重要实践教学环节。

大学生创新能力的培养，是一个长期的过程，靠一时的激情或某几项大型的活动是无法持久的。我认为，根本问题在于改变目前单一僵化的教学模式，促进工科实践教学改革。我国工科院校的工程实践教学在很大程度上滞后于理论教学内容的改革，表现在工程实践内容陈旧、缺乏更新。工程实践形式单一，例如，大多数高校以齿轮减速器的课程设计作为机械类的实践教学环节，学生抄袭、敷衍现象屡见不鲜。认识实习和生产实习基本上流于形式，实验课也只是书本理论的验证，这样的实践教学是难以达到预期效果的。

而国外发达国家的工科教学是理论与实践并重，尤其重视工科的实践教学。如德国大学高度重视实践教学对学生的培养，实践教学贯穿整个教学过程，并且加强与企业之间的联系，共同培养人才。这样的培养模式，缩短了书本知识与现实社会的差距，培养出的学生工作能力更强。

我认为目前我国的教学应尽可能压缩课堂教学时间，加强实践教学，并且将创新理念引入到实践教学中，这样才能提高学生的实际设计水平。例如，课程设计或毕业设计的选题由学生确定，教师把关；设计形式不拘一格，尽量解决企业或现实生活中的实际问题。

总之，大学生创新创业训练计划项目为大学生提高全面素质提供了很好的锻炼机会，对于大学生专业能力的培养起到了促进作用。但是由于客观条件的限制，从中受益的学生人数仍然有限，希望可以进一步扩大参加项目人数，使绝大多数的学生受益，培养更多的高素质人才。

千里之行，始于足下

项目名称： 高海拔植物生长培育系统

完 成 者： 陈佳兴，韩　雪，李　旭，康明仁

完成时间： 2016 年

推荐学校： 天津工业大学

大学是让一个人全面发展的时期，是让一个人学会思考找到方向的阶段。大学是一个人人生中重要的转折点。在教会一个学生应该以什么样的态度面对社会的同时，还会给学生一把利剑，让学生在面对各种各样问题与挑战时披荆斩棘无往不前。在大学期间我们学习了很多理论知识。我个人将这些知识分成自然科学知识和专业知识。不管是文科方面的理论基础知识还是理科方面的基础知识我都认为属于自然科学。专业知识我认为是从自然科学知识中提取出来的，加入了许多方法的知识。有了自然科学的理论知识作为支撑，我们才能更好地学习专业知识。知道了专业知识是包含了许多方法的知识，实践便是我们使用这些方法证实自然科学理论知识的唯一途径。为了拓展自己的专业知识，提高自己专业水平，我在大二第一学期参加了大学生创新实验，在实验室的学习生活中，我学到了很多。值此“国创计划”十周年之际，说说我的心得体会。

1 兴趣的指引

大学让我的人生有了很大的转变。刚刚进入大学时我的状态是陌生和不习惯，只是觉得自己应该做点什么，但却又不知道自己能做什么。这段日子说起来真的是煎熬，因此我们慢慢把兴趣转移到了游戏和享乐上面，可是久而久之便会意识到这种堕落会导致一蹶不振。终于下定决心在 2013 年参加了全国大学生电子设计竞赛。为了这次比赛我开始学习单片机。刚接触单片机是兴趣驱使的，自己买了开发板和一些简单的外设，并找到一个实验室。由于自己的内向，也不熟悉实验室里的学长，一开始的学习可以说非常困难，但是就是那些简单的内容：流水灯、数码管、矩阵键盘、逻辑芯片……让我开始对电子专业痴迷。慢慢地，我开始将自己学过的C语言、电路、数学知识用在里面，让我感受到了知识的奇妙。

我的第一次电子竞赛是以“成功参赛”告终，虽然如此我却没有减少对电子设计的痴迷。于是我开始靠着对专业知识的热情进入了我从此以后就再也没离开的 519 实验室。通过在实验室将近一年的学习，我学到了更多专业课上不能学到的知识及

技能，同时，我的实验动手能力也得到了进一步提高。通过阅读大量的文献，特别是部分英文文献的学习，大大开阔了我的视野、拓宽了我的知识面。在大量文献和实际操作的基础之上，认真思考，进行实验的设计，这锻炼了我的独立思考能力。平时，我还不断地向老师、学长请教，与同学、朋友交流，无形中增强了我的学习能力和交流能力。它不仅是课堂教学的延伸和补充，而且对于激发我的学习兴趣，开阔我的视野，培养我的探究精神，提高我的动手能力和分析、解决问题的能力，都是十分有意义的。在此我特别总结了提高自己能力的方法，与大家分享，如图 1 所示。

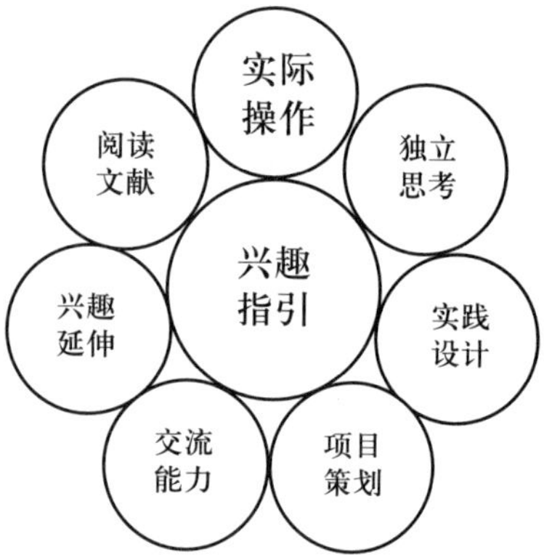

图 1　全方位学习方法

通过实验室的经历，使我对从事科学研究和实验操作有了较为深刻和清晰的认识：首先，通过查阅大量的资料，对本课题有了一个整体的、清晰的认识，在指导老师热心帮助下，逐步参与科技项目、科研课题，确定具体实验方案、进程；其次，亲自动手进行实验操作，在实验过程中不断地思考和分析、解决实验中出现的各种问题，取得了一定的成绩，同时在思想认识上有了显著提高。

2 国创的启迪

很快地，我便融入了这个实验室，我们在实验室的学生每天聊的都是各种技术、方法、经验和体会。我也从一个技术小白变成入了门的学长，掌握了设计电路的能力、画 PCB 的技术、单片机编程的思维还有项目方案设计的思路。水到渠成，在大三的时候我参加了大学生创新创业实训计划项目。在这次国创实验中，可以说让我的专业学习的过程得到了升华。让我深刻明白了许多做人、做事的道理，向他人虚心求教，与人文明友好交往等一些为人处世的基本原则，都要在实际生活中认真地贯彻，好的习惯也要在实际生活中不断培养。在工作中团队协作十分重要。对于自己，将面临踏入社会，需要学习的东西还很多，他们就是最好的老师，正所谓三人行必有我师。这次所学到的经验和知识大多来自老师和小组成员的教导。我们每完成一项工作都会向老师征询意见，总结以前的工作并且计划接下来的工作，所以与老师的有效配合也是我们结题的一个重要方面。我们以后还要争取更多这样的训练来完善、充实自己。在实验室的浓厚氛围内，在这个温暖欢快的大家庭里，我们在思想和心理上不断地成长。

我不仅仅体会到了个人的成长，也体会到了学校全心全意培养我们的良苦用心。加强对学生科技创新能力的培养，学院紧紧围绕学校“全面提高人才培养质量，大力培育具有创新能力的高素质人才”的培养要求，和学校党委“高起点、抓重点、创亮点”的学生工作总体要求，加大人才培养的力度，积极创造条件加强对学生科技创新能力的培养，在硬件建设和软件平台方面都做出了积极的努力。

3 能力的提升

在实验过程中也培养了我良好的实验素养，不违反实验操作，不损坏仪器，不浪费药品。在不影响实验的前提下尽量节约资源，每次实验完毕，要清洗、清点和摆好实验用品，遇到困难也会根据自己所学的理论知识寻找解决方法，而不是一味地问别人。这也是我作为学生该具有的基本素质。

最后我深深地感受到所学知识的肤浅和在实际运用中专业知识的匮乏。刚开始的一段时间里，对一些工作感到无从下手，茫然不知道所措，总以为自己学得不错，一旦接触到实际，才发现自己知道的是多么少，这些与实践还有一段距离。老师常说理论要和实践相结合才能发挥我们自身最大的价值。当我真正独立去实践、去体验的时候，我才突然发现：原来那也不是一件很难的事情。我们要积极地面对困难，挑战自我并在其中提高自己的科技创新能力。学校对我们的帮助是非常无私的，它鼓励学生参加科技创新活动，出台一系列制度，建立一套行之有效的运行机制，以项目化的运作手段，保证学生科技创新活动的开展。大学生可以参加教师的科研课题，也可以自拟题目，学校给予经费支持，并选派教师指导。对学生的科技活动要进行定期检查和鉴定，以培养学生的创新毅力和责任心。成立“大学生科技协会”，将兴趣和爱好相同的学生聚集到一起，吸收更多的学生主动参与科技创新活动。大力支持学生参加“挑战杯”全国大学生课外学术科技作品竞赛和“挑战杯”中国大学生创业计划竞赛，对于推动学生参与科研活动，培养其创新能力将起到积极的作用。

4 自我升华

大学生创新能力来源于广博的知识和良好的素质，仅仅掌握单一的专业知识是很难做到的。因此，加强大学生基础教育的内涵，更新和拓展、构建合理的课程体系非常重要。首先，要优化课程结构，要按照“少而精”的原则设置必修课，确保学生具备较为扎实的基础知识。其次，还要提高学生获得信息的手段，使学生有机会接触各学科发展前沿，了解科技发展的趋势，掌握未来变化的规律。还需开设创造学等课程，培养学生的创新意识。要增加选修课比重，这不仅可以优化学生的知识结构，为在某个专业深造做好准备，同时有利于发展学生的特殊兴趣，使之能学有所长，以提高创新的积极性。

“国创计划”为大学生营造了浓厚的创新教育氛围，大学的育人环境对学生的成长成才起到关键的作用。青年学生成长具有相当的自觉性，教育者在考虑培养目标时，不能单纯把受教育者简单地视为“教育对象”，而应当把受教育者当作发展主体。教育工作应该从单纯的教育、管理向引导、咨询、服务转变，从垂直、直线的管理体制向复杂的网络化方向发展。要加强校园文化建设，精心设计，着力构建一种适合大学生成才的校园文化环境和学术氛围，充分调动学生的参与意识与积极性、主动性。针对学生的求新、求异心理，发展每个学生的特长。通过组织分级教学和开展各种学术性社团活动，提高学生的认同感、归属感。这有利于在整体环境熏陶下，让个性健康发展，使学生在活动中长见识、增才干，培养创新精神。学校要在改革课程体系和内容，改进教学方法的同时，高度重视学生的课外活动，并将其纳入学校素质教育的大系统之中。

为了保证我们在实践中不会放弃自然科学理论知识的学习。学校通过改革考试方法，高校的考试可以实行知识与能力并重，理论与实践结合，重点测试学生理解、掌握、灵活运用所学知识的能力和实践动手能力。可以采取书面答卷与科研论文、产品设计、社会调查报告等相结合的方式，做到既考知识，又考能力和综合素质，以促进大学生积极主动提高自己的创新意识与创新能力。

5 总　结

“千里之行，始于足下”，在这为期一年的课题研究过程当中，我感觉收获颇多，受益匪浅。这次创新实验，我认为是一次成功的有用的实践。它是我大学期间的一段重要的经历，也是我一生中的一笔宝贵财富。在此感谢学校给了我这次锻炼的机会，最后，我用几句话来总结我的实践心得体会：道路是曲折的，但前途是光明的。我们要积极地面对困难，挑战自我。

国创，教会我成长

项目名称： 热－力耦合作用下机场自融雪混凝土道面的疲劳特性研究

完 成 者： 高明明，何翔宇，周　曦，邓　碧，刘玉正

完成时间： 2017 年

推荐学校： 中国民航大学

2016 年 5 月，得到“国创计划”项目申报的信息后，我迫不及待地组队参加了此次的创新项目。我们申报的项目名称为“热－力耦合作用下机场自融雪混凝土道面的疲劳特性研究”。冬季北方、高原地区各大机场的场道均存在被反复融冻现象，因此，场道在温度循环作用下的疲劳强度问题需要深入研究。我们的课题针对利用相变储能材料进行融雪化冰的场道进行冻融循环试验和数值仿真研究，研究成果可对冬季机场场道的强度分析和日常维护提供参考，提高机场运行效率。起初我们 5 个人对于这次的项目充满了好奇，都想要通过这个项目把自己所学到的课本上的理论知识亲身应用于实践，去体会独立思考问题、解决问题的快乐。我们都以为整个过程会非常轻松，一切都会按照我们理想中的样子发展。可是在这一年的时间里，这个项目让我们不断地受挫，试验模具如何制作、如何在有限的条件里进行试件的疲劳强度分析以及相变材料的配置，等等，这一个个接踵而至的难题曾让我们垂头丧气、苦不堪言。然而，感谢我们项目的指导老师杜春志，是他无论多么艰难也不曾放弃我们，一直帮助与鼓励我们，告诉我们努力总是会有收获的。时间如白驹过隙，我们的项目已经顺利结题，在这一年期的项目里，我们的确学到了很多很多。

首先是对这种实验项目的进一步认识。大学生创新性实验旨在探索并建立以问题和课题为核心的教学模式，充分调动我们的主动性、积极性和创造性，激发我们的创新思维和创新意识，逐渐掌握思考问题、解决问题的方法，提高创新实践的能力。项目重在实施过程中如何将所学过的理论知识正确地应用到实践中去，不为了一定要得到成功的结果而设计，重在实施过程中能够充分发挥我们的主观能动性，使我们得到锻炼和提高。回想这一年来自己参加创新实验的经历，从最开始对项目研究内容的学习以及项目计划、任务进度的讨论和确定，到后来制订详细计划并逐步开展各项实验研究，这每一个重要的实践环节，不仅让我学习到了我感兴趣的知识理论，更重要的是锻炼了我独立思考的能力、团队协作能力、实践能力等。项目实施和过程中并不是一帆风顺，这里面存在着诸多问题与困难，但也是这些挫折让我学会了坚持和主动调配身边一切可以利用的资源去思考并解决问题。

其次，在研究方面，我最大的感触就是要不断地思考。创新性实验与平常在实

验室有老师带领下按部就班地去完成每一步骤的实验是不同的，很多实验方法要去查找文献资料，去领会理解实验的内容，确定试验需要进行创新的方向。创新实验需要我们自己去制订每一步计划，并且要严格按照计划进行。这次项目，我们花费了大量的时间安装学习使用 ANSYS 软件，我们想利用有限元软件 ANSYS 对试验模型进行数值仿真分析。在有限元软件中建立试件模型，并对模型的边界条件和温度条件进行合理设置，施加与试验相同的循环频率，分析道面结构在热力耦合作用下的疲劳规律，将仿真结果与试验结构进行比较，进而对试验模型进行优化。但是这种有限元仿真分析软件是全英文的，并且操作步骤非常复杂，我们在学习的过程中，查阅了很多的相关资料，多次与指导老师讨论学习，才能够独立地操作这个软件。在研究过程中，创新性实验很多的试验方法都需要我们查阅大量的文献资料，过程中遇到很多的困难都要我们独立地思考并解决。最重要的就是我们要时刻清楚我们的实验目的，我们想要什么样的结果，然后制订好计划按照步骤一步一步努力实施。

在创新方面，创新点并不是一定要提出一个全新的东西出来，也不是高深莫测、国际前沿的东西，而是在我们现有的各种技术、各种理论的基础上去延伸出新的思想和新的方法来。所有的实验和工作都要围绕创新点来开展，不能偏离主题，也不能按照自己的主观推测去伪造实验数据，我们要实事求是，尊重实验的科学性。我们这次项目的创新点在于：机场道面的融雪化冰中引入了相变储能材料，达到节能环保的效果；对道面结构进行了热-力耦合作用下的疲劳分析，研究了冻融循环对机场道面强度的影响规律，为道面的施工、维护、设计提高参考。项目共有两部分实验。第一部分是相变材料的配置及其融雪化冰效果的研究，我们填装相变储能材料进行温度循环试验。在试件中装入配制好的相变储能材料，利用控温装置实现温度的循环变化，模拟场道冻融循环过程。通过改变温度幅值、冻融频率、载荷幅值等参数，研究结构对各因素的响应规律。通过对实验结果的分析对比，我们发现配比为 5.7% 的正十八醇与 94.3% 的正癸醇的 PCM 材料，温度为 5.0℃，PCM 材料的共性较明显，是最合适的配比；单独的 PCM 材料有一定的融雪化冰能力，但通电后，试件融雪化冰能力得到提高。第二部分我们主要研究了对不同组分的场道结构，我们利用多功能疲劳试验机进行常温下循环载荷的低周疲劳试验，并分析载荷与疲劳强度的关系。通过改变载荷幅值、循环频率研究其对不同组分的试件的疲劳特性。实验过程中我们发现由于钢材料的力学性能比混凝土材料强很多，飞机的载荷很大部分由钢管承担，因此，在相变材料管的应力比混凝土层高。由于荷载是移动的，在载荷作用的时间内没有足够的时间产生较大的应变，动载荷情况下的最大应力和位移都比静载荷作用时小。动载荷作用的单元处应力达到峰值，随着载荷的移动，峰值应力也在不断前移。但整体最大应力都没有超过材料的许用应力，因此，在移动载荷作用下，道面结构的强度和位移都能满足机场运行的要求。

虽然项目进展过程中我们也遇到了很多困难，但不断地受挫就代表要不断地经历，有了经历就会成长。现在我们的项目已经顺利结题了。经过这次的创新实践，我们从最开始的纸上谈兵天马行空，到后来踏踏实实一步一个脚印地去完成项目的每一个环节，这其中的种种都让我们感慨不已。正是一次次通过努力越过难关给我们带来了一段段难忘的回忆，也让我们体会到：世界上任何一个突破性、创新性的成就都是经过这样“平凡而又有点枯燥”的过程后一步步得出来的。通过这次“国创”项目实验让我从当初的幼稚懵懂到现在成熟并且能够独当一面，不断提升了自己的思考能力，实践能力以及随机应变能力，也让我学会了理论联系实际，既加深了对自己专业知识的理解，也学会了如何在实践当中运用自己的专业知识解决遇到的问题，同时还有敢于迎接挑战的创新精神和坚持不懈的务实态度，以及小组成员团队协作的工作方法。更让我倍感珍惜的是我的项目团队，感谢我的每一位项目组成员，没有他们的配合与帮助，我们就不能够克服重重的困难并顺利结题，是他们教会了我团队的力量，让我学会了如何去组织管理一个团队、如何把我们 5 个人的力量发挥到极致。也再次感谢这一次的创新项目，原来创新项目并不是我们所想象的那么简单，这里面有辛酸，有成长，有艰辛，也有收获，这样的一个创新实验同时也成了我们成长过程中的宝贵经验和财富，这一次的经历，将对我未来的工作和学习、生活产生极其深远的影响。

国创相伴，成长相随

项目名称：室内智能控电系统
完 成 者：郑秋玮，左佳成，余振超，郑明辉
完成时间：2017 年
推荐学校：中国民航大学

1 学生参与“国创计划”情况

经过一年多的辛苦努力，我们的项目终于顺利完成并得到专家认可，还有幸获得了“国创计划”优秀项目的称号，对此，我们项目组全体成员感到十分高兴。回顾这一年多来，遇到过许多困难和挫折，但是在我们项目组全体成员的团结努力和老师的指导下都很好地化解了。在这个过程中我们收获巨大。

2016 年 6 月，我们的“室内智能控电系统”项目正式开始立项了。从项目开始到提前结题经历了一年多的时间，我们从刚开始的一无所知和一筹莫展，到目标明确，方案清晰，渐入佳境，直到课题的结束，这其中经历了风风雨雨，也收获了很多。回想过去参加研究项目的过程，从开始的寻找课题到申请立项、撰写项目申请书，到查阅相关文献、确定实验项目、实施方案和寻找创新点，制定详细的研究方案和步骤，对项目进行相关调查和研究，到最后确定项目的可行性，一步步走来，这其中的辛酸只有经历过的人才懂，其中的经验和成长也只有经历过的人才会拥有。这是一次难得的经历，一次让我们得到锻炼和成长的经历。凡事不用参考别人所说，自己亲身经历一遍，才能真正体会到做大创项目的挑战与收获。

2 后续发展

当今社会科学技术突飞猛进，需要我们大学生有较强的学习能力，去不断地更新我们大脑中的知识，学会自我学习，还需要一个思维活跃的大脑，要有有花样的想法，思考分析问题要有别样的思路，除此之外，更要有团队合作意识，只有合作的集体才能发挥更强的能量，才能克服困难。只要我们大学生具备这些能力，我们才能在当今错综复杂的社会激流中屹立不倒，让自身得到成长。

3 经验与启示

我要代表我们项目组感谢学校给我们提供场地、设备和经费，能给我们提供创新创业训练的机会来锻炼自己各方面的能力。做大创项目，不但是对书本上学到的知识的一种实际运用，而且对考研和就业也是大有裨益的。研究生导师和公司领导对于我们创新创业的能力也是非常的重视。

在亲身经历了整个过程之后，我们深刻感受到了开展大创项目研究的困难与挑战，可以说提升了我们各方面的能力。项目的开展需要学会自主的学习，这是参加大学生创新创业训练计划项目与课堂学习最大的不同与收获。平时的课堂学习，老师都会给我们强调什么是学习的重点，同时又通过课下作业进行强化，掌握知识相对较容易；但是在项目中，遇到的问题往往需要宽广的知识面及一定的开发经验解决，没有人能直接地告诉你问题所在，不能及时地解决问题。在这种情况下，自己就要能够分析出问题可能存在的原因，并通过网络资源及相关书籍进行学习，与自己的实验条件等信息进行比较，不断地修改、调试去解决问题。因此，具有自主学习的能力显得比较重要。比如 Labview 软件的学习与程序制作，在大学课堂上更是从未学过，学校也少有相关专业的指导老师，我主要依靠网上的学习、借阅图书馆的资料来进行学习。当然团体的力量和个人也是分不开的，项目的开展需要团队合作交流，它不仅关系着项目开展的进度快慢，而且关系这一个团队能否坚持到最后并取得一定成绩。很开心的就是在这次比赛中每个成员都发挥了各自的长处，使得项目开展得很是顺利，这也使我明白团队合作的重要性。在整个活动中，不管是组长还是组员指导老师，都付出了很多。比如余振超同学，虽然这次只是以小组成员的身份参加大学生创新创业训练计划项目，工作量不是很大，但却有着持之以恒的精神，虽然白天忙于实习，晚上还是会去 105 实验室进行测量用电器相应的用电量和学习相关组焊接的知识，后期虽然专业课程、考研复习事情繁忙，依然在答辩前一个星期坚持紧张的调试工作，以确保万无一失。我还利用寒暑假期查阅了相关资料，对智能插排市场的最新情况做了更深的了解，深刻体会到市场对节能环保、安全高效、自动化控制方面的重视。而我们作为新一代的大学生更有义务肩负这项使命，努力学习科学文化知识，在大学生创新创业训练计划项目中多多学习、多多思考，争取在以后的人生道路中可以在国家节能方面做出贡献。而且在查找有资质的节能认证机构的过程中，也了解到国家关于节能方面相应的法律、法规，节能的作用也体现在智能控制方面。

还有在研究方面，最深的体会就是要勤于思考，主动动手动脑。创新创业训练项目不是基础课上我们做的实验，只要按着老师讲的步骤做就行了。做的课题对于我们来说，可能是一个没有接触过的新领域，没有人告诉我们一步步该怎么做，比如智能的概念，课堂上更是从未涉及。需要自己去找文献查资料，去弄明白实验的原理，然后确定要创新的方向，按照这个方向一点点努力，所以每一步都需要独立思考。其中会遇到很多困难，这个时候除了寻找帮助，最重要的还是自己思考。最开始的时候，我们急于求成，所以一开始就凭着自己的想象闷着头在实验室里画图，结果前面两个星期一事无成，以自己的想象画出了图并给老师看，老师只要仔细一看就漏洞百出，没有一点可行性。后来我们听了老师的建议，不要着急，一点点、一步一步地来，先查阅文献资料，弄明白其中原理，再勤于思考，在文献资料中获得有用的信息，得到启发，然后再运用到自己研究的项目中。只有亲身经历，才能真正了解其中的艰辛与不易，才能真正成长。

（1）分析、解决问题能力提高

在项目刚确定后，我们就要面对一系列的问题，如材料的选择、功能的选择、经费的计划等。这个时候我们对这些基本上都是一无所知的，必须自己去查找资料然后分析实际情况，再去决定我们的选择。在制作过程中，我是负责下位机程序的编写，经常会遇到程序不能按自己想法实现功能，这时我就会去慢慢分析问题，比如先看看是否有拼写错误，再看看有没有逻辑顺序不对，再或者是芯片使用的时序不对，就这样一点点排除原因，解决问题。

（2）自我学习能力提升

由于刚接触项目时才上大二，只学习了一些大学必修课和一些专业基础课，与我们做大创项目所需并不匹配，这时就需要我们去自己学习新的知识并且去运用，在这过程中，使我由原来被动学习转为积极主动地自主求学。自己的心态发生了变化，学习效率也明显提高，掌握新知识的速度明显提升。随着项目的不断进行，我们查找资料、获取对自己有用信息的能力在慢慢提高。渐渐地，我们的自学能力就慢慢地提升上来了。

（3）团队协作能力提高，团队意识增强

项目的每个环节都需要大家的通力协作和配合。在项目刚确定后，我们就分工合作，每个人分别负责不同的部分，分别去查阅资料，再进行集体交流讨论，确定方案。完成项目需要大量的时间、精力，还有知识，不是一个人单枪匹马就能完成的。团队合作当中，每个人都要尽到自己的责任，说出自己的想法，更重要的是要学会倾听别人的意见，既然是一个团队，就要尊重队友的看法，让每个人都感觉到自己是团队中的一分子。总之，参加这次“国创计划”项目让我明白了团队协作与团队意识的真谛，这为我团队意识、协作能力的培养提供了一个非常好的平台。

（4）个人能力的提高

我们整个研究过程可以说是步履维艰。最初项目构思、经费的缩减对我们造成了很大的影响。还有，在中期检查的时候有关智能的概念、上位机与下位机涉及的同等编译码规则的制定，都是依靠我们自己辛苦的付出，也牺牲了很多自我休息的时间得来的，但是这一切都是值得的。“纸上得来终觉浅，绝知此事要躬行”，这句话说明了大学生不能只学课本上的知识，创新创业的训练也是十分必要的，学校能给我们这样的机会是十分难得的。

在写论文前，按照老师要求参考查阅了大量发表在高水平期刊杂志上的论文，学会了撰写论文的基本格式要求，之后又对论文做了反复的修改和调整，才能写出比较完美的稿子，在这其中确实增长了不少的知识。

外壳制作是一个比较复杂的过程，必须要兼顾到多方面因素。盒子的外表不能太大，太大不利于使用，拿起来也不方便，太小又使得有些元器件模块放不下；内部器件的摆放设计也要好好考虑，因为牵涉很多导线和一些焊点，要避免出现接触短路引起事故的危险，内部设计颇费周折；外部主要是上方留有一个显示计时的显示屏、一个电量计量的显示屏和两个电源插孔，因此外壳也要和内部对应上。购买时未注意元器件参数的大小，造成一些不必要的浪费，自己也确实增长了不少的经验。

4 总　　结

在大学生创新创业训练项目实施的这一年多里，有痛苦有快乐，有付出也有成长。这一年，让我学会了承担，让我从一个对市场一无所知的菜鸟一步步摸索，通过分析与调研，探知未来制造行业的巨大发展前景；这一年，让我学会了坚持，让我知道面对困难除了努力克服和不断坚持别无出路；这一年，让我知道了什么叫执行力，从闲散到充实，从做事拖拉到雷厉风行，我看到了自己在一步步成长；这一年，让我体会了什么叫团队，一起工作，一起熬夜，相互慰藉，相互鼓励，我感受到了一个团队真正的战斗力；这一年，让我知道了什么叫创新，创新不是天马行空的想象，创新是创造、是改变，是为了满足社会需求获得一定有益效果而不断探索的精神，创新一定是基于现实情况的突破与飞跃。

我的项目，我的成长

项目名称：中医理疗品牌的建立及知识推广

完 成 者：王家雪，王苏荣，马赐曼，杨田凤，张 媛

完成时间：2017 年

推荐学校：天津医科大学

通过参加这次国家级大学生创新创业训练计划项目，本组成员都有了很多收获，对项目也有了进一步的认识。大学生创新创业训练计划项目旨在促进高校人才培养模式和教学方法的创新，鼓励和支持大学生尽早参与科学研究、技术开发和社会实践等创新活动，不断提高大学生的创新创业精神和实践能力。

时至今日，本组“中医理疗的品牌建立及知识推广”项目已经顺利步入尾声，回想起此项目从开始立项到今日完成所经历的种种，感触颇多。2016 年 6 月，本组成员凭着对传统中医知识文化的热爱，共同撰写项目申报材料，申请了这个国家级项目。本组 5 个成员都怀着自己的想法，想要通过这个项目大展拳脚，把自己所学所思所想都用到这个项目上来。经过一年的创业实践，我们从开始的纸上谈兵、天马行空，到后来的脚踏实地、一步一个脚印，这其中的种种，如今回首都让我们感慨不已。非常感谢这次项目，让我们不断进步，不断提高自己。更重要的是，在其中，我们知道了团队合作的力量，知道了脚踏实地的重要性，也知道了我们平常所见的创业远远没有我们所想的那么简单。在撰写结题报告时，我们都感慨颇多，这次项目对本组成员今后的工作、生活及学习都产生了深远的影响。

本组的项目名称为“中医理疗品牌的建立及知识推广”，决定做这个项目主要有以下几个原因。首先，随着中国经济的快速发展和生活水平的不断提高，越来越多的人处于亚健康或疾病状态，出现了过度依赖药物治疗，以及预防保健意识不够强等现象。其次，随着我国老龄化社会的不断推进，为尽可能地节省今后的医疗卫生资源，越来越多的人意识到非药物治疗和预防保健的重要性，这促进了中国大健康产业的发展。最后，也是最重要的，本组成员都对传统中医药文化有着深沉的热爱，而中医药知识对疾病的预防和健康保健有着独到的作用。本组成员都是医药类专业的学生，主修的也是医药学课程，所以对健康行业也有较多的了解。出于以上原因，本小组计划开设一家以推广中医理疗知识为主要目的的专业中医保健养生所，以满足人们对该健康领域的需求。

在这个项目的启动伊始，本组成员设想了许多种经营方式以及业务的开展形式，但是由于我们还都是在校生，对于实际门店运营了解比较少，所以一切都是纸上谈

兵，可行性比较小。经过几次的构想和商榷，本组成员决定先一起去真实的理疗店进行考察。通过一个师姐的介绍，我们来到天津市河北区赵老师的理疗店进行考察，主要是了解其业务的开展情况以及门店的平常运营情况。我们很感谢赵老师对于我们项目的支持。因为如果没有这次考察，我们的门店要真正筹建及步入轨道还需要很长一段时间。

在赵老师的理疗店考察之后我们开始筹建自己的门店。我们先对本组人员进行了具体的分工，由于以前我辅修中医课程，对于理疗知识有一定了解，且对保健养生有一定的兴趣，所以我主要是负责理疗知识的讲解以及实际的操作示范工作。刚开始时我把一切都想得太简单，以为只是实用理疗知识讲解，很简单，我应该很快就能上手，时间也不用花很多。但是真正到实践的时候，却远远没有想象的那么简单。由于刚开始，我对很多知识都没有进行总结，我自己也没有进行一定的归类和区别，以至于刚开始事情做得很杂很乱，花上的时间也比较多，并且质量较低。后来小组成员给我提了一些建议，让我自己好好规划一下自己的工作。现在想想，真的很感激当时能为我提出意见和建议的成员，让我经过反思后对自己以后的工作可以更快地上手，将所有事情进行按期总结，不管什么事情给自己制定一个固定的模式和流程。在这当中我也遇到过很多的问题和挫折，我觉得自己以前是一个遇到问题只知道逃避和找别人帮忙的人，对于这样的缺点自己也极想改正，却一直还是原地踏步没有进步。但是在这次创业项目过程中，我真正的学会了去面对问题、面对挫折。比如说有时候我需要和小组成员进行关于运营方面工作的协调，但由于大家都有自己的事情要忙，而我这边也没有做好时间上的调整，以至于这期间出现了许多问题。在以前遇上这样的问题我可能会撒手不管了，但是这一次，我没有放弃、没有逃避责任。想着不管怎样都是自己的责任，自己要去面对问题。这一次的经历让我真正地感受到，在挫折面前要勇敢面对，逃避永远只会使事情越来越糟糕。在问题面前，永远都有解决的方法，路不过只蜿蜒到下个路口！

通过这次的创业项目，让我学习到了很多关于理疗的专业知识，同时，更重要的是让我了解了创业的艰辛，知道一切都没有想象中的那么简单，只有付诸了实践才能有真正的感受和体会。即将面临毕业，回首过去大学四年的点点滴滴，最难忘的还是这次的创业训练项目。在这个创业训练项目中，我们遇到过无数的问题和挫折，但都一个个的解决，一次次的不认输、不放弃，从而获得了一次次的提升与成长。我们也由刚开始的散乱到后来的团结合作，深切地体会到了团结的力量。在良好的团队氛围中克服了诸多问题，实现了自我多方面能力的提升。这是一段意义深远的旅行，我想，我们都会铭记为了一个目标而一起努力的日子。我不知道在毕业之后踏入社会将会有怎样的遭遇和经历。但经历过这一次创业训练项目之后，我想不管以后遇到什么，我都能够乐观冷静地去面对，不会再逃避。

我的国创，我的梦想

项目名称： 微型电子针灸铜人——声光电全方位显示经络腧穴学习及遥控系统

完 成 者： 武玉琳，朱鹏宇，余新官，梅珊珊，王翠菡，王方维，杨 坤

完成时间： 2014 年

推荐学校： 天津中医药大学

2011 年，我还是个毛头小子，从山东考入天津中医药大学学习中医。学习中医的梦想很丰满，可学习中医的过程很骨感。

大学第二学期，在一间带有古朴气息的教室中，针灸老师十分详细且耐心地讲解着复杂而神秘的经络与腧穴。坐在第一排的我一脸迷惑，有点抽象、有点难，回眸一看，原来不光是我，全班同学的脸上都像我一样挂着渴望却迷惑的表情。当时就想，如果有一个能发光发声的模型是不是很实在、很高大上啊？

注定国创和我有缘，我有了创新的灵感，就等待着国创的东风了。召集同学，商讨细节，论证可行性，书写标书，联系老师，查找资料，寻找合作伙伴，再次重复以上环节……终于在 2013 年的夏日，国创与针灸铜人走在了一起！

2014 年，忙碌而幸运的一年。这一年，团队成员齐心协力，一步一步地实现了当初说在嘴上、写在纸上、做在梦里的功能；这一年，我们的努力得到了大家的认可和关注。我们的项目成功地被天津市教委推荐进入在西安交通大学主办的第七届全国大学生创新创业年会。年会上，我们见到了各路豪杰，目睹了他们大显身手，也结识了一批有志之士。苍天不负有心人，这一届年会，微型电子针灸铜人项目获得“最佳创意项目”奖。这个奖项极大地增加了我们团队的自信心，更是对中医药领域创新创业的肯定。

从西安返回天津之后，我和创新团队共同分享了在西安年会的所见所闻，切实认识到创新是大势所趋，也充分看到了我们和其他优秀项目的不足。我们查找资料，再次找到指导老师，将我们的项目再次升级。我们认识到，一件创新发明的物品必须以功能的改善为主要目的，否则将被淘汰。我们在原来的基础上，决定搭载智能手机的直通车，设计手机 APP 进一步加强微型针灸铜人和控制器之间的联系，并不断地简化控制器的设计。团队成员在这一年都付出了很多的努力。分工明确后，大家在保证正常的课业学习之外基本上都投入到了项目的研发和相关技术的学习和设计中。曾经我们想打退堂鼓，因为我们的娱乐时间在实验室，因为我们的娱乐时间在实验室一次次的失败，因为我们的娱乐时间在实验室一次次失败的基础上还看不到成功的迹象……有一份付出就有一分收获，果不其然，我们等来了曙光。我们按

照既定的计划，逐渐实现了标书中所记载的功能。

终于，我们的微型电子针灸铜人项目不负众望，先后在天津市挑战杯荣获二等奖，在“天堰挑战杯”第四届全国高等医学院校大学生中医药创意设计竞赛中获得二等奖，我个人也因此而获得天津市创新奖学金的奖励。我的团队成员也因为参与国创项目而收获满满。我们共同的体会是，大学生创新创业训练计划是国家给大学生的绝佳锻炼平台，是让大学生从校园开始向社会改变视角的平台，更是让大学生开阔视野的窗口。

2014年，是我个人迅速成长的一年，也是我周围的创新创业氛围蔚然成风的一年。这一年，通过学生会竞选，我当选为天津中医药大学中医学院学生会主席。在这个学院的大平台上，我和大家一道设立了双创部，学习国家对青年人的指导意见，深切了解国家所寄予在青年身上的殷切希望。我们通过主席团决议，共同开创新的社团，指导低年级的同学对创新创业的认知，加强他们对创新创业的理解；引导中高年级的同学走上大学生创新创业的路子，一起探索这条未知之路的传奇和无限的魅力。在校外，我们学习成功案例，积极开展合作交流，借鉴别人的成功之道为自己所用。我们先后从创业成功的学长开店经验中学习到了创业之路不是盲目跟风，而是要在结合市场调研的前提下，在自身把握一定资源且具备更优更良的创新灵感后才大胆前行；我们与兄弟院校创新典型团队的深入交流后知道创新不是天方夜谭，而是基于现实服务或者落后设计的迫切改善要求的背景下抓住机遇，果断变革；我们从社会中优秀的企业文化中汲取营养，认识到创新创业是企业发展的核心动力，保持创新的热情和初衷才能在激烈的市场竞争中占得先机。在校内，我们通过开展社团主题活动，让更多的同学认识到创新创业是国家发展的大计策，是经济改革必然的转型之路，是国家和民族面向未来对大学生的时代要求；我们主办主题演讲，邀请有经验的老师和学长给同学们答疑解惑，通过一批成功的案例来点燃同学们心中创新创业的火苗，通过一批切实可行的“国创计划”项目来激发同学们内心潜在的创新创业的热情。通过一系列的活动和安排，同学们在大学生创新创业的路子上逐渐找到方向，从试着找灵感，试着前期调研，试着查找资料，试着联系老师，到第一次成功地写完一份完整的标书、第一次成功地中标项目，再到第一次成功地看到阳性的实验结果，喜悦和充实是写在脸上的，而创新意识的提高、动手能力的增强是潜移默化的，是写在同学们未来的身影中的！

总结“国创计划”项目之路，辛苦辛甜，意味深远。“国创计划”项目的开端是充满激情和困难的，过程是充满辛苦和心酸的，结局是甜蜜而幸福的，是值得回味的。对于“国创计划”，我有几点体会：首先，有热爱的领域就有想去改变的冲动，而创新正源于热爱的领域又反馈于他。其次，创新绝不是单学科的技术升级，需要多学科的交叉协作，共同打造体验度更佳的产品或者服务体系。跨学科的复杂性决定了创新的难度。最后，创新是梦想。会做梦，敢做梦，能追梦的青年才是未来改变世界的主人！

水滴石穿，无悔青春

项目名称：“全面二孩”政策下农村居民二胎生育意愿影响因素研究——以天津为例

完 成 者：荣唐华，张馨月，孙　倩，张佳城，张海端

完成时间：2017 年

推荐学校：天津商业大学

1 学生参与“国创计划”情况

本项目于 2016 年 5 月被立为天津商业大学创新训练计划校级自筹项目，团队 5 位成员在田立法老师的指导下完成了问卷发放、数据整理、论文撰写与修改以及投稿过程，现已结项。研究成果被 CSSCI 期刊《人口与发展》录用。具体参与过程如下。

1.1 前期准备

为正式形成问卷，团队成员先进行了预调研，到滨海新区、静海区、蓟州区等地采访了 60 多户当地农村居民，发放了 120 多份问卷，初步了解居民对二胎生育的看法以及生育意愿的影响因素。经反复推敲以及老师的指导，最终形成正式问卷。

1.2 中期过程

2016 年 5 月至 7 月，进行了正式的问卷调查工作。由于天津市城镇化进程由市中心不断向外延伸，故我们选取环城四区以外的地区作为问卷发放地。为保证样本具有随机性和代表性，我们依据东南西北四个方位全覆盖的原则，选取了天津市的滨海新区、静海、武清、宁河、宝坻、蓟州 6 大地区作为最终调研地区。

在确定具体发放村落时，考虑到交通方便和村落集群特征，我们选取了武清、宝坻、蓟州 3 区的津蓟铁路线作为交通工具，分别行至曹子里、大口屯、宝坻、下仓、蓟州 5 个站点下车，在这 5 个站点周边村落进行问卷发放工作。另外，我们选取客车作为交通工具，前往静海、滨海新区、宁河的王口镇、梁头镇、杨家泊镇等农村面貌特征较为显著的区域发放问卷。在发放调查问卷时，得到了村委会、镇政府工作人员的帮助和支持，我们采取逐户走访的方式进行问卷发放、填答与回收工作，共计发放调查问卷 537 份，有效问卷达 418 份，问卷有效率为 77.84%。

1.3 活动小结

团队成员通过在天津 6 个外郊地区的活动、转站，针对 20 ~ 40 岁的年轻夫妇共

发放了 418 份有效调查问卷。调研结果初步显示，有 173 位农村居民选择生育二胎，二胎生育比为 0.414。

1.4 数据处理与分析

经过对 418 份问卷的整理，二胎生育影响因素的基本情况如表 1 所示。

表 1 生育意愿影响因素频数频率分布特征

题 项	样本量	是（频数）	不是（频数）	是（频率）	不是（频率）
抚养费	324	210	114	64.81%	35.19%
收入	305	234	71	76.72%	23.28%
工作稳定性	290	213	77	73.45%	26.55%
养孩防老	279	155	124	55.56%	44.44%
给一胎做伴	345	276	69	80.00%	20.00%
互相照应	351	292	59	83.19%	16.81%
多子多福	301	143	158	47.51%	52.49%
长辈照看孩子	305	169	136	55.41%	44.59%
二胎政策	286	164	122	57.34%	42.66%
生孩子补贴	315	238	77	75.56%	24.44%
爱人影响	351	218	133	62.11%	37.89%
长辈影响	319	135	184	42.32%	57.68%
女性自身考虑	324	97	227	29.94%	70.06%

2 学生后续发展情况

2017 年 5 月，完成“国创计划”项目结项工作。因为“国创计划”项目，我们体验了苦难的磨炼，拥有了耐心、学会了包容、懂得了坚持。即将步入大四，更多的学习任务和人生选择摆在眼前，考证、考研接踵而至。在这些过程中，不乏困难和挫折，也逃不开人际关系的处理。很庆幸大创的经历，我们对学术研究有了更加浓厚的兴趣，坚定了继续探究、认真撰写的决心。同时，认识到自身理论知识与实践能力的不足，这也促使我们认真学习本专业知识，深入探究专业理论。例如，时刻关注社会热点问题，培养自身创新思维，不断提高与人沟通、协作的能力，并积极参加实践活动。从事大创项目研究工作获取的宝贵经历为我们在大三、大四拥堵道路上的稳速前进奠定了坚实的基础。

3 经验与启示

3.1 水滴石穿，无悔青春——项目组长（荣唐华）

我是此次大创项目的负责人。在亲朋好友眼中，我向来是个大大咧咧、不注重细节的女孩子，然而当我得知自己要带领团队有质量地完成项目——发表 CSSCI 期刊论文时，内心便给自己下了一道旨意：一定要给大家一个交代。这需要很大的勇气和决心，因为我深知“队长”意味的不是权威而是责任。

项目初期，成员之间略带生涩，也未能完全进入状态，常常在开会时迟到和请假，讨论过程中也很难凝心聚力地往一处思考，没有任何队长经验的我既焦急也无奈，理解大家都有各自的事要处理，只有尽力地做好自己的工作。转念又想，这或许是每一个成熟的团队都要经历的一段磨合期，一切都在向着更好的方向发展。随着期末考试的临近，我忍着压力组织一次又一次的外出调研活动，在活动中成员彼此间增进了了解，见面时的话题也丰富了很多，每次相聚都会被一种亲切的氛围包围着。我在慢慢习惯自己的同时也在慢慢被大家习惯着，为了提高会议讨论的效率，我果断召开了一次专门针对纪律的会议，好在会议之后大家都很配合，过程讨论也很积极，我默默为大家的改变点赞的同时也倍感欣慰。原来事物的发展都需要过程，我们要做的就是找准方向然后顺其自然，急不得也躁不得。

中期，在相互熟悉了之后，矛盾开始不时地发生，我和另外一位成员就经常意见分歧，但一想到大家都是为同一件事而各执己见，再大的矛盾也能迅速化解。我嗓门大，可合作中这一特点反而成了我最需要克制的不足，理智和冷静才是快速解决问题的不二法门。还记得有一次在讨论文献综述如何完成时大家因为意见不统一而陷入僵局，我的大嗓门差点激化了矛盾，及时的收敛才避免我们发生一些无谓的争执。有时候自己引以为傲的优势在不同的情境下也会成为阻碍事情前进和发展的劣势，只有时刻保持谦虚的态度才能收获更多。

项目结束后，大家满怀期待地等待着投稿结果，一次又一次的投稿和被拒稿不免带给同学们一丝失落感，习惯性地给大家鼓励和信心：“是金子总会发光的，我们的论文是从亲手获取调研数据开始一步一步踏踏实实走过来的，我们要相信老师、更要相信自己。”永远不能让失望变成绝望，永远不能让满意变成满足，这不仅是保持队伍前进的基本准则，也是做人不断进步的基本准则。

终于，当老师传来论文被 CSSCI 期刊录用的消息，我哭了，蓦然回首，明明心里没底却仍然义无反顾地冲在最前方，即使害怕也要伪装成遇神杀神遇佛杀佛的女汉子的模样，纵然疲惫也绝不说累，在那一刻，什么都值得了！

3.2 风雨砥砺，执梦前行——组员 1（张馨月）

我们这个团队可以说是在磨砺中成长起来的，但也正因磨难使得我们坚定目标、勇往直前。无论是组建团队人员、邀请指导老师、大创项目评定结果、暑期住宿问题、外出调研、文章撰写上，我们一直明确着必须要做出一番成绩的心。在这一年的历程中，我们所经历的、所做的、所完成的，都验证了“风雨砥砺，执梦前行”这句话。

（1）陪伴、坚强与坚持

在这里我要着重说一说外出调研的历程。可以说，在我们大家的陪伴下，没有什么是可以将我击倒，除了外出调研。由于我们选取的调研对象具有特殊性，使得我们遭受到了被拒之门外、冷眼相待，更甚至张口就说我们是骗子的情况。这些都使得顶着炎炎夏日的我们内心接近崩溃。但即使面对这些，我们仍旧没有放弃，只要有一个人不说停下，我们就都咬牙坚持。在这里我要感谢我的伙伴们，在人际交往上、心理的敏感程度上我都是最脆弱的，谢谢他们的照顾与陪伴。在这段旅途中，我也从他们身上学到了坚强与坚持的品质。

（2）明确团队角色与责任感

我不得不说一下我在团队中的角色——“财务”。我这名财务的任务可和大家理解的不大一样。由于我们的国创项目是自筹，也就代表没有经费，因而我的任务就是将大家的账务分配明确，并且找寻如何节省路途费用的方式。此外，我也负责整个项目的软件技术工作，比如排版、视频制作，等等。即使这些任务很小，但都是不可或缺的。在一个团队中，每个人都会有各自的角色，这样会使得每个人各尽其责，找到其存在的有意义。也正因为有了团队角色，才会使得我们每个人更有责任感，大家会一起使力将任务完成的更加出色。

（3）自觉与自主学习

在完成国创项目时，没有自觉是万万不可的。在项目中，没有人会告诉你什么时候该完成什么，这必须靠我们自己自觉主动先去完成任务，才能再进行下一项任务。正因为我们的自觉主动才取得了现在的成果。此外，我们所遇到的问题往往需要宽广的知识面，除了老师给讲解过的，还是需要我们自己去反复研究。我们必须通过网络资源及相关书籍进行学习。因此，具有自觉、自主学习的能力显得尤为重要。

在这段大创项目历程中，我们理解到：没有什么比理解更能带来抚慰，没有什么比微笑更能温暖人心，没有什么比聆听更慰藉心灵。在一个团队中，我们必须要理解、包容、坚强、坚持、自觉、具有责任心、陪伴与鼓励队员，无论未来的路有多少困难，我们都需明确目标、勇敢前行。风雨砥砺，执梦前行。

3.3 时光不老，携手共进——组员 2（孙倩）

俗话说“家家有本难念经”，我们团队由 5 个成员组成，也就相当于一个小家庭了。在项目期间，成员间有欢乐、有感动、有舒心、有困难，当然也有摩擦。不过庆幸的是我们 5 个性格互补，有温婉的、有大大咧咧的 、有耐性好的，彼此之间相互平衡。因此，每当在矛盾快要爆发时，大家都能很好地收住、冷静下来，共同解决，继续前进，把团队的整体利益放在个人利益之上，这点特别棒，让我真正觉得这是一个优秀的团队组合。当然，关于解决摩擦有一件让我印象深刻的事。主角是我们的队长和唯一的男成员，队长一直是团队前进的领头人和决策者，男成员则是我们队的得力干将，思虑周全，稳重踏实，两位都特别优秀。在一次任务分工中，由于大家刚开始接触数据分析，都有点蒙，不知该从何下手，于是大家各做各的。受限于当时条件，大家只能在网上交流分享，在交流中男成员和队长就因文件公开分享产生了摩擦，两人当时说话都比较冲，情绪激动，没明白对方的意思就开始争吵起来，整个线上交流气氛非常紧张，其他成员怕闹大一直在不停地开导双方，直到双方都冷静下来好好说话。俗话说，冰点都有融化的那一刻，关键是谁先出来撒把盐。队长作为领导者，又作为事件的主角，职责使她凡事应从全局着眼，因此，她主动站出来说话，男成员态度也很好，双方就握手和好了。我作为副队长，当时全局都在队长身边看着事态的发展，可以说，这件摩擦中没有明确的谁对谁错，矛盾是因多种因素聚到一处。在这件事中我也很佩服双方，都是能拿得起放得下的人。

另外，团队成员在面对困难时的那种凝聚力也让我印象深刻。记得刚开始发问卷时特别不顺利，被拒填问卷、被质疑是骗子……各种声音都有，特别让人受挫。在我们队员都被挫伤、难以继续下去的时候，队长还一直在坚持，鼓励我们不要在意别人的说法，专心干自己的事情。我们在后面看着一直忙碌奔波、坚持发问卷的队长的身影，也就有了继续下去的动力。优秀是可以渲染和传递的，在第二个人开始迈出步伐去寻找目标对象发问卷后，慢慢地，第三个，第四个……大家都行动了起来，带着鼓足的劲头，全身心地去发问卷，再被质疑时就拿出学生证，再被拒绝时就暗暗安慰自己：没事，这算什么！事情就是这样，所谓坚持，就是在快坚持不住的时候再坚持一下，在坚持中，我们完成了600多份问卷的发放，完美收官……因为这次经历，之后每当我快走不下去的时候，就告诉自己：我可以的，再坚持一下，然后就继续下去直到最后一刻。

3.4 临危不惧，化险为夷——组员3（张佳城）

自“京津冀一体化”提升为国家战略后，“通武廊”作为三地示范田，武清区被大力开发，我们的调研对象也因此减少大半，再加上对武清地区很陌生，我们很难寻找到一个像样的农村。在面面相觑而又无法做出决策时，我们凭借经验和直觉锁定了地图上的一处小村落——曹子里乡拾棉庄村作为此次发放问卷的目标地区。

原本依照计划各组分头行动，走访村民，而就在这过程中，没有预料到的事情发生了，村中有一位神志不清的流浪汉盯上了团队中的女生，并进行尾随。由于村中巷道狭窄且人烟稀少，危机一触即发。作为团队成员中唯一的男生，保护其他女同学的人身以及财产安全是我义不容辞的责任。我首先提醒身边女生有危险情况，并拨打电话告知其他人。其次，我组成员共同快步前往被尾随成员处，并打开微信群，及时向老师共享实时地理位置，以防不测发生时可以及时求救。当流浪汉发现有男生前往，随即放慢了脚步，在后面装疯卖傻地踢瓶盖，不过危险还没有消失，因为他还是在缓慢向我们移动。此刻，我通知所有人向村集市中心人多的地方会合，改为团队共同发放问卷。当他看到我们跑到人流集中的地方，便没有继续尾随我们。虽然危险被化解了，但是大家都受到了惊吓。有人因为自身身体不适以及惊恐，吓得哭了起来。在团队成员安抚之下，情绪有所好转。最后，大家达成一致，改为团队共同作战。

为了心中的那个目标，大家似乎忘了自己的处境，只为了快要接近的调查对象而莫名地兴奋着。但事实总是残酷的，甚至是危机四伏的，而我们并没有很痛苦，因为我们始终在一起，再大的困难我们都会尽力去克服。

3.5　不忘初心，有始有终——组员 4（张海端）

从 2016 年 4 月着手准备，到 2017 年 5 月完成结项，“国创生活”已告一段落，回想一年的点点滴滴，如今看来，曾经的波折和困难似乎显得云淡风轻，只留沿路的美好和纯真的情谊让人回味无穷。不忘初心，有始有终，在与团队其他成员的沟通协作及整个过程的亲身实践中，我受益匪浅，国创让我学会了坚持，国创见证了我们的成长。

初做项目时，我们对整个流程并不熟知，为拿出一份好的申报书连续几天绞尽脑汁，对文献的查询和内容的筛选也很是盲目，以致呈现出一些缺乏可行性的想法。虽然曾厌烦过多次的修改，但前行的步伐却未停止过。题目选定的波折、问卷的设计和不断的修改、外出调研的不顺，等等，或许是经历了太多的打击，只要获得一点点认可和进步，就足够我们欢喜雀跃、充满信心。2016 年我度过了一个至今最有意义的夏天，整个团队不畏烈日风雨，起早贪黑，辗转奔波，连续多次深入乡村发放问卷，其间不乏遭遇猜疑、拒绝，甚至言语攻击。我们有过无奈和无助，流着汗水也藏着泪水，是团队成员之间的相互鼓励、相互陪伴让彼此坚持下去，一次次勇敢地去敲门，带着微笑去询问，每多填一份问卷就多一份信心和动力，真心感谢那些支持和理解我们的居民。

或许是缺乏兴趣和自身能力的有限性，最初我觉得自己离大创很远，对论文撰写也是怕之避之，但通过此次项目，我增加了自身的信心，敢于面对更大的挑战。在过程中我学会了如何查询和筛选与研究主题相关的论文，如何对数据进行分析，把握了论文撰写的几个板块和写作的步骤与重点。在团队其他成员的积极影响下，我也培养了自己的发散性思维，学会了多角度思考问题，体会到合作的重要性，不断地克服自己胆小内向的缺点，提高了自己的沟通、组织能力。

获取知识的途径和机会多种多样，在一次实践过程中学到了多少知识有时并不重要，我认为学到了如何自主学习、如何为人处事更加重要，这是大创带给我的启示和思考。我要感谢给予我们帮助和支持的恩师益友，他们给了我力量和勇气，感谢前行路上出现的惊喜和挫折，它们教会我生活，使我不断成熟。有些看似不必要的努力都是前进的基石，当初的选择不一定是自己所喜欢的，兴趣有时是在过程中不断培养的，我始终相信我们应坚持自己的选择，做眼前摆着的事，对自己和他人负责，不去别人的生活里随意指手画脚，也不被轻易影响。不忘初心，勇敢前行，终有所获。

“国创计划”，梦的开始

项目名称： 远程家居安全监控产品创业项目

完 成 者： 张　凯，秦晓程，牟中强，倪　昊

完成时间： 2014 年

推荐学校： 大连理工大学

我叫牟中强，是大连理工大学创新创业学院在读研究生，初入大学，我是一个专心科研的技术宅，大一时，我加入了创新实践班；大二时，我又加入了飞思卡尔智能车实验室，在这里结识了带领我走上创新创业道路的指导老师——吴振宇老师。在吴老师的指导下，我在实验室度过了无数昼夜，取得了突出的成果，并且成为实验室的负责人。凭借着扎实的技术储备，我参加了校内、校外各级各类科技竞赛。在 2011 年的全国电子设计竞赛中，我带领团队连续奋战四天四夜，最终以满分的成绩取得了辽宁省特等奖、全国一等奖的好成绩。这些竞赛让我积累了丰富的技术经验。在实验室学习期间，我还主动地收集和储备了前沿科技领域的相关技术，为日后的创业打下了坚实基础。

研究生期间，我如愿以偿地进入了创新创业学院学习，在这里我接触到了更加浓郁的创业氛围，也在吴振宇老师的指导下接触到了我的第一个创业项目——远程家居安全监控产品设计。“创业”两个字，说起来容易做起来难，财务知识、SWOT 分析、商业模型……我和团队成员从零开始，不断学习，在与投资者和吴老师的交流中不断改进自己的项目。努力终有回报，我和我的团队成员在当年的学校考核中脱颖而出，获得了学校创新创业优秀项目，并被学校推选参加当年的全国创新创业年会。

在全国的创新创业年会上，我第一次接触到了校外的创新创业项目，并和他们进行了深入交流，讨论创业项目进程，学习先进经验。在创新创业年会的展示过程中，我用心回答每一个人的问题，通过沟通和交流来发现产品的问题以及市场的需求，并在以后有针对性地对项目进行优化，最终该创业项目获得了“我最喜爱的项目”和“最佳创意项目”两个奖项。创新创业年会的平台让我们这些科研成果不再仅仅是样品或者论文，而是能够将这些科研成果产品化、商业化，惠及更多的消费者，从而提高人们的生活质量；这个平台还让我结识了一群志同道合的朋友，能让我们之间坦诚交流创业经验，提供创业帮助；这个平台更是让我结识了投资者，通过与他们的交流让我明白了纸上谈兵的创业项目和真正成立创业公司的差距。

通过创新创业年会上的学习交流，我看到了自己的不足，但是也坚定了我在创

业路上走下去的决心。我从市场需求入手，对项目进行改进，并且通过多次参加创业类比赛来打磨我们的团队和项目，吸引创业投资。

经过在校期间经验的积累，以及前期项目的技术积累，我开始进行正式创业的第一次尝试。联系各类创业竞赛中认识的投资者，根据他们的建议进行项目的打磨，并确定项目痛点和核心内容，最终我的项目被一致看好，成功地吸引到了 300 万的天使资金，并且在长沙成立了自己的公司——手之声科技有限公司。作为一家科技服务型公司，手之声在刚起步的时候业务并不稳定，需要更多开发资源保障项目运行和发展。为了构思项目，我经常几天几夜连续奋战，并调动团队的每个成员，全力为公司、为自己的荣誉付出汗水和辛苦。公司业务的发展也经历了几度坎坷，我们的第一个成型的项目是手势识别腕带，这个项目市场前景良好，但是由于创业之初并没有完全转变在学校中做项目的模式，没能够协调好队员之间的想法，使得整个团队执行力和办事效率较低，以至于公司的第一个项目以“半流产”的形式告终。第一次尝试的失败并没有击倒我，而是让我坚定了信心，并学会从中吸取教训、总结经验，学习如何从做技术向做管理转型。

第二个创业项目则是与志同道合的人一起合作，而这次的合作则让我感受到了更大的压力。这个项目让我真正认识到现实的残酷，场地租借、研发费用、产品市场运作等问题都需要解决。但是因为公司经营高新技术产品，需要较大的现金流来支撑研发，同时还需要更多资金实现后期生产工作，再加上项目主打软件方面的产品，配套的硬件开发没有跟上，最终只能选择放弃。

有了前两次失败教训的积累，使我明白创业不能只靠一腔热血，必须要脚踏实地地做自己可以把握的事。在前两次失败的基础上我又开始了第三次的创业尝试。我们以“实现聋听融合的和谐社会”为愿景，明确了公司的发展目标，这一次我们首先考虑的便是产品本身的完善程度以及可行性，立足新的创新点，通过线下客户试用、反馈，为聋人朋友们开发量身定做的产品和提供各种服务，使产品走向成熟，再逐渐推广产品、开拓市场。随着公司业务的不断壮大，越来越多的投资商开始和我们商讨投资事宜，解决了最关键的资金问题，使我们的项目得以扩大发展，也切实提高聋人朋友的生活质量，加速了“聋听融合”的文明进程。

一路荆棘一路歌，在前两个项目不得不终止的时候，我的心情也极度低落跌入谷底，无法用言语来表述，也曾想过努力挽回，但始终心有余而力不足。但创业就是这样，充满着未知的可能，也正是这种无法预测的未来一直深深地吸引着我。走在创业的路上，就像身处一个遍布荆棘的迷宫，只有不断探索，不怕伤痛，才能找到最后的出口。虽然前路可能艰辛，但是我仍会以破釜沉舟的勇气为梦想开路，以坚持不懈的态度为梦想护航。自信、执着，追梦人终会迎来灿烂的明天。

“国创计划”，青春启航

项目名称：并联臂 3D 打印机

完 成 者：李炳君，吴　兵

完成时间：2015 年

推荐学校：大连理工大学

1 学生参与“国创计划”情况

3D 打印技术将成为 21 世纪制造业中发展最为迅速的制造方法之一，我国政府高度重视与支持 3D 打印技术的发展。项目组抓住这一契机，注重创新与实践，成功制作并改进了一台并联臂结构的 3D 打印机。在此基础上，设计并增加了激光雕刻功能，完成了并联臂式打印机运动模型设计与计算、打印机结构及零件设计、3D 打印与激光雕刻一体的控制和脱离电脑控制实现脱机打印等功能。并联臂结构打印机比传统结构打印机更灵活，打印更快速；该打印机采用磁性材料作为连接机构，轻松切换激光雕刻模式；支持 SD 卡脱机打印，随时随地轻松打印；该打印机定位为桌面级 3D 打印机，外观简洁，性价比高，体积扩展灵活。

该打印机具有工作稳定、速度快和性价比高等优点，至今已完成数百件物品的打印，受到社会各界的好评。团队收到了多份 3D 打印机采购订单，并全力生产销售了一批 3D 打印机。

项目的研发与制作耗时长达一年，期间遇到各类技术难题，团队也因磨合问题不断出现人员流失。一台 3D 打印机的设计与优化，需要机械、电子、软件、材料等多个学科融合完成，全面检验大学生的项目管理等能力。项目期间，李炳君不仅广泛学习各个专业知识，还加强与东北大学、山东大学 3D 实验室的交流。他应用 TRIZ 理论，提出使用航空接头和磁关节的连接方法，封装各个模块，为 3D 打印机增加了激光雕刻的功能，该设计获得了辽宁省首届“TRIZ 杯”创新方法大赛特等奖。该项目在 2015 年全国大学生创新创业年会中获得“我最喜爱的项目”奖和“最佳创意项目”奖。

除了并联臂结构的 3D 打印机，李炳君还将专业知识应用在 3D 打印机的设计中，陆续设计并制作了龙门结构、scara 结构、coreXY 结构的 3D 打印机。针对 3D 打印失败后废件的耗材回收问题，成立兴趣小组制作 3D 打印耗材回收机。此外，他还设计挤出机尝试打印巧克力、陶泥等材料。了解光固化成型技术的理论精度远高于 FDM 式后，他又组建了团队开始攻克难关，最终成功研发出工作坊的第一台桌面级光固化 3D 打印机。该作品在 2016 年 ICAN 大学生创新创业大赛中获得一等奖。

2 学生后续发展情况

在并联臂 3D 打印机的“国创计划”项目中，李炳君不但收获了知识、扎实了技能，更认识了一群志同道合的朋友。项目虽然成功结题，但是对 3D 打印的热爱依旧让他们团结在一起，成立了 DUT3D 打印工作坊，让越来越多的同学加入进来，亲手制作自己的 3D 打印机，把这份热爱传承下去。

作为 DUT3D 打印工作坊的负责人，在繁忙的学习科研生活之余，李炳君积极投身工作坊的管理和培训工作。高中生科学营、高校参观、国外大学访问，都会看到他孜孜不倦地在 3D 打印机旁介绍的身影。此外，他多次组织技术沙龙和培训，针对工作坊同学专业不同、3D 相关知识薄弱的情况，提出“以老带新，不断迭代”的管理方法，并共享出自己的许多优秀项目，帮助同学们快速融入科技创新的实践中去，让科创活动成为更多同学的兴趣。功夫不负苦心人，新一学期 3D 工作坊的新项目如雨后春笋，参与各类国家级、省级竞赛 40 人次，其中 32 人获国家级以上奖项。

3 主要经验与启示

一台 3D 打印机的设计与优化，需要机械、电子、软件、材料等多个学科融合完成，全面检验大学生的项目管理等能力。参加大学生创新创业训练计划项目与平时的课堂学习有很大的不同。在项目实践中，遇到的问题一般需要比较广泛的知识储备以及一定的经验去解决，充分有效地运用网络资源及相关书籍进行学习，向相关老师或者专业工程师积极求教，结合市场需求深度了解国家相关的最新政策，在实践中自主学习的能力显得十分重要。

项目的开展需要团队的合作交流，它不仅关系着项目开展的进度快慢，还关系到这一个团队能否坚持到最后并取得一定成绩。很开心的就是，无论在我们的项目中，还是后期成立的 DUT3D 打印工作坊中，都有机械、电子、材料、经管各个专业的同学，每个成员都发挥了各自专业的长处，使得项目得以顺利开展。

千里之行，始于足下。在为期两年的大学生创新创业训练计划项目中，每个人都受益匪浅。它是大学期间的一段重要的经历，也是每个人一生中一笔宝贵的财富。前途是光明的，道路是曲折的，我们要积极地面对困难，挑战自我。

乘风破浪会有时

——记鹏磊矿业有限责任公司创业历程

项目名称： 鹏磊矿业有限责任公司

完 成 者： 陈　彤，蔡长庸，惠　尧，宋文夺，崔嘉桐，郭梓珩

完成时间： 2016 年

推荐学校： 沈阳化工大学

创新是一个民族的灵魂，是国家兴旺发达的不竭动力，而科技创新则是生产力的重要变革，历史也一再证明，科技强则国强。目前，大学生创新创业活动已成为我国高校发展最快、潜力最大的一项学生活动，大力培养大学生的创新创业能力，是高等学校适应时代要求的全新人才培养模式的重要手段和内容，也是高校校园文化建设的新理念。

面对当今科技经济发展的总体态势，世界各主要国家都把科技创新作为国家战略，而科技创新的实现主要依托于科技创新人才的培养，高校作为人才培养的主体，增强和提高大学生科技创新意识、能力等综合素质是实现科技创新型人才培养的重要途径。实施素质教育，就是全面贯彻党的教育方针，以提高国民素质为根本宗旨，以培养学生的创新精神和实践能力为重点，造就“有理想、有道德、有文化、有纪律”的德、智、体、美等全面发展的社会主义事业建设者和接班人。为了进一步深化教育改革，推进素质教育，适应社会经济发展对科技创新人才培养的要求，达到增强学生科技创新意识，提高学生实践动手能力、沟通协调能力等综合素质。

时光荏苒，一年的创新创业大赛已经结束。这其中，包含着艰辛与拼搏，创新与激情。不同的时刻却见证着同一种期待，那便是能够完美地完成这次创业项目。

我们项目的研究内容为新型富硼渣提硼新工艺，以化工大学化工专业为特色，是振兴辽宁经济发展的项目。随着工业化的加剧，原材料硼镁矿存储量不足，不能满足工业发展需要，并且我国目前硼酸硼砂 70% 依赖进口，国内市场缺口十分严重。现有的硼酸硼砂制造厂不能完成转型，正面临停产停业的危机。时间紧，任务重。我们采用技术入股的方式转型现有的硼酸硼砂制造厂，核心技术是采用两段式冷却法，从富硼渣中提取遂安石，遂安石也是硼铁矿的主要成分。从而解决了这一问题，引发了行业革命。并且凭借变废为宝、技术先进、价格低廉、绿色环保的优势，同时结合国家相应政策，拉动就业，带动了辽宁的经济发展。

参加这次比赛，我感到非常荣幸，过程中的点点滴滴依然历历在目。因为是第一次参加创业项目， 我也从中学习到了很多在日常学习中很难学习到的知识，也让

我感受到比赛带来的快乐和充实。一年的项目学习、实践，不仅增添了我的课外学习兴趣，也培养了我的动手能力。项目结束之际，很庆幸我们能收获累累，虽然在整个过程中，劳累、迷茫、喜悦时刻存在，但正是这些才带给我们成长，让我们更加洗练，生活也就是在这种挑战和实践中慢慢地充实。

此时此刻，我清楚地感受到，只要我们有创新创业的精神，有对传统观念和传统行业挑战的信心和欲望，有年轻的血液和蓬勃的朝气，有“初生牛犊不怕虎”的精神并对未来充满希望，就能成为大学生创新创业的动力源泉，成为成功创业的精神支柱。

自此之前，我就深刻体会到这种实践和动手能力在以后学习和生活中的重要性。项目开始后，我也一直围绕着此问题逐渐展开自己的学习实践计划，努力跟小组与老师一起从最基础学起，循序渐进学习掌握这种实践和动手的能力。虽小有收获，但仍有很多不足。

不同的阶段，不同的时刻，不同的瞬间，让我有着各方面的感悟，各层次的感想。比如：在研究方面，最深的体会就是要勤于思考，主动动手动脑，这是最基本的要求，也是最重要的环节。国创项目不是基础课上做的实验，只要按着老师讲的步骤做就行了，对于我们来说，它可能是一个没有接触过的新领域，没有人告诉每步该怎么做，而是需要自己去找文献查资料，去弄明白实验的原理，然后确定要创新的方向，按照这个方向一点点努力，每一步都需要独立思考。其中会遇到很多困难，这个时候除了寻找帮助，最重要的还是自己思考。最开始的时候，我们急于求成，所以一开始就凭着自己的想象闷着头在实验室里看资料、写编程，结果前面两个星期一事无成，团队的合作效率太差，结果出来的材料老师只要仔细一看就漏洞百出，没有一点可行性。后来我们听了老师的建议，不着急，一步一步地来，先查阅文献资料，弄明白其中原理，再勤于思考，在文献资料中获得有用的信息，得到启发，然后再运用到自己研究的项目中。同时，还需要发挥自己的能力与创新去参与课题，去解决陌生的资料、陌生的步骤。

创业不是死板的照搬照套，创业需要创新点，创新点可以从很多方面着手，不一定要很高深很前沿的东西，只要不是照搬别人的东西并在自己力所能及的范围内就好。有时候，思维可能会出现“停滞不前”的现象，这时候不要着急也不要想着放弃，要试着换一个角度思考，发散思维多方位思考，做出大胆猜想，这时候也许就会有一种“柳暗花明又一村”的感觉。

作为一名初创型参赛的我，通过参加比赛，产生了如下诸多感想。

1 坚守初心，不轻言放弃，脚踏实地才能做好一件事

一年多时间的大赛参与，让我获得的不仅是学习知识，更是动手与思考，还有

团队合作。在工作与学习中，我深深感受到责任心的重要性。专业水平可以不是最棒的，工作效率可以不是最高的，工作质量可以不是最好的，但是责任心要是最强的，完成工作就是我们的责任。这也是团队里每一位成员在心中给自己的命令。无论面对什么样的困难都要努力克服，在这个虚拟的企业里，我们以完成上级的命令为天职，我们丢掉了曾经的懒散和娇惯，而是全身心地投入工作。因此在这个过程中我们是充实并快乐着的。

2 走出去，学进来，才能让自己获得更好的成长

不积跬步，无以至千里；不积小流，无以成江河。之前看过一篇报告，宜春市委组织部部务委员、宜春市大学生村干部联合会会长易艺波曾说，作为大学生村干部，由于工作原因，或许难得有机会外出学习。一旦有机会，就必须努力争取，不放弃任何机会。因为学习不是一蹴而就的，而是需要不断积累，才能成就更美好的自己。先知先觉引领者，后知后觉跟随者，不知不觉消费者。外面的世界很精彩，变化也很快，当我们固守着自己的一片小天地，不关心、不学习、不思考，很轻易就被社会淘汰为落后者。参加各种比赛对我来说，是一个重要的学习机会。每上升一个台阶，所见所闻，所思所想，都不断在升华，不仅仅是这个项目，我的人生也在不断地提问、不断地解答、不断地思考的过程中得到提升。

3 发挥优势，各取所长，发挥团队作用很关键

其实这段时间对这个项目的付出和努力，让我们觉得收获最大、体会最多的应该是团队合作方面。在我与“国创计划”共成长的背景下，我认为：大学生创业中不乏成功者，但肯定经受了种种挫折和市场经济大潮的考验。在经历了最初冲动和付出之后，我们会走向成熟和冷静，对创业和成功有了更深的理解。所以我们大学生在卷入创新训练热潮的同时，也要深刻地思考，思考自己的人生方向和自我定位，在学习和工作中不断充实自己、提高自己。无论做什么事情，都是一个自我提升的过程。只要自己从中获得了宝贵的经验，无论最后成功或是失败，都是人生的财富。大学生就应该随时更新自己所掌握的知识与技能。在今后的生活中要不断地学习，充实自己，增加自己的社会竞争力，这样才有利于我们更好地立足于社会，更好地实现我们的创新理想。

大学生创新创业训练计划项目既是大学生创新项目的开发，也是对大学生事业心、进取心、开拓精神、创新精神和创业技能的教育。这种技能，是推动经济与科

技发展的动力。创业学杰出教授杰弗里·蒂蒙斯认为：创业教育从根本上改变了传统的教育体系和模式，把以传授知识为主的教授方式改变为以思想碰撞为主的互动式教学方式，这样可以避免传统教育模式带来的同质性弊端，从而培养出创新型、创业型的人才。这更好地解释了动手和思考是创新的基础，努力与拼搏是实现的根本。

此次比赛，我最想感谢的人如下。

首先是我们的李志义校长。感谢校长百忙之中抽空前来参加比赛第一天的开幕式，并且与每一位参赛选手握手，询问准备情况以及为参赛选手加油打气。赛后，校长肯定了参赛同学为比赛的辛勤努力，并对大家取得的成绩表示祝贺；强调学校要认真总结经验，通过广泛宣传，充分发挥榜样的示范引领作用，营造良好的创新创业氛围；勉励广大同学勤学多思，不断提升，逐步养成创新的习惯，培养创业的意识；希望学生创业团队进一步努力，谦虚谨慎，提升境界，将目前的创业成果不断巩固，争取为学校、社会做出贡献。

其次是沈阳化工大学汪滢副校长、创新创业学院魏立峰院长、闵庆祝副院长。谢谢老师们酷暑之日全程的陪伴，谢谢闵庆祝副院长与我们一起感受赛前的紧张、赛时的坚持、赛后等待通知的焦虑不安以及等到通知的喜悦。

再次是我们的指导老师战洪仁教授。感谢老师对项目倾其所有，赛前为我们准备指导，比赛时亲临比赛现场、为我们录制比赛过程视频，并与我们一起分享胜利的喜悦。

最后是我的搭档、我的团队伙伴们以及所有为此次比赛付出努力的工作人员、志愿者们。谢谢有你们，众人拾柴火焰高，我们这把熊熊大火烧出了属于我们的一片天。

这是我第一次参与一个完整的创业项目，且是以项目 PPT 讲解展示人的身份，深感责任重大。与以往做一个个独立的简单演讲不同，一个完整的创业实践，从最初的方案选取、初步计划，到具体计划，再到计划的实施、结果分析，都需要我们考虑周全，按部就班地进行。同时，这次创业比赛也将是我们未来旅途中的一个新起点，是我们每个人在人生行进过程中的一个里程碑，我们将会保持这次活动中的良好习惯，在今后的学习、生活中做得更好，努力做人生经历中的精英！

这个项目从最初的想法到参与比赛，需要经过大量的行业创新、语言组织以及数据分析，我们最初的感觉是无从下手，战洪仁老师在比赛的设计、具体的操作上给我们提供了大量宝贵的经验和意见，我们的项目工作量大、时间紧，战老师的宝贵意见给我们这次课题的研究提供了良好的保障。第一，双创不仅能解决大学生就业难，并进而形成带动就业的倍增效应，缓解就业压力，而且能够将创新成果转化为社会和消费使用，带动经济转型，实现产业升级。大学是创新的中心，所有的创新只有能够为社会带来价值才有实际的意义，大学负有社会服务的使命，而这一点恰好是履行其服务使命的重要体现。大学生作为大学的主体，通过将大学或者自身的创新成果以创业的形式在社会中得以实现，既具有必然性，也具有必要性。大学生是年轻人，充满创新的活力，一代代的大学生就可以将创新源源不断地持续下去，它是社会发展取之不尽、用之不竭的原动力。第二，双创是大学生实现自我价值和社会价值的根本途径。大学生由于自身的知识水平，使其具有一种内在的创新潜能，通过创业实践，不仅把大学生的创新构想转化为社会现实，从而实现自己的创新和创业梦想，而且自身创新和创业梦想的实现。一方面，表明了自身的价值得到了社会的认可；另一方面，创新和创业的结果必然会为整个社会的发展做出应有的贡献。第三，双创既培养了大学生的创新精神，也培养了大学生的开拓进取精神。创新就是要做前人从来没有做过的事情，而创业就是要以独立的、自我的精神做自己从未做过的事情。如果把创新和创业有效地结合在一起，就意味着大学生以独立的、自我的精神做人们从来没有做过的事情。大学生作为最具活力的群体，如果失去了创新的冲动和欲望，既削弱了社会持续发展的动力，也使自己失去了不断发展的动力，而这种创新如果不能与创业有机地结合在一起，有可能只是纸上谈兵。

屡屡经历，让我相信，有梦想就要努力去实现。我也相信，随着市场导向就业机制的形成和再就业优惠政策的落实，中国必将迎来一个“大众创业、万众创新”的新时代。我希望我也是这市场经济汪洋大海中的一叶小船，乘风破浪，达到成功的彼岸。

青春里无悔的持之以恒

项目名称： 碟形水下滑翔机
完 成 者： 刘中迪，孙昱声，王介梅，高 波
完成时间： 2015 年
推荐学校： 大连海事大学

刚进入大学时，满眼都是新鲜，对自己未来的方向、追求有很多的迷茫和不确定。但时间真的让人成长，而恰好在我对未来规划慢慢清晰的时候，又碰到了让我对自己梦想更为坚定的契机——全国大学生交通科技大赛。再后来，在不断投入碟形水下滑翔机的研究与制作中，也更训练了我的各项能力，而这个作品能获奖其实也是我始料未及的，因为当你真的投入一件事情的时候，你所看重的就不再是结果，而是那些一起拼搏的时光、一起努力的人和只想做好这件事的单纯的心。回首这段经历，很多想要感谢的，也有很多经验想要分享，就当是留给继续走在创新这条路上的后来人的一点“秘籍”，希望能有所助益。

1 为立项做好充分准备工作

完成一个好的创新项目，第一件要做好的事毋庸置疑是立项。选择好一个有创新点、有研究价值和实践意义的项目，不夸张地说，决定了你百分之五十的成功。当初考虑选择碟形水下滑翔机，就是因为了解到在海洋开发逐渐受到世界各国重视的大背景下，水下滑翔机的作用日益突出。而本项目的产品，一种新型圆碟形水下滑翔机产品一旦成熟，将具有广阔的应用前景。因为在研究成熟的情况下，不仅可以继承水下滑翔机续航时间长、航行范围广等优点，可以完成常规水下滑翔机的同类任务，还将改进传统水下滑翔机机动性差的不足，进一步提高升阻比，提高效率，比传统水下滑翔机更擅长完成指定海域的监测和勘察任务，在海洋环境检测、海上搜救、溢油跟踪和军事方面都有着广阔的应用前景。

要做到这一点，背后需要大量的准备。我们所做的准备工作大致包括：联系指导老师，并与老师沟通交流后定出创新课题的基本方向；在老师指导下提前学习若干相关专业课程，掌握相关的专业知识；抓紧一切空闲时间在老师的指导下阅读相关书籍，查阅大量国内外文献，并对每篇文献做出详细总结和思考。在积累基本专业知识的基础上，逐步形成自己的创新思路，也更明确自己研究项目所需要改进创新的部分，确定研究方向。

2 加强团队合作，让每位成员各司其职

项目是共同的项目，大家的目标也是一致的，只是在团队合作中难免会因为观点的不同而产生摩擦，这时候需要的是我们以团队为重、以项目为主，全身心投入，并充分尊重团队中成员的意见和建议。从项目立项之初成员之间不太了解到现在发展成为很好的队友、很好的朋友，这也是我们每一位队员都有很多收获和成长的部分。同时，合理的任务分配，让每个人都可以发挥自己的优势，在让队友参与感大大增加的同时，有效提高工作效率，也因此碰撞出很多不一样的思维火花，这对于我们研究碟形水下滑翔机创新点的提出起到了关键作用。

如果从一个项目负责人的角度去谈如何加强团队合作，那么就需要时时刻刻应对团队中出现的各种突发问题，永远站在团队利益高于个人的立场上去思考问题。其实作为一个管理者或者说领导者，需要学习和掌握的能力是相通的。在这个方面，自己做的也不是太好，但是有一点经验希望同大家分享，那就是，经常同团队成员沟通，了解他们现在的思想情况，方式可以是公开的，也可以是私下进行的，视情况而定。尽力去解决他们思想上的顾虑，让大家能够形成一股凝聚力，用旺盛的斗志去对待每一天。经常开会，去总结前一段工作中的失与得，方式可以很多样，经常反思是很有帮助的。同时集中办公有利于培养团队的集体荣誉感和团队精神、增强团队的整体战斗力。

3 明确项目重心，不断优化研究方案和计划

在项目初期，由于知识方面的欠缺，我们进度较慢，因为对这个领域的了解基本为零，什么东西都要从头开始，而需要研究的东西也很多，不知道从哪开始好。通过询问指导老师，花时间学习相关知识，及时调整方案，才慢慢有所头绪。而研究计划也随着我们知识的不断储备、经验的逐渐积累而不断调整和优化。在此过程中的收获是科研一定要抓住项目所要研究的主要问题，再对研究方案做出合乎实际的设计，最后才能取得预期成果。没有研究的主要方向引领，就容易什么问题都想上手，结果什么都研究不出来。体会比较深刻的另外一点是要用心思考，善于从不同角度分析问题。每个课题研究的都是新的问题，没有现成的方案，需要自己去找文献查资料，去抓住问题的本质寻找规律，然后确定要创新的方向，不断地努力，独立思考。同时，思考不意味着只是看看资料就够，创新创业训练项目不是基础课上我们做的实验，只要按着老师讲的步骤做就行了。做的课题对于我们来说，可能是一个没有接触过的新领域，没有人告诉我们一步步该怎么做。在做这个项目的过程中，我深刻地意识到我们应该尝试着多动手，一些机器零部件只有自己亲自拆了

再装上去才能完全理解其中的机构和工作原理，这比在课本上对着图看原理要方便有效得多。此外，在投入创新项目之前，我们学到的都只是一些理论知识，与企业实际的需求匹配度不高，所学知识离散、不系统。在项目实施过程中，我们以实际需求为导向，需综合学习创新方面的各课程知识，活学活用，以解决具体问题，专业与非专业知识有机结合，所学知识更为系统，学习效果明显增强。

4 大力挖掘创新点

对于一个创新创业项目而言，创新就是生命，是一个项目研究的核心和一直不能偏离的部分，也是贯穿一个项目始终的基本点。创新分为原始创新和移植创新，前者是原理、技术上完全创新，后者是把某一领域的先进经验和技术通过研究改进，移植到新的领域，后者相比前者难度较低。本科生水平的我们，其实更需关注移植创新，创新人才的优秀品质在于能在似乎没有关联的事物和现象中抽象出新的思路，并用于新产品和新技术的开发和应用。

我们最终研制出来的碟形水下滑翔机有四个创新点。其一：通过水动力优化来降低载体的航行阻力，增加升阻比，提高水下滑翔机的机动性和可控性。其二：重心调节机构设计，通过改变重心来改变重心与浮心的相对位置，从而实现姿态倾角的调整。其三：浮力变化量的精确控制。其四：高续航设计，通过对各个执行机构的动作和适时的主控制器休眠进行最优化，使其能长时间续航。我们团队的创新点也主要是进行移植创新，取得了较好的效果。

具体来说到底应如何挖掘创新点呢？其一，要创新就要有求知欲。缺乏好奇心，对问题就不敏感，熟视无睹。缺乏求知欲，对学习就不感兴趣，汲取不到新知识，所以要有求知欲。这就要求对所研究的项目有兴趣，愿意投入，这样才可以不断发现问题，进而解决问题。其二，知识面要广。知识贫乏，头脑就像干涸的河，流不出水来。知识面狭窄，不能看到远处；知识渊博，就会左右逢源，融会贯通。这也就是上述的要不断学习，积累知识，才能融会贯通，举一反三。其三，要敢于想象。缺乏想象力，创新能力肯定不完整，因为创新是大脑的创造性思维活动，不异想天开，只是在旧框框中思维，将一无所成。只有敢于突破陈规，转换思维，思维敏捷、清晰、灵活，才会有创新。对前人的成果要大胆质疑，勇于超越，才有可能发现独属于你的创造。其四，多组织讨论。“独学无友，孤陋寡闻。”与同学们一起讨论争辩，可以互相启发，容易出现灵感，获得创新成效。在我们项目研发过程中，我和队员们就常常集思广益，才慢慢完善了我们的创新点。

当然，除了上述的这些要素，在项目研发中很重要的一点是要确定创新的方向和目标，方向和目标是贯穿整个项目的核心，只有明确方向，围绕这个方向努力下去，才可能有结果，同时也不能偏离主题，不能随意猜测，而要有目的地做出假设，再一步步通过实践去论证自己的猜测。

5 对答辩的用心准备

选择出一个好的项目并研究出有所用处的成果诚然是最根本的，但是完美地呈现自己的项目也当然不可或缺。答辩的时间有限，最重要的是在有限的时间内呈现自己项目的核心技术，尤其吸引评委的内容是项目的可操作性和项目运用于实践的可行性，因此在答辩的时候要着重论述这两个部分。当然，语言简洁是必要的。另外，评委会很注重你准备工作的细节，比如参考文献的格式、对参考文献的熟悉度等，一句话：细节决定成败。

回首走过的这段路，其中很多辛苦、失败，然后又不断努力改进，每当取得一个小的收获时和队友的会心一笑，每一次突破时的放松，都是我生命中珍贵的回忆。有痛苦有快乐，有付出也有成长。最后送给同样为自己的梦想与事业奋斗的人一句话：鲜衣怒马的少年无须惧怕沿途的风霜，因为你流过的汗水最终都会成就你冠冕的光芒。

我的创新，我的故事，我的成长

项目名称： 船舶劳动安全 APP、船舶锚链计数器

完 成 者： 吴建雄，刘　洋，周明欣，常　兴，许文猛，王星宇，井　淼，肖　峰

完成时间： 2017 年

推荐学校： 大连海事大学

我是大连海事大学莘莘学子中普通的一员，在大学的时光里，伴随着创新而成长，在学习知识、锻炼技能中，结交了一帮志趣相投的兄弟姐妹，也成为他们的头儿。回想四年大学生活，当时还是一名懵懵懂懂的大一新生，在学校组织的社团新人活动中，被“创新创业教育联盟”的科技牛人吸引，加入了社团，最后带着社团同学们一起申报大学生创新创业训练计划项目。是大创让我们不断去尝试、去钻研、去学习，毕业后依然因那一段埋头苦干、同甘共苦的日子而自豪。

在大一刚开始接触大创的时候，我们对大创的认识还很粗浅，只是觉得我们应该做一些具有创新性的小制作，也没有考虑当前这种东西在市场上面有没有普及，是否有前人做过，只是单纯地想要将这个脑中的想法实现。大一那年我们团队做的项目是一款多功能电源插头转换器，通过对插头内部机械结构的设计使得通过调节插座侧面的按钮达到转换电源插头制式的目的。大一的我们对于这些机械结构和绘图等都不熟悉，对于要用到的 AutoCAD、Solidworks 软件，都是一头雾水。但是在这一年的过程中，我们根据自己要制作的作品所需要的知识，有针对性地进行了选学，这样可以用最短的时间达到我们的目的。一年过后，我们的小作品也已经完成，并且通过最后答辩获得了校级大创良好的结果，我们十分满意。

通过大一这一年对于大创的了解认识和参与，明白了如果在科研过程中遇到了一些不懂的知识，并不一定要将所对应的这门学科的知识进行全面系统的学习，因为这样的话，是永远学不完的，永远都会有不同方面知识上的漏洞。在这一过程中，我们更应该根据自己所需而选择性地进行学习。这样的学习方式可以用最短的时间，攻克最为紧迫的难题，取得事半功倍的效果。

团队的成员也在这一过程中对于 3D 打印机有了进一步的认识，能够熟练操作一些画图软件，画出一些简单的外壳图纸并用 3D 打印机进行加工制作。这对于以后的工作也是十分有利的。

在大二开始后，由于一些契机，我们接触到了一个和自己本专业极其相关的项目，设计一款用于船员安全培训的软件。在刚刚接触这个项目的时候，我们进行了了

解和前期调研，在指导老师的帮助下，我们成功地与天散船员培训部取得了联系，并且在这一项目过程中获得了天散船员培训部方面的大力支持。我们自己到天津天散方面进行了多次项目调研，获取了很多航运公司第一手的船上安全事故报告和安全事故统计信息。这对于我们项目研究方向和项目后期开发有着极为重要的指导意义。回到学校后，我们对于这些工伤事故数据进行了统计，得到了船舶上高发的安全事故类型，于是我们便有了一个方向，与其将各种安全事故全部涉及，不如只涉及船上的基本安全事故，这样更容易做精。于是我们摘出了一些船上高发的基本安全事故类型，并通过对这些事故报告的总结，找出了工作场景中具有代表性的不安全操作，并将这些操作提炼出来，同时记录下这样的不安全操作所导致的后果。我们团队又大量下载使用了各种培训软件，来获取设计灵感，最后决定将我们的船员培训软件设计成一个点触找错式样的游戏。在确定了这样的一个模式之后我们便开始了操作。团队中分工明确，有的负责动画绘制，有的负责题目设计，有的负责编程，彼此协作，充分发挥出1加1大于2的效果。经过一年的紧张开发和反复的用户反馈，不断修改、优化我们的软件，最终在这一年的时间里将最终版本的软件做了出来。尽管还有着很多的不成熟之处，但是在这一过程中我们实在收获了太多太多，在此之前国内并没有这样的一款培训软件。我们通过用户反馈收集到的信息发现，用户对于这样的点触找错的游戏方式接受度较高。传统的课堂式培训由于授课方式单一，不能很好地调动起学员的学习兴趣。我们知道在学校上课时也是采用的这样的授课方式，学生接受的程度不一。如果在培训过程中，穿插进行这样的APP游戏培训内容，可以很好地调节培训节奏，激发学员们的学习热情。在使用APP进行培训时，不但可以检验学员课上所学的知识，对学习是一个巩固，而且还可以将船舶劳动安全知识变得体系化。强化在给定工作场所下的安全做法，强化记忆，增强自身的安全意识。该软件登录界面如图1所示。

图 1　登录界面

该游戏软件现已囊括 45 套安全问题游戏关卡，包括了船舶劳动的基本劳动安全问题。题目中的问题都是紧密联合实际，以劳动安全观察法为主要依托，通过场景还原进行培训，提高船员的安全意识。

整个游戏通过找错的方式使用点触在图片中找出该图的安全隐患问题，如图 2 所示。用户通过点触的方式在图片点触有安全隐患的地方，选择正确则在图中标识出一个红色的圈。这些错误都是通过船上的摆拍，然后再用电脑绘图而成。在此采用的是动漫风格，使得整个软件基调更为轻松，而且不会产生疲倦感和厌恶感。接下来分为两条。

图 2　找错界面

（1）如果找齐了图中的所有安全隐患，则界面显示安全脱险，可以进入下一个关卡中继续进行游戏，如图 3 所示。

图 3　找错正确界面

（2）如果未找齐图中的所有安全隐患或有所遗漏，则显示海上杀手，如图 4 所示，并且以一种动画的形式表现出未找出的错误将会带来的隐患所造成的后果，如图 5 所示。再一次单击动画则会切换到下一处错误。

图 4　找错错误界面

图 5　安全隐患动画界面

在找错界面答题后，点击右侧的功能按钮。若找到所有安全隐患问题，则会显示成功脱险界面。用户可以选定所有的安全隐患处，说明用户对于这个作业场景中的安全隐患问题都十分清晰。通过做题游戏使得船员对该工作场景中的安全做法的掌握得到巩固。

但是用户如果没有选中图中的所有安全隐患处就单击了“确定”，就会显示图 4 所示界面图片。单击相应按钮，还可以将未找到的问题所产生的后果显示在如图 5 所示的动画中，让用户更加直观地认识到这样的不安全做法会带来怎样的后果，借此使船员重视此种作业，并学习了解该作业的注意事项和安全隐患。

通过动画展现安全隐患酿成的后果给使用者以一个形象的感受，进而使其得到警示，从而达到安全培训的目的。

这一次的国创经历是我大学四年中印象最为深刻、收获最大的一次。在过去从来没有参与过项目调研，而这一次在指导老师的帮助下，我们能够有机会到天散船员培训部进行项目调研，这不仅锻炼了我们的办事能力、表达交流能力，也提高了逻辑条理和计划的能力，使我们获益匪浅。而且在老师的指导下了解到一个项目完整的过程。首先要做好项目的整体规划，然后设计好问题进行项目调研，通过项目调研对市场和用户需求进行获取，最终确定整体项目的研究方向并开始着手进行开发，在开发出小样后进行用户试用并收集用户反馈，再结合用户反馈不断修改软件，最终得到一款成品。这样的开发经验对于我们日后的工作有着极大的启示意义。

在大三开始后，我们团队有幸接触到了一位学长，学长在毕业时希望我们能够将他的“锚链计数器”项目继续开发研究下去。由于这个项目和我们的专业十分相关，而且我们对船舶锚泊作业的辅助性设备也有着极大的兴趣，于是便接下了这个项目。

船上的锚泊作业大多是根据船长及大副的经验来掌握抛锚时机，锚链的快慢和船速大小凭感觉判断，有很大的随意性及不确定性，在风浪较大时往往估计不准，无法精确地掌握船舶的实际出链长度。排水量小的船舶因为惯性小、锚机和锚链的安全余量大，一般不会出现问题；但是排水量 10 万吨以上的船舶由于惯性过大，稍稍掌握不准就会发生断链丢锚的事故。近年来，大型散货船和超级油轮发生此类事故的情况屡见不鲜。大型船舶本身吃水 20 米左右，锚地水深通常在 40 米以上，由重力作用直接抛锚可能发生刹不住的现象，要么过于损伤刹车皮，若加上速度，控制不好就会发生事故。

因此若是能够有这样的一款辅助型设备，可以让驾驶台的值班人员和船首作业人员不需要观察锚链情况即可获得锚链的相关数据，这样可以极大地简化作业流程。于是我们又查阅了各种资料，并且结合自己在船育鲲轮上的认知实习经验，我们将原有的光电门和霍尔传感器改为编码器来对整体设备的算法进行优化，省去间接测量中可能会带来的各种误差。又加入了无线传输模块和锚泊作业辅助上位机来将船首的作业数据通过无线传输模块传送到驾驶台上。可以根据不同的风速等自然环境条件结合相应的经验公式，来计算出相应情况下适宜的出链长度，适宜出链长度可以为锚泊作业人员提供一个参考值，再结合锚链监控装置可以达到对锚链锚泊状况的实时监控，根据设备反馈的出链节数和入水速度进行相应的调整，为整个锚泊作业保驾护航，提高安全可靠性，使得以往的锚泊作业更加简洁智能化。根据适宜出链节数及锚地水深，可以在上位机得到一个锚位的概率圆分布图，结合船舶 GPS 可以一定程度上辅助驾驶员判断船舶是否发生走锚事故。

对比原始的工作模式，使用该设备所能够达到的效果优势如下。

（1）准确：在夜晚、能见度不高、锚链冲洗不净及天气条件恶劣的情况下准确掌握锚链入水节数，监控锚机运转速度。

（2）高效：方便锚泊作业人员掌握船舶锚泊动态，提高锚泊效率。

（3）安全：避免操作人员船舷观察，防止人员落水，减小作业安全隐患，起到保护锚机减少刹车磨损的效果。

（4）普适：方便安装，造价低廉，可在不改变船舶现有结构的基础上实现计数和测速功能。便于将计数器进行应用普及。

（5）实时：可以随时在驾驶台获得锚泊作业的相应数据，通过设备可以实时监测锚链状况。使得工作人员对于锚泊作业的掌控性得以提高。

（6）参考：根据自然条件的实际情况得到相应的出链长度，对锚泊作业起到辅助参考作用。

（7）警报：可以预先设定一个锚链入水速度的最大值和出链节数的最大值，当实际数值超过额定数值时可以进行警报提醒。根据适宜出链节数，可以在上位机上得到一个锚位的概率圆，再结合船舶的GPS，可以在一定程度上判断船舶是否发生走锚。

（8）智能：当系统检测到有走锚风险时，立刻向驾驶台发出警报，提高船舶安全预警能力。

在该款设备完成后（实物如图 6 所示），我们还到学校海头进行试验，使用试验锚机进行了数据测量和比对，结果如表 1 ~ 表 3 所示。

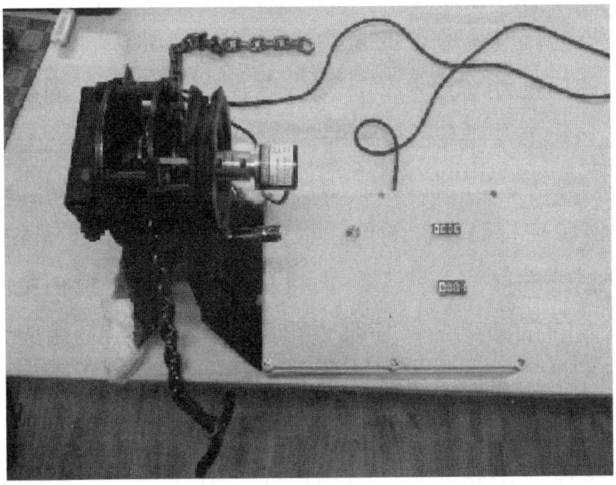

图 6　实物图

表 1　拖拽锚链速度 3 米 / 秒时实验数据

准确率	锚链上附有污泥	能见度差
计数准确率	93.30%	98%
测速准确率	89.90%	91.70%

表 2　拖拽锚链速度 6 米 / 秒时实验数据

准确率	锚链上附有污泥	能见度差
计数准确率	92.50%	97. 41%
测速准确率	91. 70%	93.30%

表 3 拖拽锚链速度 8 米 / 秒时实验数据

准确率	锚链上附有污泥	能见度差
计数准确率	90. 30%	92.10%
测速准确率	87.90%	93.30%

经验证，这样的数据精度已经足以满足船用水平。

这个项目是我们本科期间做的时间最长的一个“国创计划”项目，在学长的第一代设备基础上，我们进行了后续开发，并且通过实验了解缺陷，在原有的基础再不断改进，最终完成了第三代产品，相比原来的第一代产品，通过更换传感器优化算法进而在精度上有了极大的提高，对于电路板进行优化设计，最终使得设备的体积缩小到了初代设备的四分之一。整个设备在性能上有了极大的提升。之后我们还申请了一项国家专利。

在这个过程中，我们经常彻夜工作，团队集体奋斗，其中的酸甜苦辣只有我们自己知道，而这也是大学期间一段极为难忘的经历。在整个过程中，随着项目的开展，我们不断地根据需要进行电子原料的采购，学习如何画电路板、如何使用 stc51 单片机进行程序开发、如何使用车床和铣床对设备的外壳进行手动加工等，我们的创新意识、专业知识和动手能力都有了极大的提高。

回首大学四年的经历，始终伴随着“国创计划”。“国创计划”更是一个教学平台，我们可以使用各种资源来提高我们的创新意识和动手能力。四年来经历的这些项目，都是与自己本专业相关的航海类项目，而且都是与航海安全相关的，这对于我日后的船上工作有着极大的帮助。尤其是对于船上工作，安全是第一位的，而本科期间的“船员劳动安全 APP”项目中接触了大量的船上安全事故事例更是为自己未来的工作敲响了警钟。通过参与主持“船舶劳动安全 APP”这个项目，得以与天散方面多位船长、轮机长交流，使我对自己日后的工作有了更加清晰的认识。船上工作不同于其他类型的工作，这是一项专业性很强的工作，更需要作业人员具有很高的安全意识等，这是极为重要的。每个人都有着自己的职责，20 余人更是一个需要紧密合作的团队，在这几次的国创活动中，对于这些有了进一步的认识，尤其是意识到团队的重要性，这远比对理论知识的学习更加重要。

通过“国创计划”这个特殊的教学平台，不仅使我的创新意识和动手能力有了较大的提高，还让我结交了很多志同道合的朋友，这是我一生的宝贵财富。

“国创计划”伴我成长伴我行

——浅谈“国创计划”的实践与思考

项目名称： 化学计量学方法在乳酸乳球菌发酵工艺优化中的应用

完 成 者： 杨　爽，赵洪玉，盛婧雪

完成时间： 2010 年

推荐学校： 吉林大学

创新型人才是建设创新型国家、提高民族自主创新能力的关键。2007 年，教育部启动“国创计划”，目标是促进高等学校转变教育观念，改革人才培养模式，强化创新创业能力训练，增强高校学生的创新能力和在创新基础上的创业能力，培养适应创新型国家建设需要的高水平创新人才。这一年，正是我步入大学校园的第一年，在本科四年的学习生涯中，有幸得到“国创计划”的历练。“国创计划”对于我本科、硕士、博士和教师工作岗位都产生了深远的影响。现如今，作为一名高校新进教师，回顾“国创计划”带领我步入创新领域的经历，仍感慨万分。本文通过自身经历和实践，从不同视角，浅谈对“国创计划”的实践和思考。

1 回顾“国创计划”的育人之路

2016 年，结束了自己的学习生涯，作为山西医科大学基础医学院新进教师开始参加入职培训等教学活动，在经历学生向教师角色的转变过程中，不断回顾自己的学习生活，尤其是在新角色的适应过程中，让我深刻意识到创新创业实践是提高大学生实践创新能力的重要途径，能够贯穿学生的学习生涯，受益终身。2007 年，我踏入大学校园，作为吉林大学生命科学学院生物科学专业的一名本科生，在理论课程学习的同时，开始接触实践教学，相比于理论学习，我对每个学期的实践教学更加期待，每次实验课程后都会兴奋地进行回味。同时，在这一年的学习生活中，开始校内外的认知实习，对相关的生物制药产品的研发、生产等过程进行了初步的了解和学习，在此过程中，我的求知欲得到了提升，开始对自己学习的领域产生了兴趣。

在步入大二的学习生活后，开始接触系列的综合实验，实验课程的增加，让我对相关领域技术与方法的综合运用能力得到了提升。进入大三后，接触了一门新的课程——研究创新实验，通过自主选择研究题目、设计研究方案进行实验研

究，模拟科研训练。在指导教师协助下，通过查阅文献资料、自主选题、设计研究方案等过程，对自主学习、科研能力、创新能力的培养和提升起到了关键的作用。在此过程中，申报了创新实验项目，同时作为项目负责人承担了一项国家级创新实验项目“化学计量学方法在乳酸乳球菌发酵工艺优化中的应用”（项目号2009A34031）。通过创新实验项目的申报、实施、中期检查、结题过程，不但在理论知识、实验技术水平上得到了提高，在自主解决问题、创新能力、总结与撰写能力上也均得到了提高。同时，作为项目负责人，更是学会了如何增强团队的协作，如何沟通和相互学习。在项目进行过程中，与团队成员参加了首届吉林省大学生生命科学创新实验大赛，并获得了首届吉林省大学生生命科学创新实验大赛特等奖。同时，以第一作者发表了SCI论文1篇，在2009年12月作为吉林大学本科生代表参加了在中山大学举办的生物学科与环境学科的大学生创新实验经验交流会，在会上与全国各地的代表进行了交流。在会后，我深刻认识到，无论是在创新实验还是在以后的科研过程中都要遵循三个原则：兴趣驱动、自主实验、重在过程。有的时候真的是在为了实验而实验，忽略了自身的兴趣，更多的是把实验当作一个任务来作为实验自主性的一个驱动力，有的时候过于在乎实验的结果而忽视了整个实验过程中自身的付出与所得。在今后的实验过程中我们要敢想、敢做、能做、会做。而如何能做、会做则需要文献的大量阅读与积累。

四年的本科学习生涯，我相信这样的历练留给我的是更深刻、更长远的影响。四年生活中，依托吉林大学国家级生物实验教学示范中心，在丰富的创新实践内容体系的培养下，伴随着“国创计划”，我经历了丰富、充实的本科学习生活。

在四年本科的全方面培养后，顺利地被保送步入研究生生活，通过本科期间“国创计划”模拟科研训练的培养，在研究生的科研学习生活中，充分证实了这是一段宝贵的经历。本科期间综合能力的提升为研究生生活打下了坚实的基础。在硕士和博士生涯中，通过自主设计、负责科研课题、参与校企联合项目、协助参与本科生创新实验项目，进一步拓宽了知识结构，同时科研思维、科研能力得到了全方位的锻炼。作为研究生，在接触本科生“国创计划”项目的过程中，由于自身曾经经历了“国创计划”的培养过程，在协助完成本科生项目的过程中，能够更加充分地结合实践与本科生共同寻找解决问题的方法，顺利协助完成项目。

在研究生学习生活中，不断地接触创新实践工作，通过几年的学习，以第一作者发表SCI论文5篇，参与发表SCI论文6篇，参与授权发明专利4项，实用新型专利1项，作为主要参与人参与了省级科研项目2项，横向课题3项，同时荣获了“吉林大学国家奖学金”“精英杯学术成果奖”“优秀研究生”等多项荣誉。在吉林大学本科、硕士和博士的学习生活中，“国创计划”伴我成长伴我行，在这样的创新创业实践教学模式的培养下，创新思维和科研能力得到了显著提高，各方面能力得到了提升，以上的经历都成为我现如今在高校工作和发展的根基和成本。现如今，作为教师在大学生的教育教学中，一直结合自身的经历，思考如何更加高效地培养大学生的创新创业实践能力。

2 大学生创新创业实践教学方法的思考

身为一名自身经历了“国创计划”培养的高校教师，在自身学习和工作的经历中，已经深刻认识到创新创业实践教学模式对学生自身成长和发展的重要意义，目前，正在不断摸索和思考创新创业的实践教学方法。

2.1 大学生创新兴趣和思维的培养

在教学过程中，应该以激发学生的创新兴趣和创新思维的培养为目标，始终贯彻以学生为主体，教师为指导的教学方法，通过指导、启发、讨论等方式，不断与实践教学相结合。

适当的教学方法是人才培养方案实施的保障，应当将“精讲、自学、指导、讨论、启发”等要素融入其中，不断地鼓励学生质疑、探究、创新和实践，建立符合学生现代认知规律的实践教学方法。首先，通过改革实验过程，提前统一讲授实验理论和方法，学生预习，课前考核，让学生带着问题做实验，培养学生积极思考和自学能力。课后应当进行总结讨论，增加师生互动，加深消化理解，拓展学生知识面。同时采用开放式教学，应合理设计和创新实验，在开放实验室进行实验，创办大学生创新实验期刊和创新实验网站等，提供交流和讨论平台。其次，教师应用信息化教学手段，辅助实验教学，制作多媒体课件、网络课程和视频录像等，激发学生的兴趣。最后，注重培养学生主动去学习，提高学生发现、分析、解决问题的能力，培养学生主观能动性，这是使学生能够进行研究性学习和获得终身学习能力的关键。

2.2 强化学科交叉和实践教学

为了培养学生的创新意识和综合能力，要强化学科交叉。坚持产、学、研结合的原则，注重调整学生知识结构，如生物领域的学生，应当强化生物、医药、化工、信息等多学科交叉，拓宽专业范围，提升与开发其发展潜质。同时更要强化创新创业教育。在教学内容中适当融入创新创业教育内容，并与相关学科重大攻关课题的实践相结合，培养学生研发、技术转化和创新创业管理的综合能力。在教书育人的过程中，要将自身经历的创新创业实践教学模式与教学实践相结合，应用于教学和科研工作中。

2.3 创造创新实践氛围

实验室特有的育人文化氛围和环境，能够使学生在完成学习任务的同时，产生对科学知识和技术的强烈渴望，有助于学生形成良好的人格、品质、素养。要适当鼓励与支持学生积极参加科技创新活动，感受到创造的乐趣，同时创造学术环境，通过学术报告、实验技术和学术交流的形式增加创新实践氛围。

综上，在经历了本科、硕士、博士的学习生涯中，“国创计划”伴我成长伴我行，贯穿于学习和科研工作始终，参与“国创计划”的经历对我的学习和工作都产生了深远的影响。在今后的工作中，更要不断强化创新创业实践教学，将自身受益于“国创计划”的经历与学生分享，为创新型人才的培养贡献自己的一份力量。

有梦想，正青春

项目名称： 拾忆 APP——哈尔滨时光慢递有限责任公司

完 成 者： 刘大睿

完成时间： 2017 年

推荐学校： 东北林业大学

1 学生参与“国创计划”情况

哈尔滨时光慢递有限责任公司成立于 2013 年 7 月，是一支投身于文化创意行业的大学生创业团队，公司现有成员 30 人，注册资本 4 000 万元。公司成立初期主要经营特色礼品，开展明信片业务和慢递服务——写一封信寄给未来的自己，后来公司业务延伸至制作大学生毕业纪念册。基于对原有行业痛点的分析及未来趋势的判断，公司现阶段正在研发生活记录平台——拾忆 APP，专注于生活记录，致力于收藏每个人生活中的美好。你把记忆给我，我把它做成一切还你！

哈尔滨时光慢递有限责任公司带着“留住美、传递爱”的使命，打造了一个记录生活点滴、满足情感需求的生活记录平台——拾忆 APP！用户通过我们的 APP 可实现用图文记录生活的极致交互体验、与家人朋友共同管理相册的共享体验以及将生活记录转化为智能化、多媒体化纪念品的情感寄托体验。我们以大学生为切入点，将目标群体延伸至情侣、家庭、宝宝等，针对不同群体的记录、分享、纪念的特点，打造特色的生活记录体验。

未来，公司业务将涉及智能记录设备、智能纪念品等线下业务，打造改变每个人生活的记录方式和情感体验，致力于做最让人感动的文化创意企业！时光慢递，不奢望有人欣赏，只情愿不留余地的盛放！

2 后续发展情况

2014年6月，公司项目参加“创青春”全国大学生创业实践挑战赛并入围省赛；2014年11月，公司在广州股权交易中心青年大学生创业板挂牌；2014年11月，荣获“创青春”全国大学生创业大赛创业实践挑战赛银奖；2015年3月，公司召开月度大会，启动“以我手，绘我心”公益项目；2015年5月，黑龙江省陆昊省长接见公司创始人刘大睿；2015年7月，公司进入全国青年APP大赛十强；2015年8月，公司“以我手，绘我心”公益项目完成；2015年8月，公司参加团中央组织的全国大学生创业实训营培训；2015年9月，公司参加“互联网+”大赛省级比赛并获金奖；2015年10月，公司与投资人达成投资协议；2015年11月，参加“互联网+”大赛国家级比赛并获得铜奖；2015年11月，公司负责人对千名大学生作励志报告；2015年11月，黑龙江省新闻联播对公司进行报道；2015年11月陆昊省长指导公司项目；2015年12月，公司负责人刘大睿作为创业模范受邀赴多地演讲；2015年12月公司团队赴天津参加投融资对接会；2015年12月，公司参加“哈行杯”黑龙江省青年创业大赛第一名；2015年12月，公司成功举办2015年年会；2016年 1月，刘大睿参加北京大学汇丰商学院“资本战略”培训；2016年 4月，黑龙江省副省长为公司颁发创新创业荣誉证书；2016年5月，公司项目获东北林业大学“创业园杯”创新创业大赛第一名。

3 主要经验与启示

我家在云南的一个偏远山区，家里几代都以务农为生，爸妈身体也不好，我是村里的第一个大学生。从小我就努力学习，希望靠自己的努力走出大山，改变几代人“面朝黄土背朝天”的命运。

虽然考上了大学，但来哈尔滨上学的过程并不是那么一帆风顺。为了筹集上大学的学费，我暑假去砖厂打过工，还去工地上搬过水泥。开学时，我只身一人背着一个书包向着一座离家 3 000 多公里的陌生城市出发，而在此之前，我甚至从未进过省城，更不要说出省。因为不熟悉入学程序，也不像其他同学那样有家人照顾，在学校的第一天晚上，我一个人在没有被褥的床板上睡了一夜。因为是贫困生，教材费用交不起，我用的也是上一届的旧书。渐渐地，从黄土地里出来的我开始察觉到了一丝自卑，倔强的我开始想要改变。

大一寒假，我把在火锅店当服务员的钱和贫困补助攒了下来，再向室友借了8 000 元，一个人独自前往腾冲等地采购玉石，带回学校。每个周末，我都会带着自己精心挑选、不远千里带来的玉石到中央大街摆地摊贩卖。在哈尔滨的冬天，我瑟瑟发抖，感觉自己就像个乞丐，像是那个卖火柴的小女孩。每一次想要哭泣时，我就习惯性地仰望天空，每一次在回学校的公共汽车上我都睡着了。但也正是因为有了这样的经历，慢慢地，我筹集到了资金，有了一小部分可观的资本。

能取得今天的成绩，除了我自身的努力，还离不开那个一直对我不离不弃的好伙伴赵勇。在学校一场话剧表演中，我与春节时还为了学费而在他乡餐馆勤工俭学的赵勇相遇了。因为一样的背景，一样的不甘于现实，一样的想寻求改变，我们很快成了好伙伴。2013 年 5 月，我们一起租下了学校一个店铺，每天我们上完课就奔波于各大商场间采购各种柜子、货物。那段时间我忘记了时间、忘记了疲惫，每天都是下午三四点才想起来还没有吃早餐，那时的我们都很纠结，不明白此刻吃的是早餐还是晚饭。当年 6 月，我们精心筹备的店开业了，在 7 月 16 日，我们顺利注册了哈尔滨时光慢递有限责任公司。但是，就在我们雄心勃勃地打算开始我们的创业之路时，噩运也来了。

这头公司才刚刚注册完，那头我们的注册资料就被泄露，导致了骗子公司、社会不法分子每天给我们拨打不下几十个电话，各种各样的骚扰电话扰乱了我们本该正常的生活。这年的 12 月，我们又被一家网络骗子公司骗了 3 000 元。

我想一切只因为涉世太浅，我们还太幼稚，那时的我们，还太年轻。这一学期的忙碌，让我们已经难以协调工作与学习。也正是这个学期，赵勇挂科 1 科，而我挂科 5 科。我站在失败的门口，徘徊于坚持与放弃之间。

然而，噩梦还远远没有结束。终于熬到了下一个寒假，就当我想要放下一年以来的疲惫，感受一些亲人的温暖时，回到家的我，发现爸爸不舒服，检查结果是肋骨断了。提起这个事，我非常难过，爸爸很久前摔断了肋骨但是一直忍着，直到他自然愈合，他为了不让儿女担心，自己又舍不得去医院，就这样忍着。事情还远远没有这么简单，除了肋骨断了之外，检查还发现爸爸有肺气肿和肿瘤。当爸爸被推进手术室的时候，我觉得作为一个男子汉的我应该撑起这个家。

因为家庭贫穷，8 万元左右的医疗费用让这个家庭雪上加霜。回到学校，公司面临失败，团队的大部分成员选择离开。

我真的非常感谢当时没有离开我的伙伴，正是因为有了他们的陪伴，我才能坚持下来，才能有今天。在那个最困难的时候，除了我和赵勇，只有 5 个伙伴选择了留下。为了缴纳房租，还清公司欠款，公司成员陈晓宇拿出自己的奖学金，田晓通省下自己的生活费，狄亚楠、权婷婷、王浩每天默默地在公司工作，正是有了这些忠实的伙伴，我才有了无穷的力量去克服困难。

终于，在 2014 年 5 月，公司成员齐心协力完成了一批业务。团队成员那段时间一整夜一整夜地工作，不管男生女生，困了就在桌子上趴一会儿，第二天还得继续上课，是这群不离不弃的优秀成员拯救了公司。谈起当时的坚持和陪伴，我的心中充满感激。

2014 年，是我和我的伙伴们真正成长的一年，也是我们发展的转折期。5 月，公司成为国家级大学生创业项目；8 月，公司项目进入奥迪创新实验室百强；10 月，公司参加“创青春”全国大学生创业实践挑战赛荣获银奖；11 月公司在广州股权交易中心青年大学生创业板挂牌，这也是团中央主导的全国第一批青年大学生创业挂牌的 19 个公司之一。在 11 月，公司研发的“拾忆”APP 第一个版本正式上线推广，上线仅仅 10 天用户量便达到 13 700 人。

梦想终于渐渐开花结果，当初的困难、坎坷都已成为过去。我和我的团队，继续在我们梦想的道路上前行。我们经历过这么多困难，虽然现在有了一定的成就，但也不能忘记曾经帮助过我们的人。在东北林业大学首届“魅力班级 PK 大赛”中，我的公司为比赛提供了价值 20 万元的 2 500 册大学毕业纪念册赞助。2015 年 3 月，团队联合广东力奥盈辉投资基金管理中心面对黑龙江高校毕业班发起“以我手，绘我心”公益项目，项目开展一个月，涉及大学 12 所，覆盖群体 5 万人，为 1 000 多个毕业班提供了服务，累计提供资金高达 15 万元。公司现有成员 30 人，有近 20 人是家庭困难学生，多数来自于勤工助学中心。我坚信，我将带领一大群有志向的大学生去努力追逐梦想，用正能量去影响周边的人。我还将带着感恩的心和我的团队朝更大的目标奋进，打造一个文化创意与互联网结合领域的品牌公司。

不是每个人都能够在创业的道路上坚持，但我们必须相信，能够坚持到最后的人，一定会取得成功。我希望我的经历能够启迪更多和我一样出身的人，去鼓励更多有梦想的人实现梦想，让他们在逐梦的路上少一些坎坷，少犯一些错误，去回报社会，实现人生的价值。

点滴积累，恒久努力

项目名称：我国长江中下游地区梅雨季节室内热湿环境研究

完 成 者：符　颢，陈政道，聂柏慧，高文杰

完成时间：2016 年

推荐学校：南京大学

1 结　　缘

我和“国创计划”的结缘，可以追溯到大一时的新生研讨课，记得那年我选择了本院老师开设的“人居环境研讨”课，当时的秦孟昊老师（也就是我未来的导师）早已是“最高荣誉欧盟博士”的获得者，可谓学术成就斐然。而且秦孟昊老师由于早年的旅欧经历，思想观念前卫、教学理念新颖，课堂也因此有趣而活泼。还记得老师为了照顾同学们各异的专业背景，因材施教，为我们提供了六类议题：有面向建筑学专业的零排放建筑设计和白屋顶与建筑节能研究，有面向法律等文学专业的世界各国关于建筑节能和可持续发展的相关立法研究，有面向材料与工程专业的可持续建筑设计中的绿色建筑材料研究，有面向环境科学专业的气候变化对室内环境的影响，还有面向计算机与软件专业的计算机模拟技术在建筑节能设计中的应用研究。这些议题的讲授与讨论让我第一次认识到学科交叉的重要性与优越性，也在一定程度上为我在日后主持“国创计划”项目奠定了理论基础、提供了技术手段。

在这个阶段，我还要特地感谢的本校的“三三制”改革。众所周知，进入 21 世纪以后，整个知识传播方式发生根本的变化。学科一方面向深度发展，一方面学科边界变得模糊，同时边界与边界之间产生新的结构。这促使我们产生新的方式。互联网时代同时也带来了巨大的资源，如何选择有价值的信息并进行甄别和接收，是信息时代对我们这些高校学子提出的挑战。

学校一直推进的“三三制”人才培养模式，为我的交叉复合的学术道路提供了发展的自主权和主动权，可以说，若是没有学校着力建设的以新生研讨课、通识教育课和高年级研讨课为核心的思维训练课程体系，我难以在本科初期便接触到专业外的兴趣点与学术触媒；正是这种研讨式教学，使得我从知识灌输，到能够参与讨论、能够批判性思维、能够根据客观事实对事物进行判断一步一步成长起来；正是得益于教学改革打破了院系壁垒，从而让我这名规划专业的学子能够在掌握建筑理论知识的同时学会了必要的物理化学的试验方法。

2 初　　涉

本科二年级的下半学年，创新计划申报正式开始。当我看到秦老师提供的课题后，一切都变得顺理成章了，最终秦孟昊老师成了我的导师，“国创计划”项目小组也在“学科交叉”的理念下由两名规划系学生与两名建筑系学生组成。

这段时间是小组的团队精神得到充分发挥的时期，我们4个人每天相约于图书馆翻阅文献，交流所得所学所想，在合理的分工下完成文献综述、创新计划执行计划书以及立项答辩PPT。这些努力并没有付之东流，我们顺利通过了立项答辩，并成功被选为国家级创新训练计划项目。回想起来，整个本科期间也没有多少比这更开心的事情了，这是对我们能力的肯定和回报，而作为团队负责人的我，考验才刚刚开始，更多的任务也将接踵而来。

立项答辩的结果公布时，距离暑假和梅雨季节的到来也不远了，大量琐碎的事情等着我们去完成。

首先是问卷调查，在调查前，我们团队与导师陆续进行多次会议，探讨研究并制定了详细的调查计划，同时还向拥有类似项目成功经验的高年级本科生学长寻求指导与建议，在问卷的设计上参考了国内外的类似项目，且注重突出本次项目的调查重点。在实际调查的过程中，由于团队仅有4个人，因而需要通过合理的分工来提高调查效率，从而得到真实性更高的问卷。同时由于得到了学校充足的项目资金支持，能够前往长江中下游地区除南京外的其他省市，如上海、浙江等进行调查，实现调查范围的扩大，得到更广泛更全面的数据。

其次是实地监测。我们一方面在导师提供的南京大学可持续建筑研究中心建筑环境实验室中进行仪器测试，来选择能够满足和兼顾建筑能耗、室内热湿环境、室内舒适度相关参数测量的要求；另一方面，我们在南京的各个区联系同学或陌生人以期待他们能够为我们提供屋子作为监测点。当然，最后便是梅雨季节的确认，主要凭借与气象局等政府部门的交涉来获取入梅出梅的确切时间。

随着梅雨季节的到来，实地监测也按部就班地进行着，“国创计划”项目完美地结束了它的破壳期，即将迎来新的节点。

3 渐　　进

建筑专业的学生注定是学校课业任务最繁重的群体，本科生涯迈进了大三，我们学院也从现代化的仙林校区搬入了古朴幽静的鼓楼。入秋时分，两名建筑专业的组员和我说他们的设计课程难以允许其在“国创计划”项目上还能有多余的精力，而小组的另一名同专业同学也逐渐将兴趣转向了其他方面。到了这时，我知道了，作为这个“国创计划”项目的主持人，接下来也就只有我来顾及它，后面的日子里我将独自实验、独自调研、独自思考、独自参赛以及独自著文。

塞翁失马，焉知祸福。虽然团队散了，但导师将我安排进了他的团队，并指派一名学长指导我。整个大三上学期，我或是与学长进行学术探讨，或是帮助学长整理文章，或是在实验室安静地重复着“国创计划”项目的相关实验，或是针对梅雨季节时期已测得的建筑室内数据摸索着进行模拟分析，或是一点一点推进着自己的论文。这段时期，我表现得很平静，“国创计划”项目显得较为平淡，但其中的成果却不断地积累着。

转眼间，新学期又到来了，导师的团队迎来了新的研究员，由于学长即将毕业，因此我开始在研究员的指导下开始了建筑室内环境这一新方向的研究。这学期中，得益于研究员的悉心指导，我收获颇丰：我学会了搭建气体试验台，学会了配制化学试剂，学会了简单的 Matlab 模拟分析方法，还提高了学术论文的写作技巧。

在大三这一整个学年里，“国创计划”项目的组员只剩下了我这名主持者，但在导师、学长以及研究员老师的帮助下循序渐进、厚积薄发，于这一年内先后与学长合作完成了一篇面向国外期刊的学术论文，在研究员老师的督促和指导下完成了以建筑室内环境研究为主旨的学术论文，以及通过自己的反复摸索与尝试完成了以建筑能耗模拟研究为主旨的学术论文。

4 收　获

大三暑期前的一天，导师急着通知我去办公室找他，我有点摸不着头脑，但还是带着疑惑骑上了自行车飞驰而去，我真没想到这一天拉开了“国创计划”项目成果收获的序幕。

见到了导师，他开门见山地告知我说收到了 *Procedia Engineering* 的录用通知，听到这句话的我有点懵，仔细看完导师电脑屏幕上的邮件后，我才回过神来，原来是我与学长合作完成的那篇学术论文被录用了，正当我带着些许茫然与喜悦准备回到宿舍慢慢吸收这一消息时，导师又让我暑假期间代抽不出身的他去参加一个会议，具体事项查看邮件。

就这样，随着夏天的气息逐渐浓郁，空气不断变得灼热，我怀着忐忑的心情参加了第九届国际供暖、通风与空调学术会议（ISHVAC）和第三届建筑能源和环境国际（COBEE）联合会议，并在会上做了学术汇报。这一年，绚烂的七月给我留下的唯一印象就是众多学者济济一堂的会场以及充斥着学术气息的酒店餐厅。

时间来到了暑气即将消散的八月下旬，当实习中的我还在为了那一张张规划图烦恼时，邮箱通知来了。是校教务处“国创计划”办公室的老师发来的，她通知我在回复中附上一篇“国创计划”项目的成果论文去代表学校争取入围第八届全国大学生创新创业年会，当时的我当然不清楚这是一个什么样的年会，但心想既然我主持的“国创计划”项目有一些成果，索性便交了，转而继续完成面前的规划图。

时间呀，留不住，我的大学生涯呢，竟悄无声息地来到了大四。开学还没太久，便收到了教务处老师的通知——我入围了大学生创新创业年会，9 月下旬前往参加。看到这封邮件，心情欢畅了起来。

有了在暑期参加了国际学术会议的经历，途中的我冷静多了，但是当认出带队的老师中有校教务处处长时，我对这次年会多了一分重视。年会当天，台下的我看着周边的同龄人陆续走上讲台侃侃而谈，我聆听着他们对自己的“国创计划”项目的展示，见识到一个又一个的成果，逐渐产生了共鸣。不同于国际学术会议期间那一丝敬畏和仰慕的情绪，在这次年会中，我更多地有了一种被激励的感觉，这种感觉很舒服，就像我站在台上等待领奖时，我很开心，但这种开心绝不仅仅是因为获奖，而是与那么多同样热心于国创的优秀年轻人站在了一起，聚在了一处，这种氛围便是最能感染我的。

从全国大学生创新创业年会归来，我开始致力于完善自己的学术论文，这是一个比较枯燥而又漫长的过程，反复地循环着“送审—斟酌语句—送审—揣摩结论—送审”的过程，闲暇时候再为“国创计划”项目的结题提前做着准备。

日子在我的不慌不忙中慢慢走过，我的两篇学术论文也陆续被中文核心期刊录用，“国创计划”项目的结题也并无波澜。我的两年“国创计划”之路到这里算是有惊无险地走完了，过程中有着起伏，但这样才不会太过于平淡，况且这一路我收获颇丰，着实欣喜。

5 后　记

今天，在写这篇文章的我正享受着本科毕业后的假期。暑假后我将继续攻读城市规划专业的硕士学位。我相信一定有不少的人会疑惑我既然在建筑能耗方面有了这些学术成果，却为何没有转读建筑学专业的硕士。生活中身边确实时不时有人提出这样的疑问，我每次都在心里默默笑道，一开始我因为新生研讨课对绿色建筑产生了兴趣，而正是这兴趣推动着我将“国创计划”项目主持到了最后，我相信自己对建筑节能和室内环境研究的这一兴趣将一直伴随着我，得以时不时地回味一番。然而一旦它成了我的专业，兴趣便可能渐渐被磨灭，甚至成为一种枷锁，我也会因此失去研究它的动力，可谓得不偿失。

因此，两年的“国创计划”项目经历会成为我人生中一段美好的回忆，而对绿色建筑的兴趣说不准将在研究生的某个时期驱使我又一次申请“国创计划”项目，使自己能够继续享受学术研究的乐趣。

6 经　验

我对自己在主持“国创计划”项目期间取得的成果还算满意，但与其他众多的学术达人相比较而言可谓与皓月争辉。经验与启示谈不上，我就说一些自己一路走来的心得，我将其概括为“分主次，勤沟通，重阶段”。

“分主次”是为了统筹好专业课程与“国创计划”项目的侧重关系。诚然，“国创计划”项目是一项很有意义的实践，但专业课程才是大学的根本，分清投入精力的主次，分清投入时间的主次，是每一个“国创计划”项目的参与者值得着重关注的方面。

“勤沟通”针对的是那些在“国创计划”项目过程中遇到瓶颈的同学，“国创计划”的本质是一项挑战，它可能是对专业内高端前沿知识的提前认知，也可能是对专业外陌生领域的探索，不论是哪一类都不是轻而易举的，当我们遭遇挫折、遭遇屏障时，与导师的沟通、与学长学姐的沟通、与学术界前辈的沟通便显得尤为重要。

“重阶段”面向的则是那些半途而废、轻言放弃的同学。如上文所述，“国创计划”并非易事，事实也确实如此，学校每年新立项的“国创计划”项目保守估计有上百个，但真正顺利结题甚至有学术成就的便屈指可数了，究其原因，同学们或是无法保持一种严肃而端正的态度，或是急功近利，幻想着朝夕间能够完成，却不知需点滴的积累与恒久的努力。因此，我们应当阶段性地推进工作，上个阶段的成果必定能为下个阶段提供强大的动力，简单地说，便是“以行动获成果，以成果促行动”。

不断学习，才能不断成长

项目名称：新型非规则可展张拉整体的折叠控制模式、数值模拟及实现
完 成 者：赵曦蕾，陈　诚，孙宇迪，李兴华，祝颖盈，诸嘉巍
完成时间：2012 年
推荐学校：东南大学

1 参与“国创计划”情况

作为项目负责人，我感到很幸运能有这个机会在本科期间就承担起一个科研项目。其间，我主导了国创项目从申请到实施再到答辩的全过程。这个项目提升了我多方面的能力，也为我之后的发展打下了坚实的基础。

从我的角度看来，这个科研项目是一个充满了挫折的项目，而从挫败中成长，从不轻言放弃是我学到的最重要的一课。在这个项目中，挫折是多方面的，有科研上的，也有团队管理上的。

在科研上遇到的第一个挫折就是关于找形算法的研究。在项目一开始，我们主要进行张拉整体的形态分析，需要把现有规则张拉整体单元的找形算法推广到非／半规则张拉整体单元。但是，作为大二学生，我们缺乏必要的数学知识去理解现有的找形算法，更别提去拓展这些算法了。为了解决这个问题，我花了一个学期的时间自学了矩阵分析和很多相关优化算法，最后在老师的指导下，提出了满足几何坐标的非／半规则张拉整体单元找形算法。在战胜这个挫折的过程中，我学到了很多，尤其是查找文献和利用文献做研究的方法。

在研究出相应的算法之后，我们面临的第二个问题就是用计算机语言实现这个算法。在大二阶段，我们的计算机基础是 C++，我们不熟悉其他的计算机（高级）语言。鉴于这个找形算法绝大部分都是矩阵运算，老师建议我们使用 Matlab（矩阵实验室）去实现这个算法。但是 C++ 和 Matlab 是非常不同的两种计算机语言，在自学的过程中我们遇到很多障碍，也花费了很多时间去调试相关程序，最后，在我们的不懈努力下，我们战胜了这个困难，用 Matlab 实现了找形算法，并运行了多个算例。在战胜这个困难的过程中，我学到了很多计算机知识，并熟练掌握了一个新的计算机语言，为我以后的科研和深造也打下了坚实的基础。

在解决找形算法的计算机实现之后，我们就需要把计算结果付诸实践，即制作实体模型。制作实体模型看似是一个简单的任务，然而，在实践的过程中，我们也遇到了很多挫折。我们遇到的第一个困难就是关于节点构造的设计，因为张拉整体

的理想节点是球铰，而球铰在实际制作中是很难实现的。为了解决这个问题，我们尝试了多种方法，也用木头做了很多测试模型，最后，我们终于找到了一个巧妙的方法解决了节点设计问题。而我们遇到的第二个困难就是团队管理上的。制作实体模型是一个花费很多时间和精力的过程，随着我们进入大三下学期，团队成员承受了很大的升学或者找工作的压力。于是，在什么时候制作模型，以及该如何分工等问题上，我们大家产生了很大的分歧。在这个时候，作为组长的我，必须站出来解决这个问题。于是，我首先分别联络了每个组员，向他们阐述做模型的重要性并尽力协调他们每个人的时间；然后，我本人承担了更多的任务，尽量减少其余组员的负担；最后，我又联络一些有较多空余时间的同学来协助我们一起完成模型的拼装。这个问题终于得到了完满地解决，而在这个过程中，我的领导力和团队协调能力得到了极大地提升，这为我之后在美国带领多个科研团队积累了丰富的经验。在我看来，一个好的领导者，应该能够不停地激励组员，积极地协调矛盾，最后带领大家解决问题。

在完成项目的最后阶段，我需要把做的一切工作成果转化为论文和专利，而我并不具备写论文的经验（对于专利申请更是零经验），但是，这是一个必须完成的任务，而且时间紧迫。为了解决这些问题，我大量阅读了前人的论文和专利材料，总结他人写作的经验和特点，然后用在我自己的写作上。

终于，功夫不负有心人，在广泛的积累和总结下，我成功地完成了这项艰巨的任务，发表了多篇论文并申请了一个实用新型专利。在这个过程中，我的论文写作能力得到了极大地提升，并学会了如何清晰准确地把科研成果用文字的形式表达出来。

“国创计划”对于我来说，是一个巨大机遇，也是一个巨大的挑战。在这个过程中，我不断地学习和提升自我，解决了一个又一个困难，最后完成了这个艰巨的任务。在完成项目的过程中，我非常感谢“国创计划”对我们的资助，这些资助使我们能够制作多个钢结构实体模型去验证我们的算法理论，这些资助让我们能去参与多个全国会议去展示我们的科研成果和创新理论。“国创计划”为我们提供了一个自由而宽广的舞台，让我们可以充分发挥自己的想象力和创新力去突破一个又一个科研难题，去实现一个又一个科研目标。

2 后续发展情况

“国创计划”对于学生科研能力的培养是显著而深远的，为学生未来的发展打下了坚实的基础。在本科毕业后，6 名项目成员都进行了（博士或硕士）深造。

我本人在大四取得美国约翰·霍普金斯大学全奖攻博机会，并在本科毕业后直接赴美读博。在美读博期间，我从事基础设施防灾和韧性城市的研究并与多学科展开合作，包括公共卫生，交通工程，计算机，公共政策，应用数学与统计等。其间，我撰写多篇论文（包括3篇已发表，1篇在审，3篇在投），主导或参与了5个科研项目，并作为Co-PI在申请2个美国国家自然基金，在4个国际会议上发表演讲并在校内外开展学术研讨会，获得3个校级奖项（尤其包括应用数学与统计杰出硕士科研奖），取得土木工程和应用数学与统计的双料硕士，并在4年之内取得土木工程博士学位。我将于今年7月1日起在美国密歇根大学安娜堡分校工业与运营工程开始博士后工作，主要研究交通基础设施的防灾与韧性城市建模。我计划2～3年后，申请“青年千人计划”回国发展，为国内土木工程防灾领域的进步做出自己应有的贡献。

其余项目成员也取得了不错的发展。陈诚（项目成员）在本科毕业后，在东南大学免试攻读土木工程硕士学位研究生，并顺利取得学位，现在江苏省电力设计院工作。孙宇迪（项目成员）在本科毕业后，申请到加拿大西安大略大学攻读土木工程硕士学位研究生，在硕士毕业后，暂时留在加拿大工作（John G. Cooke&Associates Ltd）。李兴华（项目成员）在本科毕业后，在东南大学免试攻读土木工程硕士学位研究生，并顺利取得学位，现在留在东南大学继续攻读土木工程博士学位。祝颖盈（项目成员）在本科毕业后，在同济大学免试攻读建筑学硕士学位研究生。诸嘉巍（项目成员）在本科毕业后，在东南大学免试攻读建筑学硕士学位研究生（专业学位）。

“国创计划”显著提升了项目成员们的科研能力，也为我们之后的发展和深造起到了极大的帮助作用，所有的项目成员都在本科毕业后进入硕／博士研究生的学习。作为项目负责人，国创项目使我受益匪浅，国创项目的科研成果不仅是我履历上精彩的一笔，更是让我对科研充满了兴趣，并树立远大的科研理想——把搞科研作为我终生的事业。

3 经验与启示

在执行项目期间，我的科研能力得到了极大的提升，主要包括文献搜索、数学建模、编程、模型制作、论文撰写等。此外，我的团队管理能力也得到了很大的提高，主要包括领导力、团队协调、时间管理等。但在我看来，“国创计划”对我最大的帮助在于培养了我的科研思维，让我懂得了该如何做科研——如何用创新的思维思考问题，如何从多方面入手解决问题，以及如何把成果展现出来。

“国创计划”对于我职业发展的影响是深远的。“国创计划”的科研经历使我在大四成功申请到了美国多所高校的直博机会，而我最终选择了约翰·霍普金斯大学。在读博的过程中，基于本科丰富的科研经验，我很早就能进入科研状态，勇于承担项目，并且善于与他人沟通合作，这使我的科研能力得到进一步提升，也使我能在4年之内就完成博士学位。其间，我还修了土木工程和应用数学与统计专业的双硕士，因为“国创计划”的经验告诉我：只有掌握更多的工具，才能解决更多的问题，不断学习，才能不断成长。在我的博士论文中，我把从应用数学与统计中学到的很多模型运用到基础设施防灾的建模和分析中，并得到了很多有意义的结果。在我完成博士学位之后，我马上就要投入到新的科研岗位当中去，我希望能够在未来不断地充实自己，完善自己，提升自己的科研能力，并在自己真正准备好的时候，能够回国任教，把自己掌握的知识和技能转化为实践——在人工智能和智慧城市不断发展的大环境下，提升我国城市基础设施的防灾抗灾能力（包括自然灾害和人为灾害）。

“国创计划”对于其他项目成员也产生了非常积极的影响，他们在执行项目的过程中，各方面的能力得到了显著提高。“国创计划”的科研经历，也使他们具备了较高的科研实力，并令他们树立了崇高的科研理想，为他们进一步进行硕士或博士研究生深造打下了坚实的基础。

绘自传：相遇，相识，相携

项目名称： 杭州绘自传网络科技有限公司

完 成 者： 徐飞鸿，林　静，吕玉科，徐晓曼，于晓辉，钱　齐，曾智辉，朱红蕾，王雯琦

完成时间： 2016 年

推荐学校： 浙江理工大学

这个团队不容小觑，他们清一色都是年轻有活力而且执着得让人不得不心生敬意的当代大学生。

一群有志青年从四月的春风拂面开始集结，在忙碌的五月里艰苦奋斗，用完美的逻辑和商业计划书打动了严苛的评委，在骄阳似火的七月依然踊跃着各自的身影。在这几个月中，这些年轻人内心的感想是千言万语说不尽的，是心潮澎湃，是百感交集，有喜悦、有痛快、有欣慰、有希望、有期待……更多的有这几个月无数个浴血奋战的日日夜夜所换来的梦想开花的快乐与激情。接下来，让我们走进他们的心路历程，去更深地了解青春飞扬的华丽与美妙。

1 相遇——回到梦最开始的地方

缘分始于一堂创业基础课，三个人自行组成小组做了一份“大学生职业生涯规划”的问卷。在调研中发现，近百分之八十三的大学生没有明确的职业生涯规划，通过与创业导师的交流，进一步发现当前大学生就业存在“两难四痛”的问题，创业灵感悄然而生。恰逢国创这个大的机遇，一切水到渠成。

四月的风，吹绿了树，醉红了花，涨红了脸庞，依云着天边的云霞。心里有种莫名的兴奋，可能是，将要遇到彼此。年轻人们从彼此陌生到彻底认识的这段过程，就像是手里这份从无到有，最后渐至成熟的国创项目。

起初时，所有人对“国创计划”这个词都很陌生，更不用说是要讨论合作撰写出数万字的文本，再一起把这个项目执行到最后了。大概是因为初生牛犊不怕虎吧，团队聚在一起之后总会有很大的干劲，团队永远充满着积极向上的正能量。大家在一起讨论工作、设想未来，畅想着这个国创项目会因为我们现在的努力而在未来的某一天闪闪发光，因为有梦想，才会有辉煌。那些因为梦想而披星戴月的日子，真的特别美好。

最初接触到“国创计划”是学校的通知，这是需要用两年的时间来完成的一项国家级创新创业项目。一群志同道合的人因为梦想聚在了一起，“绘自传”也就应运而生了。“国创计划”鼓励我们走出校园，去了解我们最需要了解的东西，去尝试，去挖掘，去比较，去提高。

项目刚开始的时候，团队成员之间不问不说不讨论，秉着一种“把自己的事干完就好”的想法，觉得只要完成自己分内的事，不给团队扯后腿就可以了，哪想到最后把大家的成果整合给指导老师看过之后，才发现最初没有确定明确的路线和清晰的逻辑，仅凭每个人的个人思路，导致最后呈现的结果实在惨不忍睹：逻辑混乱、格式冗杂、形式重复……然而最根本的原因就是因为缺少和团队成员最基本的沟通，缺乏对这个项目计划最深度的了解，也因为一开始大家对团队的认知错误。这样的团队貌合神离，缺乏信任，问题成堆，一加一远小于二，终究走不了多久。

2 相识——凌晨 4 点的学林街好美

努力了这么久，得到的却是一团糟的结果，团队成员难免有些沮丧。那时候，在“国创计划”的项目上其实大家都是起步的“菜鸟”，却单纯地以为靠着自己的能力就能独立完成所有的工作，哪里想到最后被现实狠狠地打了脸。原先在各自学院“发展良好，能力出众”的成员同样是站在“国创计划”这条赛道的起跑线上，甚至于连最开始的起跑动作都没有准备好。团队暂停了项目工作，开始反思，打算重整旗鼓，准备以新的面貌开始逆袭征程。

经过整顿之后的团队，摒弃了以前“两耳不闻窗外事”的做法，拿着最初完成的样稿给指导老师批评指点过后，再到众多公司进行深度调研，最后再一起讨论项目的整体构建和思路，画出了导向图并清晰了每个人在这个团队里的位置和分工，这个过程里的团队，才能开始叫作一个团队，才做到了一个团队真正应该有的品质：发挥优势、取长补短，一加一才能大于二。团队成员在心理上开始互相依赖和信任，彼此间相互配合和制约，这个时候终于读懂了团队至关重要的归属感和集体荣誉感。大家一起走访调研、一起撰写文本、一起开展活动，聚餐、旅游、谈天说地……所有人的眼睛里都闪耀着星星，耀眼到让别人羡慕。

有了前方明亮的灯塔，有了远处可以到达的彼岸，团队所有人的工作热情空前高涨，在一个小小的工作室里，我们共同完成了一项又一项工作，一起纠正过程中发现的错误，一起倒数了每天的零点报时，一起并肩在凌晨4点的路灯下走回宿舍……这样的日子一天接着一天，所有人嘴上说着累，却又莫名的乐此不疲，然而究其原因大概是因为我们成了相互依靠的家人吧。后来拿着这样一份沉甸甸的“国创计划”项目书找到指导老师的时候，他告诉我们，他为我们骄傲。

时针已指向晚上9点，我们的工作室却仍然灯火通明，热闹非凡，团队的成员结束了课程之后陆陆续续地来到会议室，开启了我们的深夜研讨会。这样的夜晚似乎已经成了我们团队的标配，大家从初遇的沉默谨慎到相知的无话不谈，每个人都在不断地挖掘自己、奉献自己。

随着讨论的一步步深入，项目的版图也一点点建立起来，白板也被一块一块的填满。但是项目仅靠纸上谈兵永远也不可能有所成就，理论与实践的结合才能得出真理，想法投入到运用中，团队才能走得更远。

3 相携——是你们给了我最坚定的力量

团队在实践中确立了公司的主要业务是对大学生进行长达4年的跟踪培养，从理论到实践实习，最终实现大学生的精准就业。公司可以通过高校直通车、能量营等种种途径让大学生加入到各类培训中来。但如何让大学生得到更多的锻炼机会，如何培养大学生的核心竞争力，不仅是对项目本身的塑造，同样也是对团队成员能力的挑战。

团队成员在一起，从来没有辜负过一起办的每一个活动。为助力高校创业，推行超级导师进校园活动，为践行“运动的青春最美”而创办的启动20万公里大学生接力挑战赛活动；对接浙江财经大学创业学生项目“创客相亲集市”，助力企业学生配对成功……每一个活动的成功举办都见证者团队成员在携手相伴的道路上越走越远，一步一步地驶向最初的灯塔，到达最初的彼岸。

现在再回忆起我们的整段历程，是从初遇时的羞涩拘谨到熟络之后的尽情肆意。其实真正的团队配合起来是得心应手并轻松自在的，只有我们自己切身经历才能够领悟并且成功经过这一段磨合期，从而更加珍惜彼此之间的“革命友谊”，培养默契。项目还在进行着，团队中的成员有的夜以继日，一心考研，有的不断实践，到公司实习，有的心无旁骛，专心经营我们的项目……

团队成员徐飞鸿说，即将面临大四，回首过去的三年，最难忘的就是这次的创业项目。在这个创业项目中，遇到过无数的问题和挫折，但是都一个个的解决，次次的不认输不放弃，取得一次又一次的进步，由刚开始的散乱到后来的团结合作，在团队合作中不断解决各种问题，大家都会铭记相互指出缺点相互鼓励的日子。接下来的这一年，他选择了考研，虽然不知道将会有怎样的遭遇和经历，但经历过这一次创业训练之后，不管以后遇到什么，都能够乐观冷静地去面对，不会再逃避，因为，路不过只蜿蜒到下个路口。相遇，相识，相知，相携，故事未完。

团队成员各有追求，各自忙碌，但当项目需要时，所有人都会不遗余力地投入项目中，再度奋斗。

在茫茫人海中，相遇、相识、相携是件小概率的事！我们彼此因为科研相遇，因为志趣相投，这份遇见，温暖了我的大学生活，润泽了我的青春流年。

项目介绍：杭州绘自传网络科技有限公司，运用“S2C”模式为学生、高校、企业三者提供新型校园“互联网 +”大学生成长平台，并借助一系列线下活动完善学生素能雷达图，提高学生综合素质，以达到精准就业的目的。公司成立于 2016 年 10 月，采用有限责任制形式，组织结构为直线职能型。在发展的初期阶段有核心团队 10 人，企业现有员工 40 余人，兼职员工 200 余人，注册资金 500 万元，且资金已到位。“超校联盟”微信公众号粉丝达万余人，并通过了解客户心理、制定营销手段，使客户黏性达到了 83%。本公司在发展的初期经营范围囊括杭州下沙十几所高校，已帮助 1 300 余名在校大学生成功完成精准就业，成功率达到 21.67%。

以磁为介，我的国创之旅

项目名称： MFe_2O_4@g－C_3N_4复合材料的可控制备和高效降解有机污染物的研究

完 成 者： 陈本金，任　屹，黄万政，唐绍源，刘　东

完成时间： 2016 年

推荐学校： 合肥工业大学

1 学生参与“国创计划”情况

本“国创计划”项目围绕如何绿色高效去除水中持久性有毒有机污染物开展了相关研究工作，成员为 5 名化工工艺专业学生和 1 位指导老师。当前水体中有机污染物的处理是近年来环境治理的重点和难点。相对于常见的物理、生物处理方法，光催化降解技术因其具有普适性和对有机污染物的敏感性而受到科研工作者的广泛关注。

近来，类石墨氮化碳（g–C_3N_4）作为一种非金属可重复利用的可见光光催化剂在环境修复方面表现出优异的催化性能。由于其具有硬度高、稳定性强和制备成本低等优良特性被作为光催化优异材料。然而，也含有有限的非定域电导率、低比表面积及光生电子空穴对快速复合等缺陷从而导致其整体活性较低。随着纳米技术的发展，g–C_3N_4 包覆金属纳米材料成为复合材料、纳米材料领域研究的热点，相对于单一金属纳米材料，双金属纳米材料具有特殊可调变的电子结构、表面性质以及化学性质，在能源、化工、生物、医学等领域有着广阔的应用前景。

在过去几年中，一般表示式为 MFe_2O_4（M：锰、钴、镍、铜）的尖晶石型铁氧体纳米粒子，由于其出色的纳米尺寸、大的比表面积、超顺磁性和高的磁化强度，已在许多领域得到应用，如高密度磁存储催化和环境整治。在反应后，利用磁铁实现对 MFe_2O_4 的回收，是一种高效、经济的回收手段。近期的研究发现，虽然 MFe_2O_4 纳米粒子表现出较高的催化性能、高的表面积等特性，但其独特的磁性特点却致使其纳米颗粒的聚合，反而降低了催化效率。为了解决该问题，本项目创造性地提出制备 MFe_2O_4@g–C_3N_4 磁性核壳结构异质结催化剂，石墨氮化碳与双金属氧化物的协同作用可提高催化活性，而且易于磁分离，避免对水体产生污染。

本项目研究工作主要集中于 MFe_2O_4@g–C_3N_4 磁性核壳结构异质结催化剂的制备以及在多相类 Fenton 光反应过程中的作用。分析杂化材料的物理化学特性和评估其在可见光条件下以 H_2O_2 等作为氧化剂降解有机染料的性能。通过研究不同参数的影

响、光催化机理和活性物种来了解 MFe_2O_4@g-C_3N_4 光催化剂的反应效果，研究催化剂的组成、结构等与催化效能间的系统关系，探明在催化反应过程中改性石墨氮化碳与双金属氧化物的协同作用机制，以及提高催化活性的途径和方法。

为能够实现预期目标，关键是如何在中性或者碱性条件下制备复合结构的催化剂，难点是当前研究金属氧化物与 g-C_3N_4 结合得很少，缺乏合成方法的指导，对于 g-C_3N_4 包裹金属氧化物反应过程中的细节（例如温度、压力、溶剂用量、pH 等）控制方面还很欠缺，重点是金属元素源的选择及在掺杂过程中反应条件的选择与控制。本组导师姚运金老师对我们给予了全方位的指导，从选题之初便着重培养我们主动思考的意识，要求我们主动掌握相关专业知识，告诫我们要自觉发现并解决问题，步步为营，不可避重就轻；定期组织讨论，交流所遇问题，提出解决办法和依据，分析可能性，很大程度提高了成员的主观能动性；倡导在相关文献中汲取经验，学习方法，勤于尝试，须求甚解，及时分析及处理数据。精细制订计划，从理论上讨论每一步计划的可行性及准确性。

在长达 4 个月的研究中，为了制备 MFe_2O_4@g-C_3N_4 磁性核壳结构异质结催化剂，我们反复查阅国内外文献，反复尝试各种新的实验方法，却屡次失败。在我们都很失落的时候，姚老师鼓励我们多看看文献，尝试不同的制备方法，后来我们由高温煅烧换为水热法制备复合材料，实验达到了预期效果，最终确定了水热温度、投料比、沉淀剂及反应溶剂等实验参数，成功制备出 MFe_2O_4@g-C_3N_4 磁性核壳结构异质结催化剂。

本项目中的催化剂制备、催化剂结构表征分别由任屹和黄万政负责，光催化反应由唐绍源和刘东共同负责。

（1）制备复合结构复合材料催化剂

以硝酸铁及其他硝酸盐为原料以乙二醇等为溶剂，以水热法合成 MFe_2O_4 不同种类双金属氧化物。以三聚氰胺为原料两步煅烧制备 g-C_3N_4，用酸浸泡 24 h，酸处理的目的是改变催化剂表面结构、增加表面活性位点、提高催化活性。将制备得到的 MFe_2O_4 与 g-C_3N_4 以不同质量比超生分散混合，甲醇回流自组装合成一系列 MFe_2O_4@g-C_3N_4 尖晶石复合催化剂。在整个合成过程中，着重考察水热反应温度和时间对目标产物理化性质的影响。采用盐酸、硫酸、硝酸等不同酸处理石墨氮化碳，分别设置反应温度为 120℃、140℃、160℃、180℃、200℃，反应时间为 12 h、16 h、20 h、24 h、36 h、48 h，采用类 Fenton 光催化降解有机染料以及 XRD、FETEM、FESEM 等表征找出理想复合催化剂的最佳制备条件。

（2）催化剂结构，元素等属性检测表征

通过 XRD 测试复合催化剂的组成元素晶形，XPS 测试反应前后催化剂的结构变化，考察 MFe_2O_4@g-C_3N_4 结构稳定性，FESEM 观察复合材料的形貌特征及分布状况，FETEM 考察催化剂的微观结构及粉末的透射性，Raman 与 FT-IR 互补作用共同检测催化剂的特征官能团，BET 测量催化剂的比表面积及孔径大小，RDS 测试样品表面金属离子结构及其氧化状态，检测光吸收性能，AAS 测试原子组成状况，TOC 检测样液中有机含碳总量变化，判断有机物降解程度，TG-GSC 测定 MFe_2O_4@g-C_3N_4 结构热稳定性，观察其热分解温度，GC-MS 根据气相色谱图峰值变化判断样品中含有的组分，LC-MS、HPLC 检测样品中极性键及共轭键，判断可能含有的组成结构，紫外可见近红外分光光度计检测催化剂的催化性能等，深入分析催化剂的结构与性能的关系。

（3）光催化降解有机物检测材料性能

取不同量合成好的催化剂，降解不同浓度的有机染料，通过一系列光催化反应找出最佳光催化参数。以最佳反应参数研究 MFe_2O_4@g-C_3N_4 的最佳催化条件。考察不同光催化条件：pH、捕捉剂、温度、不同染料、染料初始浓度、离子强度、重复利用性等。

整个实验的过程，就是不断学习和自我提高的过程。既巩固了基础知识，又切实体验到如何将书本知识转化为实际应用，真正得到了锻炼和提高。为了直观且及时地处理实验数据，我们采用 Origin 制图软件绘图。为了了解材料的微观结构及表界面性质，我们学习并使用 XRD 测试复合催化剂的组成元素晶形，XPS 测试反应前后催化剂的结构变化，考察 MFe_2O_4@g-C_3N_4 结构稳定性，FESEM 观察复合材料的形貌特征及分布状况，FETEM 考察催化剂的微观结构及粉末的透射性，Raman 与 FT-IR 互补作用共同检测催化剂的特征官能团，BET 测量催化剂的比表面积及孔径大小，RDS 测试样品表面金属离子结构及其氧化状态，检测光吸收性能，AAS 测试原子组成状况，TOC 检测样液中有机含碳总量变化，判断有机物降解程度。这些都是在接触大学生创新实验项目之前所未能了解的，让我们对实验的了解并不只停留在书本认知的层面，实际的过程是相当烦琐、复杂的，但我们不惧困难，以饱满的热情迎接一个又一个挑战。

2 学生后续发展情况

创新实验项目是课堂外的延伸，把握住此次难得的科研经历，无论是对专业知识的深入了解还是日后的就业都有很大的帮助和益处。参与创新训练计划项目，是学习的进一步深入，不仅有助于对课本内容的了解，而且可以在参与项目的过程中全面提高我们的专业素养和各方面的能力。可以从以下几个方面概括收获：学会了查阅资料和总结资料的能力；提高了实验研究能力；提高了分析图谱的能力和数据处理的能力；提高了撰写开题报告的能力；有助于培养团队合作意识；获得了比课堂所授更精细、更专业的知识，不仅扩宽层面，还有助于对所授知识更深入地理解；

增强了撰写论文、软件处理、实验操作、文献查阅等多方面能力；学到了创新、严谨、主动、好奇、守时、热情等正确对待实验的态度。本项目组成员陈本金选择继续读研深造，经过创新训练的锻炼，明白了“如何做好科研”“怎么开展科研”“如何处理科研之路遇到的困难”及“如何撰写高水平的论文”，在研究生科研实践能力培养方面将少走弯路，而且他对科研具有浓厚的兴趣，有一定的科研理论水平及实际操作能力，在科研之路上他将会收获更多；其他同学选择了就业，经过创新项目的训练，他们的能力、素养得到了很大的提升，在从业态度、从业能力、实践能力、创新能力及自我提升能力 5 个方面具备了持续发展能力，对他们以后的发展有很大帮助。

3 主要经验与启示

2015 年 6 月份，我们成功申报大学生创新训练计划项目，开始了为期一年的创新研究征程。在一年的创新研究过程中，我们经历了重重困难，收获了种种喜悦，一步又一步迈开了我们的研究征程。

3.1 理论知识和基本能力的提高

实施创新训练计划项目要求我们有扎实的理论基础，以理论来指导实践活动。由于当时我们对纳米复合材料的制备及性能调控的相关知识的了解不是很多，于是我们从基础理论知识着手，通过借阅图书馆相关书籍及网络数据库搜寻相关知识，进行深入学习。通过半年的不懈努力，我们克服了超前学习的种种困难，掌握了纳米复合材料的基本研究方法，为纳米复合材料的制备奠定基础。

对实验室里先进设备的了解和使用，让我们把理论知识和实践技能结合起来。与导师和研究生的近距离接触和交流，扩宽了我们的知识面，提高了科研能力，有助于掌握学科发展动态。

3.2 实践技能的提高

在姚老师的悉心指导和其研究生的热情帮助下，我们对研究项目有了越来越深入的了解，能对谱图进行计算分析，大大提高了我们的信息分析处理能力。

在对实验数据进行分析处理时，谱图解析是一个十分重要的环节，在姚老师及其研究生的指导帮助下，慢慢摸索，学习并逐渐掌握 Origin 软件的使用。在谱图解析过程中，通过 Jade 软件处理 XRD 数据以分析材料的物相组成，还需要在 Jade 软件里导入 PDF 卡片，Jade 才能开始检索。但我们发现，Jade 本身导出的曲线并不理想，不够完美与直接。查阅相关资料后，将原始数据存入 Origin，将多组测得数据整合到同一坐标系下，进行标注和分析，最终得到易于观察、对比的 XRD 曲线图。另外，为了了解复合材料的复合结构，我们学习了 XPS、FESEM 和 FETEM 等表征手段，通过 XPS 测试反应前后催化剂的结构变化考察 $MFe_2O_4@g-C_3N_4$ 的结构稳定性，FESEM 观察复合材料的形貌特征及分布状况，FETEM 考察催化剂的微观结构及粉末的透射性。实践是检验理论的唯一标准，这不仅让我们对自己的不足有了一个更加清醒的认识，不断地去完善研究对象，还让我们学习到了作为一个研究者应该具有的科学素养和科学态度，使我们在沟通与学习中不断进步。

3.3 创新能力的锻炼

创新意识和创新能力来源于课堂和理论，更在于课堂之外的亲身体验和具体的实践操作。创新是科学精神的精髓，要求一切从实际出发，正确把握客观事物的本质和规律。创新总是依托一定的专业理论知识和经验，要在一定的科研背景之上继承和发展。课堂之上所学难以满足实验开展的理论需求，为此，需要查阅许多有关背景知识、实验仪器用法、实验图像及数据解析、软件使用的书籍。养成观察和研究实验现象的习惯，培养思维的独立性和批判性，敢于质疑，提高探究的意识，学习学科前沿的内容，在科研过程中养成严谨的科学习惯，激活自身的创新思维和创新能力。

3.4 时间管理、统筹规划意识的培养

早在立题之初，老师便依据每个成员的能力特点，分配了相应的任务重心。使每个成员的能力得到相应发挥，优势互补。而每个成员都会参与到计划的制定、修改与结论的分析，发挥集体的智慧与力量，同时也不至于环节脱落。不仅提高了成员的参与度，也给每位成员提供了发挥的自由度，使每个成员都能全程全身心地投入。

3.5 相互配合、团队协作精神的发扬

在项目实施过程中，我们合理分工、密切交流、相互配合、团结协作，共同完成。通过项目实施，我们认识到团队协作的重要性，只有相互协作，取长补短，进行能力互补，才能迸发出意想不到的创造灵感，使团队的整体能力得到提升。

通过参与项目的实施过程，锻炼了独立思考、自主学习的能力，学会了如何整合专业知识为己所用，学习了实践操作的知识并进行了运用，获得了人际沟通和团队合作的宝贵经验。创新能力是新世纪人才的核心竞争力，对于本科生而言，早一些接触科研从而培养创新实践能力是至关重要的。全面开展大学生创新创业实训计划是进一步提高本科教学质量和大学生综合素质培养的重要手段。感谢创新实验项目给予我们这次难能可贵的机会，我们应当深入思考，反省不足，再接再厉，以全新的自己迎接更大的挑战。

“国创计划”，助我科研能力提升

项目名称： 基于土地流转政策的山区特色产业发展研究——以宣城市茶产业品牌建设为例

完 成 者： 崔少敏，周芮婷，高梦醒，解　航，姚元青

完成时间： 2017 年

推荐学校： 合肥工业大学

创新推动社会发展，国创助力科研进步。历史的车轮滚滚向前，上九天揽玄月，下五洋擒蛟龙的先人梦想，全部都已成为现实，人类历史文明的每一次飞跃，都离不开创新的力量。心怀科研梦想，胸有报国之志，自本人 2016 年申请国家级大学生创新创业训练计划项目得到资助，一年来项目进展顺利，本人的科研能力也在此过程中得到了巨大提升。

1 学生参与“国创计划”情况

1.1 课题选择——学以致用，经世济民

对于经济的理解，我认为最好的就是经世济民。本人本科的专业属于经贸大类，学习了大量经济学、管理学相关课程，本着学以致用的思想，我打算选择一个和实际生活联系紧密的课题，希望能为现实问题提供直观的解决方法。在研究大方向的选择过程中，我广泛了解了社会热点和国家经济发展现状，在丰富了知识的同时我的信息搜集能力也有了很大提升。反复考量后，我选择了“三农”和“土地流转”相结合的方向。本人在安徽省宣城市求学，三年来接受了宣城的山山水水的滋养，理应为宣城市的发展献计献策。源于从小对源远流长的中国茶文化产生的浓厚兴趣，好奇于处于自古盛产茶叶的宣城市茶产业发展状况，所以我准备具体研究宣城市茶产业的发展和土地流转之间的关系。确定了大体的研究方向，我就向指导老师进行请教，老师对我提出了十分有益的建议，从宣城市茶产业先放大到整个山区特色产业进行整体把握，又具体以宣城市茶产业的品牌建设问题为着眼点，既提高了整个选题的立意，又将研究的问题细化，做到了“小而精”。在老师的帮助下，对课题的名称反复斟酌后，最终拟题“基于土地流转政策的山区特色产业发展研究——以宣城市茶产业品牌建设为例”。选题是做好科研的重要环节，经过此次的选题过程，我提出问题、分析问题的能力有了显著提升。

1.2 科研团队——四方辐辏，齐心协力

项目的顺利开展离不开优秀的科研团队。在确定选题后，我就立即着手组建研究团队。经过思考，认真分析同学的性格和长处，根据课题研究的需求，我邀请了几位能力相匹配的同学进行合作。团队中的周芮婷同学擅长文书撰写，她有很强的学习能力并曾获得国家级奖学金。高梦醒同学比赛经验丰富，学习能力很强，也曾获得国家级奖学金。解航同学善于与人沟通，茶叶相关知识储备丰富并认识许多业界人员。姚元青同学擅长数据处理、模型构建，可以熟练使用各种多媒体软件。团队中人才济济，在组建团队的过程中，准确识别同学的能力显得尤为重要。考虑到研究的问题和茶叶相关，而同学们对茶的认知普遍较少，在了解到解航同学是瑜伽社兼职的瑜伽教练，曾专业学习过瑜伽，我就联想到练习瑜伽的人通常喜欢喝茶，解航同学可能在这方面具有优势，后经验证，我的想法是正确的。知人善用，组建优秀的团队，大家性格互补，分工明确，对课题都有研究的热情和兴趣，是我们项目顺利开展的重要原因。在组建团队的过程中我的组织领导能力有了明显进步。

1.3 研究计划——张弛有度，步步为营

科研成果的取得不会一蹴而就，所以我们需要制定合理的研究计划使项目有条不紊地进行。在研究内容上，我们以宣城市茶产业品牌建设为例，探究土地流转促进规模集约化经营，从而提高产品竞争力，助力创建茶叶名优品牌的过程中起到的作用。所以，我们对宣城市的一个区和所属的六个县的茶产业发展状况进行实地调研，这些地点相对集中，便于项目开展。除此之外，我们运用对比法对问题进行研究，计划赴茶产业发展较好的福建省武夷山市进行实地调研。能否成功建立名优茶品牌受很多因素影响，而我们主要研究土地流转在此进程中的作用，不会过于宽泛，可以进行深入研究。在时间安排上，我们主要利用寒暑假的时间以及新茶产出上市的清明节、端午节、劳动节等假期进行实地调研。这样既不会影响正常的上课学习时间，也可以使我们的假期更加有意义。同时，在日常的学习生活中，我们也会积极学习相关的知识并与研究课题结合，边学边用，进行知识迁移。在此过程中，我的统筹安排能力得到了提升。

1.4 课题调研——跋山涉水，汲求真知

不同于需要一直待在实验室中做实验的理工科项目，我们的创新项目更加贴近民生日常，需要进行大量的实地调研。茶叶一般产于高山深林，在调研的过程中，我们克服了路途的艰辛与食宿条件的恶劣，只为得到最真实的资料和数据。除了自然条件的艰苦，在调研过程中遇到的各种人为阻碍也考验着我们。我们曾经坐大巴到县城，又转乘乡间巴士进山，寻找一家相对较大的茶叶公司，但是却吃了闭门羹，对方并不愿意合作，不愿意告诉我们太多的信息。一路辗转，我们不想无功而返，

换条思路后，我们就开始对当地的山民进行访问，通过和他们交流获得有价值的信息，最终收集到我们想要的资料。经过实地调研，我的抗压能力、沟通交流能力、解决突发事件的能力都得到了锻炼。

1.5 研究成果——及时总结，积微成著

我们的社会之所以逐渐变得更加美好，除了耀眼的科学巨人做出的划时代的研究成果，更多依赖于积微成著，依赖于每一位勤劳的科研工作者。限于能力，我们并不能做出伟大的科研成果，但只要能做出一些微小的贡献，能为茶产业的发展提供一些思路，我们做的研究就是有意义、有价值的。我们每次调研后都结合自己所学知识进行及时认真总结，形成调研报告，并将分析研究进行汇总，形成论文并在《商场现代化》杂志上发表。在论文的写作过程中，除了要对成果进行汇总，还要反复斟酌词句、修改格式，最终形成一篇完整的论文。除了已发表的关于品牌建设的论文，我们还运用计量方法构建模型对数据进行定量分析，并再形成一篇高水平论文。以国创项目为平台，我解决问题能力、论文写作能力，建模能力都得到了提高。

2 学生后续发展情况

积极参与“国创计划”，使我们对相关专业课有了更深的理解，取得了较好的成绩。团队中有 4 名同学预计获得保研资格，一名同学出国留学，国创带给我们的不仅是荣誉，更是相较于其他同学来讲的宝贵的科研经验。

随着项目的进行，我对三农问题的关注越来越多，也对看到的一些现象进行积极地思考，探究其背后的经济学原理，目前正在撰写论文《博弈视角下精准扶贫的经济学分析——以安徽省灵璧县为例》。

在实地调研中，我们还积累了一些商业资源，为更好地进行创新，我们还将不同品种的茶叶进行整合开发出了新的茶叶产品并撰写商业计划书，参加多个创新创业类竞赛。目前在三创赛中获得安徽省三等奖。

3 主要经验与启示

通过主持参与“国创计划”项目，我的科研能力有了很大的提升。此外，我也认识到，对于经管社科类的研究，现实往往与想象差距很大，所以需要俯下身子，不怕艰苦，实地调查，深入体会。脱离了实际的理论就是无根之树、无源之水。如果选择科研，我们一定要将自己的个人发展与社会的发展相结合，心怀为人类的进步做出贡献的信念，满怀热情投身于科研工作。

一年来的研究让我收获良多，中期检查结果为优秀，这也将激励着我继续努力，认真完成项目。最后感谢我的指导老师骆正清教授给予我的悉心指导，感谢学校给我提供的此次机会和各种科研资源。感谢国家开展大学生创新创业训练计划，来培养我们大学生的科研能力，为我们以后的科研工作打下良好的基础。

成长是最美的收获

项目名称： 国内专车市场现状及前景分析——以厦门滴滴专车为例
完 成 者： 张 琲
完成时间： 2017 年
推荐学校： 厦门大学

本课题组是由经济学院和王亚南经济研究院共七名本科生组成的团队，在共享经济与“互联网 +”的背景下，本课题组针对厦门专车市场，以国内专车服务领域龙头滴滴专车为主要研究对象，从纵横向对专车软件使用和专车市场进行系统性分析，通过询问调查和行为分析法等方式对专车服务市场主要需求状况、服务质量评估体系、滴滴专车与传统出租车与 Uber 的替代、竞争与互补性关系进行定性分析与定量分析，使所学与社会热点紧密结合。从最初的策划摸索，到屡次荣获国家级、省级奖项，每个人都感受到一路走来我们收获的不仅有学术专业的进步，也有对社会动向的进一步把握与认知，更有外部联系与内部管理的处事之道的了解。

1 相遇是注定的缘分

对于社会调研和大学生创新创业训练，我们在最初就已经有了较清楚的轮廓。队伍中几乎每位成员都曾在其他课程中或是暑期社会实践中，形成了一定的认识，但对于此次创新训练之前的活动经历，大家的投入也仅达到百分之五十。团队七人中，有五人曾参与组织学院暑期社会实践动员会与表彰会，同众多优秀队伍进行过面对面交流与经验聆听。通过多场实践成果展示会，观看统赛决赛，我早已领略了统计模型的变化莫测，也感受到了成功后的喜悦与成就，这些都成为我组建队伍的驱动力。以学生会共事的同学为基础，通过队伍成员互相引荐，队伍力量逐渐壮大，形成了学术支撑、宣传策划、技术支持和外部联系的各司其职的队伍。

令我印象深刻的是，关于中医药研究的厦梦本草团队，虽然队伍成员均是大一学生，但是凭借团队的力量完成了对一个产业的探索，同时获得了包括国家级奖项在内的大量认可。我收获了一支优秀实践队的组成要素——用敏锐的观察力去捕捉身边存在的可以追问的热点问题，用拼劲和钻研精神去应对学术盲区，用务实的态度和诚恳的心去面对大舞台大比赛。同时，我也明白一场社会调查创新训练无论看上去多么高端、复杂，背后都离不开基础的理论知识和科学的研究体系，除了课本的引导，更要注重延伸与应用。于是我在把握相关教学内容的基础上，着重研读经典案例，去感受其中的分析思路和研究方法。

从心态上的准备，到自身素质的提升，再到对团队的寻求，我等待着下一次大学生创新训练的启动，期待着这注定的再次相遇。

2 过程是艰辛的历练

犹记得彼时夏至未至，我们的旅途从白昼渐长的时点开始，直至射点逐渐回归零度纬线的节点。四维的时间体里一秒一秒地摆放拼接立体可触的人物、故事，我似乎还能清晰地看见轴承下动态中的每一幅静态。

其实只要勾画出几个位置，便能引起万千思绪。湖畔咖啡，团队初次会面之地，也是数不清次数的开会讨论之处，我们在这里各抒己见、反复斟酌，从课题的可行性、研究意义、调查方式各个角度考量，最终确定下了关于专车的课题，做滴滴公司的外联策划、问卷内容的设计、访谈稿的整合等，使得我们不知不觉成了湖畔的常客，常常需要避开高峰提前占位，也常常讨论过晚而三番五次被提醒打烊；经院N座3楼的休闲椅，那晚大家围坐畅谈，经历一场头脑风暴，细化了实践课题的各项内容，直到整栋楼突然熄灯，而我们却瞥见了前方道路上闪烁的光束；富万邦，其中两次预调研的目标地，在这里和同伴遭遇过不屑与白眼，也遇到过“过来人”学长学姐的热心填卷。这些都是积攒团队力量的地方，也是催生我们情感的摇篮。

仔细地梳理实践过程中的点滴，发现一路喜悦意外和难题困阻交杂捶打着我们，重要的是把握每次机会并谨慎对待，再赴以全力。

课题的选择历经了数次讨论，意见的不统一使实践进程一度停滞不前，相互的不理解和质疑、多次讨论无果，我们遭遇了实践之路上的第一个困难。然而最终理智战胜了自我，仔细聆听、理性分析、适时让步、友善接纳……最终，客观考虑各方面的因素，所有队员达成一致，选择专车作为我们的研究对象，我们的课题在真正意义上有了明确的方向。而我，也更加谙熟团队协调、统一意见、理性而全面分析的重要性。

待进行到实际调研部分，棘手问题更是接踵而至。象征出征的公益活动尽管有策划，但还是由于缺乏经验稍显手忙脚乱，需要走访的专车公司却不断曝出查处关门的消息，联系媒体进行追踪报道也屡屡碰壁，预调研的访谈式问卷发起来费时费力，还遭到指导老师的一再否定，如此种种，都使我们在克服中一点点地积攒了遇事处事的小药方。

当课题进行到极其关键的一步——联系滴滴厦门公司进行访谈时，外联组长尝试通过网上各种联系方式沟通，却发现均未能接通。之前的担忧还是发生了，失落之时，我尝试联系了之前乘坐过的专车的师傅，结果师傅同意给我们办事处的电话。

然而一波三折还是无法避免，当和公司提出需要采访时负责人便有了推脱之意，之前配合意愿极好的专车司机也转而有了逃避的说辞。但是对滴滴公司的采访是我们不可或缺的一步，外联组长便坚持和负责人软磨硬泡，最终才拿下采访许可。从与耳熟能详的公司负责人第一次通话时的略显紧张尴尬，到后来的从容应对，我们见证了社交沟通能力由量变到质变的飞跃，这样的尝试和机会是在参加国创之外很难有的。

为了了解国内外专车运营模式的差异，我们选择了覆盖了 Uber 的深圳进行调研，并试图通过暗访了解最真实的情况，也正是这一次暗访让我们第一次真正理解什么叫实践调研。之前的讨论设想其实大部分来自于自己的想象和主观的认知，或者来源于新闻媒体报道，这样的二手资料通常存在着一定的蒙蔽性。而我们进行的实地调研的真正意义就在于，得以凭借自身的所见所闻揭开层层假象去得到一些更加客观和符合实际的信息，使得调研结果更加精确可信。三天的暗访，遭遇了很多突发情况，比如由于当时的社会敏感性问题而未能得到办事处的有力配合，比如在调研期间队友接二连三出现身体不适，也比如在夜晚的陌生街头遭遇专车司机不负责任地抛单。调研路上每一个人都很疲惫，但都为了同一个目标而坚持着，拧成了一股绳，团队的力量和相互鼓励让我们忘却困难、战胜坎坷，留下了调研圆满成功的成就感和满满的喜悦。

在后续的专业知识运用上，团队反复讨论专车市场需求建模的变量设置，斟酌市场服务质量评估体系的设计。我们渐渐把原先的理想付之血骨，脱胎于抽象。

犹记得芙蓉餐厅第一次填写南风窗、青年中国行的申请表，由于侧重点不一以及字数限制，几乎每一项内容都需要参照策划重新概括，但是我清晰地记得当时怀着想要提交一份最满意答卷的填写心情，而我们也如愿过了南风窗的初审。在接下来的纸质版材料提交过程中，我更是不敢怠慢，删来改去反复查看。终于，在某个下午接到了进入全国 15 强的通知，当我把消息传到团队的 QQ 群时群里沸腾了，我仍记得这个不小的鼓励给团队带来的兴奋感，也更坚定了不留余力完成课题的决心。

回首点滴，像这样有起有伏的调研过程，才是日后值得玩味的，正因其来之不易，才更让我们有所思考有所体会，一路荆棘相伴促使我们成长得更加稳重与干练。

3 成长是最美的收获

从一开始，队伍的宣传组员便在微信推送中将我们比作一趟列车，每个人都在列车上有着自己的岗位并各司其职。作为列车的驾驶员，我需要把控列车前进的方向及行进的速度。每一次做决定的过程，都是对心志的一次历练。虽然之前有过研究课题的经历，但是新的尝试又会出现新的难题，而且这次是怀揣着更大的决心要更出色地完成实践任务，因此更需要前人的经验与指导。在初期策划的撰写、申报比赛报名表的填写中，我们广泛借鉴了之前优秀实践团队的相关资料，同时也向经验丰富的学长学姐取经，少走了许多弯路。这也使我们体会到，成长路途有前人的鼓舞与支持是难能可贵的，学会感恩也是人生重要的必修课。

于我个人而言，更要感激的是担任了队长的角色。这几个月是我综合素质最快速成长的阶段。大到安排总体调研进程与人员分工，细到每次合理安排开会时间与长度，外部有参与联系出租车公司和各大平面媒体，内部有调动组员积极性和协调工作中的矛盾等，从中我都得到了锻炼。庆幸自己在任何坎坷路途中坚定踏实地前行，毫不懈怠地对待每个比赛和任务，同时也尽百分百的努力为队伍争取权利。在课题调研的成果汇报过程中，一次次代表队伍进行答辩汇报，并以优秀队伍队长的身份进行经验分享，这些都是我大学生涯中浓墨重彩的篇章。

我们的研究课题是带有浓重社会意义的共享经济的产物。通过实地调研与定量定性分析方法的结合，大家逐渐形成了对社会高效运行能力的看法，提出了针对政府、出租车公司、专车公司等各个主体的建设性意见，这些对日后研究视角的选择都是有益的帮助。同时，通过面对面访谈和公益活动中与大量司机群体的接触，我们也收获了对社会不同阶层群体的感性认知，初尝了辛酸苦辣与此中甜蜜。

团队成立之初，每个人都有鲜明的个性和明确的分工。有意思的是，此时此刻，每个人倒不再那么特色分明。我们相互学习，收获了这个人的认真，也借鉴了那个人的果敢坚定。有价值的是，我们发挥各自的优势和专长，对专车这一社会热点进行了全方位的考量和表达了有力的观点。有意义的是，我们树立起求真务实的态度和主动学习的精神。有作用的是，我们亲身接触社会，丰富人生经历。有收获的是，我收获了天长地久的友谊。大家或许都有过沉闷苦恼，似乎止步于此的失落感，但是静下心来围坐一起，你一言我一语的思维碰撞又激发出了无限希望。当大家经过讨论确定下方向，分组领完任务并付诸行动后，实践的步伐又能铿锵有力了。脑海里的这场课题调研的日日夜夜都是四维立体、难以忘怀的，列车即将到站，当所有成员们下车后，看到列车的身后是一片用梦想累积的路程。

如今，团队各成员走出了各自富有特色的道路，毕业后有的选择出国深造，有的凭借数月奋战考取了复旦大学研究生，有的选择踏出社会挑战自我，也有的志愿继在本校读研续写篇章。队伍中即将踏入大四的学弟学妹也找到了人生新方向，有的致力于研究数据处理并成立了课题组，甚至自创公司，有的凭借过人的社交能力与领导才干赢得许多实习机会，也有的成绩突出、专业过硬得以公费出国交流学习。大家一起成长并互相鼓舞，成长，是我们最美的收获。

“国创计划”，受用一生的经历

项目名称：1. 高效环保一体化刮涂胶与回收利用一体化机电装置研制

2. 可变径转向的螺旋推进式管道机器人

完 成 者：王计辉，等

完成时间：2016 年

推荐学校：南昌大学

1 学生参与“国创计划”情况

我是一名来自南昌大学资源环境与化工学院过程装备与控制工程专业 131 班的普通学生，也是南昌大学过程装备实践与创新基地的一名成员。以下是我参与“国创计划”的亲身感受和个人与“国创计划”项目共成长的点滴故事，阐述说明大学生实践创新能力的培养，其中“国创计划”是牵引、实践与创新基地是平台、团队合作与教师指导是保障。

2015 年 5 月我还处于从大一年级升入大二年级的迷茫期，当时的我作为卓越试点班的学生非常想在学习本科必要基础知识的同时参与创新科研训练，以提高自己的创新素质，强化自己的创新能力和工程实践能力。此时，我加入了当时正在为“挑战杯”全国大学生课外学术科技作品竞赛做参赛准备的科技创新团队。该团队针对某玻璃钢管道生产企业，对于在玻璃钢管道缠绕过程中存在的胶液涂布不均、树脂浪费严重以及辅助工作多靠人工操作，导致环境污染和人力成本高等突出问题，拟开发一套能够替代人工进行涂胶、刮胶与胶液回收于一体的玻璃钢管道缠绕工艺用的胶液自动回收再利用的一体化装置。团队就该项目申报并成功获批了国家级大学生创新创业训练计划项目——“高效环保一体化刮涂胶与回收利用一体化机电装置研制”，并获得了宝贵的资金支持。恰逢此时，在原学院院长胡兆吉教授的支持和推动下，南昌大学过程装备实践与创新基地正式成立。胡兆吉教授不仅为我们提供了 100 平方米的基地用房，还为基地的基本实践与制作提供了经费支持，更重要的是他亲自担任我们基地科技创新团队的领衔指导教师。作为第一批项目团队，我们国创项目团队入驻基地后，对团队成员进行调整充实，最终成员包括化工过程机械 13 级研究生贾哲、过程装备与控制工程专业 11 级本科生陈思宇、过程装备与控制工程专业 12 级本科生郭晓京与郭勇、过程装备与控制工程专业 13 级本科生杨晨静和我。

我们团队对成员进行了工作分工，作为这个项目团队的机械组成员，我承担了机械结构设计、三维模型绘制、实物模型搭建等工作。繁重的工作量和紧迫的项目进程使我很快地成长了起来。为了更好地完成工作任务，在深入学习专业基础课“机械原理”和“机械设计”后，又进一步了解机械结构设计的基本思路和要求，同时我还自学了 SolidWorks 三维制图软件，绘制并装配出第一台一体化装置的模拟样机。同时，为了制作装置的实物模型，我学会使用激光切割机、电切割机、电烙铁等制作模型所需的工具，搭建了一体化装置的实物模型，并通过相关试验证明该装置的可行性。该装置能够替代人工进行涂胶、刮胶等操作且能实现胶液的自动回收再利用。项目完成后，我们及时申请并获得了国家实用新型专利，正在申请发明专利。项目结题后，我们还对该装置的设计进行了改进与完善，并先后参加了全国大学生过程装备实践与创新大赛、全国大学生节能减排大赛，并获得第五届全国大学生过程装备实践与创新大赛特等奖、第九届全国大学生节能减排社会实践与科技竞赛二等奖。首次参加这个国创项目，收获了成功的喜悦，得到了多方面的锻炼，使我受益匪浅。不仅补充了我的知识储备，培养了我将所学知识学以致用的能力，提高了我的实践创新能力，也为我之后带队参加项目打下了扎实的基础。

2 学生后续发展情况

大学在读期间，作为主要成员和项目负责人，我有幸先后于 2015 年和 2016 年参加了国家级大学生创新创业训练计划项目“高效环保一体化刮涂胶与回收利用一体化机电装置研制”和“可变径转向的螺旋推进式管道机器人”项目的研发工作，并获得多项全国性科技竞赛奖。四年大学生涯刚刚过去，我也因为“国创计划”突出的业绩而幸运地保送为“985 工程”高校的研究生，即将开始我新的学习征程。

3 主要经验与启示

2016 年初，在导师的指导和创意下，我组队申报了新的“国创计划”项目——“可变径转向的螺旋推进式管道机器人”。组成了新的项目团队，成员包括过程装备与控制工程 2012 级本科生郭晓京、过程装备与控制工程 2013 级本科生杨晨静、过程装备与控制工程 2014 级本科生成慧杰、过程装备与控制工程 2014 级本科生尤俊等。作为项目负责人的我，完成了对项目的创新研究内容的论证，制订了详细的项目方案和把控进程，从对项目的整体把握到项目创新点的挖掘等，做了许多工作。此外，还承担了项目机械结构设计和样机的研制搭建工作。在这一系列工作中，我学到的不仅仅是专业知识，更重要的是团队组织协调能力，特别是创新意识、创新能力和工程实践能力以及高压力下冷静思考解决问题能力的养成。该项目于去年在西安交通大学举办的第七届全国大学生过程装备实践与创新大赛中获得了一等奖。通过参加这次“国创计划”，我收获良多。

项目选题是关键、“国创计划”是牵引。我们瞄准了“国创计划”的申报，进行了认真细致的文献查阅和调查研究。在选题时期，考虑到过程工业的压力管道往往都在工况严峻、受力复杂、环境恶劣的条件下工作，容易出现堵塞、破裂和体积凹坑缺陷等现象，危及人员和设备的安全。这就需要对压力管道进行检测、探伤与定位，而管道机器人作为一种有效而可靠的管道检测工具成为国内外研究的热点。但是现阶段的管道机器人研究存在一定的局限性，很难适应恶劣的工作环境。我们团队拟设计一种克服传统管道机器人缺点的可在复杂环境下对管道进行检测的管道机器人。

该管道机器人能够在复杂环境下通过管径变化和角度变化的压力管道。由于管道机器人的设计涉及多个学科和领域，难度极高，基地制作模型的条件有限等原因，每个成员都没有足够的信心去完成这个项目。作为负责人的我就定了三周的时间，让所有成员去查阅文献和专利，了解现有管道机器人发展现状、工作原理、设计过程。然后每两三天就开一次短会，交流设计灵感和研究方向。我们团队每一个成员鼓足干劲去查阅资料，每一次开短会都会有新的收获。许多有创新意义且易实践的点子渐渐地浮现出来，我们对做这个难度高的项目越来越有信心。就这样，我们以复杂作业环境下螺旋推进管道机器人为题申报了“国创计划”项目，并获得了批准，为我们项目的开展和完成树立了信心，提供了保障。

创新方案是重点、综合知识是根本。管道机器人通过弯道障碍的过程中，为了实现顺利、平稳地通过弯道，就要求机器人功能单元体的结构尺寸必须满足一定条件。我们通过建立机器人功能单元体的尺寸约束方程、单元体行走轮的运动轨迹方程和单元体匀速运动时的平衡方程来分析管道机器人的弯道通过性，最终得出能够顺利通过给定尺寸压力管道的管道机器人功能单元体的合适尺寸。同样的，我们需要对管道机器人在管径变化的压力管道的通过性进行探究，得出采用移动方式为轮式、驱动方式为电机驱动方式、行进方式为螺旋驱动方式、结构方式为节段式的管道机器人设计方案。

项目进行的过程从来不是一帆风顺的。由于我对所学的机械原理知识不够深入，对很多机械方面的工程运用缺乏经验和了解，在参数计算和设备选型上遇到了很大的困难。首先是管道机器人为适应不同管道尺寸或者在变径管道中，需要选择一种合适的管壁支撑方式。该管壁支撑方式必须能够自动适应管径且能灵活调节，确保管道机器人在复杂管道条件下的通过性和运行平稳性。在查阅大量资料后，我们提出了几种机器人的管壁支撑方式，如蜗轮蜗杆调节方式、升降机调节方式和滚珠丝杆螺母副调节方式。但是每一种调节方式都有着明显的缺点：蜗轮蜗杆调节方式所需的驱动比较大，能耗大而效率低；升降机调节方式所需空间尺寸太大，不利于机器人在管道中灵活移动；滚珠丝杆螺母副调节方式所需轴向尺寸大，使机器人在轴向结构不紧凑。相对于前两种调节方式的缺点，滚珠丝杆螺母副调节方式的缺点可以通过缩小机器人适应不同管径尺寸范围来弥补。当时我提不出更好的管壁支撑方式的设计方案，便在管道机器人节段中提供动力的驱动体上采用这样的管壁支撑方式设计。考虑到管道机器人复杂的工作环境，经过与老师交流，我们更改了管道机器人的变径机构设计，提出用多个凸轮变径的管壁支撑方式，这样既能缩小驱动体部分的轴向尺寸，又能在机体外部做到很好的封闭，这样的设计我们正在试验中。这段经历告诉我一套优秀的机械设计不仅仅满足功能需求，还需考虑工作环境和工作条件；还告诉我机械设计不是一蹴而就的，优秀的项目负责人应对比方案的多个方面，从中筛选出最优最合理的方案和解决办法。

项目制作实物模型阶段是把创新转化为实际的过程，我们同样遇到许多的难题。管道机器人的零件很多且零件的材料性能和各零件间的装配精度要求很高。而过程装备实践与创新基地的条件只能是加工亚克力板用于制作简单的模型，加工出来的误差以毫米为单位，远远满足不了要求。所以我们决定采用 3D 打印的方式定制管道机器人的各个零件，再由我们自己组装完成。用于制作模型用的 3D 打印材料为 ABS 树脂，该材料的理化性能和力学性能完全满足我们的需求。那么新的问题又来了，我根据机械结构和计算并基于 SolidWorks 建立了三维的管道机器人虚拟样机，该样机是建立在理想情况下用于模拟仿真用的。制作实物模型时，需要考虑实际步进电机尺寸、联轴器尺寸、连杆机构公差配合等一系列的实际因素，所以这样的虚拟样机不能直接出工程图制作零件尺寸。为了制作出满足要求的实物模型，我又花了很长的时间去绘制一个考虑各标准件的尺寸下的管道机器人三维模型。那时候我的压力真的有点大，因为加工所有的零件尺寸由我制定。要知道 3D 打印的制作零件的成本很高，打印后零件又无法二次加工，而且管道机器人上的连杆是铝合金材料定制而成。我要保证自己在绘图时不犯任何错误，保证由我出的制作图纸可以组装成一个完整的管道机器人。在经费紧张的情况下，不能由于我设计的失误导致零件报废。通过这个过程，我能体会到一套装置设计者应有的团队责任。每一个优秀的设计者应该尽量将自己的失误降到最低，减少团队损失。

通过参加“国创计划”我体会到了在大学环境下的创新实践项目与现实还是有着不少的差距。实际上，创新产品的研发阶段只能占高科技产品商品化的一小部分（除了研发，还有市场调研、原材料供应链、量产、营销推广、人员资金等的复杂工作），而我们做的东西，只能占研发阶段的一小部分，有可能从商业角度看只是一个玩具。我们缺乏足够的工程经验，可能没有考虑产品的可靠性、稳定性、制造成本等。但是，我们就因为缺乏经验，所以我们对一个想法会有更强的创新性。一步登天是不可能的，如果没有这样一个磕磕撞撞的过程，就不会有今后将想法转化为成果的一天。唯有不断坚持、不断努力、不断改进、不断进步，我们才能锻炼自己以及实现自己的那些创新想法。

大学是一个相对封闭的社会环境，我们很少走出社会、走进工厂，“国创计划”给了我们这样跨出校园的机会。我认为获取知识和提高技能往往有两种途径：一种是校园老师的传道、授业和解惑；另一种是我们自己从实践与创新中获取。实践出真知，我们从实践中得到的技能更加具备价值。参加“国创计划”将我们带入了实践创新中，考验了我的专业知识，培养了我的工程技能，在这个过程中所获得的体会和阅历是我一生受用不尽的财富。这就是国创的魅力所在。

虽然项目进展过程中我们遇到了很多的困难，但我们团队都齐心协力，以积极的心态去应对。正是一次次的困难失败，让我有了更多的勇气去面对下一个困难和失败。同时，我学会了如何在实践当中运用自己的专业知识解决问题，还有敢于迎接挑战的创新精神和坚持不懈的务实态度。我更能体会到团队对于完成项目的重要性，也让我学到了团队工作的协作方法。

“国创计划”陪伴了我大学最重要的两年时间，这段时间的成长经历是我今后最宝贵的经验和财富，同时也是大学四年中最宝贵的一段时光，在这期间我们每个人都不断成长与蜕变，不断去认识与体验。“国创计划”项目结题后，我们硕果累累，共获得三个国家级大学生科技作品竞赛奖，一个省级大学生科技作品竞赛奖，一件作品获批成为国家实用新型专利。在获得一项项优异成绩的同时，也更加意识到自己的不足，还需要学习很多的知识和参与更多的科研工作来锻炼自己。

最后，衷心感谢在“国创计划”中给予我指导的各位老师，特别是要衷心感谢我们国创项目指导老师胡兆吉教授。从项目的选题、创新研究、阶段汇报、最终审查都倾注了胡老师大量的心血。老师严谨的治学态度、渊博的知识、高度的责任心、敏锐的学术眼光、平易近人的工作作风，深深的影响我们团队中的每一位成员，给我们每一个成员树立了榜样。同时感谢母校能给我这样一个锻炼自己、提高自己的机会。“国创计划”这段经历，使我受益匪浅，受用一生。

在实践中创新，在创新中成长

项目名称：玻璃钢管道生产工艺中的高效一体化刮涂胶与收集装置的研制
完 成 者：郭晓京，郭　勇，王计辉，杨晨静
完成时间：2016 年
推荐学校：南昌大学

1 学生参与“国创计划”情况

我们是南昌大学过程装备实践与创新基地的科技创新团队成员，在组织完成“国创计划”项目“玻璃钢管道生产工艺中的高效一体化刮涂胶与收集装置的研制”的过程中，团队成员创新素质和创新能力得到极大的提升，工程实践能力得到显著增强。在完成国创项目的同时，我们也积极参与了各类全国大学生科技竞赛，取得了骄人的成绩，先后获得全国科技竞赛项目特等奖、二等奖和省级三等奖各 1 项。在国创项目的引领下，我们团队成绩优异，表现突出，4 名成员均保研至“985”或“211”重点高校。本文是团队在参与“国创计划”项目并依托“国创计划”项目在实践中体会创新、在创新中取得进步的点滴体会与建议。

初次参赛，获得激励，为我们的前行树立了信心。2014 年暑期，为参加第五届全国大学生过程装备实践与创新大赛，正式组建了我们创新团队。当时选择参赛的课题是“智能晒谷场系统”。团队成员任务分工明确，2 人主攻作品的机械设计，2 人主攻作品的电器与控制系统。尽管我们投入了不少的精力和时间，但由于缺乏项目支撑、缺乏创新平台，加之作品缺乏足够的创新与特色，参赛经验不足和知识储备有限，当时该作品仅获得该全国性大赛的三等奖。但这也极大地鼓舞了团队成员继续参与创新实践活动的信心。

进入创新基地，寻求创新项目，为申报“国创计划”项目做准备。2014 年 9 月，经过指导教师推荐，本团队成功进入南昌大学过程装备实践与创新基地。该基地是胡兆吉教授倡导建立，并以我院过程装备与控制工程学科为主导，面向我校环境工程、化学工程、机械工程以及自动化、电子技术等相关专业研究生、本科生，集专业知识补充、实践能力训练、科研素质培养、科技竞赛技能训练为一体的团队组织。为了申报“国创计划”项目，我们在积极准备相关创新课题。通过跟随老师在工厂的实际调研，我们选择了从玻璃钢管道生产工艺中存在的诸多亟待解决的工程实际问题入手，寻求切入点。但这是一个很大的课题，选择正确的切入点便成了团队面临的巨大问题。为此，我们组织到校企合作企业，也是全国玻璃钢管道生产的龙头

企业江西科得玻璃钢有限公司进行实地调研与考察。经过不断地和工程师近距离接触和现场交流，我们意识到，在玻璃钢管道生产工艺中胶液浪费严重、生产环境恶劣和机械化程度低等问题十分突出，也亟待解决，这些是我们创新团队的合适选题。经过充分的准备，我们以“玻璃钢管道生产工艺中的高效一体化刮涂胶与收集装置的研制”申请“国创计划’项目并获得了批准。

该项目申请并获批后，我们认真组织团队围绕拟定的创新方案开展工作。但是由于团队成员知识储备缺乏和创新能力不足，提出的方案或多或少都有些不切实际。通过老师和研究生学长不断的修正和指导，再不断查阅文献和提升知识储备，我们渐渐地对研究的问题有了进一步了解，总结出了一个较为完善的解决方案，并完成了该项目作品的第一个设计方案，研制出第一套装置样机。

在实践中解决问题，在解决问题中收获成长。课题创新过程中遇到了诸多问题，正是在解决问题的过程中，团队的创新能力和工程实践能力得到逐步提升。

实践调研是创新的前提和基础。第一次调研过程中（如图 1 所示），由于准备不足，很多工程中存在的问题没有获悉清楚，尤其是当时没有问清楚工人挂胶操作的步骤和方法，以致很长一段时间工作没有进展，也导致了一些方向性错误。后来，通过与工程师进一步接触，才解决了该项目中由于信息不全或错误引起的方向性失误。因此，我们意识到，理论研究往往要与工程实际接轨。设计一套机械装置，要通过不断地在工程实际中寻找问题来完善方案，最终才能成为合格的产品。

图 1　对玻璃钢生产工艺的现场调研

创新方案应结合工程实践进行不断的改进与完善。为了解装置的刮胶力度和方法，我们进行了相应的试验，碰到了不少的问题。试验时，由于玻璃纤维毡平铺时和在芯模上缠绕时对胶液的吸收能力不同，导致试验数据并不能代替实际工艺中的问题。另外，胶液的配制比例和方法也做了很多组实验才确定下来。由此可见，实验方案的确定过程要反复修正，这对问题的预测是个很大的挑战。此外，制造工艺的确定仍是面临的困难。即使通过很多模拟方法，经过各种应力分析，也不能完全反映工程实际中运用该方案的可靠性。这对我们来说也是个启示，要通过对工程实际的不断考察和试验来完善方案。

在完成该项目的整个过程中，本团队经过无数次的讨论和不断完善方案。最终设计出一套完整的能够替代人工操作的一体化机电装置。

团队依托我校过程装备实践与创新基地的平台条件，很好地完成了“国创计划”项目“玻璃钢管道生产工艺中的高效一体化刮涂胶与收集装置的研制”预定的研究目标，并取得了骄人的成绩。在项目研究过程中，我们有意识地选择瞄准了相关科技竞赛，积极参与，在参与科技竞赛中发现不足，并加以提升完善，使作品得以不断改进与提高。我们的作品和团队先后参加了三次大学生科技竞赛，每次都取得了较好的成绩，先后获得第十四届“挑战杯”大学生课外学术科技作品竞赛江西赛区三等奖、第六届全国大学生过程装备实践与创新大赛特等奖和第九届全国大学生节能减排社会实践与科技竞赛二等奖。图 2、图 3 和图 4 为团队成员参与大赛并获奖的照片。图 5 所示为团队研制的装置实物模型及申请获得的专利证书。

图 2　参加第十四届“挑战杯”大学生课外学术科技作品竞赛（省赛）

图 3　参加第六届全国大学生过程装备实践与创新大赛

图 4　参加第九届全国大学生节能减排社会实践与科技竞赛

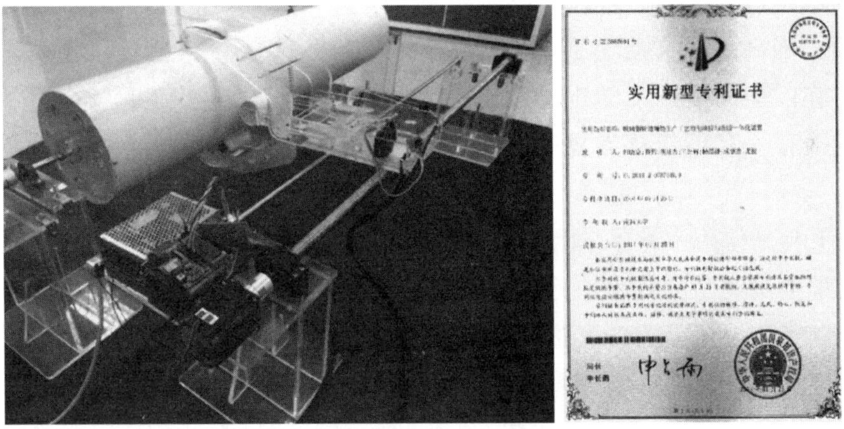

图 5　研发装置的实物模型与申请获批的专利证书

团队成员在此次“国创计划”项目实施过程中，获得了不同于课堂的知识和实践体验。项目组成员分工明确，两名成员研究并承担了机械与工程力学分析工作，在这个过程中学习了 AutoCAD、SolidWorks 和 ANSYS 等软件以及机械设计方面的理论；一名成员研究并承担了控制系统方面的工作，了解并掌握了编程。自动控制理论和电路设计方面的知识；组长担任了模型制作、联系调研、沟通老师、协调组员和赛事准备等工作。

2 学生后续发展情况

本次创新创业活动对所有成员的能力提升是十分显著的，对参与项目各个成员的后续发展起到了重要的作用。如郭晓京（项目组长，2012 级本科生）在参与该项目过程中，不仅担任了该项目的组长，在之后不断进行的创新活动中屡次获奖，渐渐成长为南昌大学过程装备实践与创新基地的负责人，并于 2015 年 9 月获南昌大学推荐免试攻读硕士学位资格；郭勇（2012 级本科生）在后来的课题研究过程中，不断强化自己的知识技能，于 2015 年 9 月获南昌大学推荐免试攻读硕士学位资格；王计辉（2013 级本科生）和杨晨静（2013 级本科生）在完成该项目的结题工作后，继续主持参与了“国创计划”项目“复杂作业环境下螺旋推进式管道机器人”的研究工作，在此期间又获得了 2 项国家级大学生科技竞赛奖项，于 2016 年 9 月分别被推荐至浙江大学和四川大学免试攻读硕士学位。

3 主要经验与启示

“国创计划”是牵引。在大学生创新创业培养中，“国创计划”起到驱动和引领作用，对大学生创新素质和创新能力的培养具有重要意义。随着“国创计划”的实施，全面提升了学生的创新思维，强化了大学生的工程实践能力和创新能力，实践育人和创新育人成效显著，人才培养适应了市场需求，学生就业率得以提高。

基地平台是保障。有了项目的驱动，没有创新平台，也得不到应有的效果。学校应以大学生实践与创新基地（平台）建设为突破口，通过实践与创新基地落实创新素质与创新能力培养的新思路。基地应探索一套适合大学生创新素质和创新能力培养的管理制度。图 6 所示为南昌大学过程装备实践与创新基地探索的“学生自主管理为主，导师（组）宏观指导为辅”的基地管理制度。大学生创新素质的切实提高，除了依赖于贯穿课程体系中的创新意识和创新能力的培养外，必须依托相关学科建设开放、自律、有序和可持续的创新实践基地（平台），为提高卓越工程人才的创新素质提供平台条件。

创新实践基地倡导实行学生“自律”，即以学生自主管理为主，包括对基地的日常管理、成员招新、培训、团队组织、项目规划、创新项目研究与实施等创新实践活动，实行“基地负责人和项目组长制”。基地负责人组织协调各项工作，项目组长负责项目的创新与实施。指导教师（团队）实行领衔教授下的教师团队负责制，指导教师（团队）以对创新实践基地的建设及其创新实践活动进行宏观指导与督促检查。领衔教授负责为创新实践基地提供场地和创新实践所必要的装备、资料条件，负责选拔基地负责人（低年级研究生或高年级本科生），并负责宏观指导创新实践基地各项目团队的项目立项申请、项目研究与实施、项目参赛与组织、项目总结与规划等创新实践中的关键环节，并负责协调相关教师对应指导不同专业领域的学生创新团队的创新实践活动。

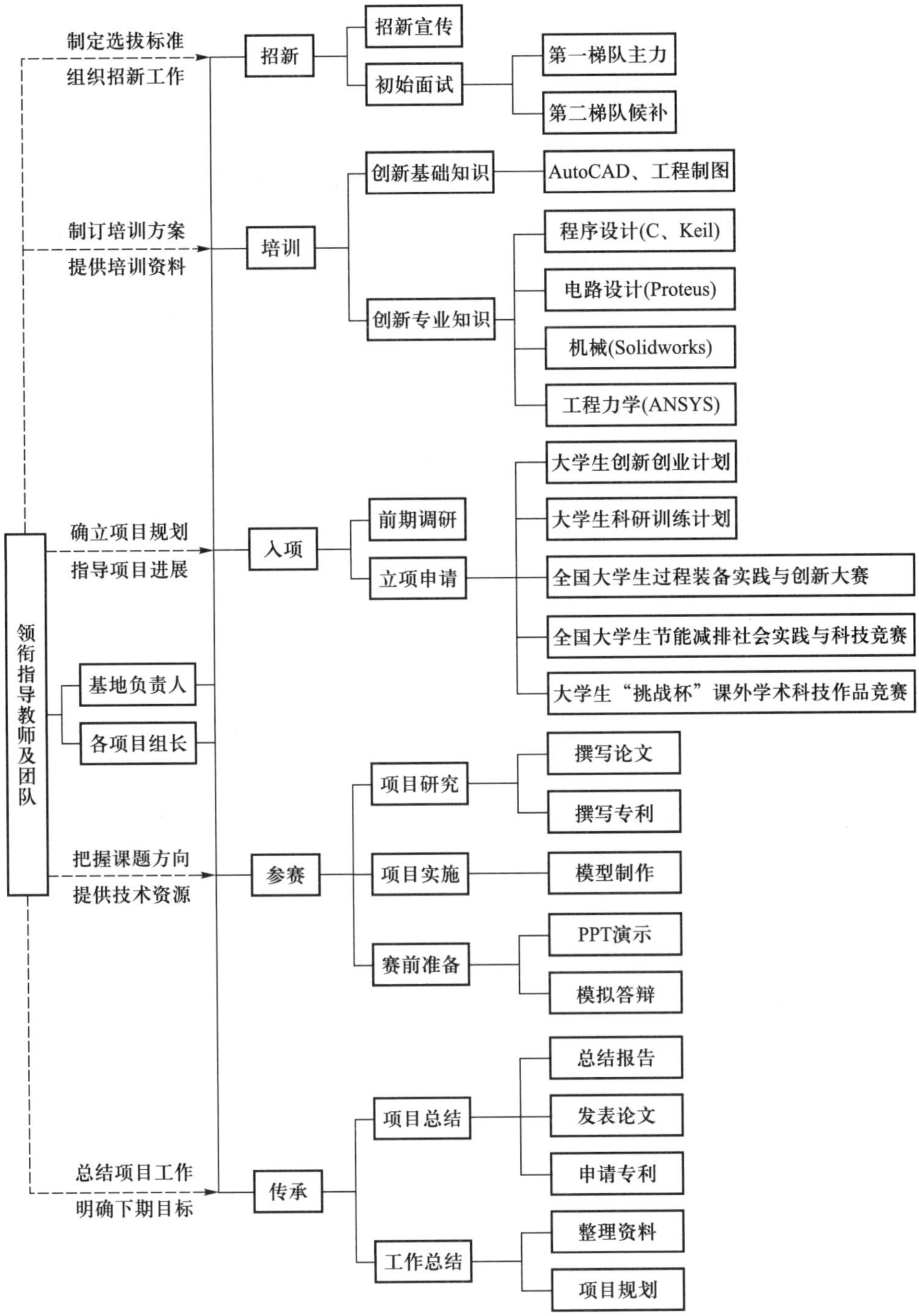

图6　南昌大学大学生创新实践基地及创新活动管理框架图

指导教师是关键。创新团队的指导教师在学生的创新活动中起到了关键的作用。从创新意识和创新能力的培养，从课题选择到组织实施、从创新方案的凝练到深化、从成果的总结到体现，从参赛的答辩到策略，很多关键的创新与实践环节，都依赖于团队指导教师精心、细致和认真的指导。在创新的过程中，指导教师不仅是团队创新技术、知识和方法的指导，更是团队精神、信心和力量的支撑。

经过短短几年的建设与发展，过程装备实践与创新基地在几届大学生和指导教师的共同努力下，依托“国创计划”等相关项目，在实践中创新，在创新中进步，取得了显著的成绩。实践与创新基地成员积极参与全国大学生科技创新竞赛，在全国大学生过程装备实践与创新大赛、“挑战杯”全国大学生课外学术科技竞赛、全国大学生节能减排社会实践与科技竞赛等大型比赛中取得了很好的佳绩。截至 2016 年 9 月，该创新基地已经取得了各类国家级科技竞赛奖项 30 余项，其中特等奖 3 项、一等奖 4 项；先后获得国家级大学生创新创业训练计划项目、省级及校级大学生创新创业训练计划项目 20 余项；从 2012 届开始，参与创新基地创新实践与活动的学生创新素质显著提高，人才质量受到浙江大学、华东理工大学、大连理工大学、四川大学等高校的高度关注，基地学生的保研率高达 87.5%。创新实践基地骄人的成绩也极大地激发了大学生参与创新实践的积极性，学生参与创新活动的热情十分高涨。

生命不止，奋斗不息

项目名称： 海参捕捞机器人

完 成 者： 成昊远，王宇凯，刘天宝，李丽端，岳印云

完成时间： 2017 年

推荐学校： 中国海洋大学

1 学生参与“国创计划”情况

在开始海参捕捞机器人 SRDP 项目前，我在工程学院良好的科创与竞赛氛围下，已经拥有了丰富的项目与竞赛经验。主导设计制作的履带式水下考古机器人等作品在全国海洋航行器设计与制作大赛、山东省机器人大赛及山东省大学生机电产品创新设计竞赛中荣获大奖，获得了师生的一致好评。一次偶然的机会，我对刘贵杰老师上课时提到的国内海参捕捞现状及相关机器人产生了浓厚的兴趣，同时也被刘老师文思敏捷、才华横溢的风度所感染。课后，我们进行了积极交流，并初步确定了海参捕捞机器人的相关设计方案。海参捕捞机器人 SRDP 项目自此开始了。

我首先根据项目要求与设计情况，邀请了曾经和我一起做过项目的王宇凯同学。他专业知识基础扎实，专业技能掌握熟练，曾获 2015 年山东省大学生机电产品创新设计竞赛一等奖、全国三维数字化创新设计大赛山东赛区二等奖等荣誉。在本项目中，他能协助我进行机械设计、绘制相关图纸，很好地补充了我的不足。其后，我通过各种渠道，宣传海参捕捞机器人的相关想法，很快就有很多同学想参加我的团队。其中，刘天宝同学和李丽端同学非常符合我们的项目要求。刘天宝曾参加过第四届全国海洋航行器设计与制作大赛；他思维活跃，工作细心负责，善于交流沟通；主要学习的课程有 C 程序设计、C++ 程序设计、电路原理、模拟电路基础、单片机原理等，动手能力强，专业知识技能掌握牢靠，对于机器人控制方面有着独特深刻的见解。李丽端同学已掌握了多种自动控制软件及多款单片机的使用方法，并参加了 C++ 实训、电工实习、数字电子技术实训，均取得了优良的成绩，会使用多款仿真软件，也会使用 AD、Protel 等软件画电路图，设计 PC 板，更会电路板的焊接，曾参加飞思卡尔智能车竞赛，获得青岛市第五名的成绩。他俩主要负责机器人的自动化控制方面，可以说是项目的点睛之处。由于目前团队成员都是 2013 级的同学，所以我们决定再邀请一位学弟加入，让他能够近距离参与到项目中，同时传承我们的精神与经验。

团队组建完成后，我们就开始了天马行空的头脑风暴。其中，刘贵杰老师的研究生王安忆学姐贡献很多，她熟练的专业技能与纵观全局的团队领导能力，让我受益良

多，也使团队很快就确定了最终方案。我们的方案分两步，初步开发一款浮游式水下机器人，此后如果条件成熟，再研发一款履轮式水下机器人用于海参捕捞。整个系统分为两部分：载人母船与水下机器人。其中载人母船由供电系统与上位机软件系统构成；水下机器人则具有推进器、机械手、摄像机、拾参吸盘及海参收集篮等装置。海参捕捞系统工作流程为：载人母船行驶到底播海参养殖地，释放水下机器人，采用有缆通信人为地通过上位机图像控制到达指定位置并利用机械手带动吸头吸取海参。

在开始设计制作浮游式海参捕捞机器人前，我们首先得了解我们的作业对象——海参。它是生活在海边至水深 8 000 米的海洋棘皮动物，距今已有 6 亿多年的历史。海参广泛分布于世界各海洋中，约有二十余种可供使用。海参同人参、燕窝、鱼翅齐名，是世界八大珍品之一。同时海参不仅是珍贵的食品，也是名贵的药材。随着我国经济持续高速稳定的发展，人们生活水平持续稳定地提高，人们对于海参、人参、燕窝等珍品的需求日益增长。海参养殖目前已经成为中国利润最高的养殖种类之一。我国目前的海参养殖主要分为三类，分别是大棚、池养和底播野生。池养海参由于自身的局限性，海边收购价格较低，一般在 50 元左右，底播野生海参养殖是在离岸 5 ~ 6 千米，水深 20 米的海底撒下海参苗，通过野生散养的方式让海参在天然环境下生长。这种养殖方式产出的海参因其生活环境与野生海参相近，以致其价格较高，可达池养海参收购价格的三倍。但与此同时，底播野生海参也存在许多缺点。其中最为重要的一点就是捕捞过程极其困难。目前我国底播野生海参的捕捞自动化程度极低，人工捕捞是目前底播野生海参的唯一捕捞形式。人工捕捞是由工人扛着氧气罐、穿着抗压潜水衣、拉着绳子潜入水底进行捕捞（图 1）。人工捕捞存在很多缺点。第一，工人工作强度大，工人每天需要出海作业 6 ~ 8 小时，海底温度低，工人热量消耗极大。第二，危险程度高，海面下洋流复杂，作业工人存在被洋流冲走的可能。第三，对身体破坏程度高，在常年高压、低温的工作环境中，工人大多患有关节炎等职业病。第四，捕捞成本高，工人每捞一个海参企业需支付 5 元。第五，行业存在后继无人的现象，加入这个行业的人员逐年递减。人工捕捞目前存在的种种缺点，使底播野生海参捕捞行业急需转型和升级。根据作业对象、底播野生海参的生活习性及目前捕捞方式的特点，本设计需解决以下关键问题：

① 设计出一种新型的水产品捕捞方式。

② 捕捞过程需绿色环保。

③ 采用履带与轮胎结合的方式运动，更好地适应海底复杂的环境。

④ 利用设置在母船上的抽吸泵提供吸力。

⑤ 可在水下 20 米内正常工作。

⑥ 自动化程度高，可有效摆脱人力依靠。

通过召开多次团队会议，在依据机器人功能以及环境分析的基础上。团队确定了机器人的设计方案。机器人主要有7个模块构成：海参捡拾模块、动力推进模块、机体模块、影像采集模块、照明模块、控制模块、通信模块。

图1　人工捕捞过程

1.1　海参捡拾模块

此模块主要由两部分组成。

第一部分为机械手子模块。机械手在海参捡拾模块的作用主要体现在支撑和运动两方面。支撑作用主要体现在其支撑水泵管上，运动方面主要是其带动水泵管进行一定范围的运动。机械手所需运动自由度较少，因此采用了较为简单的二自由度机械手。此机械手由两个防水舵机构成，以实现在空间中两个方向的自由转动。

水泵吸取子模块是海参捡拾模块中最主要的子模块，其主要的功能就是将海参吸取并放入收集篮中。吸取功能是我们机器人功能的核心，为此我们团队也对水泵进行了相适应的设计，使其能够更有效地吸取海参。

海参捡拾模块存在一些辅助模块。收集篮是主要辅助模块，放置于机器人的下部。在不影响其他功能实现的基础上，距离水泵吸取子模块的吸盘位置应尽可能的近，以减少机械手运动行程，从而增加可行性并降低能耗。

1.2　动力推进模块

我们团队决定采用五推进器式浮游型水下机器人模式。在竖直方向布置3个水下推进器以实现机器人的升降及俯仰；水平方向布置2个水下推进器，使机器人可以在该方向上自由移动；5个推进器综合作用，则可使机器人在海中运动自如。

1.3　机体模块

机体模块的设计主要遵循了三个原则：质量轻、阻力小、重心稳。

首先，在控制质量方面，通过对结构的优化尽量减少了对材料的使用。主体结构为上下两块大的支撑板。支撑板之间通过相应的结构进行连接。在保证强度的前提下，尽可能地保证质量，以达到节省材料、节约能源的目的。

其次，在阻力控制方面，通过查阅相应的论文以及其他资料，采用能够有效减少阻力的流线型设计，对整体结构进行了大幅度优化。

最后，在调节重心方面，通过对各个部件位置的调整，使重心保持在中心位置附近。

机器人整体结构由上下两块大平板组成，大平板采用流线型设计，形状近似为等腰三角形。上下平板采用角钢连接，之间安装有水泵以吸取海参。上平板之上装有防水亚克力半球罩，罩内可存放各种电子仪器，板上也布置有防水接头，便于连接各种外部构件。下平板开有一定数量的通孔用于对推进器以及机械手的安装。下平板之下为支架结构与海参收集篮，前者保证了机器人在陆地或海底的稳定，后者则用于保存海参。

1.4 影像采集模块

机械臂摄像头的主要功能是通过采集的影像进行海参的精确吸取。总摄像头保证机器人在水下可以进行精确地移动。两个摄像头同时显示则可有效地保障海参的成功吸取。海参捕捞机器人的影像采集系统为人工识别，影像无须储存，目的是让捕捞者随时了解海底情况，然后控制机器人的运动来吸取海参。所以影像采集是系统中的一个独立的子模块，可以直接购买成品。

1.5 照明模块

当机器人处于恶劣天气或夜间等水下能见度低的情况下，照明模块可为机器人提供必要的光源以维持其正常工作，同时也能探照处于阴暗角落中的海参。

1.6 控制模块

控制模块主要分为 3 部分：姿态控制模块、水泵吸取模块、机械手控制模块。

姿态控制模块：机器人需要靠电机驱动，直流电机采用 PWM 控制的方式进行。PWM 控制简单有效，而且选用的 tm32f103 芯片可以控制多路 PWM 输出。姿态控制主要是使用陀螺仪和加速度计传感器构建一个闭环系统，采用 PID 算法来稳定机器人。保证水下移动和吸取海参时机器人不发生大程度的姿态改变而造成吸取失败。

水泵吸取模块：利用单片机控制水泵功率大小及工作状态。

机械手控制模块：机械手关节由防水舵机制成，采用 PWM 方式控制舵机转向及角度以使机械手自由运动。

1.7 通信模块

供电及图像传输采用有缆方式。机器人控制采用无缆通信方式，初步确定使用无线电传输。在通信接口的接收部分引出信号线，以保证无线电通信的畅通。使用遥控器发出无线电来控制机器人的运动姿态和吸取动作。以串口通信的方式，通过遥控器给单片机传递不同的字符串，而不同的字符串代表着不同的应答。

于是我们开始分别制作并组装各部分模块。水下机器人要实现预定功能，必须经过无数次调试。机器人设计制作及仿真结束后，利用现有条件先后在实验室水池、湖泊及海水中实验，检验各系统功能实现的稳定性，并对反馈回来的问题不断改正以实现最终捕捞海参的目标。实物制作及相关实验完成后，我们就开始积极参与各项竞赛，并在竞赛中发现与弥补不足之处。到 2017 年 5 月项目结题的时候，我们分别获得了以下荣誉：

① 2016 年第九届全国三维数字化创新设计大赛山东赛区一等奖。

② 2016 年山东省机器人大赛二等奖。

③ 2016 年第十三届山东省大学生机电产品创新设计竞赛三等奖。

④ 第五届全国海洋航行器设计与制作大赛一等奖（A 类）。

⑤ 第五届全国海洋航行器设计与制作大赛一等奖（B 类）。

⑥ 2016 年第九届全国大学生节能减排社会实践与科技竞赛三等奖。

⑦ 智海 2016 OI 中国水下机器人大赛三等奖。

⑧ 首届中国机械行业卓越工程师教育联盟“恒星杯”毕业设计大赛佳作奖。

由于时间有限，本项目仍有许多工作没有完成。今后的研究主要集中在以下几点：

① 对后期发现的有关设计方面的问题进行完善、创新，为制造新型的机器人进行下一步实验，并最终量产投入市场。

② 继续研究水下机器人的相关理论，详尽地分析机器人机械结构的性能。

③ 对机器人的分析不再停留于定性分析层面，而要根据已有数据深入分析，得出更为详尽的参数。

如图 2 所示为浮游式海参捕捞机器人。

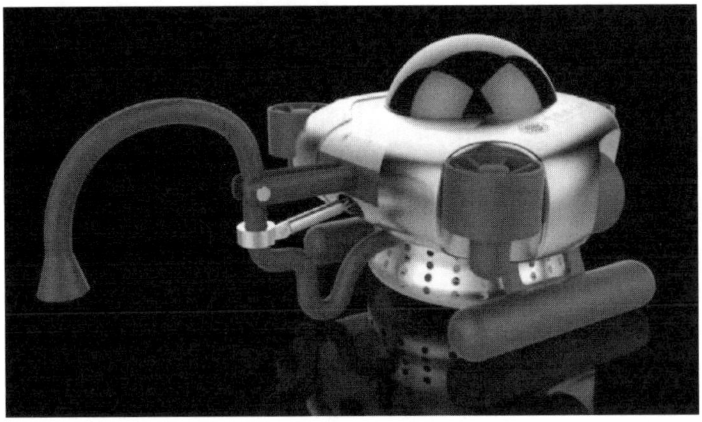

图 2　浮游式海参捕捞机器人

2 学生后续发展情况

2017 年 3 月，我在中国海洋大学工程学院机电工程系的安排下，来到了潍坊胜利石化机械有限公司，完成“卓越工程师教育培养计划”的要求进行毕业实习并度过最后的大学时光。“卓越工程师教育培养计划”（简称“卓越计划”）是贯彻落实《国家中长期教育改革和发展规划纲要（2010—2020年）》和《国家中长期人才发展规划纲要（2010—2020年）》的重大改革项目，也是促进我国由工程教育大国迈向工程教育强国的重大举措，旨在培养造就一大批创新能力强、适应经济社会发展需要的高质量各类型工程技术人才，为国家走新型工业化发展道路、建设创新型国家和人才强国战略服务，对促进高等教育面向社会需求培养人才，全面提高工程教育人才培养质量具有十分重要的示范和引导作用。在全班六十余名同学中选拔出二十人进入卓越班，卓越班学生需在大三完成所有理论课程的学习，大四在企业进行为期一年的顶岗实习和毕业设计。卓越班采取淘汰和退出机制，不能按时完成卓越培养方案要求的自动退出卓越班，而我非常荣幸地通过了所有考核。在潍坊的这段时间，生活紧张而充实，工作繁忙而有趣。我在公司开始了海参捕捞机器人项目的第二阶段——履轮式海参捕捞机器人的设计工作（图3），这同时也是我毕业设计的课题。到实习结束时，已基本完成设计工作，部分部件已投入生产。

图3　履轮式海参捕捞机器人

2017年5月，首届中国机械行业卓越工程师教育联盟“恒星杯”毕业设计大赛决赛在大连理工大学国际会议中心成功举行。在此次比赛中，我们团队很荣幸地获得了佳作奖的优秀成绩。

此外，我成功申请了春华奖学金优秀奖。该奖项由我校知名校友孙焱女士创立，是学校奖励力度最大的社会奖学金。我将继续传承孙焱女士的创新和包容精神。

最后，我获得了保研资格，并被大连理工大学录取，攻读机械电子工程专业硕士研究生，研究方向是智能系统与机器人。我将以更加坚实的步伐与忠诚的态度继续机器人方面的研究，并不断完善本科期间的相关作品。

3 主要经验与启示

在海参捕捞机器人这个项目中，我们团队成员都得到了充足的锻炼，动手实践能力、逻辑思维能力、团队合作能力等都得到了提升。团队中的成员最终都获得了保研资格，被自己心仪的学校录取。

非常感谢中国海洋大学工程学院机电工程系的大力支持，在项目遇到困难的时候，是他们给予了我们最大的帮助。在今后的学习中，我会加倍努力地学习专业知识，掌握必要的业务技能，为将来的工作打好坚实的基础，成为真正的卓越工程师。同时也感谢父母在我成长过程中的付出，我必将以加倍的努力回报他们的恩情。

生命不止，奋斗不息。征程虽有懈怠、烦躁，间或懊恼，更多的却是一种释怀，一种欣慰。感谢一路上曾经陪伴帮助过我的人，正是由于他们的存在，昊远前行的脚步将永不停止。请继续期待我的明天！

博观而约取，厚积而薄发

项目名称： 高能摩擦制动器的设计机理及控制策略研究

完 成 者： 刘　勇，郑　群，王　鹏，刘心荷

完成时间： 2016 年

推荐学校： 中国石油大学（华东）

1 学生参与“国创计划”情况

博观而约取，厚积而薄发。项目负责人刘勇，中国石油大学（华东）机电工程学院车辆工程 2012 级学生，经过大学前两年专业课的学习和科技创新方面知识的积累，获得校级科技竞赛奖励 10 余项，获得第三届山东省大学生工程训练综合能力竞赛一等奖、第四届全国大学生工程训练综合能力竞赛二等奖、山东省首届大学生科技创新大赛一等奖、第十四届“挑战杯”·鲁信山东省大学生课外学术科技作品竞赛特等奖、全国第十四届“挑战杯”全国大学生课外学术科技作品竞赛二等奖；在第八届全国大学生创新创业年会上，其项目被授予“我最喜爱的项目”和“最佳创意项目”称号；所申请的专利在第十四届山东省大学生科技文化艺术节中的山东省大学生专利产品设计大赛中获得一等奖，在第十二届山东省大学生机电产品创新设计竞赛中获得一等奖，在第八届全国三维数字化创新设计大赛中获得一等奖。在整个大学期间，刘勇除了在科技创新方面取得优秀成绩，学习成绩也位于专业前 30%，并且连续两年获得学习优秀奖学金。

2014 年春季，刘勇作为项目负责人申请“高能摩擦制动器的设计机理及控制策略研究”项目。通过团队成员的不断努力以及学校的大力支持，该项目组克服重重困难，从无到有，通过对传统盘式和鼓式制动器的研究后发现，其制动效率较低，尤其在重载、高速设备刹车过车过程中，传统制动器极易出现故障，造成严重事故和重大经济损失。为了解决传统领蹄式制动器从蹄减势作用对制动性能的影响和散热空间的不足问题，该课题组计划设计一种新型高效能盘鼓式摩擦制动器。该项目历时两年，先后完成高能摩擦制动器的设计计算、三维模型建立、运动仿真、二维图纸输出，最终加工出样机并进行相关实验等任务。该项目于 2016 年 5 月通过结题答辩，获评“优秀结题项目”。

2 学生后续发展情况

项目成员一人升学，三人就业，其中项目负责人刘勇毕业后就职于全球领先的无人飞行器控制系统及无人机解决方案的研发和制造商——深圳市大疆创新科技有限公司，项目成员郑群就职于潍柴动力股份有限公司。

3 主要经验与启示

大学生创新创业项目给我们提供了一个广阔的平台。项目有完善的监管制度，充沛的资金支持以及优秀的指导老师，能保证项目顺利的推进。在四年的大学学习生活期间，能有机会参与大创，这些宝贵的项目经验以及团队协作经历对我们今后的科研和工作有很大的帮助。此外，通过大创这个平台，结识了一帮志同道合的科技爱好者，拓宽了我的知识面，提升了我的综合能力，使我成长为一名社会需求的创新型人才。让我真正体会到团队的重要性，让我对本专业的知识学以致用，更好地理论联系实际；培养了我在学习上勤奋认真、工作上一丝不苟的精神。总之，通过大创这个平台，四年间提升了自己的综合素质。

博观而约取，厚积而薄发

刘　勇

题记：不断变革创新，就会充满青春活力，否则，就可能会变得僵化。爱科技，爱创新，博观而约取，厚积而薄发。（大学期间申请专利 2 项，承担国家级大学生创新创业训练计划项目 1 项，参与各类学科竞赛，获得国家级比赛奖励 5 项，省级一等奖及特等奖 5 项，校级科技竞赛 20 余项。）

时间飞逝，转眼间，我四年的大学生活即将结束，回顾前三年的大学生活，我最有感触的是：读了大学，或者说就读于中国石油大学（华东）实属我此生幸事。在将近四年的大学学习和生活中，我的知识面得以拓宽，使我成长为一名具有广博知识的合格大学生；丰富了我的生活阅历，使我成为一个看问题、做事情有思想、有见地的时代新青年；更使我的综合素质得到了更进一步的提高。更重要的是，这里给我提供了一个广阔的科技创新平台，培养了我的科技创新能力。

回想 2012 年，刚经历完高考，怀着对大学无比美好的憧憬，开始了我的大学生活，刚走进大学的我，对大学四年的生活并没有一个完整的计划，除了学习，不知道该如何利用课余时间，当时迷茫了一段时间。一次偶然的机会，听了学校的科创论坛讲座，为我打开了一扇大门，看到学长学姐们利用课余时间，参与各种科技活动，自己承担项目、申请专利、发表论文，做出很多新奇的作品。当时看到他们，我在心里默默地对自己说，有一天我也要成为像他们那样厉害的人。更多的人关注的是他们成功的果实，而我则更好奇他们是怎么一步一步走过来并获得如此大的成就，正是与他们的交流，让我了解了他们的经历，我感觉像是发现了新大陆一样，指引我走进一个更广阔的科技创新世界。

在大一第一学期，在科技协会的帮助下，我申请了两项实用新型专利，并且都全部授权。在那段时间，我经常泡在图书馆和电脑房，查阅各种资料，开拓自己的眼界，激发创新思维，为了提出了一个自主创新项目，经常熬夜撰写项目申报书。青岛的冬天虽然很寒冷，但我有一颗火热的心，对科技创新充满激情，不畏严寒，不知疲倦。转眼到了大学生创新创业训练计划项目立项的时间，我对自己的项目已经准备了三个月，希望能够立项，获得学校的资金支持。然而机会并不一定会降临在有准备的人身上，我准备了好久的项目落选了，没能立项。当时得知这个结果时，我心里很不甘心，但评审专家认为项目不够好，指出了项目的不足，我接受了他们的意见。虽然没能取得自己想要的结果，但是在准备项目申报的过程中，我也积累了很多知识，尤其是在查阅文献、了解科技新动向方面，我的眼界开阔了许多，各方面都有了一定的提升。

在哪里跌倒就在哪里站起来，拍拍灰，继续前行。虽然“国创计划”项目立项失败了，但是在确立立项项目的过程中，培养了我发现问题的能力。很多时候，我们发现不了问题，那么问题就得不到解决，就更不会有解决方案了，自然就不会有创新观点提出来。接下来的时间里，我便翻阅与本专业相关的书籍，从网上搜寻大量的资料，还经常浏览中国知网上发布的论文。慢慢地，一些问题就浮现在我的脑海里，有时间就去联系老师，与老师探讨，往往老师都能给出很多有用的建议。我又在酝酿另外一个项目，作为一名车辆工程的学生，通过专业课程的学习以及查阅相关资料，最终提出了一种新型高效能盘鼓式摩擦制动器的研制设想。功夫不负有心人，最终花了一年的时间去了解、积累相关知识，组建了团队。在喻高远学长的帮助和指导下，最终成功申请立项了“国创计划”项目——高能摩擦制动器的设计。这个项目一做就是两年，从一无所知到完成整个制动器的设计计算、建模、仿真、绘图，最终加工出样机。在这个过程中，虽然艰辛，但我们也有很多收获。

回想 2014 年，那年青岛的冬天来得特别早，学校靠近海边，整个冬天就是学校的风季，那时我们的项目已经开展半年了，我也完成了前期的大部分设计计算，但是也遇到了很大的瓶颈。那年我还是大二，刚接触到专业课程，由于自身知识的匮乏，进度很缓慢，还有一个月左右就是项目的中期答辩，还没有任何成果输出。为了如期完成项目进度，提高自己的专业知识面和解决问题的能力，我阅读了大量文献以弥补自己专业知识的匮乏，还认真地学习了《汽车设计》一书中制动系统相关内容。每天晚上我在实验室都待到很晚，凌晨一两点才从实验室出来。从实验室回到宿舍要经过我们学校著名的风口，凛冽的寒风吹过来如同刀刮一样，每当我步履蹒跚地回到宿舍，虽然很冷，但是心里却很温暖，因为每天都有新的收获。就这样历时一个月，完成了制动器的前期设计计算的整个工作。最终方案设计图如图 1 所示。

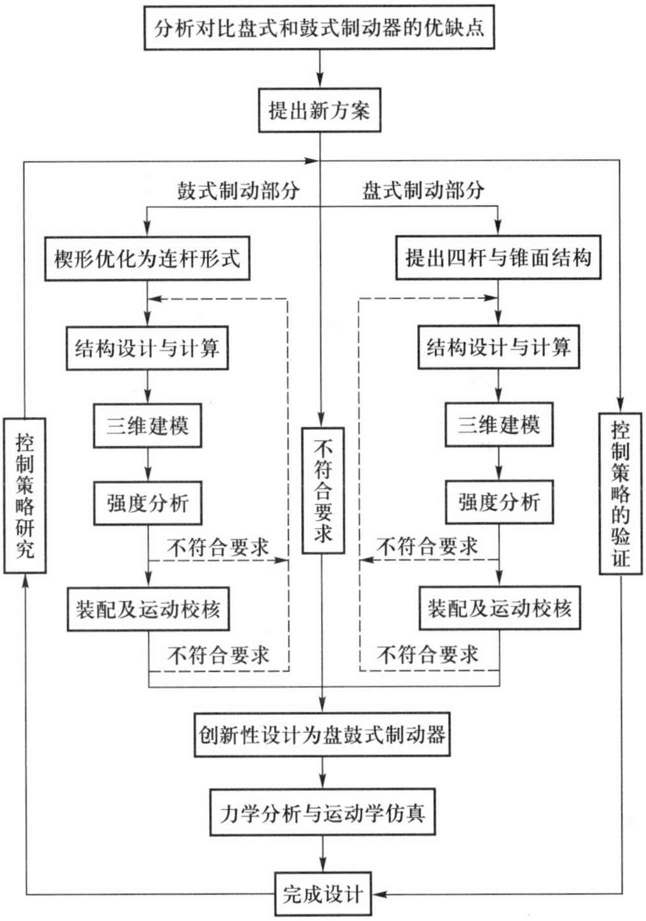

图 1　方案设计图

我从小就喜欢做点小发明、搞点小制作，最初做项目完全是因为兴趣，没有想着去参加比赛、拿奖项。一次偶然的机会，学校有老师知道了我们的团队，便推荐我们去参加比赛，既能让别人知道做了什么东西，万一获奖了，也能让自己的付出得到回报。于是我们便在 2014 年报名参加了首届山东省大学生科技创新大赛，最终因为我们项目作品创新点突出，立足解决实际工程问题，实用价值大，获得省级一等奖（全省机械类共 4 个一等奖）。之后某石油机械有限公司得知我们所研究的项目，提出与我们合作，通过与企业的合作，我们的项目研究进度加快了，提前制造出了样机。作品得以完善，在 2015 年的第十四届“挑战杯”·鲁信山东省大学生课外学术科技作品竞赛中获得特等奖。后来，通过山东省的选拔，该作品入围第十四届“挑战杯”全国大学生课外学术科技作品竞赛决赛，并且在决赛中获得二等奖。由于我在大学期间积极参与科技创新活动，在科技创新方面也取得一些成绩，有幸入围第十四届“挑战杯”竞赛国际大学生创新创业峰会，该峰会于 2015 年 11 月在香港科技大学举行，其间举办青年学生创新创业论坛。此外，该项目通过层层选拔，有幸代表我校参加由哈尔滨工业大学承办的第八届全国大学生创新创业年会，该项目获评“我最喜爱的项目”和“最佳创意项目”。

在大学期间我作为班级科技负责人，为了激发班级同学科技创新兴趣，举办了一期科技创新讲座（图 2），讲座之后，成立了科技创新小组，研究和本专业相关的问题。

图 2　举办科技创新讲座

通过前期的调研我们发现传统大型四支点叉车在狭隘空间作业困难，能源消耗量大，项目组提出轻小型三支点电动叉车，要求结构简单、体积小、能耗低，适用于小空间作业。最终我们完成了轻小型三支点电动叉车的设计。在该项目中我主要负责叉车底盘传动系统设计。通过团队的共同努力，我们完成相关理论计算和设计，并且建立出三维模型，最终该项目作品获得第十二届山东省大学生机电产品创新设计竞赛一等奖。

通过对专业课程的进一步学习，激发了我对科技创新的热爱。完成了“机械原理”和“机械设计”等课程的学习。为了将理论联系实际，我又组队报名参加了“无碳小车”的结构设计与制作。大二暑假我一个人留在学校，独立完成无碳小车的设计计算，并初步建立三维模型，后来经小组一起讨论，不断完善，绘制出工程图、加工出实物，再不断地调试，提高小车的越障能力。最终该作品获得了第三届山东省大学生工程训练综合能力竞赛一等奖。之后我们又不断完善作品，有幸进入了国赛，最终获得第四届全国大学生工程训练综合能力竞赛二等奖。

转眼到了大四求职季，我早已考虑好本科毕业就先参加工作，所以迎来了人生第一次求职，在遍地都是大学生的今天，毕业想找到一份自己喜欢、待遇又还可以的工作，是一件非常困难的事情。我曾经担心大四毕业的同时也就失业了，但由于大学期间我把时间用在了科技创新上面，毕业也算收获颇丰，我的求职之路还算顺利，前前后后收到六七个公司的录取通知，其中不乏世界500强企业，最终因为深圳市大疆创新科技有限公司和我的性格比较匹配，在这里，我能继续从事创新性的工作、能不断地挑战自己，所以选择来到这里从事研发工作。

一路走来，虽然饱尝艰辛，但我感觉四年的大学生活过得很充实，在学好专业课程之余，充分利用课余时间，学有所用、学以致用，爱科技、爱发明、爱创新，投身于自己感兴趣的事情当中，这才是最无悔的青春。

“国创计划”，合作与友谊的舞台

项目名称： 组合电容式太阳能驱鸟器研究

完 成 者： 覃明星，刘　勇，张乃刚，钟高文，陈靖思

完成时间： 2015 年

推荐学校： 中国石油大学（华东）

1 学生参与“国创计划”情况

覃明星：整体统筹及驱鸟器控制部分设计，包括电机控制和单片机编程等。

刘　勇：驱鸟器组合电容硬件电路设计及驱鸟扇叶制作等。

张乃刚：驱鸟器供电电路的设计与制作，包括太阳能电池板和控制器的调试、蓄电池的安装调试等。

钟高文：耗材购买、资料查阅以及设计思路等文案内容的整理。

陈靖思：文档整理和撰写、答辩 PPT 制作等。

2 学生后续发展情况

覃明星：2015 年 6 月于中国石油大学（华东）本科毕业后，到重庆大学读研究生。

刘　勇：2015 年 6 月于中国石油大学（华东）本科毕业后，继续在中国石油大学（华东）读研究生。

张乃刚：2015 年 6 月于中国石油大学（华东）本科毕业后，继续在中国石油大学（华东）读研究生。

钟高文：2015 年 6 月于中国石油大学（华东）本科毕业后，继续在中国石油大学（华东）读研究生。

陈靖思：2015 年 6 月于中国石油大学（华东）本科毕业后，到德国慕尼黑大学继续深造。

3 主要经验与启示

在完成“国创计划”项目的两年时间里，我们学到了很多，收获了很多。正如在申请项目时想象到的，完成项目过程中收获的知识、友谊、经验、教训远比单纯

地完成项目本身的意义要大得多。如今，距完成项目的时间已经过去了两年多，但当时团队成员一起讨论方案、购买器材、焊接电路以及户外调试的场景仍然历历在目，仿佛就在昨天。随着本科毕业，大家各奔前程，但在完成“国创计划”项目中的收获仍时时刻刻影响着大家。

国家级大学生创新创业训练计划内容包括创新训练项目、创业训练项目和创业实践项目三类。创新训练项目是本科生个人或团队在导师指导下，自主完成创新性研究项目设计、研究条件准备和项目实施、研究报告撰写、成果（学术）交流等工作。我们当时申请的就是创新训练项目——组合电容式太阳能驱鸟器的研究。

申　请

记得当时学院鼓励大家积极参加大学生创新创业训练计划项目，学院给我们提供了一份项目名单，对于自己没有具体项目的可以选择指导老师，在他们的指导下参加这个项目。由于之前就参加过一些学院和学校组织的相关的讲座，对这个活动有了一定的了解，也一直为这个活动积极准备着，所以我跟我们班的刘勇商量着一起选择项目，在选择的过程中，又了解到本班的覃明星跟我们选择的是同一个项目——张丽霞老师的“组合电容式太阳能驱鸟器的研究”，大家一拍即合。由于我们学的是电气工程及其自动化专业，驱鸟问题一直是电力系统输电线路很严重的问题之一，严重影响着电力系统输电线路的安全运行，而目前常见的驱鸟方法存在着一些问题和不足。因此，该项目的研究意义远大，应用前景广阔，同时又跟我们专业对口，于是我们便联系张丽霞老师，准备接手这个项目。经过跟张老师的交流和探讨，我们很顺利地得到了张老师的认可。与此同时，我们又添加了一名新成员，测控专业的钟高文同学，于是我们的项目团队就算成立了。

在各方面准备齐全后，我们开始准备项目的答辩，我们积极查阅这方面的资料，与张老师进行沟通，梳理好思路，进行 PPT 的制作。由于我们的积极准备，最终以学院第一名的名次成功申请到国家级大学生创新创业训练计划项目。项目答辩过程中的一个小插曲使我很有感触。当时，有个老师提了一个问题，由于我们刚上大二，专业知识掌握得不够全面，结果没答上来。当时挺惭愧的，感觉答辩不是很完美，也害怕由于自己的一个失误让这么好的项目被刷下来，我们私下里一合计，赶紧给张老师打了个电话，询问了相关知识，然后我们趁着休息时间找到答辩老师，向老师说明了情况。不知道这个小插曲有没有影响到我们的名次，但是，我觉得起码给老师们留下了一个好印象，表明了我们想做好这个项目的态度和决心。

进　展

一件看似简单的事情实践起来却很难。在项目成功申请后，我们开始着手制作。首先我们进行的是驱鸟器大体框架的设计，包括电机的选择、扇叶的结构、声音的发出以及总体的布局，等等。这些看似简单的事却耽误了很长的时间，一直确定不了具体的实施方案。于是我们集中智慧，进行充分的思考和讨论。大家把自己的想法和思路呈现出来，一起讨论，从中选择出一个最好的方案。记得当时为了赶进度，放寒假后大家还在学校多待了十天左右，这样一来，驱鸟器的雏形渐渐呈现在我们面前。团队合作在这个项目的制作过程中体现得特别明显，一个人的力量毕竟是有限的，思路和想法也不够宽广，但是大家集中到一起，思路就会更加广，这样一来，就会更有优势，设计也会更加完美。这次项目的整体框架在初期分工时是由我负责的，我们确定的思路是，每个阶段都有专门的人负责，他需要集中大家的力量把该阶段顺利完成。在扇叶的结构方面，我们下了很大的功夫，为了实现更好的驱鸟效果，我们原本想到的是想让扇叶产生不同的动作，通过无规律的动作避免鸟类的适应。但在实施过程中，发现太难了，这需要多个电机，还有齿轮传动结构，特别烦琐，而且考虑到实际制作出来的效果不一定有想象的好，所以我们放弃了这个想法，改为单一的扇叶运动。特别值得骄傲的是，项目自身有一个创新点，即利用废旧吸管制作扇叶并采用转动扩展的动作模式，这是我的想法，而且与张老师的想法是相似的。于是，在方案确定好之后，我买了点简单的原材料，将扇叶做了出来，在后续的测试过程中，发现效果还是挺好的，就自己做了个简单的模型。

接下来，我们又进行了电机驱动和红外感应模块的设计，目前都已成型且调试成功。这些成功离不开大家的努力和付出。看着自己做的项目逐渐成形，心里特别高兴，但我们知道最艰难的任务还在等着我们，那就是太阳能模块和超级电容模块。由于太阳能电池板和控制器很难由我们自己设计，我们选择采用现成的。通过对太阳能控制器的模式调试，最终找到了适合我们的工作模式，并且可以做到稳定地输出所需的电压。而对于超级电容模块，却让我们很为难，经过多次试验，发现焊接的超级电容模块并没有想象中的那么好，没法长时间运行。为了克服这个缺陷，经过讨论，我们决定用蓄电池代替超级电容模块来作为储能装置，同时把超级电容作为蓄电池供电的过渡环节。大家集思广益，勤勤恳恳的态度使项目进展得非常顺利，并最终顺利答辩，取得优秀的成绩。

答　辩

这两年多，我们参加过多次答辩，包括一次项目申请答辩、三次中期答辩以及最后的结题答辩，令人欣慰的是我们都顺利通过，这其中少不了大家的付出。在答辩过程中，我感触最深的是：现场气氛比较活跃，老师看中的是具体的项目而不是华丽的 PPT 和正式的装束。以前参加我们学院的许多答辩活动，无论哪个方面都要求很正式，比如穿着、举止等，都是非常关键的，而这次答辩却不一样，老师们不强调着装，不强调措辞，他们更多的是关注项目特色、特点、原理、实用性，等等。现场还出现了评委老师们激烈讨论产品原理的场景，气氛非常活跃，这些都让我印象很深，并且也对我原有对答辩的认识形成了一个冲击，让我的思维也不再那么局限。

我想这也是“国创计划”项目呈现给大家积极的一面。另外，答辩期间，有的同学照稿子读，有的同学却可以脱稿答辩。毫无疑问，后者受到了老师的表扬。这些同学不仅脱稿，而且讲得非常有条理，原理解释得很清楚，因为这些内容早就在他们的脑子里过了很多遍了。这就要求我们必须熟练掌握自己项目相关的知识和原理。

收 获

这次的“国创计划”项目对我们来讲是一次非常宝贵的经历。我们得到了很多课本之外的知识，主动学习能力和动手实践能力得到了提高，创新意识得到了培养。我们认识到了团队合作的重要性，在这个团队当中，我结识了很多的朋友，他们有的研究和动手能力很强，有的思维能力很强，有的统筹能力很强，有的 PPT 做得很好。这就好像一个大家庭，我们互相支持、互相鼓励、互相学习。我们互相分享经验，也向别人学习。“国创计划”不仅给我们提供了展现自我的平台，更让我们收获了友谊，感谢在大学期间能有这样的经历。

最后感谢张丽霞老师和孟兆刚老师对我们这两年来的支持和帮助，感谢学校和学院给我们这样一个平台和机会，让我们受益匪浅。

坦诚以待，精诚合作

项目名称： 大学校园交易平台

完 成 者： 贡伟航，苏尹鹏，杨　铭，李　安，丁玮玮

完成时间： 2016 年

推荐学校： 中国石油大学（华东）

当时间回到大一的下学期，也就是 2014 年的春季，作为机电工程学院科技协会大学生创新创业部的一名成员，在机电学院浓厚的创新创业氛围影响下，我萌生了申请“国创计划”项目的想法，并且在脑海中勾勒出项目的草图。

在思考立项的初期，我经常思考如何让项目完成得更好。起初我注意到每年毕业季大量的二手书籍被低价抛售，被当成垃圾堆放在一起，而学校的跳蚤市场以及官方的二手商品交易渠道根本无法解决这样的问题。于是我想要建立起一个校园二手交易平台，让同学们能够更方便地出售和购买二手商品。

1 学生参与“国创计划”情况

在准备项目立项答辩之前，我一直在思考一个问题，为什么每年都有人希望建立一个网络二手交易市场，但是到现在依然没有十分成熟的产品。为了发现问题的根源，我深入调研了大量的校园二手交易市场网站，进行实际使用体验，并对市场定位和目标人群进行分析，最终我得到一个结论：在当时的背景下，大部分大学生并没有购买二手商品的习惯，即使有这样习惯的大学生，也是一种低频次的习惯，因此对于一个二手交易平台来说访问频率就非常低，因而无法支撑平台的运营。那么如何解决这个问题呢？

经过团队成员的反复商量与讨论，我们最终确定了项目的主旨：建立起一个校园交易平台，该平台可通过网页、手机软件、校园网、人人网板块实现。主要业务是在平台上提供用户校园内的书本、闲置物品转出以及需求的信息，采用线上线下两种模式，进行买家、卖家双向信息的发布、沟通。交易内容主要包括课本、笔记、试卷、课外书籍、生活用品、技能（如做 PPT）。通过广告发布以及中介费用获取利益。

在项目的立项答辩会上，我们小组的表现十分出色，获得评委的一致肯定并获得了国家级项目立项的机会。

项目立项后，小组成员的热情高涨。我们趁着毕业季跳蚤市场，对供需双方进行了实地的问卷调研，收到三百多份问卷，这成为我们项目前期宝贵的财富。

经过一步一步的学习和思考，我们大致了解了项目所需的技能和后期需要执行的计划。就这样开始项目的实行了。

项目运营半年后，我们初步建成了微信公众平台和网站平台，

项目运营一年后，我们初步完成了平台内容的收集和分类。

而一年半后，项目出现了变故。作为项目的负责人，我因为个人学业的规划，需要完成一学期的交换学习，项目因此被耽搁了。

但是，在交换学习期间我依然与项目组成员们保持沟通，希望能将项目的内容更加深化，做出真正能帮助大学生群体的产品。

交换学习结束后，我们抓紧时间展开了项目的完善工作，以方便最终的推广和宣传。在收集了大量的二手商品素材和食堂餐饮信息后，项目的推广开始了。

我们通过海报、展板以及网络等形式对项目进行了宣传，最终的结果虽然不尽如人意，但在这个过程中我们了解到了项目推广的艰难。

最终在完成了网站平台和微信公众平台的搭建与运营后，项目成功结题了。

2 学生后续发展情况

作为一名工业设计专业的学生，从大一开始，我一直在寻找个人的职业定位和未来的规划。而“国创计划”项目给我提供的锻炼机会让我进一步了解到自己的能力和爱好。

我希望能够通过自己的努力改变现状，解决目前的问题。解决问题，这也是我们工业设计专业关注的核心内容。从懵懂无知空有满腔热血，到找到自己的职业定位和未来规划，我要感谢“国创计划”项目给我带来的成长。

目前，我加入了一家小型的创业公司，正在为改善人们的家居生活体验而努力着，在职业选择的过程中，我没有盲目迷信大公司，不得不说，创业项目的经历给我带来了很大的影响。

虽然最终的创业项目没有获得很大的成功，但我们也实现了预先的计划，这种成就感对我有极大的吸引力。

因此，在创业公司实习的过程中，我能体会到公司运营的不易和工作责任感的重要性。我们互相合作，以团队至上，为公司的发展做出自己的努力，也能感受到自己作为团队一员的使命感。

3 主要经验与启示

时间过得飞快，三年的“国创计划”项目转眼之间就要结束了。在我们的“国

创计划”项目——“大学校园交易平台”项目的实施过程中，我们受益匪浅。团队合作的实践，更是让我们铭记合作精神的重要性。在《创新公司：皮克斯的启示》这本书中，艾德·卡特姆讲述了皮克斯动画工作室创立的过程以及他关于创意管理的一些经验。“坦诚，是团队展开交流的前提”，没有人会否认诚实是美德，但没有人能保证自己说的都是真话。我们在交流时会顾虑到很多：在场的是否有权威、自己说的话是否会自降形象等。

团队中的每一个人在各自的领域都很专业，但这是一个跨学科的项目，它涉及管理、互联网研究、编程、市场营销、用户调研等多个领域的知识。我们常常需要对对方提出意见，坦率地提出问题并真诚地交流是我们实践过程中最大的收获。

由于我们都还是在校学生，如何协调大家的时间成了大问题。常常会因为大家都在上课，需要有人奉献出自己的时间投入到项目工作中去。但正是这些小小的矛盾让我们成为更加默契的队伍。

最后，要感谢学校和学院能给我们这样一个锻炼的机会，使我们能在大学生涯中画下浓墨重彩的一笔。

浅谈国创收获

项目名称：ZnM_2O_4（M=Mn，Co，Fe）多孔复合过渡金属氧化物的合成及其在锂离子电池负极材料中的应用探索

完 成 者：徐小云，韩如梦，李　芳，杨红霞

完成时间：2016 年

推荐学校：齐鲁工业大学

1 学生参与“国创计划”情况

我是齐鲁工业大学材料科学与工程学院材料化学专业的一名学生，在校期间，非常幸运地申请到了一项国家级大学生创新创业训练计划项目。从确定项目的立意，到撰写项目申请书；从确定研究方案到制订详细的实施计划，我和一起合作的同学在李光达老师的指导下，经历了反复讨论、交流，最终确定了“ZnM_2O_4（M=Mn，Co，Fe）多孔复合过渡金属氧化物的合成及其在锂离子电池负极材料中的应用探索”这一项目。在我们齐心协力完成项目的过程中，不仅熟悉了相关的实验操作，还使自己分析问题、解决问题的能力得到提升。同时，培养了自己团结协作、坚韧不拔的钻研精神，所有这些，都是仅靠书本和课堂所无法获得的。

回想起过去一年里完成“国创计划”项目的过程，从开始的寻找课题、申请立项、撰写项目申请书，到查阅相关参考资料、咨询老师学长、确定实验原理、实施方案与寻找创新点并制定详细的研究方案和步骤，整个实验过程使我学到了很多我所感兴趣的、有用的东西，更重要的是我的动手能力、思维能力、团队协作能力都得到了锻炼。在实验初期，由于知识方面的欠缺，实验进度很慢。通过询问指导老师、及时调整方案，先花一段时去学习相关知识，在此过程中我理解到实验最重要的是把实验原理吃透，再对实验步骤做出合理的设计，最后取得预期成果。

在实验过程中，我们采用溶剂热法，通过一系列反应参数的调控，充分利用空心材料在锂离子电池中的优势，合成了 Zn 掺杂 Fe_2O_3 纳米空心球材料。这些 $ZnFe_2O_3$ 纳米材料较单纯的 Fe_2O_3 在充放电测试中表现出良好的循环稳定性。设计和构筑了 Mn 掺杂的 Fe_2O_3/PPy 电极材料的复合体系，探索通过导电聚合物复合实现材料性能进一步优化的效果，在此基础上发展具有高容量、循环稳定性好和倍率性能良好的电极材料。重点研究了 Zn–Fe_2O_3 和 Mn–Fe_2O_3/PPy 电极材料的形貌、结构、导电性等因素对充放电性能的影响，揭示其结构变化对锂离子脱嵌可能带来的影响。此外，利用脱合金方法，制备了 CuO/Cu 复合材料，金属 Cu 的嵌入，大大提高了材

料的导电性能，从而使材料的电化学性能得到提升。

在一年多的实验过程中，我们取得的成果如下。

一是利用实验室已有的条件，主要采用水/溶剂热等传统简便方法，通过一系列反应参数（反应温度、时间、溶剂、表面活性剂改性等）的调控，合成具有不同形貌的 Zn–Fe_2O_3 纳米材料。这些 Zn–Fe_2O_3 纳米材料在充放电测试中表现出良好的循环稳定性。该工作还探讨了 Zn–Fe_2O_3 纳米材料的尺寸、比表面积、导电性等影响材料充放电性能的关键因素，相关工作以 *Synthesis and Superior Electrochemical Properties of Shaggy Hollow Zn-doped Fe_2O_3 Nanospheres for High-performance Lithium-ion Batteries* 为题发表在 *CrystEngComm* 上。

二是在合成 Zn–Fe_2O_3 电极材料的基础上，运用组装、复合、改性、掺杂等手段，设计和构筑了 Mn–Fe_2O_3/PPy 电极材料的复合新体系，研究纳米结构体系的结构单元、形貌、尺寸等因素对锂离子电池性能的影响，同时探索通过导电聚合物复合实现材料性能进一步优化的效果，在此基础上发展具有高容量、循环稳定性和倍率性能良好的电极材料，并同时开展具有普遍性的宏量制备技术，该工作以 *Facile Synthesis of Mn-doped Hollow Fe_2O_3 Nanospheres Coated with Polypyrrole as Anode for High-performance Lithium-ion Batteries* 为题，发表在 *RSC Advances* 上。

三是利用脱合金方法，制备了 CuO/Cu 复合材料，金属 Cu 的嵌入，大大提高了材料的导电性能，从而使材料的电化学性能得到提升。该工作以 *Preparation of a Nanoporous CuO/Cu Composite using a Dealloy Method for High-performance Lithium-ion Batteries* 为题，发表在 *RSC Advances* 上。

四是充分利用结晶学知识，通过 XRD、TEM、HRTEM、XPS、元素分析、循环伏安、交流阻抗等测试，对 Zn–Fe_2O_3 和 Mn–Fe_2O_3/PPy 电极材料进行深入研究。重点研究各种形貌的 Zn–Fe_2O_3 和 Mn–Fe_2O_3/PPy 电极材料的形貌、结构、导电性等对充放电性能的影响，来揭示其结构变化对锂离子脱嵌可能带来的影响。对充放电前后的电极材料进行表征分析，以发现锂离子脱嵌对掺杂后的材料结构变化产生的影响。对不同种类、不同形貌的多孔 Zn–Fe_2O_3 和 Mn–Fe_2O_3/PPy 电极材料进行相关电化学性能测试，以总结其性能差异规律，找出最佳性能材料。通过这些测试，系统研究不同种类多孔 Zn–Fe_2O_3 和 Mn–Fe_2O_3/PPy 电极材料的各项参数与电池储能性能的关系、特点，总结对电池性能产生影响的因素。

2 学生后续发展情况

在一年的“国创计划”项目实施中，无论是在对专业知识的掌握方面，还是在综合能力的提升方面，项目组的每一位成员都有了很大程度的提高。以前我们对专业知识的学习仅限于对书本知识的学习，而现在通过“国创计划”项目平台，我们学会了将理论学习与实践相结合，逐步实现了理论知识向实践能力的转化，对理论知识的掌握有了质的飞跃。最重要的是我们在实践过程中形成了良好的自我约束习惯，提升了自我学习以及独立思考能力，具备了敢于尝试、敢于创新的勇气，同时每一位成员也都体会到了团队意识、合作理念的重要性，为我们以后的学习、工作打下了坚实的基础。

项目负责人徐小云的毕业论文被评为校级和省级优秀论文，毕业后进入一家电池研发企业工作。

项目组成员韩如梦毕业后考取齐鲁工业大学硕士研究生。项目组成员杨红霞毕业后考取中国科学技术大学硕士研究生，正是由于“国创计划”项目的科研经历，使其掌握了很多书本上学习不到的知识，顺利地通过了研究生复试。项目组成员李芳毕业后考取了齐鲁工业大学硕士研究生。

3 主要经验与启示

在研究方面，最深的体会就是要勤于思考，主动动手动脑。创新实验不是基础化学课上的实验，只要按着老师讲的步骤做就行了。课题研究对象对于我们来说，可能是一个没有接触过的新领域，没有人告诉我们一步步该怎么做，需要不断地找文献、查资料，去弄明白实验的原理，然后确定要创新的方向，再按照这个方向一点点努力。所以每一步都需要独立思考。过程中会遇到很多困难，这个时候除了寻找帮助，最重要的还是要独立思考。每一个伟大的成就都是通过这样“平凡”地一步步努力得出来的。通过本次“国创计划”项目，我们得到多方面的提升。

3.1 理论知识水平得到提高

“国创计划”项目的顺利实施要求我们有扎实的理论基础。在理论知识学习上，我们已经完成了基础化学、基础化学实验以及材料科学基础等相关课程，但是，将自己所学到的理论知识很好地应用到具体实验中，还有很大距离。在实验进行中遇到问题时，我们通过借阅图书馆相关书籍及网络数据库搜寻相关文献资料进行深入学习。通过不懈努力，我们掌握了文献检索的基本方法，碰到问题时，能够充分利用身边的资源，查找相关文献资料，这充分锻炼了我们快速学习新知识的能力。通过对实验室里先进设备的了解和使用，使我们把理论知识和实践技能结合起来。与导师和研究生师兄师姐的近距离接触和交流的过程，使我们拓展了知识面，提高了科研能力，掌握了学科发展动态。项目组每月一次的例会，是李老师为我们提供的一个很好的交流学习平台，在会上，我们向李老师汇报实验进展，与李老师及其研究生进行沟通交流，对实验方案进行完善和改进。这不仅让我们对自己的不足有了清醒的认识，还让我们学习到了作为一个研究者应该具有的科学素养和科学态度，使我们在互相交流与学习中不断进步。

3.2 提高了实践技能

在李老师的悉心指导和帮助下，我们对研究项目有了越来越深入的了解，随着项目的进行，我们需要用多种测试仪器和数据分析软件。对这些仪器设备和软件的应用，大大提高了我们的实践技能。

比如我们要学习如何对 XRD 数据进行分析并与标准卡片进行对比，学习如何使用 SEM 和 TEM 对材料进行形貌分析、观察材料的结构形貌特点，等等。所有这些，都是我们在实验过程中不断积累掌握的技能。

在实施项目过程中涉及数据处理和分析时，我们采用的是 Origin 软件。Origin 不仅可以根据数据绘制出包括条状、线形、扇形和三维等图形，也可以将几组数据放在同一个图中进行比较分析，还可以为我们提供可视化数据制图。刚接触 Origin 软件时，对于我们来说难度很大，在李老师的指导下，我们从学校图书馆借阅有关书籍进行学习，将书籍中的实例一一进行实际操作，脚踏实地地从最基础的数据录入开始再到数据拟合，遇到不懂的就将书多看几遍，再多试几遍，实在不会就在网上寻找网络课程，逐步学会基本操作。

从样品测试到数据分析，再到数据作图，我们在李老师的指导下，逐步掌握了实践的方法，实践技能得到很大的提高。

3.3 增强了团队合作意识

一路走来，如果不是我们团队成员之间通力合作，项目就不能圆满完成。正是在大家的合作与交流的过程中，我们逐步认识自己，发现了自己的缺点与不足，学习别人的优点，尤其是在实验失败时，我们更需要密切合作、相互鼓励，这些都是我们在参加“国创计划”项目前所学不到的。

3.4 树立了严谨的科学态度

在项目初期，由于知识方面的欠缺，我们的进度较慢。通过询问指导老师、及时调整方案，再花一段时间学习相关知识，我们得以加快了进度。在此过程中我们理解到科研最重要的是要抓住所要研究的主要问题，再对研究方案做出合乎实际的设计，最后才能取得预期成果。我们体会最深的是要勤于思考，要善于从不同角度分析问题。每个课题研究的都是新的问题，没有现成的方案，需要自己去找文献查资料，去抓住问题的本质寻找规律，然后确定要创新的方向。另外，做科研还必须具有一丝不苟的严谨态度，要本着对科研负责，对科学负责的态度，进行自己的研究，绝对不能弄虚作假。

总之，通过“国创计划”项目，我们的各方面能力都得到了很好的锻炼，这些能力将伴随我们。很感谢学校能提供这么好的平台，让我们能够学以致用，感受科研的魅力。同时也感谢我们的指导老师，我们团队的每一个人，是他们的帮助让我们拥有了一段如此难忘的回忆。

做有意义之事，用心改变世界

项目名称： 学院（系）级学生工作信息化解决方案

完 成 者： 王骥鹏，张 晓，刘 杰，展 啸，王 昕

完成时间： 2014 年

推荐学校： 青岛农业大学

1 学生参与“国创计划”情况

我们的项目是以高校基层管理系统为核心，通过大量调研和实践发现和解决大学基层学生管理难题，创新地提出一套行之有效的信息化解决方案，为基层管理者提供便利和决策依据。经青岛农业大学使用反馈，该系统能大大提高办公效率，有效地解决了学生管理工作中的难题。

（1）建立大学生任务平台：通过大学生基层管理系统的普及优势，宣传大学生任务平台。通过该平台，企业可以发布任务，而大学可以竞标领取任务，并赚取一定佣金。该平台类似当前的威客网，但区别在于威客网多以社会群体为主，很多功能不适合大学生使用。威客网单纯以营利或完成任务为目的，而大学生任务平台除了以完成任务为目的外，还可以为企业提供长期培养与选拔委培生的功能，使企业能与学生建立联系，选拔及考查学生，并建立感情。该平台不仅解决了传统面式招聘所带来的问题，而且让大学生在校就能获得企业实战经验。

（2）建立大学生兼职就业平台，并打好基础示范工程。利用大学生任务平台积累企业及学生用户和业务，并通过该平台进一步搭建企业和大学之间的桥梁。与当前常见的招聘网最大的区别在于该平台不仅仅是一个信息发布系统，而是一个具有学生在校表现轨迹的立体档案系统，能够为用人单位提供真实有价值的参考数据，而非应聘者一方之词。另外，几乎所有的招聘网在大学生兼职方面都是以简单的信息发布为主，而且由于在校大学生时间等各种原因，其兼职多以体力劳动为主。而我们在大学生兼职功能方面，根据在校大学生的实际情况出发，做了大量人性化考虑，设计了符合大学时间和专业的功能，并且与企业（特别是小微企业）建立合作关系，让大学生能更多地利用自己的专业知识兼职实践，旨在提高学生的实践能力和专业技能水平，为企业降低成本和培养员工感情。项目前期通过重点对接方式，按打造示范工程的理念来运作，探索出一条切实可行的道路，随后再普及推广。

（3）围绕着以提高大学生实践和就业能力为宗旨，利用前两步积累的用户和业务基础，进一步为建立以就业、实践为目的社交网络，建立企业、已工作的毕业生

和未毕业的在校生的社交网络。以企业发现人才，毕业生找工作，在校生与毕业生交流经验以及与企业建立委培生关系为动因形成一个不同于当前单纯以娱乐为目的社交网络。并且从高中生高考结束时就开始推广，以职业生涯规划系统为切入点，用科学的方法为高考生提供性格测试及职业生涯规划服务，并加入社交网络功能，建立高中生与在校生甚至已工作的毕业生的联系，从而在步入大学之前就引导学生的专业兴趣选择，辅助并提高学生的实践及就业能力。

2 软件应用情况

（1）系统已在青岛农业大学理学与信息科学学院日常学生管理中正式使用，从学生的日常管理如电子花名册、通知管理、考勤管理，到学生的综合素质测评以及“三好学生”的评选，全部由系统根据量化指标自动完成，该项信息化研究和应用属于全国领先水平。

（2）目前该系统正在青岛农业大学团委进行测试，完善后将推广到全校各院系，将大大提高我校基层学生管理的效率。

（3）基于该平台，学校其他管理部门，如体育教学部、资助管理中心、网络中心等部门的相关学生信息化管理工作也可以纳入进来。

（4）当前项目的研究成果已在多个学院普及使用。运营方式为免费使用平台，但要通过收取师生自愿使用我们的教育资源云平台版权费、经典多媒体教学资源增值服务费和广告费用盈利。

（5）项目第一版已投入使用，并成立青岛凌睿软件有限公司，公司注册资金30万元，招录大学本科毕业生5人，在校学生50余人。平台配套的系统正在申请软件著作权，目前有十余个高校相关学院使用。

（6）系统不仅实现了奖惩记录、学生量化管理积分、任职情况、参加各种活动等在校表现情况量化并形成电子档案，而且优化了当前综合素质考评的工作流程，使原本需要近一周的工作周期缩短为1～2天，大大提高了综合素质考评的透明度、公平性和工作效率。

3 学生后续发展情况

除此之外，我借助“国创计划”项目机会，组建了自己的团队，成立了公司，取得了可喜可贺的成绩；创办的青岛增益高校信息科技有限公司于2015年被认定为高新技术企业，并在青岛蓝海股权交易中心挂牌（股权代码：800283）；未毕业时就在母校青岛农业大学设立了奖学金，用于回馈母校，奖励帮扶大学生创业者。我被青岛农业大学团委聘为典型事迹代表团团长。由于工作积极，热情参与公共服务事业，我被青岛市中小企业服务中心党支部选举为宣传委员、又被城阳创业者协会聘为秘书长。此外，我还多次参与慈善活动，为慈善组织免费提供网站、技术等服务支持。这些带动了周围同学参加创业实践的热情。每周我还利用自己的课余时间举办培训班，教同学们使用电脑的技能，这件事情一直坚持到现在，年培训人次超过 500 人。大三时成立公司，虽然刚毕业四年，但已创造就业岗位 30 余个，吸引博士 1 人。

公司拥有23项软件著作权专利，先后获得青岛市“明星企业”、青岛市创业明星、山东省创业大赛三等奖、城阳区“区长杯”创新大赛银奖等多项荣誉称号，被半岛都市报、青岛早报、青岛晚报、山东电视台、青岛电视台等多家媒体专题报道。

欣慰的是艰苦的创业并未影响我的学业。在校期间我不但没有挂科记录，而且专业成绩优异，获得“三好学生”“优秀团员”“校级优秀学生干部”等多种荣誉称号，同时还担任过学院学生会科技信息部部长、副主席等职务，多次在学校组织的各种活动和国家比赛中获得奖项。

这些经历，是一点一滴踏踏实实积累的结果。“机会对每个人都是公平的，只要你有心并做好了准备，才有可能抓住它。”这是和同学们交流经验时最常挂在嘴边的一句话。初入大学，我并没有沉浸在象牙塔般生活的喜悦中，也没有盲目地参加各种社团、协会，而是积极与学长、老师交流，积累经验，很快从一个在父母身边读了十几年书的“小”学生变成了一个知道自己该干什么的“大”学生。同时还主动帮助班干部和同学组织活动，利用自己在高中做网页、修电脑的特长帮助学院老师解决日常工作困难。因为我的出色的表现，我破格成为全院有史以来第一个在大一就进入学生会的学生。在青岛农业大学校团委和学院老师的指导帮助下，我在学校大学生创业中心成立了“农大电脑服务中心”，为师生提供电脑维修和销售服务。很多会修电脑的同学因为经常被别人找去帮忙而苦恼不已，但很多情况下我不但不收费，而且还很乐意帮助聊得来的老师和同学，没有把帮助别人当成一种负担，反而在聊天过程中，有意识地告诉别人自己的特长，交了很多朋友，其中不乏老师和学校领导，为日后的人脉打下了良好的基础。

在大一、大二近两年的时间里，我带领团队，开发了青岛农业大学招生网、就业网、团委、纪委等三十余个部门网站，十个学院网站、数十个课题和多媒体教学网站。在一定程度上，为母校的信息化建设做出了贡献。然而，我并没有满足于校内的业务，而是酝酿并尝试做校外业务，先后为城阳区政府、某驻青部队、体育局、数十个青岛市中小企业设计网站和开发软件。活学活用自己所学的专业知识，利用业余时间开展免费电脑知识讲座，极大丰富了同学们的课余生活，提高了同学们的实践动手能力。与此同时，还在其中挑选出学习能力强的同学加入我的团队进行重点培训，一方面壮大自己的队伍，另一方面让这批同学再培训更多同学，形成良性循环。

进入大三，我计划用前两年积攒的钱和经验筹划并注册公司。经过青岛市城阳区相关政府部门的创业培训和就业指导，我了解了成立公司的基本知识，同时获得了为扶持大学生创业提供的办公场所，最终入驻城阳区中小企业服务中心并注册了青岛凌睿软件有限公司，开始了正规的公司化运作，并逐步将业务扩展到校外，由外包转向自主研发和创新。在前期校内学生团队基础上，公司又招聘了 4 名优秀的毕业生，他们大多是驻青高校毕业，有着同样的梦想和扎实的技术基础。公司根据大学生特点制定了“两步走”战略：一方面巩固和发展原有的网站建设和软件开发业务，保障团队正常开支；另一方面根据大学生团队的优势，走访了大量一线教师、学生、学生干部，投资研发了自己的产品——高校一体化信息平台，它包括教学、教务、管理等多个系统，并将其一体化，弥补了现有同类产品的不足。

虽然有目标和方向，但是由于前期缺乏经验遇到了很多困难。比如，因为合同问题，导致付出了大半年的辛苦付之东流，损失了几万；为了生存顶着近 40℃的高温在充满淤泥的管道井里穿光缆；为了省下打车的费用，经常骑着摩托、电动车被淋在大雨或风雪里，这些身体上的辛苦并未让我们退缩，而是让我们越发成长，并始终坚信一定会成功！

最让人刻骨铭心的困难是在大三时发生的。那时公司已有 7 个毕业员工，有的月份只出不入，我心里最难受的不是赔钱，而是公司无法支付开支却不知如何与信任的员工开口，那种煎熬远过任何身体上的辛苦。公司发展到现在，最骄傲的不是拿了多少奖或者做了多少业绩，而是没有一个人提出过离开，哪怕是在最困难的时候。

在初步成功后更不应忘记感恩和背负的社会责任。在大四还没毕业时，我就在母校设立了凌睿奖学金，在资金和经验上帮助有理想有行动的创新创业青年；协助多个团队成立公司、帮助面临倒闭的大学生创业公司起死回生，为他们分享经验、介绍业务、引荐合作伙伴；广泛为本专业毕业生介绍工作，他们多数为曾经参加过我的培训课的学员；先后直接或间接带动、帮助同学就业及实习人次达百余人。我的创业事迹已成为大学生创业典范，为其他大学生创业就业提供帮助，更是为青岛市大学生就业工作做出了贡献。

目前，创业团队已发展到三十余名员工，办公场所也在政府的扶持下扩展到近 200 平方米。公司业务也逐步由做外包开发转向专业化自主研发，通过自主知识产权的软件产品盈利。目前公司研发的大学生诚信档案系统得到了高校、教育部门的高度关注和投资人的青睐。公司于 2015 年获得高新技术企业认定，并在蓝海交易中心挂牌，计划争取三年内在新三版上市，五年内在创业板上市。

在创业的道路上，我的认识也在不断地发生变化。最初的创业也许是为了成就像比尔·盖茨一样的 IT 英雄梦，第一次高考后放弃大学也许是不服输的年轻气盛和对传奇故事的向往，大学前两年的创业也许是为了充实生活和自给自足。但随着公司业务的发展，我越来越感悟到，公司的成功单靠想法和激情是不行的，需要靠团队每一个成员团结、坚持不懈、全身心地拼搏，而最核心的是我们能否实实在在为社会解决问题创造价值，而不是为了创业而创业，为了成为富翁而努力。那些只不过是水到渠成的副产物，虽然终点可能一样，但不一样的目的会有不一样的过程，而过程又决定了结果。

我始终坚信，我们所做的是对社会有意义的事业，而不仅仅是工作，只要认认真真做好每件事、过好每一天，昨天的努力改变了自己，今天的坚持改变了身边的人，相信明天的成功可以改变世界！

我们的国创——镜头下的德州民俗

项目名称： 镜头下的德州民俗

完 成 者： 王致远，王冠群，肖俊耀

完成时间： 2016 年

推荐学校： 德州学院

德州市位于黄河下游，山东省的西北部，是山东省的北大门。历史上，德州就是京杭大运河的一个重要码头。德州自古就有“九达天衢”“神京门户”之称，京沪铁路、石德铁路和在建的德龙烟铁路在这里交汇，是华东、华北重要的交通枢纽。德州特产众多，有着丰富而独特的民俗文化。民俗文化是一个民族或者社会群体在长期的社会实践和社会生活中形成的风尚和习俗，代表着一个民族或者一个社会群体在文艺、语言、信仰、服饰、饮食、居住、娱乐、节庆、礼仪、婚姻等各个方面的基本风貌，其本身就具有强大的凝聚力和向心力。作为一名新闻学专业的学生，民俗文化是一扇窗，透过它，了解社会风貌、体察世俗民情；民俗文化是一座桥，连接着校园与社会，让我们可以在镜头下审视德州的文化变迁。这是一次尝试，尝试着用画面和镜头来表达我们对这个社会的感悟与思考。

民俗文化是浸润在民众内心最难以割舍的故土情结，无论是传统社会，还是现代社会，民俗都以其独特的内在结构、文化特征和社会功能承载着文化传承与呈现的功能，通过对德州地域民俗的记录，有助于解释当前的一些社会文化现象，有助于我们认识一个地区文化变迁中体现的经济与社会发展走向。在未来的社会发展中，传统文化和现代化二者之间的关系亟须处理。当下我国正处于社会转型期，保留传统民俗文化强大的凝聚力量，并创造出适应当下社会需求的文化结构元素，这是当前文化变迁中的精神原点。德州是一个多民族聚居的城市，不同民族之间的民俗文化在长期的碰撞与融合中呈现出独有的风貌，了解和记录这些风貌，可使我们更好地探寻汉民族自形成至今积淀而成的价值观和道德精神。

随着时代的变迁和社会主义新农村建设的实施，城镇化的脚步在加快，很多传统民俗都发生了变化，有的在逐步变迁，有的在逐渐消亡，记录和展现这些民俗，不仅是对传统文化的尊重与继承，更是对民众内心精神世界的洗礼，因为它包含着丰富而又厚重的文化精髓，带着厚重的德州记忆。

完成“镜头下的德州民俗”这个项目的过程，对于我们是一次全新的体验，更是一次检验自身、反观所学的难得机会。从查阅资料、选题，到完成项目研究方案，调研德州民俗文化，以及它们在镜头中呈现的可能性，我们摸索前行，虚心向学。

本项目研究了德州的地域特点和风土人情，了解了德州民俗特别是德州独特的饮食文化的起源与变化，以及在生活中的价值和传承、保留情况。通过查阅相关资料，以及查阅德州本地民俗文化的史料，我们知道德州的饮食文化丰富多样，特别是德州独特的地域小吃，不仅制作方法独特，而且口口相传，非常具有德州的地域文化特征。

而且，饮食文化本身就是中国传统文化不可或缺的一部分。在中国传统文化中的阴阳五行哲学思想、儒家伦理道德观念、中医营养摄生学说，以及饮食审美风尚、民族性格特征诸多因素的影响下，中国人民创造出了彪炳史册的中国烹饪技艺，形成博大精深的中国饮食文化。

中国饮食文化突出养助益充的营卫论（素食为主，重视药膳和进补），并且具有色、香、味俱全的讲究，五味调和的境界，奇正互变的烹调法和畅神怡情的美食观四大属性，有着不同于各国饮食文化的特点。

总之，中国饮食文化是一种广视野、深层次、多角度、高品位的悠久区域文化，是中华各族人民在100多万年的生产和生活实践中，在食源开发、食具研制、食品调理、营养保健和饮食审美等方面创造、积累并影响周边国家和世界的物质财富及精神财富。

但是，对于德州饮食民俗文化的呈现大多是以史料和图片的方式，以视频方式呈现的几乎没有。这也坚定了我们以镜头下的德州民俗这样一个视角来记录风土人情和饮食文化的信心。

我们走访了文学院生源地为德州市各个区县的学生，对存留在人们印象里的德州地域文化有了充分的了解和认识，获得了丰富的一手资料，并在此资料的基础上选取适合以镜头的方式呈现的部分作为拍摄的备选素材。但是，德州的民俗文化众多且庞杂，无论是陶瓷制作、民间手工艺、饮食小吃、节庆民俗、服装服饰等各个方面都有其独特的风貌，在对民俗现象的选择中，我们借鉴和吸纳了《舌尖上的中国》的讲述和拍摄方式，将镜头的记录重点放在了德州特有的饮食文化上。这样，团队统一了认识，对拍摄工作的顺利进行奠定了基础。无论是紧张的选景和技艺传承人的选择，还是在熟练运用镜头语言、画面美感、与传承人的沟通等各个方面，团队的协作精神给予了我们每个人力量和勇气，让我们不惧风雨，勇于前行。

历尽千帆，归来仍是少年——王冠群

时光荏苒，岁月如梭，转眼便是四年。大学承载了人生最美好的青春与回忆，多年以后仍然可以煮酒相伴，与友长谈，细细品味我们的大学生活。说到大学中记忆深刻的事情就是参加了“国创计划”，参与了“镜头下的德州民俗”的拍摄，让自己学到了很多，成长了很多。与“国创计划”结缘是在大三的时候，在学生会里的一个偶然机会接触了摄影，从此便一往情深。当了解到自己学院正在开展“镜头下的德州民俗”纪录片拍摄活动的时候就主动报了名。

一直以来都以“九达天衢”“神京门户”著称的德州是一座名副其实的历史名城，通过纪录片的拍摄，我对德州有了更加深刻的认识和了解。通过查阅文献资料，实地走访，亲身领略了董子读书台的文化氛围，细细品味了德州方言的独特，深深感受了冀鲁边区纪念馆的革命风范……跟着镜头一路走一路看，不知不觉已然爱上了这片土地。因此毕业之际我便选择留在德州工作，在这片土地上书写自己的青春年华。

通过本次活动，感触颇深。经验算不上，体会还是有的。大学里学习是第一位的，但不是唯一的，我们必须要全面地发展自己，多多地参与社会实践活动，增长见识，开阔眼界。在大学里我们必须努力地充实自己，只希望每个人能历尽千帆，归来仍是少年。

寻味德州美食，传承历史文化——肖钧耀

我在德州学习生活了四年，也拍摄了四年，但深入德州民间探访美食文化，这还是第一次。此行的主要目的是“寻味德州”，我们前往德州市宁津县，品尝了宁津特产长官包子和保店驴肉。我们见证了长官包子从和面、和馅儿一直到出笼的过程。长官包子是宁津县长官镇特有的风味名吃，成名于清道光年间，有100多年的历史，其特点是面白皮薄、肉多馅肥、油汁不溢、味浓香而不烈、馅鲜肥而不腻、不反胃、不膻腥。长官包子用料考究，制作精细，用隔年羊，剔净其筋骨，剁至细而不泥，以小磨香油调馅，配葱、姜、花椒水和上等酱油等调料。发面稍嫩，入口软而不黏，兜馅不渍，上捏十八褶，熟后宛如菊花盛开，形、色、味俱佳。

保店驴肉又名保店五香驴肉，是山东省经典名菜之一，属鲁菜系。原产地是山东省德州宁津保店镇的南辛庄，创始人是李长荣、李长善、李长春三兄弟。一般以冷食为上，常为酒宴之佳肴。有“长官包子大柳面，要吃驴肉上保店”之说。其特点是肉质细嫩，瘦而不柴，烂而不散，香味四溢。保店驴肉不仅美味可口，常吃驴肉，还有利于舒筋活络。因此，保店驴肉成为当地练武之人必备食物，并随着江湖艺人，传到四面八方，美名远扬。

这次拍摄让我们更加了解了德州的美食文化与历史文明，也锻炼了我们的拍摄实践能力，相信这次毕业前的洗礼会是我大学生涯中最美好的回忆。

实践中学习，实践中提高——王致远

之前的我从未接触过纪录片的拍摄。通过一个多月对摄影基础及构图与用光的不断实践、不断学习，我逐步提升了自己的审美观念和处理画面的方法，主要表现在以下几个方面。

认识水平略有提高。学习摄影以来，不断加强了自己对摄影的认识。认识水平主要体现在摄影的基础操作、构图与用光的实践练习上。学习本来就是一个不断认识、不断发现、不断总结的过程，反复学习和不断总结会形成良好的认识事物的能力。

通过对摄影基础的学习与实践，我熟悉了相机的一些基本原理和简单的操作；通过构图与用光的学习与实践，在脑海中就形成了一个很好的意识：谨慎构图、合理布光，力求使画面达到完美状态，使事物永远停留在最美丽的一瞬间。这些只有在学习和实践中才能体会到的，是一个认识的过程，需要用心学，用心实践。

对事物本质的认识，必须经由量变到质变的过程。比如在德州拍摄的时候，我拍了一些照片，在电脑上预览的时候才发现这些照片都有点曝光过度，所以整个画面显得苍白无力，缺少暗色调。虽然当时我采用的是标准的曝光，但这对相机来说还是曝光偏高，这是因为我对该相机的一些性能没有全面的了解，只是按照常规的来，忽略了一些由于相机本身性能所产生的误差的特性，这是一个很重要的因素；还有一个是因为我平时没有过多的尝试，没有去总结在拍摄过程中出现的问题，也许是当时拍的时候根本没有发现问题，就没有了解决问题的可能。所以在今后的拍摄当中，我一定要勇于去拍、敢去尝试，并且在发现问题之后及时总结出来，把弊端和好的方法也记录下来，以便为下次的正确操作提供依据，不断地指导自己进步。

形成自身独特的思维方法和艺术风格。这相对来说是一个比较艰难的任务。因此，我们应当培养自己的思维方式，对待事物形成自己独特的见解并通过摄影的方式很好地表现出来。我认为思维方法不只是摄影者选择的拍摄对象和角度等，还应该包含摄影者的设计创意、设计元素和所要表达的思想情感。这方面，我们要多看有名的摄影大师的一些代表作，从中我们就可以看出摄影师所要传递的思想，他的构图和取景方法，对光线的运用等。只有识多才能见广，通过不断学习和实践加上自己的领悟就会自然而然地形成自己的风格，也就是所谓的世界观达到了一定的高度。

“国创计划”让我遇见最好的自己

项目名称：智能粮仓管理系统

完 成 者：卓德旭，李会刚，张　超，李承龙，魏　静，张晓康

完成时间：2016 年

推荐学校：德州学院

我是卓德旭，大学本科就读于德州学院物理与电子信息学院，是 2016 届物联网专业毕业生，目前在内蒙古工业大学信息学院攻读硕士学位。首先，热烈庆祝“国创计划”顺利开展十周年，作为一名“国创计划”项目负责人并从中受益的学生，非常感谢拥有这次机会总结和回首本科阶段“国创计划”助我成长的历程。

1 “国创计划”项目，让我目标明确

2012 年 9 月，踏进大学校园，那是我梦想起航的地方，作为一名怀揣抱负的大一新生，跃跃欲试、大展身手，然而缺乏明确的目标和实现方式，就像入世不深的小牛犊，到处横冲乱撞。后来，在学哥的带领下，参观了校实验室，看到师兄们已经申请到的“国创计划”项目完成的智能门禁、电脑屏幕上高亮的电路板设计图，对于未涉足的菜鸟的我来说，简直无法想象，也使我产生了要加入这个队伍的冲动和想法。为了“国创计划”项目的需要，寒暑假期间老师会培训模数电知识，课余时间自己努力学习 C 语言编程，学习单片机开发，从最初的点亮流水灯到编写定时器中断等。加班加点的情况经常发生，平时课后没有其他事情就会去实验室学习，就这样匆匆一年过去了。在理论与实践相结合下自己的专业技能得到提升，内心得到充实，对这一领域不断学习与开拓，也使自己更加热爱它。

虽然经过一年多的积淀，了解到产品设计基础和整体设计思想，但是，此时的我知道自己需要一个广阔的空间，需要更多的交流，知道是时候做点什么了。此时的目标很明确，那就是参加全国大学生科技创新大赛。要想成功实现这个目标，开阔视野，首先需要组建一个团队，有共同爱好的团队。在不断努力下，一个科技创新团队开始萌芽，并汲取甘露，最终带着成果为校园增添光彩。同时，根据实验室的实际需求，并在指导老师的帮助下初步形成了第一个物联网项目——实验室安防与控制系统的设计方案。通过老师的带动和小组成员的讨论不断明确实际需求，确定解决方案，明确分工任务，最终完成模型解决方案的设计。在实际的作品完成过程中充满了很多困难和艰辛，刚开始时大家都满怀激情，但随着项目的进展遇到关

键问题无法解决时，显得力不从心，团队成员情绪容易受挫。有时甚至一个问题好几天无法解决，这时候团队成员会互相鼓励，从百度、博客或论文中寻找解决方法，有时会寻求学长或老师的帮助，在不断地努力下逐渐克服每一个难题。在实际的项目中我个人负责上位机软件的设计和开发，这是由于项目的需要，原本专注于嵌入式的我需要在短时间内学会上位机开发。明确目标后，带着一些压力与无穷的探索欲，在接下来的两个月里我疯狂的学习上位机软件开发，学习整体架构设计，不断地搜索实现方式，在这期间，痛并快乐着。其中，让我印象最深刻的是由于上下端通信协议没有定义好，造成上位机与单片机无法正常通信，困扰了好久。这个问题的解决使我在硬件和软件方面都有涉猎，项目完成后，感觉自己技能得到提高、内心更加坚定和自信，整个人得到了蜕变。当然，项目还有很多不足和缺陷，这需要不断地积累和完善。只有明确了目标，有针对性地学习，才能更好地解决实际问题，不断提升自我。

“国创计划”给我们大学生提供了创新机会，提供了创新平台，让我们因有了目标而不再迷茫。

2 “国创计划”，为我搭建平台

在前期的努力和积淀的前提下，经过调研和实际的生产需求，2014 年 5 月我们团队准备申报全国大学生创新创业训练计划项目——“智能粮仓管理系统”。

这个项目拟以集成粮情检测、智能通风、烟雾报警、远程安防监控、智能操作管理平台等技术为主，实现粮食存储环节如下功能：① 粮食存储安全化；② 粮食出入库的电脑化、自动化的统计；③ 仓储信息传递监管网络化。积极开展粮食企业智能化新技术和新设备的应用示范，最终建设成涵盖粮食收购、检化验、检斤、仓储管理、出入库结算、运输物流等各个环节的智能管理系统。项目拟解决的关键问题有：① 解决如何采集仓库的温、湿度，CO_2 浓度等问题；② 实现摄像头采集视频信息后通过网络传送到用户手机和远程客户端进行实时监控；③ 实现货物进出仓库的自动化管理；④ 利用操作平台实现仓储各项业务工作全方位信息化管理。

本项目获批后，项目组成员进行了分工，由张超、李承龙负责搭建底层粮库室内 WSN 信息采集硬件部分，在此基础上，由项目负责人卓德旭利用 C# 语言编写上位机控制界面，并嵌入视频监控窗口；由李会刚负责编写安卓客户端；由李承龙和魏静设计添加 RFID 模块，完成出入库记录数据采集，等等。项目组分工明确，注重协调合作整合模块功能，实现系统联调，测试粮库信息采集、显示、远程视频监控等功能。小组成员通过多次设计方案调整及具体实现后，在 2015 年 9 月份申请到了“智能粮仓系统”实用新型专利，证书编号为 ZL201520347094.X。经过一年的开发和研究，成功完成项目的提交工作。

在小组成员协同努力下，项目取得阶段性成果，并最终按时完成项目提交工作。本人作为项目负责人，协调工作进展。在此期间，我们良好的沟通和团队协作能力保障了项目进度，锻炼了我的组织和协调能力，也使我对本专业物联网关键技术、物联网行业应用等有了更深层次的理解，提高了物联网系统整体设计水平。

3 “国创计划”，让我收获精彩

功夫不负有心人。通过“国创计划”项目的前期申请准备和研发过程技术积累，我们开发的实验室安防与控制系统，在 2014 年 7 月成功入选全国大学生物联网设计竞赛华东分赛区决赛。经过 12 小时紧张的答辩和演示环节，评审专家对参赛作品有了总体和直观的认识，在一番热烈的讨论过后，华东分赛区决出了各奖项。我和我的队友们奋力拼搏，荣获一等奖的好成绩。

来自华东五省一市 23 所高校共 57 支参赛队来到上海参加了华东分赛区决赛暨颁奖典礼。图 1 为我们团队答辩现场，图 2 为颁奖典礼。

图 1　答辩现场

图 2　颁奖典礼

在此次成功参赛并获得好成绩后，我们又积极参加了各种大学生创新设计大赛，获得了第五届“赛百特杯”全国大学生物联网应用设计大赛二、三等奖各一项、第八届中国大学生物联网创新创业大赛总决赛二等奖。这些比赛对自己和团队来说是一个交代，也让自己开拓了眼界，了解到了自己的不足，学到了别人的优点，同时也锻炼了自己的表达能力、沟通能力，是大学四年中难得的、宝贵的学习经程。

经历了“国创计划”项目的申请、完成，经历了多次大赛的锤炼，让我更加清晰地意识到学无止境，物联网专业博大精深，也了解到物联网行业前景广阔，从而坚定了考研继续深造的决心。

回首考研路，确有几分感慨，有内心的压抑、时间的煎熬、诱惑的驱使、寂寞的忍耐，也有最后激情的释放。总的来说考研给我的感觉就是：坚持就是胜利。只要坚持下来，认真的复习，排除学习过程的干扰，我想会取得最后的胜利的。

目标的不同决定了人们对考研态度的不同，也最终决定了他们不同的命运。真正阻碍一个人前进的障碍只存在于一个人的内心当中，只要能够冲破自身的极限，就一定会取得意想不到的效果。

我的考研路艰难而又幸运。由于考研总分差 3 分，我没有能通过初试进入一志愿院校。之后的调剂过程确实激烈，但是我也是幸运的。因为我作为项目负责人完成了“国创计划”项目、参加过多次物联网类创新设计大赛，取得过一些成绩，并申请了实用新型专利，在研究生导师看来这是非常有用的，能够证明我具备一定的科研能力。因此，我也顺利通过了研究生复试，取得了优厚的学业奖学金，成为一名内蒙古工业大学信息学院研究生。由于具备一定的前期基础，再加上个人的热爱，应对现在的研究生学业具有很大的优势。目前，跟着老师研究无人机项目，这是一个尖端的研究领域。我将带着虔诚的态度，不断进取，坚持不懈地为之努力。

大学生活是美好的时光，因为“国创计划”项目让我们这样一群懵懵懂懂但有理想有梦想的人聚集在一起，做着自己感兴趣的事情。一路走来，有艰辛、有汗水、有鼓励、有收获！年轻就需要努力，是“国创计划”项目让我拥有了一起奋斗小伙伴，见证了我的坚强、提高了我的专业技能、锻炼了我的沟通和表达的能力，这些都是我人生的重要财富。

感谢“国创计划”，让我在大学四年遇见最好的自己！

顺时而为，开创一个属于自己的时代

项目名称： 阿里巴巴公司发展对大学生创业的启示

完 成 者： 龙香钰，刘叶星，施丹妮，潘祥玲

完成时间： 2017 年

推荐学校： 山东财经大学

1 在“国创计划”里成长与收获

1.1 知识的丰富与眼界的开阔

随着“国创计划”项目的逐步展开，感觉自己的见识也在不断地拓展。从当前国内外总体的经济形势，到阿里巴巴公司具体的管理运营模式和企业文化，这些知识都一点一点地展现在我们的眼前。也让我们意识到其实自己所处的世界不止这头上的一方天空，在有人存在的每个地方，其实都在发生着改变和上演着精彩的故事。

“风声雨声读书声声声入耳，家事国事天下事事事关心。”这曾经是人们对于莘莘学子的要求。作为一个当代的大学生，了解和关心自己身边的这个世界到底在发生着什么样的变化确实十分有必要。因为只有这样才能明白自己在这个社会的定位，以及清楚自己将来想要走什么样的一条路。

1.2 能力的提升和思维的转变

1.2.1 对能力的锤炼——统筹安排，调和矛盾，利用资源

作为这个团队的队长，可能我经历的事情比队员们都要多，遇见的困难也是最多的。但是，正所谓每个硬币都有两面，在一大堆麻烦的背面，就是我成了这个团队里成长得最快的人。

从立项开始，我们这个团队就一直是磕磕碰碰的。矛盾很多，意见不合的情况也很多，当然其中也不乏大家想偷懒的时候。可能是我们的个性都比较强吧，所以不论是在立项还是在确立主要研究内容的时候，大家的“讨论”都挺激烈的。然而也就是在这样充满“热烈”和“激情”的环境下，我们开始学会了“理解”和“倾听”。记得有一次因为对研究的主要内容的确立，两个队员之间的意见相左。虽然当时大家都没说出来，但是一股硝烟味还是弥漫在我们四个人之间。身为队长，协调队员之间的矛盾也是一件很重要的事，有时大家开诚布公地谈或许对这个团队更有好处。不过也就是经此一事吧，大家学会了谦让和聆听，整个队伍的关系也越来越融洽，效率也提高了不少。

作为这种研究项目方面的小白，遇见技术性的问题是不可避免的。调查阿里巴巴公司的发展历史当然简单，因为阿里巴巴公司的成功，所以不乏对该公司的研究，有关的资料也很海量。然而就是这种信息爆炸的状态下，我们总是感到很迷茫：信息很多，但是怎么样才能凝练出我们想要的东西？怎么样才能展现我们自己的见解？研究的初期阶段，我们总是不能很好地对资料进行有效的选择，甚至有的时候自己看了半天的资料，最终也只是做了一堆的无用功。同时，团队成员之间缺乏沟通也让我们面临着研究方向上的南辕北辙。这一点尤其在查找资料的时候让人感触颇深。为了找出目前国内经济形势对阿里巴巴公司的影响，我们进行了分工查找资料，然而查了半天的结果就是两个队员的资料完全不符合要求。加之当时的任务比较紧，所以这一度让我很恼火，但是却又不能发脾气。毕竟大家也都是在努力工作的，就是方向不对而已。

效率的低下让我们觉得很疲惫也很沮丧。不过很感谢老师的指导，老师的建议让我们在迷雾中找到了一个方向。当有了一个主线之后，所有的事情也逐渐变得明朗和高效，我们也在这一次次的挫败中学会了怎样去利用和甄别有效的信息，也深刻体会到了沟通对于一个团队的重要性。

1.2.2　不再安于现状，展望未来

俗话说得好，“不想当将军的士兵不是好士兵”。在研究过程中，看着阿里巴巴这个公司的一步步壮大，马云也借此获得了巨大的成功。作为研究者，其实我们心里也是十分羡慕和憧憬的。然而再看看目前自己的咸鱼状态，安于现状，真的是有点受到刺激。或许是因此带来了改变，我逐渐感受到了来自这个团队的变化。对研究工作更加积极，对学习和生活更加认真，就包括一些生活中的坏习惯也在悄然改变。直到在一次闲聊中，一成员明确地说出自己将来要出国发展，我才确信，其实大家真的都在努力改变着自己，为自己将来实现梦想而奋斗着。有时做一个研究项目，伟大之处或许不在于用它拿了多少奖、出了多少名，而是透过这个研究项目，每个人的身心又成长了多少。这就是我觉得这次研究为我们这个团队带来的最大的好处，也是让我觉得最为触动的一个地方。

1.3　团队意识的培养

大半年的时间过去了，大家在工作中的默契也是越来越高。到了研究的中后阶段，成员之间的交流更加畅快，每次交谈完总能找到一种伯乐的感觉。一方桌子，四台电脑，无人说话，有的只是敲击键盘发出的“笃笃”声，也就是这样的经历才会让人更加的沉醉和迷恋。

当研究到阿里巴巴公司管理模式的时候，因为又要看书，又要采访，所以大家的工作量其实都是蛮大的。但是大家也没说那种“事不关己高高挂起”的话，反倒是看谁忙不过来了，就搭把手。也就是在那时候，大家对我们是个团队这件事有了一个更真实的体悟。因为一起走在烈日下做采访，一起在电脑前加班加点。大家有了一种共患难的情谊吧，再难的事，四个人一起做，总比一个人承担要好得多。

2 经验与启示

对于阿里巴巴公司的研究的收获当然不局限于在研究的时候收获的知识和朋友，还有的是通过这个研究，我们获得的一些经验和启示，或利于自己将来的创业发展，或利于自己的为人处世之法。我将从以下几个方面进行阐述。

2.1 顺时而为，去开创一个属于你自己的时代

历史总是会淘汰它不需要的人，身为一个大学生，如果要有所作为的话，首先要做的就是要把握这个时代的脉搏。我们可以选择的方向有很多，但是最最需要把握的原则就是去做这个时代需要且不失原则的事情。比如这个时代需要一个网购的方式，而马云就开创了这一模式，并且不断地完善，让它更符合这个时代的发展节奏，所以最后他成功了。并且在不少人的心中，阿里巴巴这个公司就和苹果公司一样，去引领了一个属于它自己的网购时代。一个企业的伟大之处不在于它赚了多少的钱，拥有多少市场份额，而是在多年后人们提及它的名字时，会记得有那么一个时代是属于它的。少年有志，应志在远方，用自己的双手和汗水去开创一个属于自己的时代。

2.2 要有远大的理想，并且坚持它

阿里巴巴公司成立之初，很多人其实对这个“怪异”的公司并不抱太大的希望。然而它的开拓者们始终坚信这条路是可以走下去的，他们想要开一家在中国乃至在世界都很有名气的公司。所以尽管外界的质疑声很多，他们还是选择坚持走下去，而结果就是上天不会辜负辛苦的人。树立一个远大的目标，可以不断激励自己向着更好的方向发展，而在困难面前选择坚持，说不定有一天它就实现了呢？通往杰出的路总是布满荆棘的，但是这不代表着我们就有理由像一条咸鱼一样永远躺着，安逸致死。

2.3 不要害怕改变，要敢于创新

阿里巴巴公司一个很重要的价值观就是不要害怕改变，要拥抱变化。世界时时刻刻都在变化，而我们要做的就是勇敢地面对它的变化，不断地改变自己。阿里巴巴公司发展了这么多年，其企业文化和运营模式等也都是在不断地发生着改变。而作为即将走出象牙塔的大学生就更要学会变化和创新，去开拓一个独特的领域，不断地提升自己的能力，方可能在更高的舞台上有自己的一席之地。

2.4 始终要重视团队的作用

阿里巴巴公司发展至今天，其业下的员工众多，这是一个极其庞大的团队。然而阿里巴巴公司对内独特的侠客文化和管理模式使得这个公司的凝聚力很高，员工之间的合作度与默契度也很高，做起事来也是事半功倍。又或者以我们这个团队自身为例，初期没有团队意识，导致研究进度十分缓慢，而且还老是出错。但是伴随着研究的逐渐开展，成员之间不断磨合，逐渐建立了团队意识，这时候的研究任务虽然是繁重的，但却是高质量高效率的。单腿的人始终走得不远，所以一个团队，或者一个人如果想要走得更远更快，一定要重视团队和合作。因为孤岛总是在漂浮着，只有靠向大陆才终有稳定的一天。

“国创计划”助我成长

项目名称：大学生艾滋病同伴教育手册的编制

完 成 者：司海龙，张嘉萌，赵倩丽

完成时间：2017 年

推荐学校：郑州大学

1 我的“国创计划”项目实施情况

2014 年 9 月，我如愿以偿地进入郑州大学护理学院护理学专业，经过短短的新生入学教育专题报告，让我坚定了对护理学专业的认同，以及对自己未来职业追求提出了更高的要求，同时学院丰厚的学术积淀与氛围，也让我对科研产生了浓厚的兴趣，那一年，我大一。

那时的我，对学术科研充满了憧憬与期待，但又因无从下手与缺乏指导而感到茫然与无助。不过我终究还是幸运的。郑州大学护理学院除传授护理学理论与技能外，特别注重对本科生的科研能力的培养，尤其对“国创计划”和“挑战杯”等学术竞赛活动给予了很高的重视与大力支持。在学院四楼长长的楼道墙壁上悬挂着各种历年来“国创计划”立项项目、学生、指导老师以及学术成果情况，这是学院的骄傲，学生的荣誉，更是对我们的鼓励。我与“国创计划”的最初亲密接触就是在四楼的驻足之间，我感觉那些展板上应该有一块空地是留给我的。2014 年是刘炯天院士执掌郑州大学的第二年，随即在郑州大学创新性的推行“班主任制度”，旨在为本科学生的学习、科研以及大学生活提供良好的指导。我与“国创计划”的故事就是从班主任开始的。

我的班主任别文倩老师即是项目的指导老师，她是武汉大学护理学硕士，师从美国著名护理教育专家 Marcia Petrimic 博士，在数次的班会中多次教导我们要坚定理想、勤奋追求，鼓励我们在紧张的专业课程学习之余，多从事科研活动，提升自身的科研水平，积极准备“国创计划”项目的申报。班主任在班会上的每一次话语都令同学们很受鼓舞，她为我们的大学生活打开了另一扇大门。

2016 年 3 月 29 日，郑州大学官网发布关于开展 2016 年“国创计划”项目申报的通知。这一次我知道机会来了，往日的文献检索、论文写作的尝试正好可以借助这次来个大“检阅”。所以，自接到通知之日起，我就与班主任沟通，强烈表达了我要参与“国创计划”的决心，并对项目的申报方向展开了一些讨论，并最终确定借助于同伴教育模式进行大学生艾滋病防治。就这样，我们开始了“大学生艾滋病

同伴教育手册的编制”的课题申报工作。

正所谓“凡文不是以入人，所以入人者，情也”，所以对“国创计划”课题申报撰写之时，绝不能抱着功利心态，为了获得立项而撰写申报书，而是要投入感情。众所周知，在我国，艾滋病的传播趋势正趋于低龄化和同性化，近5年来我国大中学生艾滋病感染者数量年增35%，仅2015年1月至10月，就报告有2 662例学生感染者和病人。有时候更令我痛心的是每当一个地方疾控部门发布青年学生艾滋病病例数据时，一时间舆论就炸开了锅，上微博热搜，上论坛头条，简直是“好不热闹”，各行各业的人都表示了震惊，随即而来就是感叹、大声疾呼，但是随着新闻宣传力度的消逝，人们对大学生艾滋病的关切程度就降之又降，社会又变得一片静默。我不愿意变成这样的人，我要做出行动，要拿出切实的解决方案而非大声疾呼。我通过查阅大量文献，发现同伴教育模式作为行为干预模式的一种表现形式，在艾滋病防治中发挥着巨大作用，它能通过同龄人之间分享健康的知识、观念，利用同伴之间的影响力，在彼此之间传递健康向上、积极乐观的思想，来达到预防艾滋病的目的。同伴教育兴起于20世纪60年代的美国，20世纪80年代传入我国，在性行为教育、性病以及慢性病防治中发挥着巨大作用。但是目前国内尚无关于大学生艾滋病同伴教育活动的指导手册。所以我愿意将我对大学生艾滋病防治力量的贡献凝聚在这一本指导手册的编写中。就这样，带着对大学生艾滋病防治的责任心与同情心，在别文倩老师的指导下，努力地完成了“国创计划”项目申报书的撰写。其中自然有意想不到的很多问题，但是始终没有放弃，通过收集“国创计划”项目申报经验以及学术论坛上有关大牛们的申报书范例，终于在两周内完成了申报书，期间屡次修改，修改到一个字不能删一个字也不能加的程度。最终在2016年5月12日的护士节，学校官网发布了项目评审结果，我的项目赫然在列，那一年，我上大二。

经过一年的项目开展，在项目基金的资助下，项目组先后发表论文《大学生艾滋病流行特点及原因分析》《大学生艾滋病感染及原因分析》《大学生艾滋病同伴教育的研究进展》，申请专利“一种用于同伴教育信息传递的智能手环”和“医用病床医疗注射液收集装置”，同时《大学生艾滋病同伴教育手册》正在做最后的删改，即日送中国知识产权出版社出版。

2 项目后续发展情况

2.1 加紧对项目成果的整理

在项目开展过程中，小组成员团结一致，除了对大学生艾滋病同伴教育进行了深入研究外，小组成员赵倩丽同学还关注到老年艾滋病防治，同时撰写了《老年男性群体艾滋病易感因素和预防策略》，在她为我们讲解老年艾滋病疫情相关情况后，我有意在项目结项后，能够将同伴教育引入到老年艾滋病防治这一领域，希望能够在目前老龄化趋势不断加重的情况下，在这一方面做出一些理论成果。

同时在别文倩老师的指导下，借助既有项目成果，积极申报河南省社科普及规划项目，希望能够将课题进行得更深入，同时也希望为《大学生艾滋病同伴教育手册》的出版寻求科研经费支持。总之，“国创计划”项目虽然已经结束，但是后期的工作一刻也不能松懈，继续努力，寻求力量，积极促成《大学生艾滋病同伴教育手册》的出版。

2.2 借助其他平台推进成果宣传

本项目的专利成果“医用病床医疗注射液收集装置”主要着眼于降低在输注艾滋病医疗药物过程中因产生的医疗废液造成病房空气环境质量下降而引发患者与医护人员不良反应而设计的。目前将这个专利申请了强生公司“天使有爱”护理创新挑战赛，与全国各知名高校同台竞赛，从 17 个省市 27 所高校中成功进入 85 强，希望能够挤进 30 强，同时也希望借助团队护理临床实践不断地对本项目专利进行完善。目前团队达成共识：打算此后多多将项目成果借助各项竞赛进行项目成果的宣传推广。

2.3 强化理论认知，努力延伸理论研究的广度与深度

其一，在撰写《大学生艾滋病同伴教育研究进展》一文，查阅国外数据库 PubMed、ScienceDirect 等时，发现国外对同伴教育的研究从未停止，并且向深层次方向探索，如“同伴教育者一定是同伴吗？”“同伴教育者的培训”“同伴教育效果评价”等很多同伴教育活动开展的前沿问题。我们希望团队成员在今后的日子里能够在同伴教育理论研究学习中更扎实，进一步充实自身对其理论的认知。

其二，中国政府对于艾滋病的防治工作力度始终是不遗余力的，同时随着我国医学研究的长期努力也使得艾滋病患者的生存期不断延长，作为目前不可治愈的慢性病病种，我认为可以将延续护理模式与同伴教育模式进行有机整合，两种理论体系相互借鉴，取长补短，相互完善。我希望在以后的护理研究实践中能够在这一方面做出一定的成绩。

3 我的经验与启示

3.1 学会自己给自己找事干，追求完美

“国创计划”是训练，是挑战，更是平台。在我进行文章的撰写过程中总是打不开思路，尤其是在面对国内研究成果较少的情况下，我主动寻求查找国外论文数据库，即使我对国外数据库一无所知，但还是硬着头皮上，通过郑州大学图书馆系

统，先后熟悉了 Web of Science、Pubmed、ScienceDirect、Wiley Interscience 等数据库，为了更好地使用他们，凡是图书馆举行的各种数据库培训讲座，几乎都有我的身影，通过阅读一些 SCI 文献，我对 Springer 和 Elsevier 出版集团情有独钟，尤其是对 Elsevier 旗下的护理教材更是痴迷。再后来为了更好地引用我所看过的高水平 SCI 论文，我主动学习 NoteExpress 文献管理软件，熟练掌握了之后，在最后整理参考文献目录时，发现这款软件对英文文献支持不是很好，用起来不方便，需要一篇一篇地下载 RIS 文件。随后在老师的指导下我尝试使用 Endnote 软件，发现借助于 Web of science 平台，运用起来得心应手，节省了很多时间。这样的例子还有很多，比如利用 CPC 客户端提交专利申请，查阅国际学术会议信息并投稿等都是自己苦于当时的某种不方便而寻求的更好的解决方案。不能止步于既有的能力水平，要敢于探索，敢于改变，越过眼前的这座山，自会发现另一片海。

3.2 主动寻求各方力量，精益求精

我的“大学生艾滋病同伴教育手册的编制”被批准立项之后，就立即开始了项目的按期实施，但在刚开始的时候，实在感觉到无从下手，发现原本设想的内容实施起来竟是不可行的。身为项目负责人的我实在是非常焦虑，当时正值暑假离校，各种数据文献支持都用不了，所以很郁闷，我实在是没有办法，就写了一封倾注了苦闷与疑惑的 E-mail 发给了我们护理学院院长陈长英教授。陈院长很快就给了我回复，在信中肯定了我的努力，同时也给我推荐了郑州市第六人民医院护理部主任许萌老师。我按照院长的指引与许萌主任建立了联系，进行了沟通。短暂的沟通之后，我很快打开了思路。后来我才知道，我们陈长英院长原本就是青少年艾滋病预防领域的专家，我的无心之举为项目带来了“柳暗花明又一村”的即视感，从那时起，我深刻地意识到，在实施“国创计划”项目的过程中积极寻求各方力量帮助的重要性，也从那时起，我在开展其他科研活动中，注重与老师们的沟通，得到了很多帮助，有幸结识了很多的专家，如北京协和医院护理学院院长刘华平教授，华中科技大学同济医学院附属同济医院护理部汪晖主任，中华护理学会副理事长姜小英教授。通过“国创计划”项目的实施，我有幸地结识很多优秀的中国学术大师，“经师易得，人师难求”，他们的一言一行对我产生了很大的影响，我也将在他们的影响下，不断成长，不断进步。

3.3 要持之以恒，波澜不惊

这主要体现在对自己心态的考验，在“国创计划”项目的申报、开展、结项的全过程中，真的有“大喜大悲”这种情况。我在积极撰写项目申报书的过程中，虽有困难的地方，但是通过阅读文献、资讯，都能巧妙地化解，那些天真的是既充实又快乐，当项目申请书写成时，一种成就感油然而生，但是在我递交申报书之后，内心就陷入焦虑的等待中，几乎每天都会强迫自己查阅网上公告好几次。这种情况

还出现在我在将《大学生艾滋病同伴教育研究进展》投稿至《中国公共卫生》杂志时，这是一本北大中文核心杂志，所以我在投稿前反复修改，才投至杂志社，之后填写《投稿介绍信》再签字、盖章并邮寄，虽程序烦琐但是却心甘情愿。从杂志社确定收稿进入外审时，我几乎每天都会查看稿件状态，哪怕是大课间那一会儿工夫也要打开电脑看一下，随着时间延长，这种急切的心情更是严重，甚至达到了每天查看十几次，感觉近乎强迫状态，内心十分的焦虑，坐卧不安。终于审稿结束被杂志增刊录用，一时间感觉晴天霹雳，内心极为痛苦。过了很长时间才慢慢缓解。其实这种对某种事物的期待每个人都会有，但是一旦陷入其中，随即而来的结果会对自己的心境产生很大的影响，成功了大喜，失败了大悲，这些都是不好的。我们应该不卑不亢、踏实努力，将细节做到位，要走好每一步，保持良好心态，相信自己的努力，遇事波澜不惊，心境平和。

3.4 结束语

李克强总理在各种国际舞台上向世界传达出中国正努力掀起一股“大众创业，万众创新”的新浪潮，形成“万众创新”“人人创新”的新势态。“国创计划”真的可以算是我大学生活中上的最生动、最真实、最努力的一节课了。“国创计划”对大学生的平台支持，让同学们有了创新的翅膀与力量，感谢党和政府，感谢学院以及社会各界人士对大学生科研创新的支持。

相识，相知，相伴

——寻找成长的内在力量

项目名称： 农村婚姻危机干预体系研究——社会工作视角

完 成 者： 蔡银霞，岳书艳，许　亮，徐慧玲，李亚洲

完成时间： 2016 年

推荐学校： 河南农业大学

念大学的时候，我阴差阳错地学了社会工作专业，课堂上经常听老师说起 3 个深奥的问题：我是谁？我从哪里来？我要到哪里去？总感觉这是很牛气的问题，不应该只是简单的答案。然而 2017 年我毕业后的答案是：我是蔡银霞，我从河南鹿邑小蔡庄的一个小村子来，我要到祖国需要我的地方去。河南鹿邑是我的家乡，那里有我的亲人、朋友，有滋养我的土地，还有难以忘记的回忆，那是我出发的地方。

2013 年刚到大学的时候，原本以为我会是一个不折不扣的学霸。半年过去了，宿舍、图书馆、教学楼三点一线的“学霸模式”并没有让我摆脱“英语偏科生”的标签。2013 年 12 月底，我找不到人生目标，一觉睡到自然醒，学校周围的景点玩了个遍，美食吃了个遍……有时间就发发呆，日子过得一帆风顺，一切仿佛就应该这样发生。可是，这样的日子真的很可怕，它慢慢地改变着我，让我全无斗志。我开始怀疑上大学的意义，我想自己应该要改变。改变，对于我来说，想了很多次，实现却好难，因为害怕跳出原有的生活状态，也怀疑自己根本不能做些什么。

我们这代人，像我这样的人，不知道自己喜欢什么，很悲哀。2014 年年初，因想要打发周末无聊的时间就报名参加了龙子湖第三小学的支教活动，很庆幸我寻找到了那种简单却温暖心灵的感动，从此也就找到了不一样的人生体验——公益实践。

我是一个要强的女孩子，喜欢不断实践、不断挑战自己，先后担任河南农业大学社会工作协会会长、河南高校社工团体联盟副主席，春水社会工作服务中心创始人、河南省“大爱郑州”志愿服务中心项目部部长，文化路街道办事处爱心联盟志愿者联合会执行会长、河南省青年志愿者协会第四届个人会员。自 2013 年至今，个人志愿服务次数达 850 余次，服务时长累计 2 488 小时。在实践活动中，我更加明白了社会工作“以人为本、助人自助”的内涵，觉得身为社会工作专业的学生，我应该将专业所学与志愿服务结合，为志愿服务的专业化、规范化、制度化尽一份力量，因而我对专业课的学习更加主动，不断探索新资讯，不断向老师求教。我热衷于公益事业，课余时间穿梭于各种社会志愿服务行列中，如参加助老、助残、关爱青年、送温暖、大型公益志愿、第四届河南高校社工团体联盟社工文化节等活动，让更多

的人感受到社会的温暖是我不懈的追求。

2015 年年底，宋老师告诉我“国创计划”项目，恰巧我有一个感兴趣的课题，于是，很快和三位同学组成调研团队。我们均来自农村，曾参加过农村婚恋问题调研，因而针对本次的研究课题“农村婚姻危机干预体系研究——社会工作视角”信心倍增。项目调研期间我们深入多个不同的村庄，参与调研农村婚恋问题现状（图 1）。为期两个星期的调研，让我们印象深刻，不仅了解了当地的风土人情，而且还对农村婚姻沟通方式、存在问题有了一个全面的了解。在后期的论文、调查报告起草时，我们通过头脑风暴的形式，碰撞出不同的见解，对农村现状有了更全面的了解。

图 1　乡村调研，了解村庄发展历史

我特别感谢“国创计划”，此项目不仅培养了我的创新创业能力，还激发了我的创新思维和创新意识。从这之后，我的公益之旅拉开新的篇章。

我热爱专业，享受公益中自信的自己，乐意与有爱的人一起同行。随着实践的不断积累，我开始思索：科班出身的我应该如何为公益出份力？我的公益旅途规划是什么？

2015 年年初，我决定依托实践经验和专业技能带领团队创办春水社会工作服务中心（以下简称春水社工）。春水社工立足社区，服务社会，自成立以来就坚持秉承社工理念，遵循开放创新的核心价值观，为社区居民服务，其目标是力求让每个社区居民通过我们的服务，保持尊严，拥有希望，感受温暖，获得成长。该中心服务对象以老年人为主，涉及儿童、青少年、留守妇女、残疾人等各类社会弱势群体，志愿服务形式涉及资金筹集（社会集资）、送温暖、志愿服务、物资捐助等。春水社工理事会成员为河南农业大学文法学院社会学系的全体教师，工作人员均为社会工作专业学生。该中心具有完善的组织构架，齐全的档案资料及人性化的考核制度。

春水社会工作服务中心接下来的任务就是项目的开发与创新，服务的专业性与本土化。那时候，我想的不多，就想着脚踏实地地把事情做好，专心把“周末儿女”项目、“社区贫困家庭帮扶”项目、“大爱郑州”大学生重病救助基金项目、社区志愿服务队孵化项目、“周末一小时”项目、“幸福花开”手工 DIY 项目、“关爱环卫工”项目做好。慢慢地，我真切地感受到想把好事做好真的不容易。除了身先士卒，还需要拥有组织、沟通、管理、资源筹措、解读政策法规等能力。对于一个农村娃来说，我胆怯了、害怕了、不知所措了。经过几天的忐忑与思索，我决定挑战自己，继续前行！

2016 年 5 月，我带领团队参加全国大学生挑战杯竞赛，“春水社会工作服务中心”项目获得了省级公益类金奖。在一次次的路演过程中，让我对春水社工的定位更加明晰。我的大学梦想之一是毕业前拥有一家属于自己的机构。为了实现这个梦想，我不断努力，了解行业资讯，开辟新渠道，如筹备河南省高校社工团体联盟社工文化节。第一次筹备省级会议的我，有些许的心有余而力不足，也遇到很多难题，邀请省厅领导时，我先想尽办法找联系方式，一次一次地打电话、发邮件，盲目地到省厅门口“围堵”等。经过一个月的筹备，会议圆满落幕，我如愿以偿地在领导、老师、同行者面前展示了春水社工，也取得相关领域领导、老师的联系方式。慢慢地开始与政府相关部门及一些慈善组织等取得联系，在这个过程中逐步克服内心因地位不对等而产生的自卑感，不断地锻炼自己的沟通能力。

为了更好地把好事做好，2017 年我自筹学费参加了青螺学堂的两期“领导力和传播力”培训，与河南各公益组织交流学习。2017 年春水社工的定位是将“周末儿女”项目、“爱伴成长”暑期坊项目做专、做精，成为春水社工的一个名片。“周末儿女”项目是为了提升社区空巢老人、孤寡老人、失独家庭的生活乐趣，增强其社会融入感，春水社工采用“1+3”结对帮扶模式（即 3 名志愿者对接 1 位老人）开展亲情陪护服务，志愿者每周至少一次到老人家中开展生活照顾、心理咨询、新媒体学习、法律援助、生日会、撰写回忆录等服务。此项目不仅为社区老人提供了欢乐，促进老人养成积极乐观的生活态度，减少因与社会脱轨等带来的孤独感，增加其生活幸福感，促进家庭和睦及邻里和谐，还为远离家人的大学生志愿者送上了家人的温暖，学习爷爷奶奶们宝贵的生活经验。看到爷爷奶奶们幸福的笑容，听到他们说：“人老了，最大的愿望就是有人陪我到楼下走走、说说话，谢谢孩子们”，我激动的心情许久才能平静。

2017 年 6 月，我毕业了。走在校园里时，看到大一的小朋友，感觉他们还是小屁孩儿。再次见到同班同学时，他们发现我变得勇敢了，脸皮厚了，会点花拳绣腿的功夫了（可理解为专业知识），当然也黑了不少，瘦了不少。

当然，几年的专业探索与实践挑战也获得了一定的认可，获得了一些荣誉：2016 年郑州市慈善总会第二届慈善风云榜“慈善志愿奉献奖”（图 2），2016 年郑州市第二届五星志愿者，2016 年河南省最具活力志愿者，河南省优秀应届毕业生，2016 年第二届稻草人杯“十大杰出志愿者”，2015 年度郑州市保护母亲河先进个人，2014 年郑州市优秀青年志愿者，2015 年河南省首届稻草人杯“最美志愿者”，2015 年金水区十佳志愿者、金水区优秀志愿者，河南农业大学大爱之星、“三下乡”社会实践“先进个人”，2015—2016 年度河南农业大学“优秀学生干部”等。

图 2　郑州慈善风云榜颁奖典礼

站在毕业的节点，我也在纠结怎么选择未来的道路。耳边有两个声音：一个是继续留在郑州，一边在街道办事处工作，一边经营春水社工；一个是世界那么大，我应该出去看看。在成长过程中，总有一些节点会成为人生的拐点。面对拐点，我是向上还是向下，取决于对待生活的态度。无论如何选择，我会努力发现身边的感动，把感动转化为行动，用行动创造感动。面对未来，我将把感恩当成一种生活态度、把感动当成一种生活追寻、把志愿服务当成一种生活方式，在生命的每一天都向下生长、向上歌唱。

这就是我和“国创计划”相识、相知、相伴的故事，我感恩它，它激起了我内心的不安定；我感动它，它让我有了对美好生活的追求。

聚为火，散化光

项目名称：基于近场信息交互技术的超市导航导购平台研发
完 成 者：张立贤，蔡林浩，张　驰，季勍雯
完成时间：2017 年
推荐学校：武汉大学

从 2016 年 3 月开始，团队从稚嫩逐步成长，取得了一系列成就。从我们项目组 4 人组建完成，直到当下，时间过去整整一年。从最开始的懵懂无知、带着一份憧憬和好奇的求知与探索，到如今项目组的每一个成员都能详细、自如地介绍我们项目的每一个技术细节。武汉大学这一轮春夏秋冬在轮回流转中见证了我们 4 个人砥砺前行的成长印记。

如今回首总结这一整段路程中我们的收获和心得体会，感慨颇多。哲学家把人类对世界的认知分为 3 个最基本的哲学母题，我们也将对于大学生科研创新的认知分为对 3 个不同问题的答案的探求过程。

1 什么是科研

在项目之初，我们便常怀着阳春白雪的态度去面对科研，但随着不断的熟悉，我们愈发觉得其实创新、科研离我们普通大学生并不远。我们平常生活当中的每一个不经意的小思考都可以成为小想法，每一个小想法都来源于生活，又回过头来改变我们的生活。科研并不是遥不可及，它应该更多的成为下里巴人的普遍的事情，是我们从生活的点滴出发，来源于生活并改变生活的细节。

2 什么是探索

古训教导我们：纸上得来终觉浅，绝知此事要躬行。而这短短的十几个字，恰是我们团队从申报立项到结题全过程的真实体悟。

每一次讨论、每一次对问题的研究，都是一种全新的探索过程。经过不断地讨论，我们确定了需要完成的任务为：开发出框架性的 APP 软件，并整合用户端和管理员端两种不同的界面。

除此之外，我们力求要实现的基本功能为：

用户端界面用百度地图 API 接口实现大致的定位，从而获取并显示用户当前位置附近的已开放的“拥有”室内地图的区域；

用户进入室内地图显示窗口后，可以对显示的室内地图进行放大、缩小、移动、旋转等各种操作，并且最好是通过手势操作来完成，这样交互性和形象感更强；

通过扫一扫的功能完成对二维码的识别和读取，并且搜索出当前地理坐标或区域的位置信息；

通过 NFC 非接触式扫描完成对 NFC 标签的识别和读取，并且搜索出当前地理坐标或区域的位置信息；

通过搜索栏的搜索功能和室内地图的触摸选点功能，显示并定位目的地的位置信息；

使用 A^* 启发式搜索来规划出导航路径，并交互性地显示出来；

管理员界面实现初期阶段，开发本 APP 功能性测试所使用的室内地图，并且实现相关测试用点号的读取、识别和录入；

管理员界面实现测试用二维码、测试用 NFC 标签的生成和录入。

3 什么是团队

聚，我们就是一团火。

做事如做人，搞科研也是一样。我们要戒骄戒躁，骄傲是只“拦路虎”，常挡在成功的道路中间。就算在科研中取得了不错的成绩，我们也不能骄傲自满，更不要以为自己聪明，因为这是一个人最大的弱点；我们要谦虚，所谓“三人行，必有我师”；我们要自信，一个人最大的破产是绝望，最大的资产是希望。大学生作为国家建设的人才后备军，其素质高低对国家未来发展具有十分重要的影响。长期以来，我国大学培养出来的人才，知识储备很扎实，但动手能力不强，创新意识和能力欠缺，这显然不利于建设创新型国家。在传统的教育观念中，本科学生的学习是以掌握知识为主，本科阶段的教学方法以单向灌输式为主，不强调研究型学习，大学生在本科阶段不能获得科学研究的训练，结果使得学生只能被动地接受知识的传输，而不能主动地获取知识。

散，也要化为四处闪耀的星光。

项目结题以来，团队取得了多项成果：从第一篇以学生为第一作者的核心期刊论文的发表，到第一份专利获批，再到获得答辩总分全校第一名、湖北省优秀科研成果一等奖，最后到参加大学生创新年会，我们用扎实的脚步，一点一点丈量出每一份努力的宽度。

家里的长辈常教导我：万里长城第一砖。“国创计划”项目，只是我们敲开科研之路的第一块砖，但是正因为它的存在，才使得我们有了机遇、有了平台，也有了前进的目标。

每一次讨论时思维火花的碰撞，每一个写代码时与我们相伴的漫漫长夜，每一次紧张但自信地站在台上介绍我们项目的展示，都会化作我们人生路上一笔宝贵的财富。

青春岁月，国创相伴

项目名称：基于双靶点的新型抗肿瘤药物的设计、合成及生物活性研究

完 成 者：宁文涛

完成时间：2014 年

推荐学校：武汉大学

科技创新是我国实施科教兴国的动力，科教兴国坚持以教育为本，而大学是培养人才的摇篮，在高等教育中探寻能够提高学生自主创新能力的教育方式，成为新时代教育的必然所向。2007 年，随着国家级大学生创新创业训练计划项目的开展和实施，全国高校大范围地开始探索创新教育新模式，并于 2012 年在全国推广实施大学生创新创业训练计划。十载春秋，“国创计划”俨然已经发展成为高校培养大学生创新创业能力的重要载体，幸运如我，也在“国创计划”十周年悠悠篇章上留下了小小的足迹。

从小，我们就是被冠上“90 后”标签的一代，是受尽宠爱的一代，也是备受质疑的一代。十八九岁的年纪，虽缺少了先辈当年为中华之崛起而读书的气魄，却还留存着读完《少年中国说》的热血情怀。少年智则国智，少年富则国富；少年强则国强，少年独立则国独立；少年自由则国自由；少年进步则国进步；少年胜于欧洲，则国胜于欧洲；少年雄于地球，则国雄于地球。当我翻过高考这座山岭，面对大学这片自由、包容、开放的土地时，竟有了些许的迷惘。

大一，一切都是那么新鲜又有趣，课业、实验、社团，每一样带给我的都是不一样的感受，在这样略带新奇、略带迷茫，还有对未来的憧憬里，我走到了大二。还记得那是我大二寒假的一天，我们的小组长找到了我，一起商量着新学期的国创项目。4 个人，凭着共同的爱好走到了一起，怀着对科研最初的好奇和热情开启了我们的国创之旅。一次次资料的查找，一篇篇文献的阅读，一遍遍申报书的修改，一场场 PPT 的预演，让我们重新认识了科研这个殿堂，理解了“创新”这两个字的内涵。那样的日子里，每一次导师的指引都让我们豁然开朗，每一次师兄的帮助都让我们信心倍增，每一次同伴的鼓励都让我们精神大振，就这样，我们顺利申请到了 2013 年度武汉大学的国创项目：基于双靶点的新型抗肿瘤药物的设计、合成及生物活性研究。

在二十出头、天马行空的年纪，我们才刚刚接触实验，对科研还没有什么深入的认知，便带着一腔热情和憧憬，进入了实验室。从刚开始的一无所知和一筹莫展，到后来的目标明确、方案清晰，我们渐入佳境。这期间发生了很多事情，也让我们

收获了很多，既有教训，也有成果。很多师兄师姐都开玩笑地说，本科生是实验室的“大杀器”，然后细细道来曾经带过的师弟师妹犯下的“滔天大罪”，比如一个顺手就把师兄师姐做了两个月拿到的化合物打翻在地，任凭化合物沿地面流去；再比如，在装样品上柱时，任凭电风扇“北风那个吹”，不知道关上，于是硅胶粉随风而去，也不知后来在谁的肺里驻足停留，久久不舍离去。师兄师姐们说笑着，告诉我们这都是成长，我们也聆听着，告诉自己这也是要注意的地方。

当然，我们几个也犯过错误，虽然不至于那么严重，但是也确实多亏了导师一次次的叮嘱、实验室的师兄师姐一遍遍的讲解，以及他们给我们带来的最大的包容，我们才能在错误里成长，在不足里进步，才能顺利地结题，还拿到了优秀。我曾经在处理酸化的时候，把实验室弄的硫化氢肆意，臭鸡蛋的味道直接飘到了对面实验室，吓得那边的师姐跑来询问情况。我也曾经在对无水溶剂四氢呋喃的干燥剂金属钠进行淬灭时，不小心弄起火星，还好我边上有灭火土，才避免了危险的发生。我还曾在装样时被核磁管划伤，在中南医院缝了三针，到现在还能隐隐地看到有个“印记”。

“学而不思则罔，思而不学则殆。”虽然，在实验的过程中，遇到了各种状况，但是，这都是实践的一个过程，是学习和思考的必然，不经历风雨怎么能见彩虹。现在，当我们回想过去参加研究项目的过程，从开始的寻找课题与导师、师兄讨论，到申请立项撰写项目申请书；从查阅相关参考文献，到确定实验项目、实施方案和寻找创新点；从制定详细的研究方案和步骤，到对项目进行相关调查和研究，再到最后确定项目的可行性，一步步走来，这其中的辛苦和辛酸只有经历过的人才懂。这是一次难得的经历，一次让我们得到锻炼和成长的经历。

在研究方面，我最深的体会就是要勤于思考，积极动手动脑。创新创业训练项目不是基础课上我们做的实验，只要按着老师讲的步骤或者参照讲义做就行了。做的课题对于我们来说，可能是一个没有接触过的领域，没有人告诉我们下一步该怎么做。这就需要我们自己去找文献查资料，弄明白实验原理，然后确定推进的方向，再按照这个方向一点点努力。其中会遇到很多困难，这个时候除了寻找导师或者师兄师姐的帮助，更重要的还是自己思考，学会查找相关文献，并且锁定资料中的有用信息，从中得到启发，然后再运用到自己研究的项目中。

在学习知识上，我认识到光靠学习书本知识是不够的，真正要动手拿到一个化合物则需要各个方面的知识，甚至有的时候还需要一点运气，当然，这运气的降临与努力是分不开的。而且实验和理论存在差距，在实验中我们会发现很多理论的知识是不完全实用的，有的时候还要靠经验不断地摸索去解决。过去，在我学习知识的过程中，很多时候拘泥于在教室、在课本上学习知识，在这个项目的实施过程中，我意识到，想一百遍反应结果的可能性不如尝试做一百次的实验来得可靠。

在创新方面，我觉得先要明确一个方向和目标。方向和目标是贯穿整个项目的核心，只有明确方向，围绕这个方向努力下去，才可能有结果。创新点可以立足于很多方面，不一定要特别高深和前沿的东西，只要不是照搬照抄，在自己力所能及的范围内又能有所突破就好。有的时候，思维可能会出现“白点”的现象，这时候不要着急也不要轻易放弃，要试着换一个角度思考，或者让自己放松下来，也许就会在不经意间得到生活给予的启示，产生“柳暗花明又一村”的感觉。

当然了，在做这个项目的两年时间里，让我觉得收获最大、体会最多的就是团队合作的重要性。“三个臭皮匠赛过诸葛亮”这句古语还是很有道理的。一个人不管怎样有本事，都还是需要团队协作才能把事情做得高效、圆满。团队合作中需要成员间的不断磨合，学会倾听大家的意见和分享自己的看法，做到尊重每一个组员。在撰写项目申请书和结题报告时，我们小组常常讨论到深夜，深入及时地交流想法，这也才有我们后面的成功。

2014 年 11 月，我们的项目顺利结题，并且被评为优秀。这是对我们近两年工作的一个肯定，也是对我们一年后将要开始的人生选择的一个指导。也正是这个项目的锻炼，让我喜欢上了实验室的瓶瓶罐罐、大大小小的柱子，喜欢上了投反应、跑大板，于是，很自然的，我选择了继续留在课题组。现在，我已经申请了专利 1 项，并且在 *Bioorganic & Medicinal Chemistry* 杂志上参与发表了一篇文章，顺利直博。未来三年，我会继续在这个我熟悉的实验室，挥洒着我的热情，享受着我的青春岁月。

少年智则国智，少年富则国富；少年强则国强，少年独立则国独立；少年自由则国自由。我很庆幸，在我的少年时代，遇到了国创，是这个项目，让我遇到了良师，一路指引着我进入科研的殿堂；遇到了益友，一路陪伴着我潜心前行；遇到了我爱的科研，确定了未来的方向。青春岁月，感恩国创。

“国创计划”项目与我

项目名称： 中药中活性成分的高效液相色谱－电化学分离检测
完 成 者： 周　韦，贺　磊，李昊坤
完成时间： 2014 年
推荐学校： 武汉大学

2012 年，刚进入大一下学期的我在武汉大学药学院陈子林教授的指导下，开始准备“国创计划”项目的立项申报工作。经过严格的立项、资料审查、考核过程，于 2012 年 5 月成功申请了题为“中药中活性成分的高效液相色谱－电化学分离检测”的“国创计划”项目，受到了该项目组的资助。本项目组由周韦（本人）和贺磊两名武汉大学药学院 2011 级本科生以及一名 2009 级本科生李昊坤同学组成。

自 2015 年诺贝尔生理学或医学奖授予屠呦呦以来，中药在全世界范围内引起了更加广泛的关注。但是由于中药复方的成分复杂，作用机制研究困难，导致了中药在世界范围内的宣传和应用受阻。特别是“马兜铃酸事件”中，发现在国内外使用的中药中含有的马兜铃酸成分会对人的肾脏产生严重的副作用，引起肾衰竭等疾病，该事件的发生对中药的国际化产生非常严重的不良影响。因此，对复杂中药中的有效成分进行合理的分离和检测，测定出其具体物质和含量，对于中药现代化具有重要意义。本项目正是以中药中有效成分的高灵敏度定量分析为切入点和目的，希望通过该项目的努力，对中药现代化做出自己的一份贡献。

中药有效成分分析面临的主要问题是在中药复方中成分复杂且部分有效成分含量低微，利用常用的紫外分光度法，高效液相色谱法很难直接对其成分进行测定。因此，在高效液相色谱等仪器分析前，加入合适的样品前处理技术，对中药复杂成分进行除杂和预富集，可以在有效减少杂质干扰的前提下，降低检测线，是中药成分分析的一种有效手段。相对于传统的液－液萃取、固相萃取技术，固相微萃取技术由于操作简单方便，萃取效率高，溶剂消耗量少而受到分析化学家们的青睐。基于以上背景，本项目组以中药中有效成分的分析为目的，以固相微萃取和高效液相色谱联用为分析方法，开展了该项目的研究工作。

补骨脂是一种传统的中药材，用于治疗哮喘、腹泻、白癜风等疾病。现代医学研究发现，其还具有抑制 α－葡糖苷酶活性、抗菌和抗氧化等功能。因此，对其有效成分的现代化分析具有重要意义。本课题选用补骨脂中补骨脂甲素、补骨脂乙素和补骨脂二氢黄酮甲醚这三种生物活性成分为主要研究对象，希望能够通过合适的方法测得其在中药补骨脂中的具体含量，并用于大鼠中药提取物灌胃后血液中三种

有效成分的分析。本项目采用生物仿生的聚多巴胺修饰技术，成功将具有良好萃取效果的氧化石墨烯材料固定在了化学惰性高但是稳定性好、机械强度高的聚四氟乙烯管内表面，制得了氧化石墨烯修饰的聚四氟乙烯固相微萃取柱。该萃取柱与常用的熔融石英毛细管柱相比，稳定性好，与液相色谱联用时接口不易碎且耐高压。通过液相色谱中的六通阀，可以直接将该萃取柱与高效液相色谱进行联用，用于在线的固相微萃取 – 高效液相色谱分析。

本项目采用在线固相微萃取 – 高效液相色谱分析的方法，成功实现了对中药补骨脂中补骨脂甲素、补骨脂乙素和补骨脂二氢黄酮甲醚三种有效成分的富集、分离和定量检测。采用该方法富集后，相同浓度下样品的色谱峰明显高于直接进样的色谱峰，其富集倍数达到了 357 ～ 737 倍，对于三种物质的最低检测限达到了 0.02 ng/mL，相比于现有的高效液相色谱 – 荧光检测法，高效液相色谱 – 质谱法和毛细管电泳 – 质谱法等分析方法，检测线有了明显的降低，达到了国际同行的先进水平。该方法也成功实现了对大鼠补骨脂提取物灌胃后血液中三种有效成分的分析，对于中药的研究和使用具有重要的意义。

本课题的相关结果也在 SCI 收录的 *Journal of separation science* 上在线发表，本人为该论文的共同第一作者。该项目也于 2014 年 5 月顺利结题验收，并获评为优秀项目。

经过国创项目的两年时间，对我的实验技能以及对科研的思维能力有了很大的提升，也正是因为该项目的支持和资助，让我在大一下学期就有机会进入实验室进行学习，提前得到了锻炼和培养，对我后续的科研工作有了很大的帮助。2015 年，因为优异的成绩以及科研能力，我以专业排名第一的综合成绩保送至陈子林教授实验室继续进行我的研究生工作，也让我有机会继续之前的研究工作。在随后的两年里，我已先后在 SCI 收录的二区 top 杂志 *Applied surface science* 和二区杂志 *Microchimica acta* 上发表论文两篇，EI 收录杂志 *Journal of Chinese Mass Spectrometry Society* 上发表综述一篇（已接收），并申请专利一项（已公开）。另外，还有两篇论文正投稿至 *Journal of Chromatography A* 和 *Analyica Chimica Acta*, 三篇英文论文正在撰写。本人也因为出色的科研成绩，获得 2015 年研究生国家奖学金以及多项其他奖学金。本项目组另外两名同学也因出色的成绩和科研能力，保送至清华大学攻读博士学位。其中李昊坤同学以第一作者在一区杂志 *Angewandte Chemic International Edition* 上发表论文一篇。

在进行“国创计划”项目的过程中，有很多收获和体会，希望能和大家分享。首先，在选题的过程中要切合实际，以现在社会或者科学界存在的具体问题着手，进行有意义有价值的研究工作，同时要结合自身的能力，选择合适的课题。课题不能够太广泛和深入，因为大学生的能力和时间毕竟有限，盲目地选择会导致实验的过程不顺利，从而无法顺利结题，也会打击自己开始做实验时的信心。其次，在选题工作完成后，实验的设计也尤为重要。在广泛阅读文献的同时，要注意多和课题组老师、师兄师姐交流，对具体的问题既不能完全依赖导师的指导，也不能自己盲目地设计，应该在导师指导的框架下，自己查阅文献和相关资料，进行具体实验步骤和方案的设计。在项目的进行过程中，需要保证自己有足够的时间去实验室进行实验工作。实验工作往往是连续和不规律的，因此，如何调节科研和课程学习的任务分配也是需要解决的重点问题，尽量多利用周末和寒暑假较为大段的时间进行完整的科研工作。再次，在实验取得一定结果时，一定要对其进行具体的记录和分析，确保结果的准确性。最后，在立项申请、中期报告和结题报告的撰写过程中，要注意写作的格式以及对实验背景、方法和结果做详细的介绍。

两年的“国创计划”项目，给了我很大的帮助。最重要的是给了我提早进入实验室、亲自接触科研的机会。该项目的实施，不仅仅给我带来了实验技能、实验成果以及优异的成绩，更重要的是让我在大学阶段就有机会锻炼自己的自主科研能力、构建自己的科研思维，让自己在大学时就具备了独立完成科研工作的信心和能力，给我以后的科研道路奠定了非常好的基础。也希望在以后，越来越多热爱科研的大学生能够在“国创计划”项目的锻炼下，取得更加丰硕的成果，为国家的科研事业做出贡献。

“国创计划”助我走上科研之路

项目名称： 固体升华剂的制备及对油菜菌核病的防治作用

完 成 者： 唐平秀，蒙小珊，陈施如，陈嘉璐

完成时间： 2014 年

推荐学校： 武汉大学

又是一年盛夏，热情奔放，显示着生命的力量与魅力。“国创计划”转眼已十年，其间我有幸参加 2013 年的“国创计划”项目“固体升华剂的制备及对油菜菌核病的防治作用”。在项目导师王有为教授的精心指导下，我们 4 人团队通力合作，终圆满地完成，并被评为优秀“国创计划”项目。

回想此次科研项目，从准备申请资料到项目落实，一步一个脚印，不仅充实了我们的课余时光，而且也拓宽了我们的视野，个人科学素养更是得以大幅提升。每一次请教与讨论，都能带给我们顿悟的欣喜和思想的飞跃。如今，我已成为一名硕士研究生，在王有为教授的指导下进行学习研究。我很庆幸当年参加了这个项目，这是一段值得回味的学术启蒙和科研实践行动，为我后续的科研和学习打下坚实的基础。

1 科 研 历 程

记得早在大二的时候即走进武汉大学中药与天然药物研究所进行业余科研，一个学期后我们接到消息，新一年的大学生创新创业训练计划项目即将展开。2013 年的寒假，在大家沉浸在轻松愉悦的寒假时，我们开启了征程。从联系导师、确定课题，再至翻译文献、立项成文，最后由导师和队友们仔细斟酌并反复修改。在学院申请答辩的时候，参赛队伍共有十几支，但是我们准备得十分充分，对于答辩老师的提问，我们的组员表现得非常好，因而获得了院级第三名的成绩，获得“国创计划”项目申请的资格。但我们并没有沾沾自喜，而是积极准备学校组织的答辩，导师王有为教授也给予我们全力支持和精心指导，并组织实验室师兄师姐对我们进行答辩演练。最后，我们的努力没有白费，我们终于脱颖而出，成功地申请到“国创计划”项目。

项目申请成功后，我们即正式开始了实验研究。在这个过程中，道路并不平坦。从抗菌物质分离到药物载体筛选再到制剂成品检测以及最后的活性试验，我们一直走在曲折的道路上。我们提出的 6 种菌物质抗菌效果都在实验过程中逐渐淘汰，不少制剂载体也因为载油量的限制被我们排除。基于此，我们又进行了大量的文献调研，

筛选出了新的抗菌化合物和药物载体，重新开始我们的实验项目。在后期的活性试验中，我们需进行油菜植物盆栽实验。从播种开始，由于气候和技术的原因及条件限制，种植的油菜长得特别脆弱，形成高脚苗，最终因为蚜虫侵染而死掉了。总结前次经验重新种植油菜，但不幸的是，又因为气温太高且光照不足，油菜出现倒伏和细长苗的情况，种植油菜的试验又一次以失败而告终。秉持不服输的理念，我们决定找其他出路，争取完成计划。指导老师了解我们的处境之后，想办法给我们提供条件，为我们联系了中国油料作物研究所的老师，采用水培油菜进行试验，历经波折，最终我们顺利完成了盆栽试验，顺利完成了项目。

整个过程，我们不仅开展项目研究，还在指导老师的带领下参加相关学术交流，现场聆听各位专家的报告，了解了当下国内关于油料作物研究的现状，拓宽了我们的视野，同时也为专家的博学与精辟的见解喝彩。

2 发　展

经过一番洗礼，团队成员成长了很多，并累积了学识，这为我们进行更深一层的学习和研究增加了筹码。后来，团队的 4 人均往更高一层发展，进入研究生阶段的学习。其中，队长被保送本校本院的硕士研究生，另外两名同学分别考取了美国康奈尔大学和香港中文大学的硕士研究生，还有一名同学继续留在实验室进行学习研究。

无论我们在哪里，都是因心中对科研的热爱和信仰而奋斗，我们始终是忠实的队友，在科研的道路上互相扶持、互相鼓励、互相督促。这都得益于我们参加了“国创计划”项目，深刻了解到协力互助的重要性，不仅锻炼了大家的能力，提升了大家的学术水平，更增添了我们 4 个人的情谊。

3 悟与启示

时光荏苒，岁月如梭。距离参加“国创计划”项目训练已经四年过去，这期间的种种隐忍与坚持，喜怒哀乐依然历历在目，现在仍一直影响着我。虽然试验是烦琐、冗杂的，经常要不断地重复已经做过的工作，一遍又一遍，有时候看到周围有的同学交了终止报告，我们也会思考自己做的工作到底值不值，也会怀疑项目进行下去是否会有结果，这些考验真的很锻炼人。我们一路走一路坚持，虽然接下来还会有挫折，但是我们一直都在坚持，最终完成了对团队、也是对自己的挑战。

项目研究经历是一次对人学生能力与素质检验、训练、培养和提高的非常有价值的科学研究实践。所谓科研创新就是想法创新的科学实践，而创新的动力就是那些对不确定结果的强烈期待。未知的结果对科学研究者是无尽的诱惑，更是考验。考验研究者的思考与理解，也包括面对成功或失败这两种结局的心态。在整个研究中，从最初研究思路的形成，一直到项目结束，小组成员需一起面对很多“珍贵”的困难。一个项目都是团队合作完成的，这需要团队分工合作，队员正确定位自己的任务。在这过程中，我们懂得了创新科研不是蛮干，不是把时间全部消耗在实验台上，而是要阅读文献、学习别人的经验，研究别人的思路，不盲从。另外，试验前准备越充分，实验越顺利，这与古人所云“磨刀不误砍柴工”是一样的道理。试验前的知识文献储备、材料与方法的准备，可以避免操作过程的手忙脚乱。当然，这里面有的是研究计划以外的情况，有的则可能是一些人为的失误，亦有成员间意见相左时的坚持或妥协、结果不理想时的分析与补救等。如果未曾亲身经历，也许只会用时间与成果作为标准，对工作进行评价、考量。其实，在这个过程中的思考、操作以及付出时的艰辛和收获时的喜悦，对本科阶段的学生来说，才是这一路走来最珍贵的部分。相信它会被我们每一个成员一生珍惜与怀念。因为通过它，我们付出了许多，也学到了许多。

“国创计划”项目给大学生提供了一个具有深远意义的平台，让大学生早一步接触科研，提高大学生的创新意识和创新水平。我觉得很幸运，有机会参加了“国创计划”项目，并取得优秀项目的褒奖。“国创计划”项目可谓是我硕士研究生涯成长的一个起点，走过这一步，让我获益良多。参加本次“国创计划”项目的研究，不仅使自己理论水平得到大幅度提升，而且分析问题、解决问题的能力也得到很大提高。遥记搜索文献初期的迷惑、茫然，无从下手，做文献归纳总结时的混乱，甚至前后矛盾，汇报时的战战兢兢，在讲台上畏首畏尾，到如今的条理清晰，独立完成试验设计，汇报时抬头挺胸，自信满满，都形成鲜明的对比。如果没有参加“国创计划”项目，就可能还需要在研究生阶段进行摸索和磨合。经历过“国创计划”项目的训练，便可以在本科毕业设计进入实验室的时候独立完成试验，这些便是“国创计划”项目训练成果的最佳见证。

人的伟大在于其积累效应，创新是积累的产物。对于大学生而言，积累仍然是其学习生涯中最大的法宝。没有经历的积累无法进行能力的提升，没有阅历的积累无法进行视野的拓宽，没有知识的积累无法进行知识的创新。创新项目的训练过程，就是大学生积累见识、积累能力和积累知识的过程，只有完成了一定量的累积，才会实现质的飞跃。

天道酬勤。在他人课余周末享受“葛优躺”、追剧、组队玩游戏或者游山玩水的时候，我会选择走进实验室，向实验室的师兄师姐学习讨教，充分利用大学生课余时间，与创新科研来一次真实而亲密的接触，丰富我们的大学生生活。你会发现，这是大学生生涯中一道最灿烂的风景。大学生涯本是青春的一个经典注脚，“国创计划”项目的经历无疑是对大学生涯的又一完美的诠释。

我与“国创计划”的那些事儿

项目名称： TαASR3 基因在植物非生物胁迫与光周期反应中的功能研究

完 成 者： 张源圆，余兵兵

完成时间： 2017 年

推荐学校： 华中科技大学

1 初识“国创计划”

我与“国创计划”的故事要从我考入华中科技大学那一刻说起。2014 年 9 月，我考入了华中科技大学生命科学与技术学院生物技术专业。这是我从未了解过的一个专业，于是上网查了一下这个专业的相关情况，发现不仅是这个专业，生物整个学科大类在当时都是一个并不被人们所看好的专业，网络上的负面语言比比皆是，都说学生物没有前途，还不如趁早转行。入学之后，在学院对专业进行介绍之后，我发现情况并不是那样，生物这个专业没有网上的人说的那么糟糕。作为一门学科，生物没有数学和物理历史悠久，也没有文学那样有深厚的底蕴，在生物的世界里，只有对生命本质的不断探索，只有对实验现象的实事求是，只有始终怀着对生命的敬畏之情，才能更好地探索生命的奥秘。

“三百六十行，行行出状元。”在我看来，永远没有做不好的事情，只有做不好事情的人，不存在一个没有前途的专业，只有没有学好一个专业的热情。在生物技术专业学习的前两年里，我像其他学生一样，好好上课，认真完成作业，只是一个普普通通的学生，只是希望能够将自己的学习搞好，将自己的加权成绩提高几分。直到大一下学期，我感觉自己的大学生活不应该是这样的，读大学成绩固然是重要的，但是成绩不是全部，还有其他好多东西要学习。读大学重要的是要学会做人，学会如何学习，找到自己的定位，找到自己感兴趣的东西。在这里我要感谢我的辅导员占艺，当我在自己的大学生活感到迷茫的时候，是他的指引和教导，让我明白了自己应该怎么度过大学时光，该怎么找到自己的兴趣点，为我在充满迷雾的大学生活的海洋上点亮了一盏明灯，为我指明方向。于是在自己的努力下，我进入了实验室学习一些基本的实验技能和设计实验的基本思路和方法，希望可以在实验室找到自己的兴趣点。在实验室，老师和师兄师姐的悉心指导让我对生物充满了好奇心，我在实验室学习了将近一个学期，期间掌握了一些基本的实验知识。

与“国创计划”的邂逅

在大二的时候，由于大一学期在实验室打下的基础，让我不满足于现在的实验室学习方法，我希望可以更深入地学习，能够拥有自己的课题。机会总是留给有准备的人，这时候正好遇上学院的大创项目的申请，而有位学长由于学籍变动，刚刚申请的院级大创项目无法继续完成，需要找到一个负责人继续负责这个项目，由于我大一学期在实验室打下的基础，让我有信心可以接手这个项目。在内心的悸动之下，我终于拿出了实际行动，鼓起勇气接手了这个大创项目，开始了自己的科创生涯。

当时申请的这个项目课题名称为“TaASR3 基因在植物非生物胁迫与光周期反应中的功能研究”，项目指导老师为陈明洁老师，项目负责人是我。在课题开始初期，项目的级别为学院的大创项目，并不是“国创计划”项目。由于当时我的室友余兵兵也对这个课题比较感兴趣，因此我邀请他加入了我的团队，参与到整个课题的研究中。在我们刚进入实验室的时候，对于课题的了解程度还不充足，邱鼎师兄在我们最需的时候给了我们帮助，耐心地为我们解答课题上的问题，手把手教授我们一些实验技能，让我们能够在最快的时间里最大化地学习到更多的知识，更好地对课题开展研究。

在课题研究初期，我和余兵兵两人遇到了很多问题。由于对课题了解程度不够，我们还不能直接开展实验，常常需要阅读大量的文献，来了解相关的知识，还需要对一些介绍实验手段的文章进行阅读，了解在实验过程中遇到问题后该用什么实验手段来解决。而仅仅了解了这两方面还完全不够，在实际的实验中，我们遇到的可能是别人完全没有遇到过的全新的问题，这个时候就需要运用我们平时储备的知识量，针对实际问题想出合理的办法，设计实验解决问题。在这个过程中，由于是第一次接触课题，对知识的侧重点不了解，不知道什么是重要的，什么是相对不重要的，我们遇到不懂的就问老师和师兄，往往可以得到较好的解决。

在课题开展的过程中，有的实验需要非常长的时间来完成，不能间断，但是由于我们是本科生，平时还有较多的专业课程需要完成，所以常常没有连贯的时间来完成相关的实验，只能按照我们自己的时间来安排实验。由于时间不够充足，我和余兵兵常常做实验到深夜，当我们回到寝室的时候都熄灯了。一本书中曾经这样写道：“人最宝贵的东西是生命，生命每个人只有一次。人的一生应当这样度过：当他回忆往事的时候，他不会因为虚度年华而悔恨，也不会因为碌碌无为而羞愧。”在做课题的过程中，虽然很辛苦，需要耗费很多的精力和时间，但是我们感到很快乐，因为我们觉得自己的大学生活不一样了，没有浑浑噩噩地度过，至少做了一些有意义的事情，学习到了一些有用的东西。

2 与“国创计划”真正相遇

正当我们这个项目有一点起色的时候，学院发布通知，“国创计划”项目开始了，我们的项目可以申报“国创计划”项目。当这个通知发布的时候，我既激动又忐忑。激动的是机会终于来了，可以将自己的课题推上一个更好的平台，在这个平台上可以将课题做得更好；而忐忑的是申请了“国创计划”项目，压力也就增大了，需要更多的精力和时间投入到实验中，对课程投入的精力可能就少了。在与陈明洁老师、邱鼎师兄和余兵兵交流过后，我们决定将课题申请为“国创计划”项目，不能仅仅因为申请“国创计划”项目之后压力增大就不申请了，而相反，这正是一个考验我们的机会，正是锻炼我们的时候，要求我们在一定的时间里，将“国创计划”项目与课程学习做到两不误。

至此，我与“国创计划”项目结下了不解之缘。

3 学生参与“国创计划”情况

事实证明，我们的选择是没有错的。虽然申请“国创计划”项目之后压力增大了，但是我们的动力也更大了，我们有信心做好课题。同时，我们也学会了合理地安排自己的时间，在做实验的同时，也没有落下学习，我和余兵兵的成绩还算稳定。

在申请了“国创计划”项目之后，我和余兵兵投入的精力和时间更多了，我们希望可以将课题做好。在实验中遇到问题后，我们和师兄讨论，共同思考解决问题的办法和思路。在本项目的研究过程中，我们小组主要完成了以下任务：

（1）转基因植株在非生物胁迫下的表型分析；

（2）转基因植株的开花时间分析；

（3）转基因植株在糖处理条件下的表型分析；

（4）转基因植株的相关基因表达分析。

我们的“国创计划”项目已经顺利结题。我目前在中科院生物物理研究所继续我的科研生涯，余兵兵目前在华中科技大学生命科学与技术学院继续他的学习，而他的目标是到上海交通大学继续他的科研生涯。

4 主要经验与启示

在本项目的研究过程中我们受益匪浅。首先，这个研究项目对于我们而言是一个第二课堂。在这个第二课堂里，我们不仅获取了在教科书上学不到的知识，而且对教科书上获取的知识进行了巩固及更新。比如，我们掌握了 DNA、RNA 提取技术，反转录技术，PCR 技术，凝胶电泳，酵母双杂等分子研究技术手段，同时也了解了在这些技术使用过程中可能遇到的问题及相应的解决方法。另外，我们还掌握了拟南芥、烟草等模式生物的培育方法。

其次，在这个项目的研究过程中我们不仅锻炼了自身的能力，而且磨炼了意志，提高了团队合作意识。完成整个项目是一个艰难的过程，没有实验是一次就能成功、一次就能完美的，其中必然充满了失败和重复。在一次次的失败过程中，我们曾想过放弃，曾想过撂挑子不干，但最后我们没有放弃，而是总结失败经验、提出新的实验方案，最后完成了项目的研究。在完成项目的过程中，由于第一课堂的课程任务繁重，我们需要合理安排时间才能保证留一定的时间给实验室，而后来我们发现成员之间的通力合作其实比挤时间更重要，通过团队合作我们能节约实验操作的时间，提高实验效率。

同时，完成整个项目离不开老师、师兄、师姐的帮助。作为只是在课堂上学了一点皮毛的实验室新手，我们不可能独立完成整个项目的研究，因为有许多人在背后不断地支持我们前进，我们才完成了项目的研究。在整个研究过程中，老师给予了我们理论上的指导并为我们提供了实验场地，这对于我们来说是至关重要的。在项目的研究过程中，师兄、师姐给予了我们无私的帮助，为我们提供了实验方案，指导我们进行实验，每次出现错误时都耐心地给我们讲解，而且还给了我们在生活中、在学习上的指导。总而言之，十分感谢老师、师兄、师姐在项目研究过程中给予我们的无私帮助。

5 结　语

我与“国创计划”的故事在这里就告一段落了，正是“国创计划”改变了我的大学生活的轨迹，让我找到了自己努力的方向，找到了自己的兴趣点，真正地喜欢上科研，喜欢上生物，希望我可以在科研的道路上越走越远，不虚度自己的光阴！

“国创计划”，一路有我们

项目名称： 二穗短柄草 BZIP 家族基因的克隆、表达分析及功能研究

完 成 者： 黄　晖，刘志强，江浦滋，杨　最

完成时间： 2017 年

推荐学校： 华中科技大学

1 学生参与“国创计划”情况

我们是华中科技大学生命科学与技术学院的学生，我们团队是由 2013 级和 2014 级的同学组成：黄晖为 2014 级生命科学与技术学院生物信息学专业的本科生，刘志强为 2014 级生命科学与技术学院生物科学专业的本科生，江浦滋、杨最为 2013 级生命科学与技术学院生物信息学（基地班）的本科生。我们团队参与的“国创计划”项目名称为“二穗短柄草 BZIP 家族基因的克隆、表达分析及功能研究”，项目主要研究方向为植物基因工程，由何光源教授指导。

项目的立项背景如下所述。碱性区域亮氨酸拉链蛋白 BZIP（Basic region/leucine-zipper motif）由一个 DNA 结合域和一个亮氨酸拉链二聚体结构域组成，是转录因子中较大的基因家族之一。在所有真核生物中都存在含有 BZIP 结构域的蛋白，不同植物含有的 BZIP 类转录因子基因家族成员数量不同。目前，在拟南芥基因组、豆科植物基因组、水稻基因组中发现大量的 BZIP 转录因子，它们参与多种生物学过程，包括种子成熟、花的发育、光信号、病菌防御以及对各种逆境胁迫的响应等。作为一大类转录因子，BZIP 的种类繁多，生物学功能多样，但目前对其信号传导和调控机制的研究尚缺乏突破性的研究成果。随着更多植物全基因组测序的成功，在全基因组层面上发掘更多的 BZIP 转录因子，并通过定点突变、转基因等手段创造 BZIP 的突变体，可以促进对 BZIP 表达调控机制的认识，进而了解 BZIP 转录因子对抗逆相关基因的调控机理，来通过基因工程手段提高植物的抗逆性，培育多抗性植物新品种，以应对日益恶化的环境条件，为农业生产解决一大难题。

二穗短柄草，生长周期短，植株矮小，分布广泛，适应性强，抗性良好。基因组较小及在进化比水稻与小麦的亲缘关系更为接近等特点，成为继水稻之后，加速获取遗传信息相对缺少的小麦等相关物种遗传信息的兴起的禾草类模式植物。目前，关于二穗短柄草的 BZIP 家族的相关研究还鲜有报道。因此，在二穗短柄草中开展 BZIP 家族基因的克隆、表达分析和功能鉴定的工作具有重要意义。

我们项目主要分为几个阶段进行，每个阶段都有专人主要负责。江浦滋同学负

责二穗短柄草中的 BZIP 基因的获得及其克隆，杨最同学负责二穗短柄草中 BZIP 基因的表达分析，刘志强同学负责烟草的遗传转化及转基因阳性植株的鉴定及转录激活活性分析，黄晖同学负责对转基因烟草植株进行了抗逆表型分析（干旱处理）及生理指标测定。项目开展过程中，我们在张扬师姐和赵洪艳师姐的悉心指导下，分工协作，最终完成了该项目。

2 学生后续发展情况

项目完成之后，团队中的成员均有良好的发展。其中一名 2013 级的同学已获得保送本校研究生的资格，另一名 2013 级的同学在奋战考研，朝着更好的目标进发。两名 2014 级的同学均在学业上有良好的成绩，其中一名同学现于中国科学院生物物理研究所进行学习。

3 主要经验与启示

此次“国创计划”项目，前前后后历经近一年时间，在此期间，我们的感触颇多。

在这一年时间中，我们团队的每位成员都认真对待，从不放过项目中的任何小细节，因为我们知道，在生物的科学研究中，任何的小失误和疏忽，都可能导致实验结果出现偏差甚至完全错误的结果。尽管团队成员都处在专业课程繁忙的阶段，但是正如鲁迅先生所说，时间就像海绵里的水，挤挤总是有的。每个人都在尽量提高自己的做事效率，上课更加集中精神，以减少下课再回顾课程的时间，用来参与实验探究，总结实验所取得的结果和分析结果出现的偏差和原因，尤其是杨最同学和江浦滋同学，不仅一边要准备考研和保研相关的事宜，还要抽空到实验室来赶实验进度，为实验牺牲良多。有时候实在是抽不出时间来完成实验，团队成员间就会相互帮助，主动揽下其他成员的实验任务。在这一年中，我们小组严格地按照实验计划，一步一个脚印，扎扎实实地做实验，认认真真地做项目，虽然在探索的过程中遇到过许许多多的困难，实验一度陷入僵局，但是我们没有放弃，依然用科学的态度对待并不理想的实验结果，分析与实验预期出现偏差的根本原因，总结在实验过程中出现的操作失误或者实验原理上的漏洞，来减小实验中人为带来的误差，终于使停滞不前的实验走上了正轨。

我们只是在实验教学课上对实验有过浅显的了解，便一发不可收拾，深深被实验的魅力所吸引，心中的好奇剧烈膨胀，迫切地想接触更多的实验，学习更多的实验技巧。我们都还是实验的初学者，也并不天资聪颖，在实验的过程中我们也遇到了很多突发情况，有的团队成员甚至因此受伤。这给我们敲响了警钟：实验技巧不过关，再努力实验也无法得到任何有效的实验结果。我们也更加注重了对实验技巧的学习和实验安全的教育。不过遇到的这些困难并不会影响我们的实验热情，我们在漫天飘雪的寒冬和燥热难耐的酷暑中，坚持着自己的实验，坚持着自己走在科研路上的每一小步。虽然我们经历过操作数次得不到结果的失望，经历过每次实验得到的数据都相差甚远的无奈，经历过一次性在九十六孔板上加几种不同试剂的混乱……但这些都不会是我们投身实验、忘我科研的阻碍。实验的过程确实有些许的枯燥，我们有过反感，有过抱怨，但后来渐渐明白，多加练习才会熟能生巧。揉一揉酸痛的拇指和双臂，放一首舒缓或者激昂的音乐，稍作休息，然后继续埋头苦干。从提取目的基因和mRNA，到扩增，到构建载体，再到转入植株，到观察植株形态，每一步都由我们亲手完成，看着转基因植株茁壮长大，对这些转基因植株真的有一股别样的亲切感，真的就像是在呵护一个孩子，有着如同一个老艺术家完成了自己的作品一样的自豪感。历经千辛万苦，终于得到了理想的实验数据和结果的时候，我们知道，我们流过的汗，经历的任何事情，都是值得的。

实验最终还是进展得比较顺利，实验结果也很理想，基本达到了在立项时所预期的实验结果。我们这些实验小白，能够顺利地完成实验，取得不错的结果，成长为在实验中得心应手的“老手”。之所以能获得这样的成长，离不开生命科学与技术学院中英联合实验室的师兄师姐们的悉心指导和何光源老师的热切关注。每次在我们遇到实验瓶颈的时候，总会有前辈热心为我们排忧解难的身影：帮我们审查实验设计是否合理，督促我们学习正确的实验方法，监督我们完成实验的进度……尤其是张扬师姐和赵洪艳师姐，她们对我们要求严格，这也促使我们不能松懈，要以高标准来要求自己，端正实验态度，把细节牢记于心，对实验结果不敷衍。可以说两位师姐在这个项目中给予我们的帮助是举足轻重的，如果没有师姐们的帮助，我们可能无法取得现在的实验结果，也不会学到如此多的实验实践知识。印象深刻的还有和蔼可亲的何老师，虽然他年逾半百，但总是一副乐呵呵的面庞和精神抖擞的样子，充满了对科研的激情，我们经常在实验室看到他来关心学生的研究进展和成果，并给予耐心的指导。在这里，我们团队衷心感谢张扬师姐和赵洪艳师姐还有何光源老师对于我们项目的大力支持和热心帮助。

这次的“国创计划”项目让我们受益匪浅，不仅让我们初步接触到了科研的工作环境，学习到了与分子生物学相关的知识和实验技巧，更在和师长们的交流接触中明白了很多为人处事的道理。一年的坚持，使我们每个人心中多了一份责任感，虽然有时实验重复、枯燥无味，但是对项目的这份责任心和对结果的期待，让我们坚持了下来。尽管并没有如愿完成所有的计划，但是我们对获得的结果有一定的认识和理解，并会分析得到的实验结果，而不只是机械地完成我们的实验。我们在这一年的实验室经历中树立了良好的科学态度，深知搞科研要耐得住寂寞，要能静下心沉住气，要目的纯粹，不为了求取名利而弄虚作假。

虽然我们团队的“国创计划”项目之旅已经告一段落，但我们相信这并不会是我们科研路上的终点，而是我们继续探索的起点，我们会依旧保持着在项目期间的良好作风和求知的渴望以及对未知的好奇心，在今后的科研过程中稳扎稳打，严谨求实，采取严谨的实验手段和科学的实验方法，在科研路上探索更多的未知，留下自己探索的脚印，努力为社会奉献自己小小的力量。

用心实践，收获成功

项目名称：退包运费险的营销推广
完 成 者：刘　冉，黄　卉，陈思艺，代　源
完成时间：2014 年
推荐学校：湖北工业大学

1 学生参与“国创计划”情况

从毕业到现在已经历经了三年的时间，那些参加大学生创新创业训练计划项目的大学时光，真的很让人回味。怀念那些和小伙伴一起讨论、搜资料、写论文、实地考察的日子，除此之外，更让我们感慨的是参加项目时付出的努力和汗水、尝到的酸甜苦辣都有了回报，不得不说在毕业后的职场生涯乃至在生活中都对我们产生了巨大的影响。当然现在来看或许当时的一些想法还不够成熟，过程也存在不完美，但还是希望能有机会分享给大家，也能让大家见证我们的改变。

1.1 项目主要研究内容

我们的项目是退货运费险的营销推广，主要是针对一款保险的营销。在项目启动之初，我们团队各抒己见，毫无保留地为项目出了自己的力量。由于项目的特殊性，我们的首要工作是要进行大量的资料收集与分析，所以我们在老师的指导下进行了合理的分工，每个人负责一个版块，然后再集中讨论。在大量的资料分析与实地考察后，我们在指导老师的帮助下向专业人士进行了咨询，开始设计并完善我们的产品。与此同时，我们积极地开始宣传，最终通过走访各大高校，确定合作伙伴，开始展开营销。虽然过程中意见经常不一致，但是，这也是完善项目进展思路和方向的钥匙。

我们知道在网购时代，邮费成为电子商务发展的一大瓶颈，制约着网商的成本。在网络购物中，由于一直存在退货时谁来承担运费而产生的纠纷或者顾虑，在当前的退款交易纠纷中，有 42% 是由于买卖双方对退货邮费问题协商不一致产生的，为售后问题增添了很多不必要的麻烦。经过长达 6 个月的调研分析，华泰保险针对网络交易推出专用保险产品：退货运费险，2010 年 11 月 9 日，正式登录淘宝网进行销售。

不同于以往传统电子商务风险所关注的物流风险、电子支付风险，退货运费险

将风险定位于消费者在网购过程中对于所购产品不符合要求需要退货产生的风险，将损失定位于进行退货时产生的运费损失。目前分为退货运费险（买家）和退货运费险（卖家）两个类别。

① 退货运费险（买家）：为解决买家在退货中由于运费支出产生的纠纷，保险公司针对网络交易的特征，适时推出退货运费险产品，也简称“退运保险”。退货运费险（买家）目前仅针对淘宝网支持“7 天无理由退换货”的商品，买家可在购买商品时选择投保，当发生退货时，在交易结束后 72 小时内，保险公司将按约定对买家的退货运费进行赔付。

② 退货运费险（卖家）：是指在买卖双方产生退货请求时，保险公司对由于退货产生的单程运费提供保险的服务。退货运费险（卖家）目前只针对参加“7 天无理由退换货”的商家。

项目主要解决退货运费险的推广问题，了解消费者和商家的实际情况，以及保险公司在电子商务方面的营销策略。重点是在了解退货运费险的市场推广与销售情况的基础上，与保险公司合作进行保险营销，打开市场，为电子商务和保险公司的发展提供帮助，同时努力营造稳定和谐的网购环境。

退货运费险这一创造性险种发行的目的在于减少退货问题带来的交易纠纷，在保护消费者权益的同时也可减少商家的沟通成本和经济成本。这一目的延伸出的作用在实际运用中得到了更好的体现。

目前，由于退货运费险还是一种新兴险种，各方面还存在一定缺陷。因此，在其受到众多网购消费者及淘宝商家欢迎和认可的同时，也给电子商务市场带来了许多新的挑战。

之后，为了保证公司利润空间，打击投机分子，保险公司在 2012 年先后进行了拒签运费险和退货运费的调整，将保险费率与出险率挂钩，出险率若高于一定程度就会进入保险公司的黑名单。2012 年费率机制调整以后，在一定程度上确实是减少了退货率，但是也应该看到费率机制依然存在可供改进的空间，例如可针对不同类型的货物分别计算费率。

虽然各种潜在的风险不可避免，但我们通过更严谨的调查研究提出了针对性的解决方案，保证了买卖双方的利益。

根据大学生较普遍的网上购物需求以及越来越多的大学生开网店创业这些市场环境，我们将初期的目标市场集中在高校校内。

首先，网上购物作为一种新兴又流行的购物形式，因其物品类型齐全，价格相对便宜，对大学生很有吸引力，但在网上购物时往往会产生因尺码不对、颜色差异、质量问题等而导致退货的问题，而退货造成的额外运费成为一种潜在风险。退货运费险在一元以内，在学生的承受范围之内，能有效地规避这种风险，所以退货运费险很容易在高校内营销推广。

其次，对于大学生创业，开网店以其成本低、风险小而受普遍关注。许多大学生通过开网店创业，但由于缺乏经验，更需要用良好的服务来吸引顾客。通过宣传使其购买退货运费险，对由于退换货物造成的运费损失提供保障。

初期将目标市场集中在高校内，也能减轻我们的营销成本，扩大影响。后期市场将不再局限于高校，而是走向社会，辐射到更多的网上卖家与买家群体，扩大营销规模。

1.2 市场容量估算和趋势分析

之前我们在校园内和社会上投放市场调查问卷，调查问卷涉及退货运费险在消费者心中的印象等。共发出 1 000 份，回收 837 份，有效调查问卷 781 份，有效回收率为 78.1%，采取无记名方式进行抽样调查。调查结果显示，79% 的人表示愿意尝试这种产品和服务，42% 的人表示会去购买这种产品和服务，5% 的人表示将会持续关注此类产品和服务，1% 的人表示对此有合作意向。

退货运费险有很大的市场前景，所以我们以这种较为新颖的产品为突破口，向网络市场努力，打出我们营销和服务的特色，针对部分消费者的需求，找到适合他们的产品和服务，并由小到大，扩大市场，使我们的营销和服务被更多的消费者认可并接受，在保险市场中开创退货运费险一片新的小天地。

1.3 实施方案

（1）进行市场调查。通过针对消费者、淘宝卖家等群体的调查问卷，分析退货运费险的市场环境及购买意愿，为退货运费险的营销推广打下基础。

（2）进行推广试点。与一家网上服装店合作，进行退货运费险的推广试点。与其签订相关协议，卖家购买一定量的退货运费险，通过服装生意的经营成果以及退货运费险的赔付率，分析研究退货运费险的实际作用。

（3）进行实践推广：

① 首先借助淘宝网站，与网上卖家合作，促使卖家购买退货运费险。由取得保险代理从业资格证、保险展业资格证的伙伴在网上代理销售所在保险公司的产品。可以与卖家签订相关协议，对由于退换货物造成的运费损失提供保障。

② 接着建立同业人员交流会，增强大家共同应对问题的能力，同时加强保险信息交流。

③ 建立客户信息系统，方便联系客户，对客户需求实时监控并立即汇报产品销售情况，为客户提供及时服务。与卖家形成长期合作，对于赔付率较低的卖家可以优惠费率。

④ 在各大网站论坛上进行发帖宣传，扩大影响。

⑤ 加大退货运费险的宣传和推广，在淘宝等店铺上做关于退货险的广告和相关知识介绍，为广大的买家服务，使之形成一种良好的意识，既能推进退货险的销售，

也能减轻顾客的损失，加强顾客的投保意识。

⑥ 每天整理工作日志，将销售过程的经验教训进行整编，得出新的营销计划，促进销售工作的进一步开展。

（4）将时间计划和成果汇总后，撰写实践论文，完成营销最后成果。

2 学生后续发展情况

虽然说项目是阶段性的，可能也存在一些不完美，我相信它带给我们的影响是深刻的，甚至说影响了自己的职业发展。上学期间，一直以为自己会在毕业后在保险公司做一份稳定的内勤，这是自己喜欢也是自己擅长的，但是自从参加项目后，我发现，我会不自觉的主动去解决与人打交道的问题，导师和伙伴们慢慢地鼓励我更加自信、大胆地表达自己的想法，我开始试着做一些改变。慢慢地，在遇到问题的时候我越来越会处理，人际关系也越来越会打理，性格变得更加开朗起来。甚至项目答辩给我的发言、演讲机会时，我发现我是多么热爱舞台，也为以后的主持奠定了一定的基础。当然这种潜移默化的影响直到就业时，就显现的更加明显，也影响了我的职业发展道路。

毕业找工作对大家来说并不陌生，可能每天投递无数的简历、跑无数的公司，可能都没有结果。当时我找工作就比较顺利，参加创业训练项目让我养成了很好的习惯，我会有目标地去选择工作、选择公司，创业训练项目里的分析法则也让我运用到工作选择当中，列举出自己意向的工作，有目标地去面试，基本上面试过的公司都给我发送了录取通知，然后根据城市、薪资、发展方向等要素，综合地选择了自己的第一份工作，上海一家国有企业的HR。很多人会问，你这么喜欢保险，怎么还跨行了？是的，我喜欢保险行业，但是清楚的自我认知、理性的判断告诉我，我适合做一名HR，这就是我说的潜移默化的影响。事实也证明，我的确没有辜负我的选择，不到一年我成功的升为部门主管，第二年升为部门经理。现在，我回到自己的家乡济南，说实话有换工作的想法也是机缘巧合。当时有幸被百度挖去做主管，一来二去的发现，百度旗下的百度外卖在济南新开站需要这样的人，各方面条件合适，正好就回到自己的家乡。有人会说，我的职业发展道路太顺了，其实不然，尤其是对一个女孩子来说，有时候会面临更大的压力。为什么我能比别人更好地适应社会，有更好的发展机会，毫不夸张地说，创业训练项目对我的影响是巨大的。从慢慢地改变思维方式，打开眼界，更清楚的自我认知，已经让我比别的同学更前进了一步。工作后，认真、付出、抓住机会，这一切不是张嘴就来的，是创业训练项目让我已经具备了这样的能力，所以该是收获的时候就要尽情地去接受。所以我感谢我的导师，更感谢这样的机会，让我现在非常幸福。

3 主要经验与启示

在理论研究方面，最深刻的体会就是要勤于思考，结合科研结果作为我们的第一手资料。创业性项目不同于传统意义上的基础实验，可以按照已有的实验步骤在老师的指导下完成实验。我们所承担的创业项目的理论研究方面涉及许多不同专业领域的知识。退货运费险作为一个新的险种，目前只有一个保险公司通过淘宝网购物平台进行销售，对于险种的经营数据我们很难获得，并且关于退货运费险的文献研究非常少，并且可信度低。这是我们在资料搜集中遇到的巨大的难题。所有这些工作都需要我们自己去摸索，没有人可以提出有效的建议。我们通过图书馆查找文献，通过互联网收集新闻稿件，通过淘宝网销售平台的客户中心与运费险的买家进行交流，询问他们对于退运险的建议、意见和看法，并且制作调查问卷，针对科研项目所需的资料进行整理，将得到的问卷结果进行总结分类，作为项目开展的第一手资料。项目研究中必须坚持真理，保证项目研究过程和结果的真实性，不能以片面的、失真的资料作为辅助材料。在这一挑战中，我体会到科研项目的每一个环节都需要独立的思考，然后和小组成员共享自己的结论，讨论之后得出更为全面的结论。

在这次项目中，我们的闪光点在于成功说服淘宝卖家通过他们在淘宝网购物平台让我们进行退货运费险的销售。我们的目标买家是湖工以及周围校园经营淘宝网站的大学生。通过 QQ 群认识、联系淘宝商家，向他们说明我们项目的理念、目的和计划，争取得到他们的支持，配合我们项目的研究。在最初一些淘宝商家认为退换货的责任在于买方，退货运费应由买家支付，并且投保、理赔过程复杂等原因，不愿意购买或者向买家推介退运险。在这一阶段我们耐心、详细地说明退运险投保简单、费率低的优点，以及在解决退货纠纷、扩大销售量、免除买家后顾之忧、减少沟通成本等方面的优点，逐渐让商家接受退运险。随着新消费者保护法中对于“七天无理由退换货”的规定，越来越多的买家和卖家都开始接受我们的产品，认为退运险能帮助他们很大幅度上减少退换货带来的运费损失。这一成功让我体会到几点：① 一个产品只有真正具有优点、货真价实地帮助到人们的生活、满足人们的需求，它才是一个好产品；② 专业知识水平不论是在学习、工作还是交流中，都是一项宝贵的财富；③ 当我们面对困难和质疑时，要有“黄沙百战穿金甲，不破楼兰终不还”的坚持和“海到尽头天是岸，山登绝顶我为峰”的自信。

当然了，这只是我自己的一点点想法，我想说的就是，既然有这样的创业训练项目的机会，就认真地去实践，努力终究会获得回报。

六角蜂巢的成长故事

项目名称： 高功率电动工具电机用树脂型电刷的研制
完 成 者： 盛华东，黄宇婷，韦　巩，任国宗
完成时间： 2017 年
推荐学校： 湖南大学

1 学生参与“国创计划”情况

本小组共有成员 4 人，均为湖南大学材料科学与工程学院材料科学与工程（无机非金属材料）专业学生，组长盛华东，组员黄宇婷、韦巩、任国宗，小组组名为六角蜂巢，六角取自石墨烯碳原子之组合方式，蜂巢意为小组成员齐心协力，共创佳绩。本小组项目名称为“高功率电动工具电机用树脂型电刷的研制”，为 2015 年国家级 SIT 立项项目。自 2015 年 4 月至 2017 年 5 月，所有小组成员均积极参与小组所有活动，共同完成本项目所有工作，本项目共获一次全国大学生创新创业年会 A 类二等奖、两次校一等奖，并获得一项发明专利授权，另有一项发明专利已受理，现已完成结题。

2 学生后续发展情况

小组成员盛华东、韦巩、任国宗本科毕业后直接就业，小组成员黄宇婷被保研至湖南大学。

3 主要经验与启示

2014 年国庆，我作为小组的最后一位成员进入碳素实验室打扫卫生。是的，就是去打扫卫生。做实验当然是实验室的主要活动，但是整理好实验室卫生也是一件非常重要的事情。碳素实验确实有些脏，更需要注意卫生，在一个整洁的环境中学习、工作非常舒心，能极大地提高工作的效率。而且对于工学来说，多数本科二年级学生对专业的认识并不透彻，也没有能力操控大型设备仪器，但这并不妨碍我们进入实验室。边打扫卫生边看师兄们如何做实验，向师兄们学习仪器的操作规范、原料的性质参数及大致使用比例等知识，熟悉一下实验的具体流程。慢慢地，我们

可以做的工作就会变多：洗洗烧杯、称一下料、支个架子、开个开关、过一下筛、压一下块、调一下温度、磨一下样、测一下电阻率、算一下磨损率、看一下电火花、记一下数据、画一下折线图、敲几行文字，不知不觉中我们就完成了整个实验。勿以事小而不为，把每一件小事做好了，整个实验也就不会差了。生活不也是这个样，把每一天过好了，把每一件事做顺心了，那便是幸福的生活了。

对于打扫卫生这件事我是非常认真的，于是师兄请我吃了中午饭，吃饭时我跟他聊当时在《环球科学》杂志上看到的一些最新科研动态，如利用定向掺杂原子的方法制备量子计算机芯片，利用柔性材料制备可变形的一体化机器人等，师兄感觉我很是有科研天赋，便把我推荐给老师。后来因做实验时间紧张，就很少买这类杂志看了。现在回想一下，是不应该的，这样就少了很多对最前沿科技的了解和认识，有一些思路丢失了。现在做实验可能是越来越精细的，同一个研究方向的都不一定能够相互深入理解，但我们仍要广泛涉猎，这是因为事物之间普遍具有联系，科学之间更有共通之处，比如楞次定律和勒夏特列原理、理想气体状态方程和盖斯定律。

我的导师涂川俊院聘副研究员，是一位 36 岁的年轻老师，精力充沛，善于启发学生。被师兄推荐给老师后，老师常常找我聊天，问我一些专业性问题。于是每次谈话前我都会去图书馆借一些书来“磨刀”，比如交流电如何整流变为直流电、沥青随温度升高经历的石墨化过程、碳原子之间不同的连接方式及产生的电子排列方式等等，我都是在那个时候有清楚认识的。整整有一个多月，每天都要去找老师，其中几次我还给老师提了几个实验想法，比如说利用富勒烯（足球烯）的中空结构和树脂沥青的黏结性制备具有弹性的低密度碳材料，或是利用外加磁场在低温（石墨化温度以下）制备各向异性碳材料。老师很满意这两个点子，但实验室条件有限，不太可能实施此类实验。随着实验的进行，越来越认识到理想和具体实践间的差距，作为一名科研工作者，都拥有一套设备齐全的实验室是不现实的，一个普通科研工作者在实际工作中到底会遇到多少困难，想必只有自己才能知道。

但老师还是对我非常满意，我便获准配一把实验室的钥匙，也就更肆无忌惮地到实验室找师兄们玩耍、做实验了。跟师兄们待久了，理论水平有了很大的提高，做实验的技巧也越来越多，就这样，在申请省级 SIT 立项时我便顺理成章地成了组长。

2014 年 3 月学校开始省级、国家级 SIT 项目立项的工作。当时我们只是院级 SIT 立项，但自认为做实验还可以，便申请了省级 SIT 项目立项。应该是申请书写的特别棒，最后批复下来我们的项目被确认为国家级 SIT——简直幸福得睡不着觉。那时指导我们的师兄非常认真地批改了我们的项目申请书，申请书前前后后也修改了不少。以至于现在每次写文档我都会默认西文字体为 Times New Roman，画图框都会调整成一样高度或宽度并最后组合一下，等等。凡事都要一丝不苟，这是我在实验室的最大收获。

国家级 SIT 立项成功之后，有几位同学开始逐渐淡出实验小组，其他的实验小组也遇到了类似的问题。项目立项并非实验的终点，而恰恰是实验的另一个起点，鞭策我们更认真地对待实验。当然，随着生活的进行，每个人都会遇到新的需要自己耗费精力的事情，退出的几位组员即是因为这个原因退出了实验组。余下的我们几个人从方案设计到原料购买，从耗材报销到论文专利撰写等，都参与了进来。那时几乎每天都会进实验室，看一下文献，烘干一下石墨粉等，周末则几乎都是在实验室度过，那是痛苦并快乐的日子。

有一次到电镜中心做测试，赵老师随口问我 SIT 是什么意思，当时是有一些不知所措的，“我只知道这是要做实验的，其他还真的不清楚，可能是要培养我们的创新能力和动手实践能力吧”。没有想到稀里糊涂地大致说了出来。SIT 是 Students Innovation Trianing 的缩写，也就是大学生创新性训练计划，它是要激发我们的创新思维和创新意识，提升我们的创新实验能力，对于成果来说是次要的，那将在我们的日后研究生涯得到充分体现。所以说我们在申请 SIT 立项前要充分了解自己到底是想要通过 SIT 得到什么样的提升，这一点我做的也是相当不好。

在小组的日常实验中我加了一个文献阅读的活动，每个人轮流给大家阅读一篇 5 页左右的论文，并对其中问题进行开放式讨论。我们的科研阅历确实薄弱，每次开组会都讲不出太多有料的内容，只能听老师和师兄介绍各自的研究进展，文献阅读就这样产生了。这有很多的好处：第一就是提高了我们在碳素制备方面的知识积累，做实验需要知识积累，没有一定的知识积累做起实验就像是盲人摸象，而且大概率摸的是大象屁股；第二就是提高了我们的语言表达能力，我的语言表达能力很弱，经过几次的阅读我的发音就好了很多，当然这点还需要持续进步；第三就是提高了小组的凝聚力，平时做实验大家都是两人一组，阅读时大家会一起讨论，彼此之间也有了更多的了解。

实验做得差不多的时候老师提议我写一篇英文的论文投到 *Carbon* 上，对此我是拒绝的。一来对于发英文文章有所反感，我们好不容易做出了一些成果，却要写成英文给外国人看，连自己办的中文杂志都看不起这可怎么办。但是在目前老师的职称评选和研究生的学位评定中却又非要英文文章不可，这也是一个血淋淋的事实。后来和一位老教授讨论这类问题，提出在英文期刊发个快报并发表相应中文文章的建议，这个建议被我们接受了，当然，我们还要扶植自己的高影响因子杂志并被我们的评选系统所认可，相信随着我们国家综合国力的不断提升和科研人员的科研实力的不断增强，这种情况会不断好转。当然另一个原因是我还是比较清楚自己的水平到底是在什么样子，那时我的英文水平确实不太好，很多的测试我也分析不清楚，因此我选择了专利这种在实际操作中更简单的成果展示方式。专利论文撰写起来很烦琐，但对于收到授权通知时的快感来说这完全是值得的。

2016 年 4 月学校组织选拔参加挑战杯的项目，因为是小挑，需要一定的公司理财知识，当时是请别人帮忙设计财务报表的。但正是这次选拔使我感受到了公司理财强大的威力，加上持续实验的疲劳和一些原因，最终决定退出选拔。当在复试的面试环节铩羽而归，重新审视，我还是更善于并喜欢动手操作，从中探索规律，尤其是经过那么多实验之后，更是如此。

2017 年 6 月我已顺利毕业，送完各位老同学，敲打完这份独特的记忆，也就要离校了。愿各位一切安好！

“国创计划”，授人以渔

项目名称： 高校新疆、西藏少数民族学生教育管理问题研究

完 成 者： 张蓝予，张雅静，周凯华，玛尼亚·麦达尼亚提

完成时间： 2017 年

推荐学校： 湖南大学

1 学生参与“国创计划”情况

项目在最初招募成员时，便充分考虑到了研究团队成员结构的合理性：团队成员所学专业涵盖了法学和行政管理，以确保有较好的专业知识储备作为项目运行的基础保障。公正严明的法律精神和灵活有效的管理技能相结合，保证了课题得以顺利有效地开展。团队中还包括一名少数民族成员：玛尼亚·麦达尼亚提，他是少数民族同学中的优秀代表。其作为民族生的一员，能够帮助项目团队更方便顺利地接触民族生团体，也能以民族生的角度来把握课题开展度的深浅，反映多数少数民族同学的心声。

在项目之后的开展及人员分工等问题上也充分利用了团队成员的这些个人特点，扬长避短，使得项目得以顺利开展。

张蓝予：

首先，作为项目组长，毫不夸张地说，就好像大海航行中的舵手，需要严格调控着整个项目组研究的方向，把握着项目组研究的进度。将近两年的项目时间说短不短，说长不长，但从立项答辩到实地调研，从中期考核到研究成果汇总等，每一个时间段都卡着需要完成的阶段任务，必须由组长来关注通知、发起会议、组织实践与调查，切实落实好每一步进度，才使项目得以顺利开展。

其次，虽然组长是项目组的核心，但并不是孤胆英雄。课题项目的进行要依靠团队全体的力量，需要每个人的贡献，发掘小组成员的能力与潜力，为其合理安排适宜的工作是项目组顺利进行的重要保障。除此之外，与各学院的辅导老师、少数民族同学的采访交流等其他需要寻求外界帮助上也需要组长做好相应的沟通与安排，以保证调查的顺利进行。

最后，是组长，更是成员。不能光指挥不操作。在基础文献阅读、做笔记、设计问卷与采访内容、参与实践调研、撰写结题报告等方面都需要队长与队友共同分担、分工合作，才能使该项目最终完成。

周凯华：

作为项目组的重要成员以及唯一男生，周凯华在项目期间展现了其作为男生对信息统计较为良好的掌控能力以及应有的担当。

在调研准备阶段，其负责统计全国各高校现行的民族生政策，包括资助、学业、生活、就业政策等。通过从各高校的官方网站和学生手册中进行总结，以及对教育部网站上各高校的新闻进行归纳，最终以表格的形式对不同地区的20余所高校的民族生政策以及开展的相关活动进行了整理。

在实际调研阶段，他完成了针对汉族学生、辅导员的问卷及访谈内容分析。通过对第一手数据的定量分析，对民族生在日常生活中所遇到的问题有了更加直观和客观的认识，并对在一线工作的辅导员在管理民族生的过程中所遇到的问题和心得体会有所了解。

在阶段性成果分析及论文撰写阶段，他负责完成论文中高校民族生管理现状和存在问题的部分。在总结参考文献的研究成果，以及课题中问卷调查的分析结果的基础上，对民族生的管理现状和面临的问题进行阐述，最终与玛尼亚·麦达尼亚提同学共同完成了《高校新疆、西藏少数民族学生教育管理问题研究》一文，在《新西部》杂志上发表。

张雅静：

作为项目组的重要成员以及行管专业的学霸，张雅静在项目研究过程中展现了其严谨认真的学霸作风以及深厚的专业素养。

在调研准备阶段，积极参与项目申请和立项阶段的文献查阅、资料整理及申请和答辩过程中各类文档、PPT的撰写与制作。

在实际调研阶段，与团队成员一起共同参与了针对民族生及相关教职工的焦点访谈，包括面对面的个人采访和纸质问卷的采访，了解了民族生在高校生活中的特点与困难，以及辅导员们对民族生的日常教育管理上存在的问题和思考，并对采访结果进行相关统计、总结和分析；对于各高校汉族学生的态度与想法进行了线上问卷、分发、调查的方式（线上线下相结合），并借助SPSS分析软件对调查问卷数据进行了定量分析。

在阶段性成果分析及论文撰写阶段，在整合、总结相关材料的基础上同张蓝予一同撰写《新疆、西藏少数民族学生教育管理现状研究》，并发表在《新西部》杂志上。

玛尼亚·麦达尼亚提：

作为项目组中唯一一名来自新疆地区的少数民族学生，玛尼亚可以说是项目组的天然桥梁与项目调研的“资深顾问”。

首先，其作为少数民族学生，是民族生中的优秀代表，自身的学习成长经历就是一个很好的研究内容，对于其他民族生在高校学习生活有很好的借鉴作用。

其次，本项目探究内容关注了少数民族学生在高校中的成才教育，是以关注民族生的需求和发展作为主要研究动机和目的，玛尼亚作为民族生代表，可以时时把握项目的研究方向与进程，其自身的感受在一定程度上反映了民族生的某些需求，能够较好地保证研究内容不会有所偏差，也不会过于敏感。

最后，作为民族生的一员，一方面，玛尼亚与全校不同院校、不同年级的新疆生们都有着很好的关系和联系，另一方面，与学校负责少数民族学生教育管理的相关老师也较为熟络，对于项目组后期开展对民族生及相关负责老师的调查及采访带来了很大的方便，保证了项目能够较为顺畅地进行。

2 学生后续发展情况

项目组 4 位成员，两位选择了升学，在本专业继续深造——其中张蓝予考研进入了中国政法大学；张雅静保研去了武汉大学，继续学习行政管理。另外两位中，周凯华奔赴上海中建三局华东公司入职，玛尼亚则选择回到她的家乡新疆，为自己的故乡建设贡献自己的力量。

3 主要经验与启示

两年的时光，一如白驹过隙。

回想起来，这两年的时间，从项目筹备、组队、立项、答辩、调研、整理、总结、撰写、结题，一步步走到现在，看着项目如同自己的孩子一般从呱呱坠地逐渐到吾家有女初长成，出落成亭亭玉立的模样，这一路固然有太多的艰辛与委屈，但更多的是收获了太多意料之外的那些难以言说的惊喜——而这便是我们与国创共同成长的故事。

（一）

最开始萌芽申报“国创计划”的想法，或许只是单纯地抱着侥幸心理，想通过“国创计划”来训练一下自己的学术探究能力。除了简单地学习课本上的理论知识之外，我一直相信大学生还需要具备最基础的学术探究能力——通过观察生活，来寻找和发现问题，并为了解决问题而制订相应的研究计划与安排，再通过参与实地调查研究，分析调研结果与现象，最终找到问题的症结，提出相应的解决办法与措施。可以说，“国创计划”正是为我们提供了这样一个平台与机会，并尽可能地为学生们提供了相应的条件支持，让我们能够尽量无忧无惧地去接受挑战，享受成长的过程和收获的喜悦。

之所以能定下“高校新疆、西藏少数民族学生教育管理问题研究”这样一个项目研究主题，想来也是缘分使然。大二的我，初从理工科院系辗转来到法学院，面对着落后了满满一年的学科压力，全新的环境，感到的竟是比大一刚入学时更惶恐的不安感，一时间手足无措。我不由地感到好奇，也试图寻求答案，在同一所院校上学的不同层次的学生们是否都能很快地适应新的充满挑战的高校生活并迎头赶上？正逢此时，辅导员王老师也找到了我，建议我可以趁“国创计划”对高校中的民族生教育管理问题做一个研究，两人一拍即合，项目组的大的主题方向也当即定下。

新疆、西藏少数民族学生无疑是大学生队伍中的重要组成部分，少数民族的教育和管理工作也是高校学生工作的重中之重，但由于其具有特殊的民族特性与成长背景，并不完全适应高校中一般的教育管理制度，许多民族生在学习生活中都显得较为吃力。有些高校针对民族生设立了一系列制度，直接目的是减轻民族生的生活负担和思想负担，为学校管理减少阻力，根本目的在于提升民族生的综合素质，为边疆地区输送合格的高质量人才。然而在教育管理实践中，一方面，部分政策存在异化、不合理甚至适得其反的现象，需要进一步补充和完善；另一方面，做好少数民族大学生的教育管理工作对于全面正确贯彻落实党的民族政策，促进少数民族地区教育事业的发展和各民族的团结进步至关重要，也符合国务院下发的关于加快发展民族教育的决定这一大的背景。

抱着这样一种想法，在辅导员王老师的帮助下，志同道合的项目成员迅速集齐并开始筹备立项答辩。

（二）

2015 年 5 月，小组以“高校新疆、西藏少数民族学生教育管理问题研究”为题申报 SIT 项目并获得国家级立项。能获得国家级立项实属意外之喜，但也确认了一点——我们或许确实是在做一件至少可能对这个社会有意义的事情。而这同样也带给了我们莫大的压力，让我们不敢懈怠，生怕愧对了这来自“国家级”的信任。

对此，小组成员达成了几点共识，于此次项目的开展我们有这么几个考量点：

① 出于对文科院系申报“国创计划”的项目思虑以及自身能力的局限，我们可能很难单纯通过文献搜集、阅读等手段，以自己的学术水平在理论方向上获得大的突破。因此我们更希望项目研究能够更多通过实践调研的方式，通过真真切切实地调研、走访、问卷等方式获得第一手资料，以此来反映一些高校的真实信息，包括民族生的真实校园生活以及他们的所思所虑，为今后高校相关政策制度的制定提供建设性的意见和建议。

② 注重资料来源的广泛性，调研对象的全面性，尽可能减少信息收集的不对称性。既然本项目要以高校中来自新疆、西藏地区的少数民族大学生在高校中的学习生活情况为主要研究内容，那么对于能反映民族生在高校学习生活的相关信息都不能遗漏，以采访对象为例，除了少数民族学生以外，与少数民族学生共同学习成长的汉族学生，教导少数民族学生成长的师长（包括任课老师、辅导员、学生工作处的行

政管理人员）也应作为采访的对象。

③ 项目研究要有所侧重，样本选择要有所取舍。考虑到实际研究的便利性，本课题组打算以本校为重点模型对象，再结合全国高校部分典型例子，通过实地调查、问卷、采访等方式，对高校少数民族学生的教育管理的现状进行相关探究，以期为未来高校在新疆、西藏少数民族学生的教育管理中提出更适宜的建议。

遵循这三大基本理念，我们的国创项目正式拉开帷幕。

在调研准备阶段（2015 年 6 月—2015 年 9 月），我们首先阅读了大量有关高校民族生教育管理的现有研究，以期通过全面了解本课题的研究现状，来寻找本项目的创新点与突破口。为此，小组 4 个人收集了相关代表性文献约 60 余篇，每人负责阅读 15 ～ 20 篇，通过读书笔记来记录每篇文献的重点及自己的想法，并进行汇报交流，如此既减轻了项目组成员的准备压力，又提高了整个项目组的效率，使得小组每位成员快速而全面地了解了这些研究成果，对民族生群体的了解由感性趋于理性，对课题的研究也更加充满信心，为后续的项目开展打下了基础。

之后，通过数次大小场合的会议与争论，我们确定了本课题需要研究的具体内容：

① 高校新疆、西藏少数民族学生在学习生活中的群体性特征：包括民族生在高校中的学习状况、生活适应情况、普遍的家庭经济条件、与同伴的相处交流模式、对学校教育管理制度的看法等。

② 高校对少数民族学生的教育管理有哪些相关政策和模式，且当下在对以新疆、西藏为代表的少数民族学生的教育管理方面存在哪些困难。

③ 少数民族学生、汉族学生以及相关教职人员对当下高校对新疆、西藏少数民族学生的教学模式、管理形式、资助项目的意见和建议。

实际调研阶段是从 2015 年 9 月至 2016 年 10 月近一年的时间，可谓是我们能得出最终研究结果的最为重要的信息收集阶段，这个阶段的主要研究内容为：

① 统计了全国各高校现行的民族生政策，包括资助政策、学业政策、生活政策、就业政策等。通过从各高校的官方网站和学生手册中进行总结，以及对教育部网站上各高校的新闻进行归纳，最终以表格的形式对不同地区的 20 余所高校的民族生政策以及开展的相关活动进行了整理。将目前高校针对少数民族学生这一群体所制定的政策中的共性措施进行总结，并对各高校的针对性措施进行分条论述。政策的整理帮助我们小组对目前的民族生制度有了基本的了解，在结合湖南大学民族生政策的基础上，使课题的开展有了明确的目标和有针对性的改进方向。

② 收集并统计了湖南大学民族生在本校的专业院系分布情况 (2012 级—2014 级)、往届民族生的就业情况（2013 届—2016 届）、民族生（以新疆、西藏为代表）社团活动的参与情况、少数民族学生中共党员发展情况（更新至 2016 年年底）、湖南大学对民族生（以新疆、西藏为代表）的政策，以及开展的相关活动。

③ 设计并发放了针对全国各高校汉族学生的 276 份问卷，针对本校新疆、西藏少数民族学生的 36 份问卷；施行了针对文理不同院系辅导员的 5 份重点访谈，对学工办负责资助、党建及教育管理的 3 位老师进行采访，对本校新疆、西藏学生中的优秀学生代表分别进行采访。

通过这些第一手数据的采集及定量分析，我们对民族生在日常学习生活中的状态以及所遇到的问题都有了更加直观和客观的认识，并对在一线工作的辅导员、负责民族生教育管理的老师们在教育管理民族生的过程中所遇到的问题和心得体会也有了更多的了解。

（三）

如今看来，仿佛一切计划都实施地井然有序；如今道来，也便只是简简单单的几句“我们做了……”仿佛云淡风轻地一笑而过便可悉数总结我们曾经的种种迷惘和慌张。然而唯有经历过一切的我们才会知道最初的我们是怎样狼狈地一路摸着石头过河——这一路来一次又一次的小组会议，一次又一次地绞尽脑汁想方案想途径，一次又一次地将设计方案推翻重来，一次又一次地将报告修改更新，一次又一次焦灼地等待结果……在学业最繁忙的大三大四两年中，我们仍然争分夺秒地抽出时间来开会、讨论并参与实地调研。

无论如何，很高兴我们最终没有荒废这个项目，而是实实在在去调研、去分析、去探求。可能我们做得并不够，我们的数据、我们的资料还差强人意，但是从开始立项到中期检查直至结题答辩，这一路至少我们还是坚持了下来。项目在中期考核中被评定为优秀，在结题答辩中荣获校一等奖，小组 4 人撰写了《新疆、西藏少数民族学生教育管理现状研究》和《高校新疆、西藏少数民族学生教育管理问题研究》两篇论文，并在指导老师的协助下，均成功被《新西部》杂志收录，并将在中国知网、万方网、龙源网、维普网等全文收录……这些成绩无疑是对我们这一路付出的褒奖与肯定。

（四）

两年的时光，如今回想，依旧历历在目。

在我看来，最初获得国家级立项实属意外之喜，最后结题顺利答辩则属意料之中。就单单项目而言，其实我们做得还远远不够，我们所提供的成果也还远远算不上精品，相比我们所能提供的，“国创计划”显然赋予了我们更多的收获与体验。

首先，通过完成这个课题，我们加深了对民族生这一群体的了解。从最初只是对民族生群体的特殊性与现存问题存在一个模糊的意识，到随着课题的进行，我们对民族生的认知逐渐从感性的看法上升为理性的分析，也能对于其自身以及其他汉族学生如何与民族生相处提出卓有成效的建议，如其中重要的一点便是在尊重其民族特点的前提下做到“无差别对待”，民族生特点鲜明，但与普通学生一样渴望被集体认同，而不是被打上标签区别对待。

其次，课题的开展对于我们团队协作以及团队能力的提高成效明显。小组共有 4 名同学，虽然来自不同的专业，各自的大学生活规划也不同，但在课题的任务方面却能做到合理分工、承担责任，共同组织采访，共同分析数据，在一个个目标面前通力合作，共同解决不同成员遭遇的困难，最终形成了包括两篇论文在内的一系列研究成果。这些种种看得见的是结果，看不见的则是我们小组团队协作能力以及个人能力的一步步提升。

虽然这个项目已经画上了一个圆满的句号，但我相信我们的学术研究之路却因此而开启了新的征程。

“国创计划”，它授我们以渔，让我们学会在未来更进一步去乘风破浪，去开辟更广阔的学术天空。

越挫越勇，用心打造艺术栖息地

项目名称："中南象征"创意文化设计

完 成 者：兰恭发，吴　疆，韩　璐，刘静茹，游学敏

完成时间：2016 年

推荐学校：中南大学

1 学生参与"国创计划"情况

我是中南大学建筑与艺术学院视觉传达设计 2014 级学生兰恭发。刚进入大学时，我和班级一些同学对大学生活和自己的未来方向有很多迷茫。我们不断地在寻找自己的方向，终于在学校组织的创新创业年会中找到了自己的方向——参加创新创业项目。那一场创新创业年会我们听得格外认真，会后我和同学开始商量如何组建团队做一个有意义的项目。在周娉、罗方禄老师的指导下，我们结合自己所学的专业，从中南大学开始了我们的"文化创意"之旅。万事开头难，事情进展得并没有我们想象的那么简单。我们幻想的文化创意产品工厂制作不了，缺乏实用性及生产性。于是我们转换思路，从图案上进行创新，我们把图案用手掌及泼墨的技法表示，这样既保证了创新性也可以生产制作。有了成果之后我们申报国创项目并得到顺利立项。有了国家和学校的支持，我们没有停止前进的脚步，一次次尝试新产品，也一次次经历着失败。我们一起通宵，一起搬货，一起流泪，一起被坑过。曾经为了生产费，我们把生活费全部拿了出来，每天只能省吃俭用；曾经为了设计好作品，撕掉上千上万张草图；曾经为了开辟产品市场，被无数人拒绝过。我们从未放弃，反而越挫越勇，于是起名叫作"艺栖"，寓意一起创业打造艺术的栖息地。

总结失败经验，我们必须重新挖掘创新点，在老师指导下提前学习若干相关专业课程，掌握相关的专业知识，抓紧一切空闲时间阅读相关书籍，查阅大量国内外文献，并对每篇文献做出详细的总结和思考。在积累基本专业知识的基础上，逐步形成自己的创新思路。最终我们找到了新的发展思路：文化创意要植根于传统文化，打造文化特色 IP，融入互联网。为此我们的产品开始和非物质文化遗产结合，产品也逐渐融入 AR 虚拟现实技术。

经过一年的发展，我们取得成果如下：

① 该项目在第九届全国大学生创新创业年会上被评为"我最喜爱的项目"。

② 团队 2015 年成立长沙艺栖文化传媒有限公司，由创新项目转为创业项目。

在实施国创项目的过程中，我们的综合能力得到了极大的提升，专业课成绩得

到了极大提高，团队两人拿到国家级奖学金。在实践中我们收获的成果有：① 我们学会合作。团队合作中需要我们成员间的不断磨合，学会倾听大家的意见和分享看法，做到互相尊重，开心地交流与合作。② 分析、解决问题的能力得到提高。项目确定之后，一系列的问题就出现在我们面前，如对市场营销、商业计划书、管理经验等内容都了解较少，我们必须自学相关知识，集体讨论分享资源、交流信息，寻求解决问题的方法。在项目实施过程中，我们由被动学习转为积极主动的自主求学，心态发生了变化，学习效率也明显提高，掌握新知识的速度明显加快。③ 对自主创业有了系统的认识。创业需要投入，需要知识，更需要能力。对于想要自主创业的大学生来说，在大学期间就应该正确的培养自己的创业意识、创业精神，为未来的创业打基础。创业的路很艰难，对于刚刚步入社会的大学生来说，更多的是只有创业的热情、创业的意识，但对于创业途中可能碰到的困难以及风险，缺乏思想准备，尤其缺乏创业的资金、经验及基本思路。

2 学生后续发展情况

感谢“国创计划”给了我们一次真正投身于创新创业实践中的机会，在这次实践中，我们团队人员决定留下继续创业的3名、考研的2名。在我们公司的不断发展中，我们业务从学校扩展到了长沙市，从长沙扩展到了湖南省，产品由一种做到了现在60多种类。我们和湖南省主要非物质文化传承人建立了直接的合作关系，分别与韶山旅游集团、青年毛泽东纪念馆、天心阁旅游景区、岳麓山旅游景区等建立合作关系。公司定位于湖南红色旅游IP形象开发，目前企业淘宝店铺一家，专注于湖南红色文创销售。

2017年团队成员吴疆注册成立湖南思图文化传媒有限公司，该公司和艺栖结合，专做文创产品的销售工作，截至2017年5月，思图开发景区文创专柜15家，覆盖长沙市大多数著名景点。

后期目标：让文创讲述红色故事，做全国的红色旅游景区文创。

3 主要经验与启示

从2015年申请“国创计划”项目至今，团队队伍和业务在不断地扩大，我们从刚开始的一无所知和一无所有，到现在对创业过程中的产品、营销、财务等的理论知识以及实践过程中需注意的事项等都有一定程度上的认知，我们经历了很多，从中也在不断成长与蜕变。

（1）经验

在“国创计划”项目的产品开发方面，最深的体会就是要善于思考，要多去学习，需要自己去图书馆查阅资料，了解相关的文化，在社会上找相关领域的专家，在市场上研究别人的优秀产品，然后再确定要开发的种类，所以每一步都需要独立思考和团队共同商讨。

由于我们这是一个创新创业项目，所以创新是必不可少的。我觉得，创新首先要明确一个方向和目标，方向和目标是贯穿整个项目的核心，只有明确方向，围绕这个方向努力下去，才可能有结果。创新点可以从很多方面着手，不一定要很高深很前沿的东西，只要不是照搬别人的东西，在自己力所能及的范围内就好。有时候，思维出现了“停滞不前”的现象，但这时候我们也没有想着放弃，而是试着换一个角度思考，发散思维多方位思考，做出大胆猜想，所以有时候会有一种“柳暗花明又一村”的感觉。

最重要的还要有团队意识。项目确立初期，我们先分工查阅资料，再进行集体交流和讨论，在较短的时间内获得了大量有用的信息，然后大家一起学习理论知识，结合实际制订了项目的实施方案、申报书，最终顺利地通过了评审。完成项目需要大量的时间和精力，这不是任何一个人独自能完成的，这需要团队的配合。同时，团队的合作要不断地磨合，刚开始的时候也是问题百出，各执己见，因此需要大家都学会倾听，尊重彼此的看法，而且组员之间应该相互谅解、相互帮助。这样，个人的价值、团队的力量就都能得到最大的发挥。

（2）启示

大学生创新创业需要专业知识、个人能力，但更主要的是要把专业知识运用到社会实际问题上，把个人的能力充任发挥出来。对于大学生来说，创新创业需要一腔热血，但更需要对专业知识加以有效地运用，并要对创新创业有全面的认识。创新创业的道路是艰难的，但是我们得相信前途是光明的，未来是美好的。

在当今科学技术突飞猛进的时代，人们的生活方式、思想观念也发生着翻天覆地的变化，机遇与挑战共存，风险与利益同步，我们在自主创新创业时，还是应该审时度势。一方面要客观地评价自己的能力，看看自己的知识储备、基本素质；另一方面，更需要了解社会、了解市场、了解相关的政策法律，要对风险与收益做出合理的估计。

通过这次国创项目的训练，让我们对创新创业有了全新的、深刻的认识，学到了在课本中、课堂中无法学到的知识，也让我们看到了自己的不足以及小组成员之间的差距。在以后的学习、工作中，我们也将不断地提升自己的能力，努力具备更加全面、更加专业、更加系统的知识，做符合社会需要的人才，为社会主义事业添砖加瓦。

有梦前行，我的国创故事

——参加大学生创新创业训练计划项目的感想

项目名称： 可构建实时无线通信网络的汽车避险系统

完 成 者： 杨小冬，夏江南，祝　杰，张忠良，陈为民

完成时间： 2013 年

推荐学校： 中南大学

背景介绍：在中南大学求学期间，我参加了两次大学生创新创业训练计划项目，一次是参与了能源学院同学的光伏追光项目，一次是自己主持的汽车辅助驾驶项目（项目编号：201210533026）。经过这两次项目的历练，凭借在这两个项目中取得的成果，我得以在本科期间于 2013 年在中国自动化大会上发表一篇学术论文，同时也以第一发明人身份申请了两项国家发明专利，其中一项已经授权。

2009 年刚到中南大学，我就从学长那里听说了大学生创新创业训练计划项目。通过该项目，同学们可以在国家的资助下将自己的一些创新性想法付诸实践，不管是人文、社科领域还是工程领域。我听后很激动，幻想着自己也能申请到自己的项目，和伙伴们一起做一些有趣的事。

记得那是大三刚开始，我刚刚参加完大学生电子设计大赛，了解了一些关于单片机、控制理论、通信等领域相关的知识。在一次自习时，我无意间看到了雷达原理的讲解，随即联系到汽车，我在想，是不是可以利用雷达的原理来降低汽车之间发生碰撞的概率呢？即如果能建立一个实时的无线通信网络，在一定范围内的车辆可以共享各自的行驶信息，如实时速度、精准坐标和刹车距离等。那么作为节点的车辆就可以在这个网络内“知道”自身周围车辆的行驶状况，从而预判出哪些车辆可能与自己发生碰撞。

顺着这个思路想，我越想越激动，因为这个想法将汽车安全的研究角度从单个汽车换到了一定范围内的汽车群体，这样更容易去抑制危险的发生；同时，不同于安全带、安全气囊等被动安全措施，该方案通过主动预测将主动权把握在自己手里。一切看上去都很有道理！我立刻冲回寝室，整理了自己的思路，仔细研究起想要完成这个任务所需的几个模块以及可能涉及的相关技术。

那段时间，我与几个要好的朋友分享了自己的想法，想看看他们的想法以及在技术上能否有些建议。从无线通信方案的制定到主控芯片的选取，再到危险判断算法如何设计，我们一起讨论了很久，有时会因为一些细节唇枪舌剑，比如 GPS 定位精准性和 GPS 芯片的选取，再如到底要不要用利用手机的蜂窝网络来实现信息共享等。大家都对这个想法有浓厚的兴趣，那也是我最开心的时候，感觉目标是那么明确，那么新

颖，那么充满了挑战。当一切都有了雏形后，我写了一份初步的实现方案，并带着它去找了信息学院吴敏老师和安剑奇老师，他们帮我提出了很多修改意见并建议我申请当年的大学生创新创业训练计划项目。两位老师帮我把申请书改了好多遍，每次都是满满的红色标记，大到整体方案的确定，小到图注的字体及文字大小。从那起，我对项目申请书有了更深的理解。在当时的一众本科生中，因为有两位老师的精心雕琢，我的项目顺利拿到了国家级立项。当时我的团队有点草台班子的意思，大多是我舍友和班上的同学，我们买来了单片机、GPS、无线通信模块、面包板、杜邦线等。就像当年做智能车一样，我们开始了自己的探索。由于都是买的模块，想要符合自己的要求，就必须在算法上做努力。比如在通信模块上，我们需要一种能在短时间内实现整个网络共享的技术，但当时选择的通信方案是 NRF 的单点通信，所以只能一辆一辆地传数据，这在实际应用中完全不够；再比如当时买的 GPS 芯片，由于经费的原因，我们买的精度并不高，需要差分算法去矫正。这些都是在做的过程中遇到的问题，那时我才意识到我在自习室的那个听起来很棒的想法是如此难以实现。半年过去了，我还只能实现两辆车之间的预警。但那时候，有一种通信方案成熟了，叫 Zigbee，它可以通过一个根节点迅速自动建立一个网络，并通过透明传输的方式将信息广播到各个节点，这些特性都非常符合我们的需求。于是我们立刻更改了方案，放弃了原本的通信方案，转投 Zigbee。这又是一个从头学习的过程，团队中没人听说过这个技术，我们买回后，怀着激动的心情开始研究，因为用的是已经很成熟的 Zigbee 工业方案，有些特殊的需求是需要从底层去调节 Zigbee 的寄存器，我们也只能硬着头皮上。这个过程就像在泥地中前行，明知前面是一个个泥潭，但还要跳进去并一步步向前挪，每当爬出一个泥潭回头看时，反倒会感到一丝轻松。技术上遇到了多少磕绊已经不记得了，但在指导老师和团队成员的努力下，一年后我们做出了一个可以在三辆车之间实现危险预警的 Demo（图 1）。虽具体可容纳的汽车数量受到硬件的限制，但危险判断算法等已比较完善。

图 1　基于无线通信网络的汽车辅助驾驶系统

当年恰巧第六届全国大学生创新创业年会在我们中南大学举行，本项目被推荐参加这次年会。我有些紧张，一方面高兴于自己的项目得到了学校老师的认可，另一方面我也深知自己的项目还有待完善，如果原封不动就上的话，说不定还要给学校抹黑。在创新与创业教育办公室老师的指导和支持下，我在很短时间内组织起一个“创新创业年会小组”（图2），成员涵盖多个院，小伙伴们都非常上心，有帮助我设计车辆行驶沙盘的，有帮助我调试演示车辆算法的，也有帮助我制作宣传海报及宣传动画的，还有帮助我购买所需器材的。那是我第一次真正意义上带领一支团队，但成员们的认真负责让我这个队长感到很快乐。

图2　团队成员在学校创新创业中心工作

我与小伙伴各司其职，一步步将我的项目完善。我自己很感激这段经历，它就像过日子，掺杂着酸甜苦辣。制作沙盘的材料我们需要一点点地找，沙盘的底座需要到建材中心去买，我们推着自行车把2米多宽的木板拖回了学校，有时我们会工作到深夜，但从工作室到宿舍路上的谈笑又让我们忘却了疲惫。在年会前夕，我们完成了演示实物的制作与调试（图3），相应的宣传册、宣传动画也悉数完工，在年会那天，我们代表中南大学做了一次成功的演示。

我非常庆幸自己参与了大学生创新创业训练计划，这次经历让我有了全方位提高，从创新性思维的培养到项目申请书的撰写，从项目方案的制定到具体算法的实现，从团队建设及人员工作分配到项目经费的管理，等等。当我看到当初自习室脑海中的想法在众人面前演示的时候，那种感觉很神奇。我很难用语言表达出我在这一年多中到底学到、感悟到了什么，但最起码的，我结交了一起完成这个项目的那么多给力的朋友，得到了吴敏、安剑奇、尹辉老师的悉心帮助，也让自己当初的一个小小梦想得以实现。这一切都让我的生活变得更有趣了。

图 3　沙盘实物演示

从中南大学毕业，凭借不错的成绩和丰富的项目经历，我申请到了瑞士洛桑联邦理工学院（EPFL）的录取，并开启了留学生涯。在这里我也参加了为研究生举办的 CHIC (China Hardware Innovation Camp) 项目。该项目要求 5 个来自不同专业的同学组队，在瑞士用为期半年的时间设计出一款创新性电子产品，之后到中国将该产品批量生产出来。我所在的团队为小学生设计了一套智能水质检测仪，通过该仪器，同学们可以组队到各个河流、湖泊处采集相关水质，并联网记录和分析数据。团队成员共 5 人，电子学院的同学负责 PCB 板制作，材料学院的同学负责模具的制作，商学院的同学负责产品的商业推广，设计学院的同学负责产品外形设计及宣传资料的制作，以及我，来自计算机学院，负责产品上位机的编写和通信方案的制定。最终我们在瑞士完成了原始 PCB 板的设计、上位机的编写、商业模式的制定及相关客户的沟通、整体外形的设计。当年 7 月，我们在中国的工厂里完成了最终实物的制作（图 4）。同时在制作实物之余，我们也到各个创新工厂、创客空间进行了演讲交流，与大家分享了自己的成果，也得到了许多宝贵的意见。

通过参加这两次创新训练活动，我看到，虽然同样是团队合作，同样是长周期项目，但中瑞两国之间有一些不同。所谓取人之长，补己之短，以下我重点就我国的不足谈一下自己的看法，这些对比可能仅仅对理工类项目有效，也只是自己的一点点拙见。

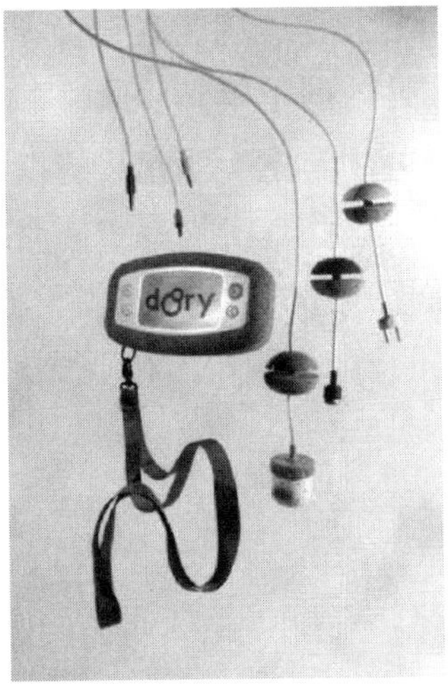

(a)

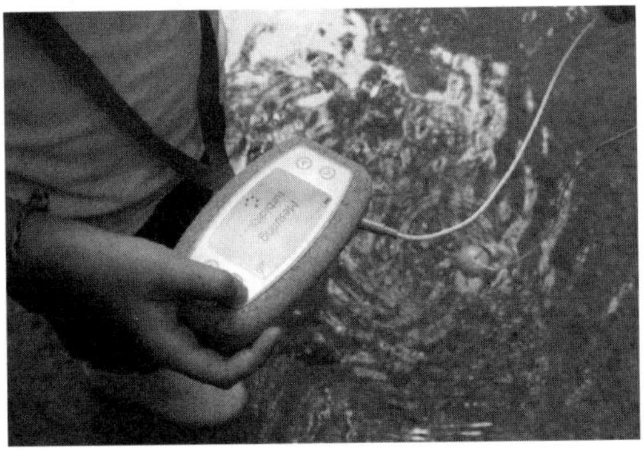

(b)

图 4　dory 水质检测仪

① 中国的项目注重科技性和创新性，因此关注的多是技术的新颖性和独特性，有点像企业预研部门或 R&D 部门做出来的东西；而瑞士的创新项目更注重产品性和社会价值，产品性是指该项目是否有商业意义以及量产的可能，社会价值是指该项目为社会带来了什么益处。

② 中国的项目不太注重交流。我们只有一个每年一次的创新创业年会，在年会上会将来自全国各地的优秀项目聚集到一起，却没有一个类似沙龙的小区域组织对项目进行阐释，这对于很多项目来说可能不太够。在瑞士做的这个项目，曾在瑞士、法国、中国等进行了几十场演讲，有的是在高校（如香港科技大学），有的是在创客空间（如柴火空间），有的是在生产第一线（如深圳富士康），在这些地方，我们得到了来自不同领域的人的意见，这对于后期优化完善项目有很大的指导意义。我觉得这点是值得我们学习的。

③ 学科交融性。这点我感触很深，因为最初做项目时，团队成员都是我找的本专业同学，并没有机会接触到外院的学生。所以，在项目实施过程中，也难免会陷入本专业的思维墙角中，即只关注与本专业相关的点而忽略了其他很重要的东西，如商业模式、产品外观设计等。这些其实是真实创业中必须要有的。而在瑞士，项目是由相关老师进行分队，他们在考查学生背景后进行相应的匹配。但毕竟这边人少，可操作性大一些。我记得报名的就 20 多人，老师很快就能划分好团队。但学科交融依然是我们需要学习和关注的地方。

以上便是我回忆的这两次经历及相应的一点收获和感想。

最美的时光：我与“国创计划”共成长

项目名称： 从葛浩文英译看中国文化的海外传播：以莫言作品为蓝本

完 成 者： 张 越，陆宣鸣

完成时间： 2014 年

推荐学校： 中南大学

我是中南大学 2010 级本科生张越。2013 年我与“国创计划”结缘，主持参与了“国创计划”项目“从葛浩文英译看中国文化的海外传播：以莫言作品为蓝本”。这段汗水与欢笑交织的日子，见证了我大学时代最美的时光。

1 科研思想萌芽

中国作家莫言喜获诺贝尔文学奖，国人为之振奋，作为英语专业学生的我更是激动万分。中国文学终于得到了世界的认可，而我相信，这不仅取决于莫言作品的文学价值，其作品的英译者也为中国文学走出去立下了汗马功劳。美国资深翻译家葛浩文（Howard Goldblatt）是莫言作品唯一的英文译者，被誉为中国现当代文学首席且唯一的翻译家。那么，他的英译本到底有何特别之处，葛氏翻译与中国文化海外传播又有何种关系呢？这些问题都值得我去一探究竟。

葛浩文的翻译，使得莫言作品在海外传播得到了长足的发展。而其中为数不多的中短篇小说则尤为突出，《爱情故事》《师傅越来越幽默》等以其犀利、入木三分的笔调，富有中国文化的语料而引人注目。因此，在导师的指导下，2013 年初，我开始了第一篇学术论文的写作：《译者文化身份对翻译的操纵：以莫言〈爱情故事〉葛浩文英译本为范例》。投稿之后，文章很快便被录用，并收录于中国知网，如今已被引 6 次，下载 1 000 余次，这小小的影响力使我元气满满，继续在科研道路上前进。

2 参与“国创计划”

初尝科研的甜头以后，恰逢学校组织申报“国创计划”项目，心想一定要珍惜这个宝贵的机会。在现有科研成果基础上，我带领大家组建了团队，并邀请了指导老师共同探讨。莫言获诺贝尔文学奖，使得中国小说在海外的推广度和接受度有所提高，也意味着中国文化在海外的认可度进一步加强。在全球文化多元化的今天，如何通过翻译进一步传播中国文化精华引发了译林学者们的热议。但是大部分研究都趋向于从理论角度剖析翻译与文化传播的关系，以翻译实践为出发点的研究尚不多见。我们的项目则打算以莫言作品葛浩文英译本为范例，对葛氏翻译观和翻译实践进行深度分析，并进一步分析中国文学英译中仍存在的问题。最后立足于此，阐释中国文化海外传播的进展、问题和相应对策，纵观葛式文化翻译对中国文化海外传播带来的种种启示。因此，团队最终决定扩大命题，以“从葛浩文英译看中国文化的海外传播：以莫言作品为蓝本”为题进行国家级科研项目申报。

2013 年 5 月的一个夏夜，得知项目申报成功的消息，我们兴奋不已，并在第二天紧急召开了小组会议，探讨项目计划及安排。

本次研究主要采用先读后写的思路进行。首先，需要大量的相关理论学习，进行大量的图书资料收集工作，主要包括莫言原作采购，葛浩文英译本采购，国内外对莫言、葛浩文述评资料收集，以及对莫言作品述评资料的收集等。其次，对原本和译本的仔细对比研读，并从中发现中西方在语言、文化、思维及价值观方面的差异。再次，需要对收集来的其他文献广泛阅读并分类整理。最后，对数据资料进行整合分析，并最终完成相关学术论文的写作。

本次研究重点是翻译对源语文化的有效传递，同时读葛浩文翻译思想及翻译方法的理解也是重中之重。翻译在很大程度上影响着文化的保留和传承。劳伦斯·韦努蒂认为：翻译不仅构建着独特异域文化的本土再现，同时也涉及本土身份的塑造过程，翻译史上不乏一些旨在借助翻译文本进而促成本土身份的项目，因为翻译确实有利于本土话语的构建，所以就不可避免地被用来支持本国的文化建设，而这些项目总是能导致与特定社会集团、阶级与民族一致的文化的塑造。当强势文化与弱势文化对峙，从翻译策略来看，强势文化多会采用“归化”的策略将弱势文化国家的思想文字变成自己的话语，从而消除文化差异，霸权文化读者群的殖民意识也得以巩固。因此弱势文化在被译入另一语言时，误读现象时有发生，因此源语文化便不能得到有效传递。

本次研究的难点主要是原文本及葛浩文英译本的深度研读。莫言的故事都是具有很大深度的，它紧紧与政治挂钩，并且带有很强烈的魔幻现实主义色彩。对原文文本的深度理解本就是一个很大的挑战，加之译者葛浩文本身就是一位土生土长的美国学者，所以尽管他的翻译中“忠诚”为首要原则，译作中仍不可避免地带有一定的美国色彩，加上意识形态、诗学及赞助人对葛浩文翻译的操纵，译本对于尚处本科阶段的我们仍具有一定的理解难度。进行文本对比研究前，务必要进行大量背景资料的搜集和整合，从而加深对原文本的理解；另外又要求我们必须实事求是，踏实肯干，掌握扎实的基本功和对英语灵活运用的能力，方可完成对葛浩文英译本的美学解读。

项目负责人张越主要负责写作素材整理、论文撰写。项目成员陆宣鸣主要负责图书资料等采购、论文撰写。组员们和指导老师时刻保持项目进展联系，我们合作融洽、关系良好。团队成员均为大四学生，专业基础知识扎实，其中项目主持人张越和团队成员陆宣鸣都曾获国家级奖学金，并一直对中国典籍英译及现当代文学翻译怀有极大的兴趣。本项目研究时间为一年，研究方向更是成为团队成员的毕业论文选题，研究方向跟个人兴趣极为契合，通过本项目的研究对中国文化海外传播的认识一定会进入一个新境界。基于以上分析，我们将项目执行划分为以下几个阶段。

① 理论学习阶段：此阶段主要学习与研究有关的理论，如传播学、中西文化对比、异化与归化等。在此基础上进行研究的项目，才具有稳固的理论基础，同时小组成员对课题的了解也将进一步加深,学习成果通过读书报告或摘要的形式在组内交流共勉。

② 资料收集阶段：这个阶段的主要任务是收集近年来各大刊物上对莫言、葛浩文的评论及对中国作品英译的述评，范围全面、内容翔实。资料主要来自于中国知网上可下载的期刊论文，内容真实可靠，有据可查；在收集到的文档的基础上对文档进行妥善保存，便于数据的管理与使用。

③ 源语文本及译本研读阶段：此阶段为研究过程的重中之重，是整个项目得以进行的先决条件。此阶段为研究的难点，要求对文本的研读条理清晰，准确深刻，并能通过中英文对比研究发现中西方在语言、文化、思维及文化价值观等方面的差异。学习成果采用读书笔记的方式进行组内展示。

④ 资料分析整合阶段：此阶段主要任务是整理归纳收集来的资料。此过程较为复杂烦琐，队员需耐心、细心、合理地将各类资料进行分析整合，并用记号笔做出相关标记或夹注，在保证统计结果客观、准确的同时，为最终的学术论文写作做好充分的准备工作。

⑤ 结题报告及相关学术论文写作：此阶段将对上一阶段得出的分析加以验证和推论，深入分析葛浩文对莫言作品英译对中国文化海外传播的影响，通过讨论和推理的方式得出其内涵的文化本质和精神价值观内核。最终认真完成本项目结题报告，并完成相关学术论文的写作。写作中可综合考虑译者文化身份及译者翻译策略等各方面因素对翻译的影响，从而体现项目的全面性和完善性。

⑥ 最终成果：最终通过对理论的学习、文本的对比研究以及相关资料的整合，高质量完成项目结题报告，并经过深入分析完成 7 篇高质量学术论文的写作，并发表在学报级刊物上。后期团队自主进行 PPT 制作，顺利地完成答辩，自主设计本项目展板，并力求最终能够有成果影印及相关影视资料的展示。通过一系列成果展示，深入了解中国文化海外传播的现状，并在未来的学习中再接再厉，肩负起在海外有效传递中国文化的历史使命。

凭借扎实的科研成果，项目获评中南大学“优秀创新创业项目”“优秀论文奖”“我最喜爱的现场展示活动奖”。2014 年 10 月，本项目作为中南大学优秀“国创计划”

项目代表，受邀参加第七届全国大学生创新创业年会。全国573所高校共向年会推荐了800余篇学术论文，经过激烈地角逐，项目主论文入选为年会200篇交流论文之一，获评社科组第一名，荣获全国“优秀论文奖”，并在年会上进行了大会报告。

3 国创助力前行

完成“国创计划”项目后，凭借良好的综合素质，我被保送到中国人民大学外国语学院继续攻读硕士研究生学位，2015年秋季学期赴台湾文藻外语大学交换学习。硕士期间，在本科“国创计划”项目的科研基础上，我跟随刁克利教授继续围绕此话题进行深入探究，并在《成都大学学报》等高质量学术期刊发表了系列文章。通过这次项目，我真正地爱上了这个话题，而“莫言”“葛浩文”“中国文化海外传播”也自然而然成为我的硕士论文选题。

本硕期间，我收获满满，共计获国家奖学金（两次）、特等奖学金、优秀毕业生、优秀研究生、优秀学生干部、优秀学生标兵等26项荣誉奖励。同时，科研成果丰硕，在本硕其间共发表高质量学术论文9篇（均在中国知网收录），如今已被引23次，下载3 500余次，具有一定的学术影响力。主持、参与国家级科研项目两项（主持、参与本项目，参与国家863项目子项目 “双语多层次自动对齐测试”），参加海内外学术论坛3次，进一步提高了科研实力和科研素养。

以下为以“国创计划”项目为基础的科研成果：

①《文学翻译中译者主体性的彰显——以莫言〈红高粱家族〉葛浩文英译本为范例》，已于2017年2月发表于《成都大学学报》。

②《从葛浩文英译看中国文化的海外传播：以莫言〈师傅越来越幽默〉为蓝本》，已于2014年2月发表于《当代外语研究》。

③《谈译者文化身份对翻译的操纵——以莫言〈爱情故事〉葛浩文英译本为范例》，已于2013年6月发表于《辽宁师专学报》。

④《中国文化海外传播：问题与反思——以〈师傅越来越幽默〉葛浩文英译本为范例》，已于2015年5月发表于《乐山师范学院学报》。

⑤《浅析〈边城〉英译中的超额与欠额翻译——以戴乃迭译本为例》，已于2012年12月发表于《剑南文学》。

⑥《论〈傲慢与偏见〉与〈简·爱〉中的绅士形象》，已于2013年7月发表于《南昌教育学院学报》。

⑦《寻找中国文化海外传播的“灵药”——以葛氏英译为例》，已于2014年4月发表于《教育文化论坛》。

⑧《葛浩文翻译思想探究——以莫言作品〈人与兽〉翻译为例》，已于2013年

8 月发表于《无锡商业职业技术学院学报》。

⑨《〈孙子兵法〉文化负载词英译探析——以贾尔斯英译本为蓝本》，已于 2012 年 12 月发表于《剑南文学》。

4 主要经验启示

项目结题阶段，我们对上一阶段得出的分析加以验证和推论，深入分析葛浩文对莫言作品英译对中国文化海外传播的影响，通过讨论和推理的方式得出其内涵的文化本质和精神价值观内核。最终认真完成了本项目结题报告，并完成相关学术论文的写作，写作中综合考虑了译者文化身份及译者翻译策略等各方面因素对翻译的影响，体现了项目的全面性和完善性。

一年来的探索与研究，虽然取得了显著的成果，但是小组成员在研究工作中还是遇到了许多困难，主要有英文理解困难、国内外一手资料匮乏等。在今后的研究探索中，仍需根据具体情况，扩大视野并增进英译作品的阅读量，与外语界有名的翻译大师共同商讨学术问题，增强对翻译，特别是中译英的理解和认识，使得自身的英译欣赏能力、英译审美情感体验、英译表现能力、英译创造能力有所提升。

5 结语：最美的时光

项目申请阶段，我们课题组成员虽仍是大三学生，但已具备较为扎实的专业知识和执着的科研精神。我们虽已尝试学术论文写作，但在科研道路上经验未免不足，研究过程中可能还有许多不尽如人意的地方。如今想想，这是一次大胆的探索，是一段敢想敢拼的最美的时光。有了这个研究过程，我们才能发现自身的不足，继续改正缺点，完善乃至丰富自身的优点，不断探索、研究、扩大成果，尽其所能为深入研究，为中国文化的海外传播做出不懈努力！

我与国创的那些事和情

项目名称：全天然洗涤剂的设计、合成与应用性能
完 成 者：赵飞平，黄　正
完成时间：2009 年
推荐学校：湖南师范大学

每个人都梦想着在心灵地平线的尽头有一束芬芳的郁金香，然而，生命却都有不同的版本等待演绎。相同的年代，不同的际遇、不同的选择，缔造了不同的经历、不一样的人生。在我的心灵深处，一直有一个宝藏，虽然从未动声色，却如陈年美酿，愈藏愈香，如郁金香，愈开愈芳。不管是在故里，还是在异国他乡，她一直伴随着我成长。

第一次遇见国创，是十年前的这个时候，我刚念完大二。大学的前两年，阳光朝气，醉心于社团活动，大学念完一半了，像大多数同学一样，也很迷茫，不知道未来的路怎么走。幸运的是，那一年，教育部启动了国家级大学生创新创业实训计划。我们当时的院长尹笃林教授，也是我后来的国创导师，向我们宣传了这个计划，并鼓励我们申报。我突然发现了未来的方向，会后我组织了团队，找到了尹教授，向他提出想申请的想法，并请求他做我们的国创导师，他欣然接受。在导师的指导下，那个暑假，我第一次走进了学校图书馆的期刊室，一本一本地查文献、选课题、设计方案。

现在回头来看，创新项目的选题非常重要，当然对于当时的我们来说也很难。导师告诉我们灵感要来自于生活，去发现生活中的化学问题，并从化学的角度去解决问题。他也鼓励我们更自由地、发散性地去思考，但是要注意科学性和严谨性。我们当时发现生活中大量使用的各种洗涤剂，大多是以石油化工产品为原料，而且合成方法也不“绿色”。一方面消耗了不可持续性资源，另一方面应用起来也不安全，特别是餐具洗涤剂的残留物对人体健康有安全隐患。于是我们就想，能不能研发一种使用可食用物质为原材料的洗涤剂，在合成的过程中不添加任何有毒物质？我们打开书本，查找洗涤剂的机理其实就是表面活性剂的亲水亲油性。而食用油中有大量的亲油基团，味精谷氨酸中又有亲水基团。“厨房里的事情厨房里解决”，于是我们提出了以食用油和味精为原料，采用安全的合成方法，通过酯交换预期得到一种全天然的洗涤剂。导师让我们去查阅国内外相关领域的研究进展，避免重复研究，同时让我们也做了可行性分析。我们发现这个想法在当时是非常有学术价值和应用价值的。哪怕是今年 5 月我在法国参加 Green Chemistry 期刊举办的国际绿色化学会

议上看到有国际知名的研究组还在开展这方面的研究。最后我们的“全天然洗涤剂的合成及应用”项目被首届国家级大学生创新创业实训计划成功立项，并入选了我们学校的 4 个重点项目之一。

很多时候我们也在问，创新究竟是什么？在创新实践的过程中，我们究竟追求的是什么？心忧天下，敢为人先，经世致用，坚韧不拔。这是导师告诫我们的“湖湘创新精神”。要敢想、会想、敢干、会干，在创新实践的过程中培养创新思维和坚韧务实的人格。在项目立项以后，我们几个同学的干劲都很大，我把所有的社团活动都辞掉了。大三的专业课程比较多，我们就利用周末时间泡在实验室里。创新的过程不可能是一帆风顺，有喜悦，也有不成功时的苦恼。记得有一次晚上 9 点多，我在实验室得到一个产物，从实验现象观察其表面张力特别好，那时候我还是一个毛头小伙子，沉不住气，当时欣喜若狂，顾不得时间已经很晚了还打电话给导师。导师说很好，让我第二天拿仪器测一下，看看结果究竟怎么样。我兴奋得一夜没有睡着，第二天一大早就去实验室测了，结果并不理想，情绪一下又跌到了谷底。

我记得当时在学校的国家级大学生创新创业实训计划启动大会上，有一位教育部来的领导的讲话让我印象非常深刻。他说要理解失败、宽容失败，国家并不强求我们必须要在这一两年的创新实践中真的做出什么成果，只是希望在这个过程中培养我们的创新精神和创新能力，也许在十年或者二十年以后我们中的一批人能成长起来，那时候我们出的成果才更有价值！这给了我极大的信心。后来实验中遇到的每一次挫折我都没有畏惧。慢慢地，在很多次失败之后，我们开始学会了如何冷静地分析失败，找到失败的源头，找新方法解决失败。坚韧很重要，但是也不能丢掉灵活。在遇到难题的时候，不妨把目光移开，换一个角度，说不定就找到突破口了。我们当时的酯交换反应遇到瓶颈，屡次失败，后来我们就分析原因，发现可能是因为异相反应的缘故。于是我们就发散思维联想到精细化工里的一个微相反应，看那个例子是如何促进两个相里边的原料之间发生反应的，并将那个工艺引进到我们的反应中来；另外，我们也换一个角度，我们能不能直接使用油酸去与谷氨酸中的氨基反应呢。这样发散性的思维，往往能在山重水复疑无路的时候，柳暗花明又一村。而在这样不断重复的过程中，我们的创新思维和创新能力也不断地提高。当然这个过程也不是那么容易的，我们也有组员坚持不下去而中途退出了，但是幸运的是更多的组员坚持了下来。人类创造自我的行为，就是从重复积累的量变到发现、创新的质变。这个过程中，坚韧而不失灵活的思维是关键。

遇到一个好的创新导师也是很重要的。首先这个导师要有宽阔的专业知识面，要有灵敏的创新思维，要有耐心和指导方法。第一次上尹老师的课，他在黑板上就画了一个苯酚，然后让同学们一个一个地讲可能的工艺路线和产物，如何提高附加值。那一堂课，同学们的发散性思维都被打开了，下课铃响的时候，路线图画了一个黑板，但是同学们活跃的思维还是停不下来。在实验的初期，导师每周都与我们讨论一次，有时候还亲自进实验室指导。记得有一天晚上，我们在实验室里发现了一个有趣的现象，刚好导师还在办公室里加班，我们就去请导师过来看看。实验室里的时间总是过得很快，等我们做完实验的时候已经是 11 点多了，导师开车把我们送到江边宿舍门口，而宿管员已经把大门锁了。我们几个当时打算翻围栏进去，被导师制止了，他就站在我们江边男生宿舍门口，隔着围栏一遍一遍地帮我们喊宿管员："我是化工院尹笃林老师，学生做实验晚归，麻烦您给他们开一下门！"教育不是装满一桶水，而是点亮一盏灯——这是尹老师的教育理念，他并不局限于教给我们多少知识点，他更在意的是在这个学习过程中引导、激发我们的能动性，点亮我们的思维。尹笃林老师在 2010 年被评选为"湖南省教学名师"。非常幸运也非常感激能在我的国创路上遇到这么好的启蒙老师，让我们受益良多。

大三那一年的暑假，我只回家了两个礼拜，长沙 40 ℃的高温，也不能阻止我们继续沉浸在实验室里努力探索。大四的时候，我们的创新和努力也得到了产出。我们的项目成功结题，并被评为了优秀。我们的作品参加湖南省第八届大学生"挑战杯"科技作品竞赛并获特等奖，后来又在北京参加全国第十一届大学生"挑战杯"科技作品竞赛并获二等奖。当然，收获的不仅仅是这些，在参加国创期间，培养了我很好的实验习惯、敏锐的洞察力、发散性思维、坚韧的品质，极大地提高了我的科研创新能力，同时我的沟通、综合能力也得到了极大地提高。后来在研究生阶段，我被选拔获得了欧盟的 Erasmus 奖学金，并去东芬兰大学交换学习一年。修满学分以后，我又找了一个感兴趣的实验室，在那里实习了三个月。我在国创期间培养的各种优良的素质让我在实习期间如鱼得水，教授交代好方向以后，我马上就能独立开展工作。当然，这一切也都被实验室的教授看在眼里。在我交换结束回国以后，他又给我发来邀请函，让我过去全奖攻读博士学位。2015 年我有幸获得国家优秀自费留学生奖学金。芬兰的教授在导师推荐书里是这么写的：他是我所指导过的学生中科研创新能力最优秀的学生之一！

十年过去了，我们当时的国创课题也早已结题，但是我却感觉国创从未离开过我，如果说我在科研道路上取得了任何成绩，那也都是国创时期打下的基础。感谢国创培养了我，也感谢她这十年来默默地陪伴我成长。再回首，仿佛又看到十年前的那个盛夏，我们在资料室里埋头查询，在实验室里挥汗如雨；仿佛又看见十年前的那个深秋，我们的国创导师在深夜的寒风中对江边宿舍一遍一遍地为我们叫宿管员……马克思说："在科学的道路上没有平坦的大路可走，只有在崎岖小路上攀登不畏劳苦的人，才有希望到达光辉的顶点。"我也希望下一个十年，不辜负祖国和国创的培养，努力前行，继续在险峻崎岖的科学与人生道路上，百折不挠，永攀高峰。

国创，一场涅槃

项目名称： 城镇固体废物厌氧共消化产气技术研究与设备研制

完 成 者： 张彦鸿，王瑞鑫，卫晓蓉

完成时间： 2017 年

推荐学校： 华南理工大学

张彦鸿同学于 2015 年 4 月参加了“国创计划”项目“浓缩污泥复合调理剂的研制和调理技术的研究”，获优秀结题；并以项目负责人身份于 2016 年 4 月参与“国创计划”项目“城镇固体废物厌氧共消化产气技术研究与设备研制”且结题。

卫晓蓉同学于 2016 年 4 月参与“国创计划”项目“城镇固体废物厌氧共消化产气技术研究与设备研制”，并于 2017 年 4 月以项目负责人身份参与“国创计划”项目“Fe_3O_4 掺杂生物回收 Pd 及其催化双氯芬酸钠降解特性研究”。

我想，有故事的时光，是我的大学。

小学时，觉得大学遥不可及，有崇拜、羡慕又有点儿痴人说梦；初中了，也许是偶像剧看多了，期待着大学充满着惊喜或浪漫的色彩；高中呢，周六日都用在教室刷题，拼了命就为了能让父母脸上多一份光彩，能对得起彻夜奋斗的自己，最终拿到重点大学的通知书。那年夏天，空气是甜的。带着喜悦与憧憬，我来到了我的大学！大学里有很多新鲜事，第一次参加社团活动，第一次被面试，第一次一天的课表竟没被排满，好多这样的“第一次”。最能给我温暖的，是身在异乡却有同样话题的老乡群，那里有和我一同生长在黄土高坡的一群人。在老乡群里，我认识了我的一位直系师姐鑫鑫，我特别感谢能认识她，她是我大学路上的指路灯。有人说：“大学，可以没有荣誉，可以没有友情，也可以没有爱情，但是不可以没有目标。”大一刚来时，我也很迷茫，面试失败，适应能力慢，整天懒散不羁，无聊的日子里逛逛图书馆，周末转转新天地，一学期下来，没有参加任何活动也把自己过得很累。说实话我讨厌这样的大学生活，也讨厌那时的自己，没有目标，麻木了，也慢慢地把自己弄丢了。看着别人一点点地拿到属于自己的荣誉，心里有过不知所措，与此同时，在我内心燃起的，还有慢慢孵化出的危机感。

去年的四月份，仿佛还在昨天。一年的时间很快，我们每个人都在岁月和时光的雕刻下增多了些许的痕迹，也成长了许多。我真正的大学生活，是从去年四月份师姐的一句“师妹，我们一起参加‘国创’吧”开始的。在这之前，我刚步入大学的半年生活平平淡淡，毫无波澜。可谁又能想到，它改变我的不只是学术方面的研究兴趣，带给我的还有奋进的思想，积极的心态，彻彻底底地把我从一株苍白无力

的小草培养成一棵小树苗。树苗虽小但脚踏实地，拥有梦想。现在的我，特别感谢当时选择国创的自己，也庆幸自己能和师姐同一个学院，方便一起组队做研究。其实刚开始我也有点犹豫与不自信，也质疑过自己，我能和团队里的其他成员相处得好吗？它会占用我很多时间吗？我想不到创新的点子怎么办？什么基础都没有的我，师姐们会不会不喜欢我？幸运的是，在做国创项目的过程中，有师兄师姐们以及指导老师的耐心帮助，我的困惑都一一被解开了。

作为一个大一的学生，在理论知识上可能会有欠缺，但做国创本身就是一个探索的过程，面对它，我们不仅需要基础，更需要认真且持之以恒的态度。在实验的过程中，我们小组的三个人一起探讨学习，收获了知识，也培养了团队合作的精神。项目持续时间为一年，所以和指导老师的联系也不能松懈。一个月至少和老师交流一次，汇报项目进展，哪怕是十几二十分钟，既可以让老师了解我们的项目进度，提出建议，又可以对过去一个月的内容进行回顾与反思，从中发现问题并解决问题，为之后的实验开展打好基础。

当然，科研之路充满了挑战。每天有看不完的文献，实验过程中夹杂着刺鼻的气味，方案设计出现漏洞时的苦思冥想，还有预约不到测试仪器的烦恼等等，这些都曾令我头脑发热。转念一想，比起没有通过国创的同学和没有机会在实验室实践操作的人来说，我是幸运的，也是幸福的。科研之路并不是一帆风顺的，有了漏洞要及时弥补，及时纠正，要恳切听取老师和师兄师姐的指导和建议，多尝试，多思考，多钻研。记得我们第一次设计实验方案的时候，虽然自我感觉设计得很严谨，但实际操作时还是遇到了很多困难，比如第一组的水解酸化的实验，我们就重复了三四次，最后才发现其实有更节省时间的办法，但第一次实验，有许多探索的时间是必不可少的，这也让我知道了，以后在做事情的时候要尽量考虑周全，多了解不同的方法、筛选出最便捷的方法后再着手实验，由于厌氧消化的反应时间非常长，因此，合理有效的实验方案有助于缩短摸索的时间。还有其他问题，比如检测挥发性脂肪酸的时候找不到相应的仪器，找到了仪器之后又不会使用，或是找到了有经验的学姐但她们的仪器又坏了，于是我们只能自己摸索，但由于气相色谱是非常精密的仪器，我们不敢随意操作，于是只能预约工程师，又经历了漫长的等待时间。因为即将到寒假了，但我们水解酸化的样品还没有检测，气相色谱的问题一共持续了两个月都没有解决，样品越积越多，但这时候为了不拖慢实验进度，我们又开始准备产甲烷阶段的实验方案，心情也是十分的忐忑。因为我们第一阶段的实验方案与第二阶段的产甲烷阶段是紧密相连的，如果第一阶段没有数据就没办法进行下一阶段的实验。在这个过程中，我学到了很多东西，生活就是不断地产生问题、解决问题的过程，在这个过程里，我们就需要积极地推动，如果一直拖着不解决，那么进度就会一直搁置，心情也会大受影响。

在进行产甲烷阶段的实验时，由于产甲烷菌的生长条件是十分严苛的，所以经历了三四次的尝试后，均没有产气，但由于没有积极地查阅文献、查找原因，这一问题一直没有得到很好的解决。幸好，在这一过程中遇到了一个研究相似课题的师兄，他给了我们很多启发。他提示我们反应瓶中含固量是否过低，还提醒我们应该在瓶中添加一些缓冲剂。可见，我们在制定实验方案时，有很多考虑不周全的地方，因此在研究的过程中，并不是说制订好了方案，就不再认真研究论文了，只有多看论文，分析别人的实验成果，才能在自己的实验出现问题时找到问题的所在，在科学研究的过程中要时刻保持不骄不躁的态度，不断学习，这样才能不断提升自己。

在实验中，老师还要求我们设计一个反应器。一开始，都觉得这是一个不可能完成的任务，但是在阅读了很多专利之后，我们也有了一些粗浅的认识，那时候只是把别人专利中的创新点摘录出来，还没有形成自己的想法，但是随着实验的不断进行，认识到现有的厌氧消化反应器的不足之处，因此就根据自己在实验中遇到的问题来改进现有的反应器，设计出了有创新点的反应器。通过这个过程我认识到，虽然有一些问题看起来很难，但只要稍微改变一下着手点，就可以有不一样的收获。而且，创新来自于实践，只有通过实践才能发现什么东西是真正为我们研究所需要的。

实验过程中我深刻地体会到要认真、细致、严谨。有时候一些很小的错误都有可能会导致整个实验的失败；实验过程中实验室安全是非常重要的，因为在做实验的过程中，不仅要考虑到个人的人身安全，同时也要顾及别人的人身安全；了解清楚各种试剂、仪器的使用方法和注意事项之后再进行操作，否则会造成严重的后果。从事环保工作的人，接触的不是有恶臭的就是有毒的，如果以后要想在这条路上走远，就一定要把以前的教训牢牢记在心里。接触国创后我认识了更多的师兄师姐，变得更有自信了，在与他们的交谈中了解到很多在未来我也可能会经历的事情，毕竟他们经历的比我多。国创教会我敢于开口问别人，教会我凡事都要勇敢地迈出第一步，只有试试才知道自己能不能行！多认识一些师兄师姐，尤其是优秀的师兄师姐，是我这一年感受最深的事情。当然，最重要的还是国创带给我的自信，它让我看清楚原来我也可以把事情做得好，越是难做越要积极主动。所以，在大二的时候，我担任了班级的团支书，在班级管理和与同学相处等各方面突破自己；选择辅修金融，发展着自己的另一个小兴趣；于 2017 年 4 月以项目负责人身份申请了国创，这是一次挑战也是一次提升。原来，我在慢慢发光，我相信自己，我可以！

正值青春，路漫漫其修远兮，吾将上下而求索。多年后，我仍旧会记得那个春天中的春天，那个美好的四月！

不畏失败，不怕再来

项目名称： 具有分级孔隙结构的“绿色”含 N 碳气凝胶的制备及其超级电容性能研究

完 成 者： 童 星，胡艺洁，卓 浩，陈镇松，王尧尧

完成时间： 2016 年

推荐学校： 华南理工大学

1 学生参与“国创计划”情况

“生活不是一种循规蹈矩的模式，而是一种极富想象力的创造。你用任何形式去创造它，他都会有自己的美好。”——摘自比尔·波特《空谷幽兰》。

2015 年年初，大二过半，三个不甘于“循规蹈矩”天天看书上课的初生之犊在老师引领下，开始了一年的国创路程，希冀在科学这片神奇的土地上领略不一样的风景，实践十八九岁年纪里无处安放的想象力和创造力的需求。

作为一名资源环境科学专业的学生，自己当初是怀着“用可持续能源解决未来中国能源需求”的“高大”理想而考取本专业的，从踏进校门的那刻起就梦想着能立足于可持续发展，为“经济环境两手抓”献出自己的微薄之力。也是基于这种理念，我们将项目定位在绿色环保储能材料的制备上。具体而言，项目以生物质组分为前驱体，围绕碳气凝胶分级孔隙结构与电化学性能，探讨了多种新型碳气凝胶的制备新方法，系统研究了材料的分级孔隙结构、理化性能与调控途径，获得了具有优异超级电容性能及 CO_2 碳吸附性能的多种碳材料。项目的研究成果将为廉价、环境友好的碳材料的制备及其在能源存储、CO_2 吸附、催化等方面的应用提供相关的技术与高性能“绿色”碳材料。

经过与老师的沟通商讨，我们三个人各自负责一个领域，我负责纤维素基氮掺杂碳材料，另外两个队友分别负责纤维素基碳材料的 CO_2 活化和壳聚糖基氮自掺杂碳材料，在独立完成各自实验部分的基础上，我们相互探讨，激发头脑风暴，又相互融合，共同前进。

做实验的过程常让人备受挫折，尤其“万事开头难”，刚进入实验室就像“刘姥姥进了大观园”，备感基础知识不够用、动手能力不足，更重要的是难以独立思考进行问题的分析与解决。为了完成一个个看似简单的实验，得不断掌握不同的方法与技巧；为了解决实验当中的问题，得不断思考并不断学习课堂没有的知识与理论去分析，不断尝试探索问题的解决方法。这对于刚进实验室的“愣头青”而言无

疑是处处碰壁，实验不断失败。自责、自我怀疑、气馁的情绪接踵而来，当初对科学研究的所有美好的想象开始破灭。不仅是在实验过程里，在撰写论文的过程中，我们也需要面对更大的挑战。对于连中文论文都不知道如何写的我们来说，用非母语写出没有语法错误的 5 000 多字论文无异于攀登遥不可及的珠穆朗玛峰。大量英文科技词汇的积累与上百篇英文文献的查阅，各种数据分析和软件的应用，这些常常让人一对着电脑就感到身心俱疲，就像是一只羽翼未丰的雏鸟学飞翔般艰难。

但是，国创项目并非一场孤军奋战，它给予我们一个平台，让我们有机会去认识那些温和又诲人不倦的老师，那些靠谱又青春洋溢的队友，大家在相互扶持和探讨中共同前进。这是一段难忘的经历，它发生在我接触科研的初始阶段，却也是让我在之后做实验的日子里不断怀念的阶段。在这段经历里，我们充分落实着 1+1+1 ＞ 3 的理论，发挥着“团队”的力量。

胡适先生说：“怕什么真理无穷，进一寸有进一寸的欢喜。”

老师说：“科研就是从失败中汲取成功的过程。”

于是，在别人课余、周末、逛街、看电影、睡觉、游玩、回家的时间里，我们选择了在实验室里留守，几乎每个节假日都是在实验室中度过，与各种仪器、玻璃瓶子及研究生师兄师姐为伴，晚上经常是踩着点飞奔回宿舍。一次次的失败，一遍遍的重复，不断查阅文献，我们逐渐学会了在失败中学习与前行，锻炼分析问题与解决问题的能力，更逐步培养了科学的思辨性与思维方法。

就我而言，在经历了 9 个月失败之后，在几乎用掉了我所有节假日之后，终于获得了方案预想的结果，那一刻深深理解了“失败是成功之母”的真正含义。

在论文撰写过程中，盛夏的“热情”常常折腾的人半夜难眠，看着安静而空荡的宿舍和校园，想着家里凉快的空调屋更觉难熬。当然也有过放弃的念头，但看着坐在身侧同样战斗着的同伴，我选择了坚持与挑战。自己的第一篇 SCI 论文的草稿就在那个炎热暑假里艰难地诞生了。接下来是反复的修改，持续了 3 个月。2015 年圣诞前夕，我的第一篇 SCI 论文终于投稿；2016 年 2 月，对我来说具有里程碑意义的这篇论文被接收，这一刻，觉得所有的坚持与付出都是值得的。

我们的团队成员都是资源环境科学专业的学生，不同的几个人，因为这个项目聚在一起，碰撞出思想的火花。我们每个人都有自己的特质，有的人善于发现问题并积极提出解决思路，有的人善于整理并平衡团队状态，有的人极富创新意识，而有的人不怕失败的态度更是一直振奋着整个团队。我们相互学习，共同前进，各自能力都有所提高。

还记得项目之初我们走在路上，听到旁边有人讨论学术问题还觉得不可思议：休息的时间还过得这么学术，再到后来当项目如火如荼进行的时候，我们在食堂的饭桌上，也会不自觉地开始交流实验想法，共同解决问题，一顿饭下来，六目相对，我们不禁因这种转变互相调侃、哈哈大笑。我还记得我们在寒假、暑假、周末里，聚在实验室里为项目忙忙碌碌，在同学朋友们看视频、打游戏、出门逛街的时间里，彼此支持着，在实验室埋头苦干或者激烈讨论着；我还记得撰写第一篇论文时，我们肩并肩地趴在实验台前，一起被大量英文科技词汇、上百篇英文文献、各种数据虐得死去活来；我还记得我们在周末的晚上聚在中区饭堂，借着昏暗的灯光你一言我一语为 VCR 献计献策，所谓头脑风暴，我第一次对这个词有了切身的体验……很多事情别人听来很苦，觉得我们在枯燥中流失玩乐的大好光阴，可身处其中的我们，却每天干劲满满，意气风发；很多事情当时做来也确实辛苦，可日后回忆起那段光阴，只觉这些令我痛苦、挫折的时间，成为我大学中最无法忘怀的部分，最令人欣慰和怀念的部分。它变成了我的一部分，我成长的一部分，然后成为不觉面带笑容娓娓道来的故事与谈资。

就这样，我们“三剑客”一路并肩作战，师弟和师妹的加入更让我们增加了一种责任感和自我约束意识，树立起带头作用，共同为一个目标而奋斗。我们一路磕磕绊绊，又一路过关斩将，在这个成长的过程里，我们收获了丰硕的成果。

2 学生后续发展情况

国创结束了，但我的科研之路可以说才刚刚起步，国创所培育出的科研思维和创新理念，成为我日后实验过程的起步和萌芽。第一次发表论文的经历，更使我对失败与坚持有了深刻的理解，建立起不再轻易动摇的自信心。

在国创结题优秀的基础上，我撰写的论文入选了 2016 年大学生创新创业年会学术论文，并有幸参加了于厦门大学举办的大学生创新创业年会交流展示，不仅拓宽了自己的学术视野，更结交了许多志同道合的伙伴，愈发发掘科学研究的激情与有趣。这些成果与经历又进一步得到了正向反馈，我们参加了广东省材料创新大赛，并获得了分赛区一等奖、总决赛二等奖的成绩，在挑战杯省赛上，我们团队再次荣获二等奖的成绩。现在，我作为负责人立项了广东省大学生科技创新培育专项资金，正在为进一步的成长而拼搏与努力。

国创让我推开了科研的大门，让我从“我不知道”到“我想”“我敢”，再到“我知道我能”，它带给我的经历与经验使我在接下来的两年里不断地自我更正与鞭策。

如今，我们的团队成员有两人成功保研、两人出国深造，另有一人被公司挖掘开始踏入工作岗位。在各自的领域里，在未来的时间里，我们有信念，也一定会努力向前，为我们的梦想和目标不断奋斗。

3 主要经验与启示

国创几乎陪我跨越了人生的一个阶段，在这个阶段之前，我将大学作为一个社会缩影，在这里学习、生活和工作。虽说从小就有当高校老师的意愿，但对相关能力要求一知半解、眼高手低。参与国创的过程让我逐步推开了科研大门，开始学会思考为什么以及怎么做，时刻警醒并保持思辨的态度。可以说，国创将我引上了科研这条路，并影响了我之后大大小小的选择。小到一天的时间安排，大到职业规划，甚至对于人生的看法。

未来道阻且长，但既然选择远方，便只顾风雨兼程。我希望自己也能永远像 19 岁那样，在科学研究上保持激情与向上向前的勇气。不畏失败，不怕再来。无论走得多远，都不会忘记自己为什么开始，从哪里开始。

如今站在研究生这个新的起点，希望自己能秉承着初生之犊的韧劲和坚持，保持成长的态度，不断努力。加油!

“国创计划”，我们人生浓墨重彩的一笔

项目名称：基于移动时空轨迹挖掘的目标人物识别与追踪算法的研究

完 成 者：王鑫同，杨俊杰，黄锋涛，颜启发，吴天锋

完成时间：2015 年

推荐学校：华南理工大学

若不是刻意回想，不曾想过，“国创计划”项目结题已经有两年之久。但申请“国创计划”项目之时心中的忐忑、师长的鼓励依然深刻。我与“国创计划”共成长，大概，“国创计划”对我的意义，除了让我的履历更加丰富，更重要的是让我找到了自己所热爱的事情。

2014 年的夏天，在项目组指导老师的鼓励下，我开始组队申请“国创计划”项目。在这之前，“国创计划”于我，是个遥不可及的梦。因为在我心中，只有少数极其优秀的同学，才有机会能够申请到“国创计划”项目。在立项答辩的那一天，我们 5 个小伙伴，在北校正门中山像前合影留念，我们想，我们的国创之旅多半到此就结束了。立项公布的那天，是导师给我打的电话，为我们成功立项表示祝贺。从那时起，自信的种子在我心中开始根植。如今，在“国创计划”项目结题后，我又先后完成导师承担的各项省级、国家级项目以及企业横向委托项目。再次回想当初，立项的成功绝不仅仅是自己所想的幸运，而是因为课题的新颖度、实用性，在导师指导下反复修改的申请书的完备可行性，立项答辩现场自己 PPT 的可观赏性，对内容的熟识度，以及表达的流畅和自信等。

立项成功之后，按照立项申请书的计划安排，老师每周都会与我们讨论，分配任务，对上周的任务进行检查与指导。那段时间很苦，作为计算机的学生，大二的课业极其繁重，项目的内容涉及分布式存储与计算，这是本科生所涉及不到的课题。就这样，边学边做，常常通宵写作业，周末的时间也全部用来完成项目任务。在导师的参与和指导下，我们就像钟表的指针，不快不慢，一点一点向前迈进，一刻也未曾放松，一刻也不曾放弃。

黄锋涛负责前端开发，吴天锋和杨俊杰负责后台开发，颜启发负责数据传输以及可视化性能监控，而我负责掌控整个项目，要对项目的每个开发细节非常清晰，还要负责项目论文的撰写、专利及软件著作权的申请，更重要的是在大家懈怠时，及时为大家加油鼓劲。记得寒假的时候，我们为了加快研发进度，在实验室的小会议室里集中开发。那段时间，我们常常做到很晚才回到宿舍，望着天上的星星，虽然很累、很困，但是身旁有伙伴的陪伴，似乎更多的是充实和快乐。就这样，在假

期结束后，我们的项目就全部完成。后续，在老师的指导下，我也顺利完成论文、专利、软件著作权的撰写。2015 年的 5 月专利获得受理公示，软件著作权也正式获得。2016 年的 5 月论文被 EI 国际会议 IEEE DSC 2016 全文接收。

“国创计划”项目完成后，正值大三实习，我们组同学的实习企业在学院都是最好的。杨俊杰被华为录为实习生，颜启发被腾讯录为实习生，黄锋涛先后被有米科技、百度录为实习生。我和吴天锋希望继续攻读硕士学位，留在实验室继续科研。9 月份，我们 5 人全部获得保送资格。杨俊杰、颜启发和黄锋涛志在工业界，杨俊杰在华为实习后获得转正机会，放弃后被网易杭州研究院正式录用。颜启发在腾讯实习后获得转正成为正式员工。黄锋涛在百度（深圳）实习后，因为想看看北方的雪，被百度（北京）总部录用，也是当年学院唯一被百度录用的同学。而这得益于“国创计划”的经历，得益于“国创计划”教给我们的刻苦勤奋、执着追求、严谨专研的品质。

可以说，“国创计划”让我发现了一个更好的我。在这之前，我还是一个不自信的普普通通的学生。“国创计划”让我承担起负责一个科研项目的责任，让我有机会参与到科研项目的每一个环节，让我能够得到老师专业的指导，能够得到“国创计划”资金的支持。“基于移动时空轨迹挖掘的目标人物识别与追踪算法的研究”项目获得该年计算机类唯一优秀结题项目，获得泛珠三角大学生计算机作品赛全国总决赛金奖。我们项目组发表论文一篇，获得软件著作权及专利各一项。“国创计划”为我们 5 个人的简历都添上了浓墨重彩的一笔。

“国创计划”让我体会到科研创新的满足感和幸福感，让我获得了难能可贵的友谊，让我在一帮优秀小伙伴的影响下，刻苦求学，最终成为全年级第一名，获得国家奖学金，获得优先推荐免试研究生资格，让我可以继续做自己想做的事情……而这一切都是始于“国创计划”。

国创启航，淬火成长

项目名称：交互式三维脸部表情及中文口型动画研究

完 成 者：莫拉漫，蒋 挺，邓 启

完成时间：2010 年

推荐学校：桂林电子科技大学

1 序 言

只有启程，才会到达理想和目的地；只有拼搏，才会获得辉煌的成功；只有播种，才会收获秋天的硕果。只有追求，才会品味成功的喜悦。这是回顾我国创历程的深刻感悟。

2 机缘巧合、国创启航

我与“国创计划”的结缘，更多是源于对动漫的热爱。我从小喜欢动漫，而我的名字中也非常巧有一个“漫”字。人生总是有些事在不经意间联系在了一起。机缘巧合下，2007 年，我带着对动漫的热爱和对动画制作的好奇选报动画专业，并进入桂林电子科技大学成为一名动画专业学生。我在大二的专业课上接触到“三维角色动画”课程时，李旭老师向我们介绍三维动画技术，讲解了如何制作三维动画和虚拟人物角色。我虽然懂得了三维动画创作的基本原理，但是真正要把一个鲜活的、富有生命力的虚拟的人物角色创作出来，却并非易事。从课程中我了解到，对于三维动画角色的动画研究主要分成两个方向：一个是模拟真实人物，另外一个是趣味化卡通角色。不管是哪一种类型，表情以及口型动画对于虚拟角色的表现都非常关键。角色脸部动画主要涉及了两个方面的内容：脸部造型以及脸部表情口型动画。人物角色脸部的复杂肌肉结构，使得脸部表情非常丰富，因此，如何能模拟出逼真的人物角色表情及口型动作，对于三维动画的创作来说都是至关重要的，但是如何能更高效率、更高质量地进行三维角色动画的创作却是一个难题。

三维动画课程作业要求我们以小组的形式共同完成一部三维角色动画短片，但想要高质量完成这一创作并不是那么简单。我通过课后查询资料得知，对三维人物角色表情以及中文口型动画的研究资料相对较少，尤其是对中文口型动画的研究更

为稀少，大部分三维动画影片的口型动画采用手工调节方式制作，工作量巨大且制作效率低下，特别是长篇三维动画创作方面的问题尤为突出。国外制作表情动画运用较多的是光学式动作捕捉系统，其原理是通过对替身演员脸部上特定标记点跟踪来完成动作捕捉，通常需要充足且固定的灯光和单色背景，在演员面部点贴上无高光、无折射的感应色点，通过定位相机拍摄演员表情变化，然后对保存下来的序列图像进行标记点运动轨迹分析，从而通过获取表情运动数据来制作表情动画。这种方法对摄像机及光学捕捉的设备要求高且系统价格昂贵，一般在校的动画专业大学生难以承受。我同时也了解到常规利用三维动画 Maya 软件中的 Blend shape（融合变形）制作表情及口型的方法，其原理是根据角色表情动画复制若干个头部模型，通过改变其结构顶点位置来塑造出不同的表情模型，再将这些表情模型通过融合变形的方法作用于目标模型上，最后通过调节控制器来控制角色的表情及口型动作。该方法虽然可以实现表情及口型动画效果，但不方便修改和添加新的表情，最致命的一点是该方法只能对预先设定的表情模型有效，因此，通过融合变形的方法来制作表情及口型动画效果十分受限。课后我在想：三维动画表情和中文制作都是这么麻烦吗？有没有其他更好的解决方法呢？于是我去请教老师，李老师听后说："有这个想法很好啊，你们可以试试，现在正好是'国创计划'项目的申报，何不考虑以此申请'国创计划'实践项目呢？"于是我们小组便以"解决实际问题"为出发点，力求给问题一个圆满解决方案的原始想法，提交了"交互式三维脸部表情及中文口型动画研究"项目的申报书，并最终获得立项，我的国创之旅就这样开始了。

3 笃行致新、突破自我

项目开始之初我了解到，国外是通过开发相关软件来简化工作量，然而我们不能直接套用国外软件来制作中文口型动画，因为国外的插件是针对英文口型开发的，并不适合中文口型。因此必须专门针对中文口型动画进行研究才能解决这个问题。通过小组研讨，最终我们一致认为：要简化现有角色表情以及口型动画的步骤，让动画设计师从繁杂重复的调制工作中解放出来，应该通过以曲线和汉语拼音文本来生成口型动画，开发一个专门支持中文口型的动画生成系统，来完成角色的口型动画制作，从而大幅度提高三维动画角色表情及对话口型的创作工作效率。然而要实现这些功能并不简单，首先我们希望这套表情口型系统有较强的可塑性及兼容性，可以与不同版本的 Maya 软件兼容，这就需通过 Maya 的内嵌式语言技术，运用 MEL(Maya Embedded Language) 语言以及 Python 语音与应用软件连接，实现系统与三维软件完美的结合。其次，该系统的功能应较为齐全，应同时具备人物表情动画制作以及中文口型动画制作两大功能，这样才能将三维虚拟动画人物角色塑造得更加完美，因此需要我们深入了解中文的发音特点、口型特征、脸部肌肉对表情的影响；最为棘手的是，完成整套动画口型系统需要的知识远远超出我们的储备。对于艺术类学生来说，阅读和学习计算机编程知识，就像看天书一样。动画专业并没有专门开设相关的课程，需要我们从零开始学习相关编程知识，通过不断地自主探索、实验并最终运用到项目中去。但面对困难，我们并没有退缩，而是迎难而上！

确定了研究目标，有学校和老师的支持，借助兴趣的驱动，我和团队几乎废寝忘食，把所有的课外时间都投入到项目的研发中。为了加快研发进度，暑假蜗居在由车库改装成的工作室中，继续研究。桂林的夏天，太阳十分火辣，小车库中又闷又热，晚上蚊虫也非常多，大家经常被叮得满身是包，即使面对这么艰苦的环境，依然没有动摇，艰苦的环境更加磨炼了我们的意志和能力。项目中涉及各种技术难点：脸部表情特征点提取、人物角色脸部的复杂肌肉结构分析、汉语拼音声、韵母发音分析、声韵母发音口型特征、骨骼绑定及控制器设置……在一个个平凡的日子里，我们围绕着项目中这些技术难题进行头脑风暴、流程规划、系统测试、方案讨论，无止境的“Kill My Babies”(将项目视为自己的 baby，不断地推翻重做)。在实验室与计算机专业的学生交流学习，不断突破固有思维模式，相互建立更默契的团队合作关系，相互接受意见和吸收新知识。正是在许多次的挫败与突破中看到自己的潜能，在不断的跌倒、迷失、爬起、努力、突破中前行，在这些过程中也让我看到我们团队的潜能以及创造出来的无限可能。

记得在我们刚开始试验的时候，由于经验不足，获取相关资料少，造成了拼音口型分类产生混乱，把“m”的口型划分到了一个错误的分类中，导致在实际调试的时候，由于缺少“m”这个口型，口型动画无法识别，动画效果畸形。在我们经过全面的口型比对以后，确定把它单独作为一个分类，并且把相近的“b”“p”口型分到了“m”类型下面，最终完成全部口型的基础分类，并取得良好的效果。如果我们当时不能耐心细致地解决这个问题，整个项目极有可能流产。同时该研究项目最终的成果是一个 Maya 交互式插件，但那个时候既懂三维动画原理又精通软件开发编程的同学凤毛麟角，而我们只会一些 Flash AS 的简单功能，而口型系统的开发需要运用 C# 语言、MEL 和 Python 等相关知识，在这种情况下，我们团队在实验室里，翻遍了互联网和 Maya 帮助文档，努力把这个插件的脚本完成。在这段奋力攀登国创高峰的日子里，我们充分理解了“痛并快乐”的含义，收获着在思绪“停滞不前”时，通过发散思维、大胆猜想而得到的不经意间的 “柳暗花明又一村”的喜悦；感受着当个人能力不足时，队友及时伸出援手的同学情谊。也让我们体会到任何一个突破性、创新性的成就都是经过这样“平凡且有点枯燥”的过程后一步步得出来的。国创之旅，包含着艰辛与拼搏，创新与激情，在不同的时刻却都见证着同一种期待，期待全新突破的自我！

4 厚积薄发、追逐梦想

寒来暑往，经过团队的齐心协力，“交互式三维脸部表情及中文口型动画研究”创新实践项目在2010年9月被学校推荐参加第三届全国大学生创新论坛。得益于学校教务处的大力支持和老师们的精心教导，我和团队不负众望，在众多的参赛作品中脱颖而出，获得了“我最喜爱的十件作品奖”荣誉称号。对于我们项目组每个人而言，收获的远远不止掌声和荣誉，同时还懂得了思考如何在团队合作中进行有效的交流，学习如何取长补短，真正发挥团队的力量。阶段性的成果不是我们的最终目标，实践项目的完结只是我们新的探索征程的开始，为的是让项目的成果得到更进一步的推广和应用。在大四学年里，我带领团队进一步对其完善和拓展研究，寻求新的突破，我们要用自己的行动践行着桂林电子科技大学的校训——正德厚学、笃行致新！

虽然原来设计的系统已经实现了当初预想的目标，但是仍然存在不足，距离真正应用于实际生产还有距离，系统的口型识别度还需要进一步提高，同时我们也希望加入全身骨骼动作捕捉功能。导师再一次给了我们充分的鼓舞和支持，提供条件让我们寻求进一步的研究突破。经过深入调研我们发现，随着NI自然交互技术在消费级市场的普及，通过运用自然交互摄像硬件可大大提高动画角色口型及全身骨骼匹配的效率以及准确性。为了更好地解决这个问题，我们团队着手实现了一套基于NI交互的交互式动画动作捕捉系统。

有了这个系统之后，就相当于把NI自然交互的技术“移植”到了口型及身体匹配系统上来，在系统上加载NI交互摄像头，实现人体脸部及人体骨骼系统的追踪和定位，并将产生的相关信号回传给动画虚拟骨骼系统，完成表情口型及肢体骨骼的数据输入，以此驱动角色动画。这一成果获得了广西壮族自治区第五届“挑战杯”大学生课外学术科技作品竞赛二等奖，同时这一成果被推荐参加教育部举办的2012中国—东盟职业教育联展暨论坛并获得了优秀作品奖。

不经历风雨，怎能见到彩虹。在光彩的背后，只有自己知道在系统升级研发过程中所遇到的挑战和困难。新课题中的NI交互识别、表情特征点抓取、三维深度图像重建等技术难题，让我们又一次搏击在知识的海洋里，追逐着我们的梦想。

5 不忘初心、继续前行

时光荏苒、白驹过隙，转眼过去6年，2011年本科毕业后，项目团队成员蒋挺同学远赴美国旧金山艺术大学继续深造，汲取更多的专业学识；邓启同学到了上海自主创业并担任上海磐火网络公司主管；我来到了腾讯公司成为一名设计主管，在创新的道路上继续谱写新篇章。感谢“国创计划”，感谢桂林电子科技大学，感谢教务处郭庆处长、感谢艺术与设计学院彭馨弘、李旭老师给予我们的支持和帮助，让我度过了充实而精彩的大学生活。当我带领团队完成企业创新项目攻关时，当经受了种种挫折和考验时，是国创精神点燃了我们的理想之灯，一直照耀前方的路，让我们不忘初心，继续前行！

从入门到精通，我的 3D 打印之旅

项目名称： 3D 打印技术在建筑构部件生产中的应用

完 成 者： 张子豪，关慧凝，王　雷

完成时间： 2017 年

推荐学校： 重庆大学

1 学生参与“国创计划”情况

项目创新点：

自主设计并制作了两种新结构熔融沉积工艺 3D 打印机（全丝杆式、柱坐标式），并可实现工件高速度精度三维成型（图 1 、图 2）。

自主设计并制作了一种多进料口的 3D 打印喷头，可实现混凝土、巧克力、生物凝胶、聚乳酸树脂等不同材料交替混合挤出成型。

创办了 3D 打印线上云服务平台与 3D 打印淘宝网店，提供全套 3D 打印技术支持。开发出 3D 打印重庆大学高端校园纪念系列产品。

团队成员创办了“重庆大学 3D 打印协会”学生社团，已经成为重庆地区最有影响力的高校创客团体之一。

金丝杆 3D 打印机：轴全部用丝杆模块传动

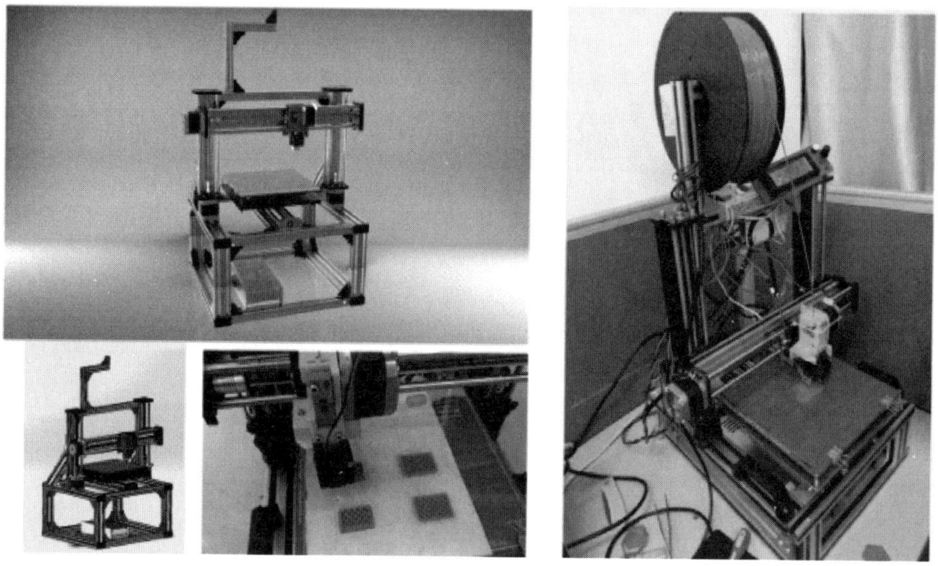

图 1　全丝杠传动 3D 打印机设计图与实物图

圆柱坐标 3D 打印机：采用柱坐标进行空间传动定位

图 2　柱坐标 3D 打印机设计图、实物图

曾参加的国家级学科竞赛情况如下：

参加第九届全国大学生节能减排竞赛并获一等奖，参赛作品为：基于 Arduino 单片机的三色混合 3D 打印节能型喷头。

参加第九届“高教杯”全国大学生先进成图技术与产品信息建模创新大赛并获一等奖，参赛作品为：三色混合 3D 打印机。

参加第九届“高教杯”全国大学生先进成图技术与产品信息建模创新大赛并获一等奖，参赛作品为：雨燕新型灾后搜救固定翼无人机。

2 学生后续发展情况（预计）

张子豪：计划攻读同济大学交通运输工程学院轨道交通方向硕士研究生学位。

关慧凝：计划攻读东南大学建筑工程方向硕士研究生学位。

王雷：计划攻读同济大学材料科学与工程学院建筑材料方向硕士研究生学位。

3 主要经验与启示

我是重庆大学 2014 级土木工程学院建筑工程专业的张子豪，在“国创计划”项目“3D 打印技术在建筑构部件生产中的应用”中担任项目负责人。项目自 2016 年 6 月正式立项以来，在导师和各方的大力支持下，团队的小伙伴们一起努力攻关，历经无数次坎坷，最终硕果累累，以“优秀”的等级结题。更重要的是，“国创计划”项目平台让我们接受了系统的科研训练，接触到最前沿的制造知识，这对于继续深造是大有裨益的。这篇文章回顾了我在 3D 打印领域从懵懂的“新手小白”开始，通过不断学习，最终能够独立设计制作3D打印机并且能对商业3D打印机提出改进方案。

第一次接触3D打印是在大一上学期，学校的金工车间里购置了桌面级的3D打印机，当我看到3D打印机制作的精致镂空建筑模型、精巧棘轮机构、栩栩如生的人像时，完全被它的魅力所吸引。智能、快捷、自动化、私人订制……“工业4.0”原来一直就在我们身边，我当时就决定在这个领域搞出一片天地。

2014年11月，同济大学举办了首届国际大学生3D打印机设计邀请赛，重庆大学机械学院派出的代表队获得了特等奖（冠军）。学长们在短短一个月时间内，自主设计、三维建模、采购零件、组装、调试出一台高精度的并联臂结构3D打印机，在比赛中大放异彩，当时我特别希望加入他们的团队，但因为缺乏基础被学长婉拒。学长告诉我，3D打印是一项跨学科的领域，涉及机械、电气、自动化、材料、通信等多项领域，不但需要扎实的学科基础与开阔的视野，更需要工程师的匠心和实际组装调试经验，这些需要通过大量的理论学习和动手操作才能获得。但在当时，3D打印行业在中国刚刚起步，市面上找不到完善的教程学习资源，学校也没有相关的组织，甚至很多老师都没见过3D打印机。但好在重庆大学工科背景雄厚，在2015年年初，校内有五支本科生团队在从事3D打印相关技术研发，但这五支团队各自为战，互相没有交集，我正好都认识他们，于是我萌发了一个想法：成立重庆大学3D打印协会，把大家组织起来，共享资源、场地、技术。在小伙伴们的支持下，这个想法得到了机械工程学院副院长任亨斌老师的大力支持，社团于2015年秋季正式成立。经过两年的运营，已经超过四百人，成为重庆大学最大的科技创客社团，涵盖了重庆大学所有工科学院的本科生和研究生，连续两年被评为重庆大学优秀学生社团。社团的一项重要活动就是为校内同学免费开设3D打印的全套课程，包括电路接线、机器结构、组装调试、三维建模、单片机编程、上位机控制、参数最优化等全套3D打印领域所需的基础知识，这个课程也填补了当时国内的空白。2015年我和副社长贾灿同学前往清华大学参加第二届清华创客节，大家都对这个课程非常感兴趣。

我的第一台3D打印机是在大二下学期组装的，因为对基础理论很熟悉，在组装之前我们认为很快就可以搞定，但是到了真正实际组装时，才发现动手实践中会发生很多理论上无法预测的问题，大到机架尺寸的测量、同步带的张紧、供电安全，小到每一颗螺丝的拧紧、电线的排布、每一行单片机代码的调试。组装完成后，还遇到许多“幺蛾子”事件，比如电脑和3D打印机无论如何也无法建立连接，经过排查后发现是电路板在安装的时候复位按钮被按了下去，导致电路一直处于重启状态。这些问题是理论预测不出来的，只能靠大胆的推断、严谨的排查和丰富的经验来解决，这也正是我们“工程师思维”的最早来源。

在组装好第一台3D打印机后，我遇到了对我影响非常深远的科研导师：重庆大学物理学院副院长刘雳宇教授，他是“青年千人计划”入选者，他放弃了在美国普林斯顿大学优厚的待遇和科研条件，毅然响应“青年千人计划”的号召回国创业并且在重庆大学扎根，从事精准医疗和生物 3D 打印研究。在我们第一次见面后，我们一拍即合，相见恨晚。他为我们的团队提供了一间小工作室，并且提供了全套的德国工具以及丰富的社会资源。在他的课题组中，可以提出天马行空的构想，也可以使用很多最先进的仪器设备，作为一个本科生，我在全校科研条件最好的实验室中度过了难忘的半年。我也抓住了这个机会，在实验室一住就是三个月，在此期间，我们团队完成了“国创计划”项目的立项、全国大学生节能减排竞赛、全国大学生先进成图竞赛的作品设计制作，在之后大三的第一学期，又在实验室中完成了全丝杆 3D 打印机的设计制作、柱坐标 3D 打印机的设计制作。

我们“国创计划”项目的指导老师是重庆大学机械工程学院副院长任亨斌老师，他同时也是金工车间的负责人。我们利用这个得天独厚的条件，系统学习了我们本专业不会学到的机械加工技能，包括车床、钳工、铣床、刨床、磨床、钻床、冲床、焊接、激光打标、激光切割、表面淬火、热处理、镗孔、铸造、数控机床、加工中心、电路板焊接等传统机械加工工艺。这些实训项目都有非常强的实践性，也是作为一个工程师的必备素养。

到了 2016 年 10 月，“国创计划”项目已立项四个月，我们决定自主设计一款 3D 打印机：全丝杠传动 3D 打印机。有了之前组装商业机的基础，我们迅速制定了计划：绘制机架尺寸草图、确定零件清单、购买铝型材和零件、三维建模、工业设计、机器组装、电路接线、单片机固件烧录、机器调试与排线。这款 3D 打印机四个运动轴全部采用丝杠传动，通过螺母和丝杠的相互旋转进行传动定位。但在最后调试的时候发现，x 轴和 y 轴总是处于较高速运动，而螺母和丝杠在运动时会产生很大的阻力，在电机扭力不足时，会造成步进电机丢步，进而导致模型打印错层。这个问题是整个项目解决的核心问题，我们用了半年时间构思了各种方法尝试解决这个问题，比如采用导程更大的丝杠、扭力更大的电机、阻力更小的滚珠丝杆、涂抹润滑油、改变电机驱动芯片的电流、采用双螺母结构进行重复定位……最终，问题得到了解决，当它顺利完整地打印出第一个产品时，那种感觉就像看着自己的孩子终于成才，我们团队成员都长舒了一口气。

我们的团队除了泡在实验室之外，还广泛参加了社会活动。在 2016 年 12 月 17 日，我们团队受邀参加了重庆市首届创客节并发表了长达半个小时的演讲。我们参观了清华大学生物增材制造中心、中国建筑科学研究院、同济大学的工业 4.0 实验室。我们建立了 3D 打印云服务平台和淘宝网店。在 2017 年 5 月 14 日的重庆市优秀大学生优秀创业项目展上展出，并得到了重庆市副市长屈谦的夸赞。

我们还开发了全套的重庆大学 3D 打印校园纪念品，包括校内地标建筑、著名人像、景点虚拟现实三维模型建构。著名导演黄磊先生在 2017 年 5 月来访重庆大学，学生会将我们 3D 打印的重庆大学校门纪念品赠送给了他，他夸赞道“非常漂亮”。著名作家郑渊洁先生来访重庆时，得知我们自己设计制作 3D 打印机，表示非常赞赏，专门发了一条新浪微博，当时很多朋友都看到了这条微博，纷纷向我表示祝贺，我感到非常幸福。

回顾整个“国创计划”项目，发现它不仅带给我基础的工程训练，也带领我走进前沿、接触尖端技术。如果没有“国创计划”项目，我可能永远不会自己主动去组装一款机械，更不用说自己独立设计组装制作 3D 打印机这样的精密数控设备和高端智能装备。“国创计划”项目让我代表重庆大学参加了多个国家级竞赛，我们在为校争光的同时，更加感谢重庆大学提供的科研沃土，以及几位指导老师提供的优质资源和大力支持。为了“国创计划”项目顺利结题，我和小伙伴们牺牲了几乎所有的假期和周末，但事实证明，专注的投入换来的是丰硕的成果和强悍的科研素质。

与国创的不解之谜

项目名称： 石墨烯、氧化镍和聚吡咯的三元结构超级电容器的制备及性能研究

完 成 者： 张俊铭，康晓娟，孙小雯

完成时间： 2016 年

推荐学校： 重庆大学

1 学生参与“国创计划”情况

时光荏苒，四年的大学生涯即将结束，回首四年的喜怒哀乐，从一名懵懂无知的学妹到初探科研的学姐，我走过了许多路，期间有磕磕绊绊的迷茫，也有收获成果的喜悦。在此，我想浅谈“国创计划”在我生命中留下的痕迹。

犹记大一入学时，对一切都充满了激情与活力，最爱做的便是参与大大小小的各项讲座活动，听过学长学姐的科研经历，也得到了诚恳的指导与建议，默默地在自己小小一方白纸上记下了“国创”“科研”的念头。想来也是巧，当时还不知道如何收集信息的我,机缘巧合之下竟渐渐走上了科学研究之路,最初刚刚露头的想法就如此生根发芽了,并且还贯穿了整个说长不长说短不短的四年大学生涯。其实有时候自己的人生就是被内心的一丝小念头所指引，感觉像是命运的捉弄，但却是潜意识的无限放大，我一直秉承着一个原则以安抚内心的浮躁与惶恐，若是不知道未来会如何，就坐下来学习，这总归是没错的，比起在狂欢中透支自己要强得多。于是，我有幸参与了我的指导老师张育新教授的“科技文写作”课程。而在随后的时间里，有关国创申报的消息铺天盖地地袭来，我与两名同学一起组队，跟着指导老师张育新教授，开始了我最初的科研之路。

在经过初步实验的动手尝试和了解规范要求后，我开始了属于自己的第一个项目——硅藻与能源的应用，也正是通过这个项目，我尝尽了心酸与喜悦。最初实验室对硅藻还没有那么多的实验结果支撑，因此要想开展这个课题的研究最重要的就是文献的查找与阅读。我一开始对“硅藻”这个名词真是完完全全的陌生，只能从字面上推断这可能是一种藻类植物，对它有什么特殊之处全然不知。最开始，我上百度粗略地看看简介，而后，便开始在漫漫数据库的长路中趔趄前行。我渐渐发现现实的迷茫其实都是源于知识的匮乏，没有对大局的全面把握能力是因为自己的知识储备不足以支撑站在巨人的肩膀上看问题，这便不易提出一针见血的见解。曾有人说科研工作有点像侦探，在工作时要能留意每一个细节并且有很强的联想与分析能力，尤其是当结果不是事先预料到时，能否抓住这些意外并去做进一步研究与分析，

还是不以为然地予以忽略，这就取决于长期积累的科学素养。都说科研的重大突破一般来自于一场意外，有许许多多故事都会突出科学家们的“碰巧”发现。其实能不能抓住这些巧合完全在于头脑是否已经有所准备，若是没有一定的知识积累与坚持，没有长时间的冥思苦想，是不会有“碰巧”发现的，因此不能只期待研究过程中的“碰巧”，而是要认真走好科研的每一步，打好基础才是最重要的。所以在中外文献的轮流轰炸下，我也慢慢摸出了门道，中英文的专业词汇、现象的反应机制、国内外研究进展等，在我脑海中铺开，我运用逻辑思维将硅藻的能源应用分为几大部分，最后逐一突破，进行文献的二次查阅。至此，最初的准备工作算是告一段落，然而时间却整整持续了一年，其中，如何进行时间的合理分配以及提升工作的效率也是我在这一年间里要慢慢摸索和改进的重点。关于如何分配时间，尤为重要的就是不要一口吃个胖子，过高的估计自己的能力就会很容易遭受打击，从而提不起兴趣。任何事物都要随着实际情况不断地进行修改和更正，给自己制定计划的时候不能一概而论，有些事情需要长时间就安排长时间。当疲惫到无法集中精力时就要学会去适当的放松，只有在自我反思中进一步认识自己，才能高效制订并完成计划。

在准备好后，就要开始对论文进行从无到有的突破。首先要将论文的大体结构框架构建好，然后便可以有针对性地往里面填充内容，这种论文追求的是逻辑的严谨性和原理解释的准确性，每一条结论都有与之对应的说明阐述，因此，需要时刻对全文有宏观的把握。刚开始的时候，我将看过的文献中的有特色的句子或者词语的使用方法记下来，时常翻阅，以便在写作的时候不至于无从下笔，这就如同写作文要积累好词好句的道理是一样的，语言虽然不同，但总归还是存在共同之处的。初稿基本完成后，就需要仔细检查论文的格式。例如，标点格式是否正确、引用文献的书写是否齐全、排版是否完好、是否有语法或者拼写的错误等，这一步往往是最需要静下心来慢慢做的。而后就是一遍一遍地返稿修改的过程了，过程中可能需要补充大量文献或是修改所写文字。正是因为这种高要求，论文在投稿后才会得到对方的肯定，最终顺利地发表。因此，在科研的过程中，要留心每一个细节，并且要具有较强的分析、联想能力。“认真”的品质对做科研而言是非常重要的，只有对研究的问题认真的人，才会勤于思考，深入钻研。科研工作最忌讳粗心大意、丢三落四，虽然我们听说过大科学家在生活中一些滑稽的故事，但是在科研上，尤其是进行实验操作的过程中，一定是时刻注意细节、有条理有规范地进行科研工作的，这是我们今后所必备的素质之一。

在经过近两年的硅藻研究后，我自身对硅藻的认识也从一无所知上升到一定的层次，下面就向大家介绍硅藻这种新兴的生物能源材料。硅藻是一种具有非晶态硅外骨骼（即细胞壁）的单细胞藻类，在历经数百万年的进化后，它具有了天然独特的三维结构，其表面具有许多纳米尺度的纹理。例如，孔洞状、山脊状、山峰状、针状等等，并且其结构是由环带包裹的双壳面结构构成，它的细胞壁具有多种纹理和形状，并且大多是呈现对称结构的。经过进化选择后的这种优化结构提供了许多功能，比如具有牢固的机械结构和强度来保护细胞抵御外敌，能在水中自如移动，用最优化的孔隙结构来筛选营养的吸收，有与光学性能相配的特定微纳米孔隙尺寸用于光能的采集和传感。也正是因为硅藻微纳米级的孔径尺寸与光的波长相近，所以硅藻具有较强的光学散射性能。更为重要的是，作为光合作用接收器的叶绿体离细胞壁非常近，这种天然的结构有利于叶绿体传送和收集更多的光能，增加光合作用的速率。在自然界中的硅藻种类有上万种，每一种都具有不同的形状、表面形貌和孔隙结构，展现了其卓越的多样性。不可否认的是，这种多样的形状和有序的孔隙结构显示了大自然的准确和智慧，也给我们提供了巨大机会去利用它们来进行更广泛的研究。近几年，硅藻纳米技术成为了一个新兴的领域，各个学科行业的研究学者，包括分子生物学、材料科学、生物技术、纳米技术和光子学，都在探索硅藻并扩展它的应用范围。目前，硅藻主要应用在光学器件、催化剂、生物传感器、药物运输、微流体、分子分离、过滤吸附、生物封装、模板合成纳米材料等方面。现在，世界上的硅藻产量是很高的，它可以通过植物的大量繁殖得到，但更多的是从低成本的硅质岩石即硅藻土中获得。硅藻土是一种生物成因的沉积岩，它主要是经由时间累积和地质变迁后产生的硅藻遗骸组成，其主要化学成分是二氧化硅，这些硅藻的“尸体”所具有的多孔结构可以扩展其功能用途，使其变废为宝，成为高效的生物能源材料。但是硅藻仍然有很多限制其性能的因素，如它具有很高的电阻率，这便不利于能量的运输和储存，所以通常会将硅藻表面进行修饰或者结合化学反应转化成其他材料，最重要的是要保证不要破坏硅藻的原有结构。在硅藻表面进行修饰的材料包括金属、半导体、碳以及聚合物高分子。基于修饰金属（如金、银、铂）的研究合成方法有水热转换法、溶胶凝胶化学气相沉积法、原子层沉积法，这些方法都被证明可以将硅藻表面转化为新的复合材料，并且具有更高效的光电磁性能。另外一种方法是在不改变原有形貌的基础上将硅藻通过化学反应完全转化为其他材料，如将硅藻通过镁热还原反应转化为单质硅。因此，这些具有独特结构的基于硅藻的天然材料被认为是在能源运输和储存方面极具发展前景的新兴材料，现该领域仍处于早期发展阶段，它的快速进步会对硅藻纳米技术产生强有力的推动。在未来的几年里，我们实验室仍然会对硅藻进行更加深入全面地研究分析，以希望可以进一步开发硅藻的可利用价值，争取能够早日走向产品应用的商业化生产。

2 学生后续发展情况

此次国创项目最终的成果在 *Journal of Materials Chemistry A*（JMCA）期刊上成

功发表了题为 *Diatoms silica an emerging biomaterial for energy conversion and storage* 的论文（中文标题：硅藻作为一种新兴的生物材料在能源转换和储存方向的应用），JMCA 期刊隶属于英国皇家化学协会（RSC），其影响因子为 8.2，是材料科学领域受到广泛认可的高水平权威期刊，并被中科院划分为一区。我也有幸得以在天津大学继续攻读硕士学位。

3 主要经验与启示

在我即将结束本科生涯的时候，我想感恩这段国创时光给我带来的影响与改变，对这个已经成为我生命中一部分的它谈一谈这些年的收获与感悟。我一直认为将科学研究作为一项奋斗终生的事业是崇高的，它代表了人类的理想与探索的精神，科学研究工作者应该熟练掌握人类已积累起来的所研究的领域的知识，并且致力于增进对这个领域的进一步认识，努力将自己的研究成果服务于全人类，这说起来容易，很是激动人心，但是实际行动起来却尤为费神累心，所以更应该树立远大的抱负，同时也要具有脚踏实地的决心。在这次较为短暂的国创项目中，我认识到进行科学研究最基本的出发点应是个人的兴趣，没有兴趣，就没有激情，便做不出好的研究工作，周而复始，只会每况愈下。只有对科研有兴趣的人才会感觉每天做的事情有意义，越做越有劲，也越来越享受，每当有了一个发现和突破时，更会一阵狂喜，这样地周而复始，便会形成一种正反馈式的循环，这样才会耐得住寂寞，也甘心于清苦。进行科学研究工作还需得对周围的事物充满好奇，遇到问题都要问个为什么，并且会去探究为什么。科学研究就是对未知世界的探索，通过科学的方法，以开放的思维，经过有系统的实验调查，发现新的事实和规律。基于这种好奇心，同时辅助于大量的基础知识，去开发自己感兴趣的研究领域，不去盲目跟风“热点”，自己认真钻研和思考，才可能会产生出色的成果。有时候这种凭借兴趣做过的一些工作恰恰会为以后的研究打下基础，我想说的是，在低潮的时候更要学会坚持，做科研不一定需要多聪明，其工作方式也是存在一定规律性的，只是掌握的早晚罢了，其关键就在于用心去学、去坚持，向书本学习，向同课题组的师兄师姐学习，向指导老师学习，这种“认真”的态度才是科研工作的重中之重，只有对研究的问题真正认真的人，才会勤于思考，深入钻研。

谈及国创项目带给我的是一生都可以称之为宝贵的东西。其一，它培养了我的坚毅和耐心。虽然兴趣会带动你去做一些事情，但是一旦在实现的道路上成为一种负担的时候，就会开始有放弃的小心思在涌动，在做国创项目的时候，我也曾因为历时较长、事情较多，尤其是当与学习和其他工作有冲突时，一开始的热度渐渐不能支撑下去了，就会想到放弃，但是每到这时，我总会不断地问自己为什么要继续坚持，有的时候理由很简单，那就是我想看到坚持下去完成后的结果，不想认输。以后如果有类似的情况不妨多问问自己，当初为什么要开始，目的是什么，不变初心才会方得始终。拥有坚定的信念，迎难而上，尽自己最大的努力解决问题，不达目标，誓不罢休！遇到困难，只有不惧怕它，不在困难面前低头，想办法解决科研中的各种难题，在过程中培养对克服科研中各种障碍的自信心。其二，在科学研究的过程中，需要较强的自我探索能力，因此要不断地提升自我的学习能力，扩宽知识储备面。书到用时方恨少，本科生要开展科研项目更是如此，在整个科研过程中，都需要自主学习。例如，自主查资料、自主组织所学知识、自主将知识灵活运用等。在涉及一些跨专业的知识甚至是从未涉足的领域时，我们会迫使自己克服惰性去学习，在这个不断克服自我惰性的过程中，促进学习。只有将自学所需知识运用于实践，才能在科研中有效发挥作用，付出才会得到回报。其三，要学会问问题，在科研中碰到的一些问题，自己摸索吃不透，又没有问老师的勇气，最后干脆不干了，不愿意挑战困难，采取逃避的态度，这样是不行的。刚接触一个全新的领域时，不懂的地方非常多，有些经验在书本上是查阅不到的，困难重重是很正常的，因此碰到问题要及时向老师、师兄师姐或者其他人请教，积极思考问题，学会举一反三，把复杂问题简单化，进而再把简单的问题延伸或者拓展，提高自身的知识积累。这样才能在科研的道路上越走越顺，个人的进步也就越来越大。

最后我想感谢多年来帮助过我的同学、师兄师姐、科任老师以及国创指导老师张育新教授！

“伏特猫”，我们的国创故事

项目名称： 云计算平台下的电力服务商

完 成 者： 杨剑南

完成时间： 2017 年

推荐学校： 重庆大学

1 学生参与“国创计划”情况

“云计算平台下的电力服务商”项目通过“国创计划”答辩，并获得优秀。在项目期间，“伏特猫”探索出多种针对企业用户节省电费的有效服务方式，通过智能终端获取数据，再将数据有效转换为服务和设备订单，帮助企业省心省电。重庆伏特猫科技有限公司已经与多家上市公司建立战略关系，并受到凤凰财经等多家媒体报道；已与重庆市两江新区工业园、四川成都双流企业园，以及世界工厂、超大型企业园——松山湖企业园展开合作；已服务北汽银翔、重庆机电集团、力帆、中法水务、百事可乐等行业巨头；获得三峡集团、世界顶级孵化器 Plug and Play(曾孵化 Google) 的投资；截至目前，已经累计服务 600 余家企业，节省电费 2000 多万元，为国家节能减排和国民生产贡献了自己的一份力量。

2 学生后续发展情况

杨剑南，攻读重庆大学金融学硕士，师从中国银行业协会首席经济学家巴曙松。成立重庆伏特猫科技有限公司，与三峡集团合作并获得其投资。

3 主要经验与启示

一年前，带着共同的创业梦想，重庆大学经管学院 2012 级本科生杨剑南与其他几名同学组建了“伏特猫”团队。截至目前，团队不仅在“创青春”“互联网 +”等创新创业大赛中斩获多项荣誉，还获得了 6 家投资机构的投资意向，并在 10 月与美国孵化器 Plug and Play 成功签订了投资协议，累计为客户节省电费 2 000 多万元，被凤凰财经等多家媒体报道。

“伏特猫”的创业项目可以用“省心省工省电费”来概括，即通过安装团队提供的智能终端，采集企业各项用电数据，再将数据实时上传到云端平台，让客户通过手机能够随时看到自己企业的用电情况及咨询建议。同时专家团队通过后台数据分析，可以帮助客户发现并协助其处理所出现的用电问题。早在 2013 年，杨剑南就开始了对用电市场的观察，经过一年多的摸索和学习，他发现很多企业为了缩减成本，花了很多功夫在财务管理、合理避税等方面，但是却几乎没有企业想过怎样去管理公司的用电情况，甚至包括很多事业单位都普遍存在用电方面的问题。另外，企业在用电方面出现问题时很难寻求到帮助。虽然从理论上来说可以通过供电局解决问题，但是实际上供电局服务范围有限，他们得优先保证国有企业用电安全，不能满足市场的这方面需求，而用电方由于信息不对称而缺少发言权，在市场中处于劣势地位。如果一个企业断了电，为了维持正常运转，对电力系统丝毫不知晓的企业只能无条件接受别人开出的高价。而“伏特猫”提供的服务恰好可以解决企业的用电困境，用合适的价格买到满意的服务，可以说“伏特猫”是在“为了无法计价的服务而服务”。

2014 年，国家发改委明确提出了加快推广平台运用以帮助用户降低用电成本的要求，为市场改革提供了发展电能服务的机遇，杨剑南觉得，是时候抓住这个机遇了。

当时，杨剑南已经对整个团队做了初步构想。尽管在学校期间，杨剑南对“互联网 +”有所了解，但是社会不是象牙塔，商场更是如战场，一旦创业就意味着对队友和投资方的责任和担当，意味着不见硝烟的厮杀，他觉得自己还没有具备能够担任创业领导人的能力和心境。虽然有投资方愿意进行投资，也有很多同学想加入这个团队，“伏特猫”也慢慢在运行，但是还远远没有达到自己想象中的目标，离真正创业还有很大距离。后来，杨剑南参加了阿里巴巴主办的“全球梦想家”项目。这个项目是马云为了帮助跟他当年一样有理想、正能量的青年人而设立的，汇聚了 30 名来自全球各大名校的学生和创业者。当时有一位来自以色列的同学说自己想做农业，时任阿里巴巴公司的 CTO 王坚博士告诉他：“你不需要说你要做农业，你只需要告诉我你要解决什么问题。阿里巴巴公司 15 年来就只做了一件事，就是让人不出门把东西卖到全天下。15 年来，我们没想过钱和名的事情，但是当我们把这件事做好之后，钱和名自然而然就来了。”这段话对杨剑南触动很大，他说，在阿里巴巴的经历让他明白了两件事情：解决问题和创造价值，这才是一个团队的使命和愿景。“对于创业来说，金钱和名利并不是唯一的目的，而是应该考虑到它能够帮助更多的人，能够为社会带来价值，即便我现在失败了，未来还可以有人循着我的轨迹成功，这次创业就是有意义的，这就是我开始做‘伏特猫’的原因。”

尽管已经开始创业，但是没有市场经验、没有市场渠道、没有资金，这三个难题仍然摆在刚刚成立的“伏特猫”面前。创业之路肯定不会一帆风顺，但幸运的是，“伏特猫”受到了很多的支持与鼓励。项目的第一笔资金来源于重庆大学团委举办的“创青春”大赛的特等奖奖金，怀揣着学校五千块钱的奖金，“伏特猫”踏上了寻找风投的路程。然而，团队遇到的第一笔风投并没有谈成功，因为对方提出退学的要求，如果团队成员不退学就不投资。尽管迫切需要资金，但是要完全放弃学业，冒的风险未免太大了，权衡良久，大家最终还是决定放弃这笔投资，继续寻找其他投资方。功夫不负有心人，“伏特猫”最终拿到了美国孵化器Plug and Play这样令人满意的风投。

除了资金支持之外，“伏特猫”也得到了不少老师的指点和帮助。时任电气工程学院院长廖瑞金是项目的指导老师，最初，考虑到廖院长非常忙的缘故，杨剑南只是尝试和廖院长联系，没想到却得到了他的大力支持。廖院长从百忙之中抽出时间为大家进行单独辅导，从最开始为大家进行市场分析，描述整个电力市场的现状，到后来团队跟企业进行博弈时，他帮毫无市场经验的团队规避风险，告诉大家哪些企业能作为合作对象，这对团队和初出茅庐的每一个团队成员来说无疑是一笔宝贵的财富。此外，比赛之前电气工程学院的很多老师也给予了团队很多有针对性的指导。杨剑南曾说，如果没有老师们无私的、毫无保留的帮助，“伏特猫”是不可能取得今天的成绩的。“伏特猫”的成功，1% 靠的是自己的努力，99% 靠的是其他的帮助。

而在阿里巴巴领悟到的理念也贯穿于整个项目的运行过程之中。“伏特猫”可谓是一个非常包容和开放的团队，其中有从世界五百强企业辞职的员工，有国家电网的专家，也有大二大三的同学。“伏特猫”不设门槛，不限专业，不限年龄，只需要有共同的价值观和美好的愿景。“因为只有树立信心，可以帮助更多的人，相信这个项目可以改变世界，成员们才能够为了这个愿景一直不离不弃，才能够相互学习和成长，一路前行。”

正是这样的理念造就了“伏特猫”一个奇特的现象：到现在为止没有发过一分钱工资，但是大家依旧为团队不懈努力。可能很多人不能理解这种做法，但是杨剑南却认为，这正是共同价值观的体现，是团队凝聚力的象征。成员们来到“伏特猫”，并不是因为金钱和名利，而是这个团队确实能够提升自我，能够真正地为解决社会问题而努力。“我们相信在这种美好愿景的指引下，团队很快能够创造利润，突破当下的困难——星星之火，可以燎原。”

至于团队为什么取名“伏特猫”，杨剑南说：“现在人们要上网，就必须安装一个猫（‘Modem’即路由器），而明天用电客户也会需要电力‘猫’，希望未来每一个企业都能有‘伏特猫’为它提供用电服务，让每个企业用电无忧。”这就是“伏特猫”的愿景，支撑他们一路走到现在，也将引领他们走向未来。

学以致用，深耕机器人梦想

项目名称：VEX 机器人结构搭建及性能分析

完 成 者：袁　嵩，雷汉跃，齐德鑫，靳宇栋，石晓瑛

完成时间：2017 年

推荐学校：西安交通大学

西安交通大学有这样一个社团——西安交通大学 VEX 机器人社（VEX Robots Club of Xi' an Jiaotong University），它是由一群乐于创新、追随兴趣、酷爱 VEX 机器人的在校大学生组成。社团通过以 VEX 机器人大赛为基础，组织学生开展 VEX 机器人创意设计、结构搭建、程序控制及对抗性比赛，培养学生团队合作、解决问题的能力，努力提高学生的创新创业能力。社团自成立三年来，一直受到大学生创新创业训练计划的大力支持，获得国家级大学生创新训练项目 6 项，省级大学生创新训练项目 1 项。

XJTU4 队由 5 位成员构成，袁嵩、雷汉跃、齐德鑫是机械学院机械工程专业大三学生，石晓瑛来自于电信学院的微电子三年级，靳宇栋是钱学森学院的机械专业大四学生。该队通过"国创计划"参加了 2016—2017 赛季的 VEX 机器人比赛，最终在美国路易斯维尔获得了 VEX 机器人世界锦标赛的最高奖——全能总冠军。

1　团队成长历程

1.1　比赛介绍

VEX 机器人世界锦标赛是由美国机器人教育及竞赛基金会（Robotics Education and Competition Foundation）组织，由卡耐基・梅隆大学（CMU）、未来基金会（The FUTURE Foundation）、美国著名的 Autodesk 公司、创首 Innovation First, Inc （简称 IFI 公司）、Intelitek 公司等协办，由美国太空总署（NASA）、美国易安信公司（EMC）、亚洲机器人联盟（Asian Robotics League）等支持的一项世界级大赛。其比赛分成初中、高中和大学 3 个级别。要求参加比赛的代表队自行设计、制作机器人并进行编程。参赛的机器人既能由自动程序控制，又能通过遥控器控制，并可以在特定的竞赛场地上按照一定的规则和要求进行的比赛活动。

机器人教育与竞赛基金会举办的 VEX 机器人竞赛是一项激励全球千万学生追寻

STEM 教育的活动。虽然世界上现有许多机器人比赛，但是 VEX 机器人用户群体对比赛有强烈的需求。

VEX 机器人设计系统把竞争的灵感提升到新的水平。它可用来作为课堂机器人教学平台，是为促进机器人学习和 STEM 教育知识的进步而设计的。VEX 给教师和学生提供了一个适合于课堂和赛场使用，且能负担得起的、结实耐用的、最新水平的机器人系统。VEX 机器人中预制和易成形金属构件的创新使用，再加上一个动力强大的和用户可编程的微处理器控制，使得设计变得更加灵活多样。

我们参加的是 VEX 比赛中的 VEX U，即大学组的比赛。在该项赛事中，我们需要与国内外的众多著名高校学生同台竞技，共同角逐最终的胜利。

1.2 赛事规则介绍

比赛在如图 1 所示的场地上进行。两支联队（红队和蓝队）各由两支参赛队组成，在每场比赛中竞争。比赛的目标是，把星体放入本队的得分区，把机器人悬挂在立柱上，以获得比对手联队更多的分数。

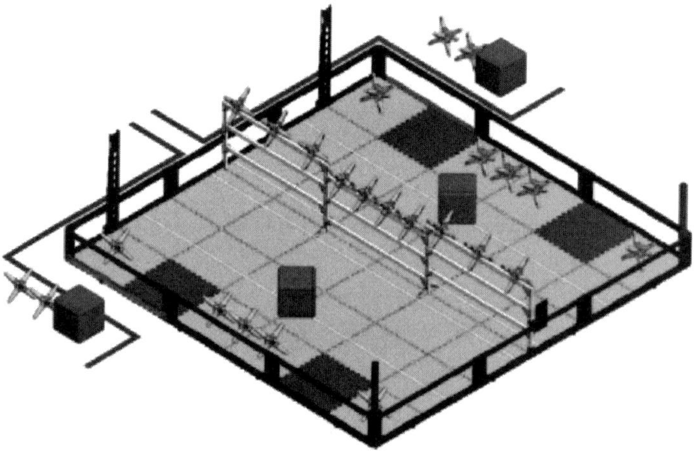

图 1　场地的等角投影图

在自动比赛时段得分最多的联队将获得奖励分。

1.3 团队分工

袁嵩：队长、结构搭建。

雷汉跃：结构搭建、操作手。

齐德鑫：程序编写。

靳宇栋：结构搭建、操作手。

石晓瑛：程序编写。

1.4 团队初创

2016 年 6 月，大家通过学校的 VEX 机器人社团相识，成立了我们的队伍 XJTU4，这个队号也伴随着我们一路，最终打入美国 VEX 世锦赛。

在比赛的前期，我们首先进行了分工，分工的时候考虑了大家各自的专业优势、空闲时间情况等。分工完成后，主要的任务就是设计方案，根据比赛的规则，查阅相关资料，寻找同类产品等，前期我们几乎每周都会开会以及头脑风暴，无论是做结构的还是编程的同学都会参与其中，针对不同的比赛任务，提出解决方案。经过大家一次又一次的讨论，我们逐渐达成了一致，也即完成了我们的第一代机器人。

暑假的时候，西安率先举办了一场 VEX 热身赛，为了备赛，我们牺牲了假期休息时间，留在学校，将我们的方案成型。从完成设计方案到最后机器人搭建，过程中我们进行了数不清的改动，因为刚开始的时候对于器材、结构等都不甚了解，设计出的结构也存在着很多的不合理之处，比如我们刚开始搭建时因为忽略了传动轴的强度、同步问题导致机器人的输出轴被拧成了麻花，因对皮筋弹力估计过高导致弹射机构无法完成任务，等等。这些问题都在搭建过程中一一出现，又被我们一一解决。

2016 年 8 月初，我们带着多次修改的第二代机器人参加了比赛，尽管这只是一场热身赛，但对我们团队来说，积累了一次宝贵的实战经验，也让我们在接下来的备赛中，一直处于领先地位。

1.5 中国公开赛（China Open）

严格上来说，中国公开赛才是我们参加的第一次大型的 VEX 机器人比赛。因为在中国公开赛上，冠军将提前出线并获得去美国参加世界锦标赛的资格，所以竞争格外激烈。

在比赛的前一个月，我们的机器人结构就已经定型。这是一款新的采用剪叉型折叠上升机构以及爪子完成比赛任务的第三代机器人。虽然结构上已经早早地定型，但是我们的自动程序一直都没有完成。因为我们一直计划着给我们的机器人设计一套能够自动完成寻找、抓取、放下 3 个步骤的程序，这涉及很多方面，比如全场定位、寻迹避障等。我们的方案是通过编码器测得机器人底盘的麦克纳姆轮完成全场定位，在机器人爪子端部，装有红外传感器，用于检测是否有星星沙包，还有通过寻找场地中间的白线，来确定自己寻找的路线。

该方案在比赛前两周实现，但我们还没来得及喜悦，就发现了该方案的致命缺点：寻迹路线容易跑偏、效率低。由于场地存在黑色、蓝色两种相近颜色方块，所以寻迹时机器人很难分辨，极容易走入死区，而且为了能够稳定地抓取星星沙包，我们在寻找时限制了机器人的各项功能，这也严重影响自动程序完成的效率。

针对这样的情况，我们进行了紧急地探讨，最终大家一致同意壮士断腕。尽管这套方案花费了我们很多心血与时间，也非常具有新意，但是它无法适应比赛的高强度、高节奏，弊端十分明显。为了提高效率，我们改变了自动策略，从全场的闭环程序改为了半闭环，由人来规定路径及动作，通过时间和编码器等控制机器人精确完成任务。

最终，我们因巧妙的结构、高效的自动程序、娴熟的操作获得了中国公开赛冠军（图 2）。事实也证明了我们临时改变策略的做法在正式比赛中发挥了巨大的作用，虽然由于时间仓促，我们的程序还存在很多不完善的地方，但是至少证明了我们的方向是正确的、有效的。

图 2 在 VEX 机器人中国公开赛上夺冠

1.6 亚洲公开赛（Asia Open）

2017 年 2 月，元宵节前夕，在北京举办了 VEX 机器人亚洲公开赛。

我们团队虽然已经在 VEX 机器人中国公开赛上取得了去美国参加世锦赛的资格，但我们依旧选择参加这次比赛，因为参加比赛不仅仅是为了获得名额，更是为了提升自己。

因为比赛的举办时间是在 2 月初，所以大家需要提前来到学校进行最后的冲刺。在大年初五这个家家户户还在欢度春节的日子里，我们团队在实验室相聚了。西安的冬天很冷，实验室里却是热乎乎的，大家都毫无怨言地牺牲了假期，埋头为着目标而奋斗着。

这次寒假备赛的过程，可以说是我们团队又一次巨大的提升。中国公开赛后，我们发现，在结构上我们的机器人相比别的学校的机器人存在着天生的劣势，所以我们决定取长补短，重新设计并搭建结构。经过之前几个月的积累，我们在该机器人的设计上就高效得多。仅仅两周，我们就完成了设计以及搭建的全过程。在这次设计中，我们结合所学，先用 3D 软件建模分析后再进行实物搭建，大量节省了试凑时间，设计的方案也更加科学合理。

我们团队在此时迎来了一名新队员：杨新蔚。此后，大家的分工也更加明确。石晓瑛和杨新蔚负责完成机器人程序的实际编写，而齐德鑫则负责开发底层程序，完成我们机器人的程序库。程序库的提出可以说是大大节约了我们的编程时间，有过编程经历的人可能都知道，编程最消耗时间的不是把程序编写出来，而是找 bug。以前编程时仅仅是一行一行把各种代码输进去，一旦出错，面对成百上千行的程序，纠错是很困难的。所以我们将常用的基本语句功能封装成子函数，编程时直接调用，这样，无论是编程还是纠错都方便了很多。同时，我们还结合所学的 PID 调节法，对我们的机器人电机进行了 PID 控制器的设计，大大提高了我们的控制精度。

在中国公开赛中，我们与来自海内外的不同高校学生切磋交流，既积累了比赛经验，又提高了自身水平。最终我们获得了亚洲公开赛亚军。

1.7 世界锦标赛（World Champion）

VEX 世界锦标赛可以说是我们最终的舞台，也是一直以来奋斗的目标，为了这个目标，我们准备了一年。

亚洲公开赛结束后，我们进行了总结和反思，对机器人的结构进行了进一步的优化和完善，主要的结构还是没变，但是在程序编写的理念上，我们进行了又一次的创新，主要有两个方面，一个是策略选择，还有一个是编程方法。自中国公开赛之后，我们就一直把编程的中心放在稳定的半闭环规定路径程序上，但是场上的局势千变万化，面对的对手也场场不同，所以在提高每一套程序的稳定性的同时，我们还需要准备多套方案来应对不同的情况。所以我们结合现有的主流的自动策略，再反向思考应对之策，策划了 8 套自动策略，来确保我们的机器人立于不败之地。随之而来的问题就是我们如何在有限的时间里完成这么多程序的编写。虽然函数库的诞生大大减轻了编程的工作量，但调节参数的过程还是烦琐无聊的，所以我们就想到了工业机器人常用的示教编程法：通过手动操纵机器人完成任务，传感器记录下机器人的位姿变换，将记录下的参数变换作为程序的形式导入机器人控制器中，机器人重现该动作。

示教编程方法的出现很大程度上配合了自动策略，自动策略的多样性也保证了我们在最后的比赛中立于不败之地。美国的裁判对我们的编程方法以及实际赛场表现都印象深刻，同时也由于我们联赛成绩、技能赛成绩、工程笔记、赛场表现、评委面试等全方位的出彩表现，我们获得了 VEX 机器人世界锦标赛全能总冠军，这是 VEX 比赛的最高奖，也是中国队第一次获得该殊荣。

2 学生后续发展情况

通过这一年来“国创计划”的支持，我们得以参加 VEX 比赛。在参赛备赛过程中，我们领略到了亲手制作机器人的奇妙与乐趣；在与国内外各高校学生切磋交流的过程中，我们也能积极地发现自己的优势与不足，取长补短，继续进步。而这些都为我们打下了坚实的基础。

我们团队中除了靳宇栋是大四的毕业生，其他都是大三的同学。靳宇栋后来选择上海交通大学机器人研究所读研，进行进一步的深造与学习。而我还有雷汉跃、齐德鑫、石晓瑛也都在研究生学习方向选择上将机器人放在第一位。

可以说，虽然我们之前都对机器人心向往之，但是没有具体的概念和了解。通过“国创计划”以及 VEX 的平台，我们才真正参与其中，发现了机器人领域的巨大市场潜力，而且机器人是一个多学科的交叉领域，所以大家都能根据自己原专业所学，在机器人领域继续发展。虽然 VEX 比赛结束了，但是我们的团队还在，之前就有企业询问我们团队是否有创业的打算，虽然由于种种原因在现在没能实现，但这也提示了我们，我们不仅仅是一起参加了 VEX 机器人比赛，以后还有可能作为一个创业团队来参与到机器人事业中。

3 主要经验与启示

在这过去的一年里，参加 VEX 机器人比赛对我们而言，收获是巨大的。

3.1 团队合作

团队的建设在比赛中一直是第一位的，评委面试时问的第一句话就是团队里每个人的分工。在这个比赛中，主要分为结构设计、程序员、操作手和后勤管理这 4 个职务。如何使每一位队员都能在整个团队中各司其职，达到 $1+1>2$ 的效果，是一个很大的考验。这一点给我最大的体会就是分工一定要明确，目标也一定要明确。

3.2 学以致用

VEX 机器人能够更快更好地将我们平时课堂所学知识和实际应用联系在一起，而且这种联系有时候往往是要我们自己去寻找的，比如说我们在装配机器人的过程中，发现对于同一种设计，其装配时精度的高低将会使性能有着天壤之别；在编程时，我们需要控制电机来驱动机器人更精准地去完成每一个动作，那么自然而然就会想到之前所学的 PID 调节等方法；这种理论与实际相结合的方式，能够很好地帮助我们掌握所学知识，同时还会促使我们查阅资料进行深入研究。

3.3 创新精神

VEX 机器人比赛十分强调创新，这一点也是和“国创计划”一致的。评委面试时除了关注团队分工，最关注的就是我们的创新点，无论是结构上的还是程序上的。

我们队伍就在这次比赛中因为结构上创新地使用了 3D 打印辅助小器件，创新地改变了气缸的使用结构，程序上采用了“示教”的编程方法，给评委留下了极为深刻的印象，甚至有评委再三表示对我们的创新点十分感兴趣，并在后来再次与我们交流。在与评委的交流中我们发现，国外十分注重每个队伍的特色，即使只是一点点小小的改变或是与众不同，只要能说出创新的理由和优点，都能得到评委的极大肯定，而这也将鼓舞我们在以后的学习生活中继续创新。

青春有梦，奋斗正当时

项目名称： 基于深度学习的计算机视觉云平台

完 成 者： 王志鹏

完成时间： 2015 年

推荐学校： 西安交通大学

从 2007 年至 2017 年，“国创计划”自启动至今已有十年。十载光阴如梭流逝，然而“国创计划”带来的裨益与帮助却不断沉淀，日益深厚。回想当年，从 2005 年在西安交通大学入学，到 2012 年的“国创计划”推广，到 2014 年底初探创业，再到 2015 年创业成功，感慨颇多。一步步走来，在“国创计划”的鼓励、滋润下，我成为一家人工智能企业——珠海习悦信息技术有限公司的 CEO，成功构建了基于深度学习的计算机视觉云平台。目前，公司专注于人工智能计算机视觉领域，产品已广泛应用于中国客流量最大的火车站、中国第一大陆路口岸、中国最大餐厅机器人公司等。2017 年 3 月，我成功入选“全国大学生创业英雄十强”。此文愿与大家分享我与“国创计划”的那些事。

1 扬帆起航：我的本科生活

俗话说，“不积跬步，无以至千里”。回想起来，我的创业之路，应该是从 2005 年幸运地进入西安交通大学计算机专业学习开始。正是在这里，播撒下了我的创业之路最重要的种子。

2008 年大三暑假，经过几轮严格的笔试和面试筛选，我以优异的成绩顺利地进入西安交通大学智能网络与网络安全教育部重点实验室实习。在实习期间，主要负责当时最具挑战性的一个项目——分析大规模僵尸网络的 P2P 攻击行为。这是一个网络安全方面的项目。网络安全的重要性不言而喻，直接关乎国家安全，现代网络战争所造成的破坏和损失，不亚于一场真正意义上的战争。项目本身具有相当大的难度，对于专业研究人员来说，都有很大的压力，更别提我这样一个新来的本科实习生了。为了圆满完成既定任务，把握好这个来之不易的机会，那段日子里，我常常在图书馆一待就是一整天，闭馆的时候往往要被催促好多遍才愿意离开，到最后和管理员都熟识起来。而且当时宿舍规定 23:30 熄灯停电，我一般是在熄灯后继续熬夜写程序，一直到笔记本电池没电为止，记得我的第一台笔记本就这样壮烈牺牲了。

最终，我们小组突破重重困难，完成了系统网络原型的搭建。回想起来，那段经历让我学会了后来创业路上最重要的两个字：奋斗。

2 “国创计划”：创业思想萌芽

2012 年，有一个词突然在学校里、学生之间广为流传：创业。后来我才得知，原来是国家为鼓励大学生创业，开始在全国推广实施大学生创新创业训练计划。“大学生创业”，这在当时还是无比新潮的一个词，对于在象牙塔中勤学多年的学子来说，创业之路无疑意味着坎坷、风险、艰辛以及无数的挑战。然而，创业也意味着梦想、奋斗、激情以及清晰的目标和方向。正当此时，“国创计划”给了大学生开启创业这扇陌生之门的勇气与保障，各大高校纷纷开始弘扬创业精神，为年轻人实现梦想创造全新的机会。

从那时起，我的创业思想开始生根、萌芽。面对突然而来的创业热潮，我并没有急于开始我的创业之路，而是变得更加理智、沉着。我把更多的精力用于跟进计算机与互联网行业的发展、了解创业所需的种种资源、分析不同市场的空间与潜力、挖掘社会需求与痛点上。与此同时，我也更加深入地思考自己的人生方向和自我定位，种种这些，均为我后期的创业打下了牢固的基础。

3 脱颖而出：人工智能视觉领域的习悦

2014 年，恰逢是人工智能中的深度学习技术爆发的元年，这对于十分痴迷计算机技术的我来说，无疑有着难以抵抗的吸引力。于是，我果断决定：选择在人工智能深度学习领域，开始我人生的创业。

可以想见，我的这个决定必定会招来很多的不解，但我坚信自己的选择是正确的。恰在此时，一个来自珠海的投资人的电话给我带来了新的机会。没来得及多想，我就坐上了飞往珠海的航班，匆忙到连西安的房子都没来得及退，再次回西安已经是 3 个月以后，回来后发现冰箱里的食物都坏掉了，为此心疼了好一阵子。

经过前期的一番考察，2015 年，我和两个创业伙伴一起创建了珠海习悦信息技术有限公司，也就是我现在所在的公司，提供人工智能计算机视觉核心技术的研发与服务。公司成立初期，条件十分艰苦，我们三个人也只能挤在一间仅有 35 平方米的办公室里办公。虽然有了之前积累的经验与创业知识，但同样经历了重重困难与不少弯路。经过几个月的技术攻关，我们的产品很快就获得了第一个订单。订单来自于广东省交通厅，项目需求是通过对海量交通视频的分析，建立交通视频大数据平台，实现海量非结构化数据快速检索，并对非法营运的行为进行实时识别，让我们骄傲的是，政府通过这套系统，使出警人次同比降低了 50%，处罚效率提高了 30%。

随着公司的一天天壮大，如今，我们的产品应用已经从交通领域扩展至智能家居、机器人等多个领域，多项技术指标都达到国内顶尖水平。公司成功吸引了海内外的科学家加盟，团队汇聚了来自中国科学院、清华大学等高校的顶尖人才，引进了国家“千人计划”人才。公司也于2016年获得了过亿的A轮融资。通过这次创业，我和大家分享一点十分重要的感受，那就是：所有创业成功的项目，首要的目标就是要找准社会痛点，解决社会中的实际需求。只有有社会需求的创业项目，才具有真正的生命力。

4 奋斗、沉淀、勇气

回顾我的创业之路，感谢那些年不断拼搏、奋斗的自己，也很庆幸自己遇到了“国创计划”，带给我创业的信心与沉淀。初期的沉淀让我学会了定位，理解了需求。我承认，创业是需要机遇的，但是，比机遇更重要的是：当机遇来临，你是否有决心和勇气，能否果断出手，抓住机遇，能否做到倾其所有，无以复加。

必须承认，在我创业的某些关键节点上，运气青睐了我。但是，我想说运气绝不会光顾一个没有准备的人。在创业的时候，要深度思考、深入分析行业，要有自己独到的见解，要看到别人看不到的点。这是最难做到的，但也是最重要的。

这次创业的成功，让我明白了人生中的一个重要的关键词：勇气。

最后，我还想与大家分享的是，创业需具备的最基本的品质就是超乎想象的忍耐力和抗挫折的能力。创业8年中，我曾遇到过战略方向选择、资金短缺、合伙人寻找等各种问题，在最困难的时候，我也沮丧过，也曾想过放弃，在无数个万籁俱寂的夜晚，经常从噩梦中惊醒，一身冷汗。早晨起来，一次次怀疑人生的意义。就像庄子说：夏虫不可以语于冰者，笃于时也；曲士不可以语于道者，束于教也，而未曾在深夜里哭过，不可语人生。所以，如果真的想创业，一定要做好把握风险、承担责任、敢拼敢闯的思想准备，也一定要牢牢把握“国创计划”带给我们的资源与支持。

回想这些年的创业生涯，让我懂得不忘初心，心怀感恩。感恩我的老师、同学、朋友、家人，在我最艰难的时候支持和鼓励我；感恩“国创计划”，推动创业，给我无穷的勇气与支持；感恩给我最美好青春的西安交通大学，让我这个从一个山里农村的少年，一步步走到今天。还记得傍晚图书馆响起的《莫斯科郊外的晚上》，午后梧桐道斑驳的树影，主楼里催促我们上课的《卡农》，以及那4月份开满校园的樱花，当然还有那毕业典礼上响起的《为世界之光》，赋予了我青春的梦想，也给予了我创业的力量。

梦想从国创起飞

项目名称： 3DOM-Fe^{3+} 掺杂 TiO_2 光催化材料的制备及其性能的研究

完 成 者： 严孝清，赵士舜

完成时间： 2015 年

推荐学校： 西安交通大学

1 初识国创

大学是梦想起飞的地方，这里的生活朴素而充实，这里的老师博学而友善。每一隅都充满了知识与趣味，每一天都是梦想的开始。在我上大二的时候，看到了教务处发出关于启动 2013 年国家级、省级大学生创新创业训练计划项目申报工作的通知。抱着对科研的好奇心，在化工学院杨贵东老师的推荐下，我和我的搭档赵士舜认真填写了大学生创新创业训练计划项目的申请表。在焦急地等待一个月后，我们申请的课题被选为国家级大学生创新创业训练计划项目。这是一个既让我们兴奋又让我们担忧的消息。入学一年多了，虽然我们具备一定专业知识的积累，但是科研实验与教学实验有着巨大的区别。如何开展自己的实验、如何进行文献调研，这让我们一开始茫然无措。此外，该课题是杨老师为我们拟定的，也是他国家青年基金项目工作之一，涉及比较前沿的科学技术问题，而这些问题远比书本上的知识要实际、复杂得多。我们十分担心在实验过程中出现纰漏。我们十分积极、认真地对待每一次实验，认真做好实验笔记，因为有太多不懂的问题需要查找资料，有太多不懂的操作需要虚心请教，有太多的科研规律需要探索。而作为一个新手、一个菜鸟级的新手，积极请教是我们快速做好实验的捷径。经过 2～3 个月的初步探索，对于实验目标也逐渐清楚，我们也逐渐进入状态。然而，期末考试的到来，让我们备感压力。一方面要推进实验的进度，定期向导师汇报，同时也要准备考试，复习功课。这是每一个参加国创的学生必须要解决的矛盾，在做好实验的同时，课程学习也不能落下。骑着单车往返于实验室和教室成为一种常态，虽然很累但却充实。这就是国创对我们生活带来的最初变化，让我们感受到了科研的艰辛与生活的充实。

2 披荆斩棘，扬帆起航

“做科研，要有自己的想法”，这是导师经常提醒我们的话。这句话也伴随着我成长，在一年左右的国创训练中，无数的想法受到质疑，无数个方案被推翻，这些失败让人沮丧、让人心生退却。但这些困难却磨炼了我们的心智，让我们越挫越勇。在离结题还有一个月时，我们终于完成了课题任务，成功地制备了“Fe3+ 掺杂 3DOM TiO_2”光催化材料，并完成了性能测试。当通过扫描电镜（SEM）观察到材料的纳米形貌结构时，我们感受到了科学之美——原来物质的微观结构是如此的美妙！

第一次撰写结题报告和准备结题答辩 PPT 让我们非常紧张，反复地试讲 PPT，认真准备评委老师可能的提问。最终，项目受到了评委的一致好评，被评为优秀。结题被评为优秀让我们非常高兴，项目得到学校专家的认可，让我们备受鼓舞。指导老师杨贵东希望我们将本项目做得更加深入，并鼓励我们在国际期刊上发表文章。面临新的任务，对于我们则是更大的挑战。接下来一年里，项目继续得到了“国创计划”的基金支持，得以深入研究我们的工作。之后该项目论文也成功发表在国际期刊 *Applied Surface Science* 上。

2015 年 7 月，教务处陈立斌老师通知我，希望我代表西安交通大学参加第八届全国大学生创新创业年会。这次年会是由教育部主办的全国大会，也是我第一次参加校级以上的全国比赛。整整一个暑期，我都在为这次比赛准备着，充实实验内容，完善参赛论文，准备答辩 PPT。整个假期往返于实验室和宿舍，虽然很累，压力也大，但是却不敢有丝毫的松懈。不给母校丢脸，这是我当时最主要的想法。2015 年 9 月 18 日，在这个特殊的日子里，我们同学 6 人在经过漫长的 33 小时火车之旅后到达哈尔滨。9 月的哈尔滨已经秋高气爽，没有夏日的炎热。到达会场，看着众多年轻参赛选手，内心激动、难以平静。比赛在第二天举行，长久以来的紧张和压力在这几个小时变得更加难以控制，我不停地、反复地演练着 PPT 来安抚自己紧张的情绪。下午 3 点 15 分轮到我进行论文宣讲，可经过一个上午的比赛，选手和评委老师都已经非常的疲倦，所以，我只有以更加充满激情的讲述才能比其他人更加吸引评委老师的关注和兴趣。10 分钟充满激情的陈述，5 分钟沉着地应对评委、观众的提问，我终于在评委老师肯定中走下讲台。一切都结束了，压力和紧张都消失了，只剩下对结果的期许。第三天，大家齐聚大礼堂，等待评选结果。最终西安交通大学推选的 5 件作品有 4 件获奖，其中 2 篇宣讲论文获得“优秀学术论文”奖，2 个创新展示项目获“我最喜爱的项目”奖和“最佳创意项目”奖，获奖总数在全国高校中排名第一，同时创下了西安交通大学历史最好成绩。当看到自己的宣讲论文获得“优秀学术论文”奖，同行参赛团队也都有巨大收获时，我非常激动和满足，为自己对母校做出的小小贡献而感到自豪。

从哈尔滨参赛回来之后，我的指导老师杨贵东教授非常高兴，下达了下一步课题任务，即在发表 SCI 论文的同时，将产品产业化。经过一个假期实验调控，获得了一条简单、经济可行的新型光触媒催化剂制备工艺条件。在杨老师的帮助和联系下，西安交通大学国家科技园对我们的项目非常感兴趣，愿意对本项目进行投资，帮助我们成立公司。公司成立后，杨老师鼓励我成为博源浩然新材料科技有限公司的总经理，进过精心地准备和答辩之后，董事会同意我成为公司总经理，就这样我这个在校本科生又踏上了一个新的征程——创业之路。2015 年 6 月，首届“丝绸之路”国际大学生创新创业大赛对我发出参赛邀请。西安交通大学科技园也极力推荐，希望我的创业团队能得到锻炼，同时也可以将公司的项目在更广、更大的平台进行宣传。此次大赛是国际大赛，共有近 1 000 支大学生创业团队报名参加，其中有来自俄罗斯、巴基斯坦、吉尔吉斯斯坦等国际参赛团队 15 支，来自国内高校参赛团队 900 多支。比赛中，我作为队长不仅要负责组织工作，还需要撰写商业计划书，准备答辩 PPT 以及后期在初赛、复赛、决赛等过程中所有答辩及演讲任务。历时半年，困难和压力可想而知，但有之前比赛的经历，我虽紧张但不慌乱、虽害怕但不退却。2016 年 1 月 9 日，我带领团队成功闯入决赛，最终凭借“新型光触媒催化剂对有机废水的高效降解”项目的出色发挥获得国际赛一等奖，奖金 3 万元。同年 7 月，我又代表公司，率队入围“金张掖”创新创业大赛决赛，并获得大赛三等奖，奖金 2 万元。这几次参赛，舞台一次比一次大，竞争也更加激烈，而自己也变得越来越成熟、越来越干练。在更大的舞台能更好地展示自己，这也许就是经历风雨之后的成长。

参赛是为了更好地锻炼自己，对获奖、排名的追求不是功利，而是对自己提出更高的要求，激发更高的潜能，展示出更好的自我。我害怕参赛，但让我真正快速成长的还是比赛。对待比赛的态度、精心的准备以及心态的调节都将促使我更快成长。而这一切梦想的起点，人生的转折，源于西安交通大学，源于我在“国创计划”中走出的第一步。

3 想清楚，再出发

有人说过，“人生中有两个重要的一天，一个是你出生的那天，一个是你知道为什么出生的那天。”在西安交通大学本科学习的四年里，我非常努力地锻炼着自己，珍惜每一次机会。不管是科研实验还是自主创业，不管是班级聚会还是社团活动，不管是勤工助学还是兼职家教，我都积极参与、认真对待。我迫切地希望通过这些锻炼、这些展示平台让自己变得更加优秀。但是在读研究生期间，我开始反思我的成长路径，我认真思考我到底想要做什么，我能把什么事做到最好，术业有专攻，我必须做出选择。在读研一年后，我面临着一个重要的转折点——是否读博。读博是成长的另一条轨迹，这意味着我将面临更大的压力，也将失去很多其他的选择。对此，我思考了很久，问过爸妈，问过导师，问过周围的同学，我希望能更好地认识自己。在读研究生期间，导师给的压力更加大，科研任务也更加繁重，一年半的时间内我独立完成了 2 篇 SCI 论文的投稿、一个横向项目的产业化生产研究工作及 2

篇专利的撰写。科研的忙碌让人感到疲倦，也让我看到了更美的风景，让我深深地喜欢上了这里。最后因对研究的喜爱和兴趣让我毅然地选择在西安交通大学继续读博。认真学术研究，返璞归真，这将成为我下一个成长目标。

大学四年生活以及两年国创的经历，有成功、有挫折，也有失败，我总结了一些心得体会与大家分享，希望对大家成长有所帮助。

① 珍惜锻炼自己的机会和平台。能考上同一所大学，这说明大家在学习这方面的差别并不太大。然而，大学里每一个学生的发展轨迹却千差万别，除了性格、背景等因素以外，经历也是一个重要因素。而现在，无论是国家、社会，还是学校，都给大学生创造了很多锻炼和展示的平台，比如说“国创计划”、挑战杯、全国机械人大赛、数学建模、相关专业的设计大赛，以及社团、文艺、体育竞技等比赛活动。这些赛场都是增强自己实践能力、学以致用的大平台。怀着一颗学习的心就一定会有所收获。

② 学会积累，厚积薄发。我是从大一开始就积极参与各种活动和比赛。刚开始的时候，往往比较急功近利、眼高手低，经过一年的碰壁和失败之后，我明白没有长时间的积累和沉淀是很难取得成就的。因此，我调整心态，从小的比赛开始，我记得在大二暑假的时候我参加了一个大学生创业的夏令营，虽然只获得优秀奖。但通过参观一些优秀的学生创业公司和孵化器，通过与创业人士的座谈让我了解了没有十年一剑的积累，就不可能有一鸣惊人的壮举。接下来两到三年我仍然没有取得可喜的成绩。但是这些经历让我学习到很多的经验，同时结交一些兴趣相投的朋友。而这些积累是我后来一年内三次获奖的重要铺垫。

③ 学会感恩。饮水思源是西安交通大学的光荣传统，旨在告诫我们每一个交大学子不忘初心，感恩父母、爱国爱校。感恩，是一种生活态度，也是一种品德。从参加国创到现在读博，由一个菜鸟变成博士，期间得到了很多锻炼的机会，而这些成长的过程无时无刻不伴随着父母、老师、同学的帮助。他们让我更加坚强，让我更加勇敢。记得 2015 年全国大学生创新创业年会期间，杨老师一遍又一遍地帮我修改论文、指导我如何去展示自己、如何得体地回答评委老师的提问。感恩不仅是一种美德，更重要的是对责任的承担。记得在刚入校时校领导讲话中分享了西安交通大学两位老校长——唐文治和彭康的故事，并以一句“我独自在西边放歌，为世界歌唱”作结，告诫我们进入西安交通大学要做到“变化气质，提升能力”，让自己成为优秀的“交大”人，回报社会，回报祖国。

传承国创精神，引领人生之路

项目名称： 复杂网络视角下构建服务贸易对外开放新格局研究

完 成 者： 吴 怡，唐雪菲，邓欣禾，于 培，谭麟羽

完成时间： 2017 年

推荐学校： 西南财经大学

1 学生参与“国创计划”情况

作为 2015 年“国创计划”项目的课题组成员和 2016 年“国创计划”项目的课题负责人，我参与了“国创计划”项目的设计、执行、验收等环节，都曾竭尽全力地针对不同的项目设计迥然相异的研究方案和计划，而且都取得了较为突出的成果。值得一提的是，我参与并主研的 2015 年“国创计划”项目最终形成了两篇项目子成果，并且分别得到了 CSSCI 期刊和北大图书馆核心期刊的录用。而在我负责的 2016 年“国创计划”项目中，研究团队共形成了 4 篇项目子成果，并且均得到了 CSSCI 期刊和北大图书馆核心期刊的录用。

在此过程中，随着我科研能力的变化，参与“国创计划”项目研究内容的功能与角色也在逐渐变化。首先，在 2015 年“国创计划”项目中，我担任项目组申请材料的撰写，包括文献理论梳理、研究框架研讨和修改、研究计划的制定等工作；承担项目组执行过程中研讨会的组织工作和阶段性成果的撰写和汇报工作；负责项目组与指导老师沟通和联系的工作，并及时与老师反馈项目组的工作进度；负责项目结项报告的撰写和结项材料的整理，包括结项报告中数据分析、实证检验和对策建议等核心板块。其次，在 2016 年“国创计划”项目中，作为团队负责人，我主要承担项目的设计和组织工作，包括项目前期与指导老师的沟通、研讨和论证以及整体研究方案的草拟等工作；负责项目组组会的召集和讲解，主要包括项目组集中学习项目开展中所需的相关知识和技能的学习以及对项目组子成果撰写和发表的跟进工作；负责项目成果学术会议投稿和期刊投稿，主要包括参加全国高校贸易学科协作组论坛和“外经贸”论坛以及向《国际贸易问题》等核心期刊的投稿工作等。

从一名成员到一名负责人，我参与到了项目设计、执行和验收的每一个细小环节，对“国创计划”项目的实施开展逐渐形成了全面和系统的认识，尤其是在申报书和结项书撰写和子成果形成等方面有一定的心得体会。因此，我在组织参加“国创计划”之余，还悉心地指导了超过 20 个团队申请参加“国创计划”，助力“国创计划”在校内收集更为突出和优秀的作品。

2 学生后续发展情况

自 2014 年起，我便时常得到本学院 2012 级一位学长的照拂和帮助，尤其是在学术科研类竞赛方面。2015 年，我有幸加入其牵头负责的“国创计划”项目，在他的引领和帮助下，更进一步夯实了自己的学术基础并强化了研究能力。于我而言的这位“伯乐”，更是凭借着名列前茅的成绩和突出的科研经历，保送至北京大学汇丰商学院攻读金融—经济学硕士（联合培养），成为我在学术道路上追寻的榜样。

而正是这一届“国创计划”的铺垫，我有幸得到学长的指导、指导老师的言传身教，在协助完成项目核心内容的同时，加入指导老师所带领的省部级课题研究小组，进一步深入参与到相关问题的核心研究团队之中。在这一过程中，我不仅参研了四川省科技厅的相关课题项目，还参与到多项中央高校基本科研业务费专项资金项目的申报工作中，并最终成为多个课题的子课题负责人，负责相关重要问题的攻关和分析。在 2015 年“国创计划”项目中期验收之前，正值项目组集中研讨国家自然科学基金项目的申报工作，凭借着“国创计划”项目的点滴积累和前期工作的扎实铺垫，我成功跻身申报工作组并负责申报书重要部分的搭建和撰写工作。跟进“国创计划”项目的同时，通过指导老师所在课题组的课题项目历练，我逐步提升了组织、设计、跟进和总结研究项目的综合能力。而在深入研究诸多相关问题的同时，我开始思考和总结自己感兴趣并且有能力进行探索和解决的相关问题。这些问题从 2015 年“国创计划”项目所针对的服务业发展的核心问题出发，基于指导老师针对服务业生产率、服务贸易促进体系等方面的拓展性研究，结合我在国家自然科学基金项目申报阶段所学习的网络分析方法，进一步剖析我国服务贸易发展的特征和未来方向，继而通过与核心研究团队成员研讨和论证，最终形成了 2016 年由我牵头负责的“国创计划”项目的研究设计。

与以往研究或者在传统经济学分析框架下针对服务贸易进行的研究不同的是，在 2016 年的“国创计划”项目研究中我采用了全新的视角和方法来系统化地解读我国服务贸易的发展和演化特征，并且结合国际贸易学研究领域中较为前沿的相关理论方法，形成具有“学科交叉、思想创新”的“接地气”项目。当然，为了接续学院高年级和低年级学生间“传、帮、带”的传统，我接过 2012 级学长的科研接力棒，将其传到本学院 3 位 2014 级同学和外学院 1 位 2014 级同学的手中。在项目组建前期，研究团队的成员间之间已经有了充分的了解和沟通，并且已经与我有过几次科研竞赛的合作经历，尤其是其中 3 人分别和我合作参加了第四届海峡两岸大学生国际经贸商务专题竞赛和西南财经大学第八届文献综述大赛，并获得两项一等奖。在 2016 年“国创计划”项目的执行期间，通过科学、合理的论证和研究团队的一致努力，并获得项目两位指导老师指导和协助，我们完成的阶段性成果《金融危机冲击下中国服务贸易网络结构及其演化研究》得以在 CSSCI 期刊《国际贸易问题》（2016 年第 9 期）发表。凭借着上述成果以及项目实施过程中的学习和锻炼，我成功收获了多所高校和研究所的推荐免试研究生资格，最终选择中国科学院科技战略咨询研究院作为研究生学习的新平台。

“千锤百炼科研路，矢志不渝赤子心。”选择中国科学院作为研究生教育的平台在许多人看来有些出乎意料，因为这样的选择就意味着与“211 工程”和“985 工程”院校擦肩而过以及投身科研的决心。然而实际上，两年“国创计划”项目的训练和实践以及多位前辈、老师的言传身教已经在我的心中铭刻了钻研、探索的种子；在自己直接参与和负责的研究项目开展过程中，我也深刻地了解到国家经济发展和社会进步的迫切需要和突出问题，这些问题不仅同自己的前途命运相关，更与广大群众和国家民族的前途命运紧密相连。作为一名当代的青年大学生和一名青年中共党员，我深刻地认识到建设祖国和服务群众需要自己从身边事做起，从自己力所能及的事做起，要“做得好小事，做得起大事”，从尝试解决一点一滴的小问题开始，贡献自己的所学、所思和所能。如今，尽管截至 2017 年 5 月我所负责的最后一项“国创计划”项目已经收尾，但是在我引导下的两位研究团队成员均实现了 2017 年“国创计划”项目的入选，并且分别组建了以他们为核心的更具活力和创新能力的科研团队，这一股科研热情和力量已经在更为广泛的范围内流动起来。

值得一提的是，几位参与由我牵头负责的 2016 年“国创计划”项目的研究成员已经分别获得了清华大学经济管理学院、北京大学光华管理学院、复旦大学经济学院和上海财经大学国际工商学院等国内一流学府的推免夏令营资格，其中已有一位获得复旦大学录取资格，并且其中两位均申请“硕博连读”。正是由于大学生自我不懈的努力和“国创计划”搭建的学术历练的平台，才能让学生能够完整地参与到科研的各个环节中，学习、提升和领悟科学研究所需的严谨态度和扎实能力，尤其是实现每一位亲历者“从无到有、从小到大”的学术蜕变；同样地，“国创计划”在提供学生锻炼能力的平台的同时，还潜移默化地塑造并指引了学生对于人生方向的选择，引导了更多的学生砥砺奋进、扎实进取，在学科前沿探索和实际问题攻关等领域贡献智慧才干。相信在未来更为广阔的平台上，我们仍将以“国创计划”带给我们的宝贵财富为火炬，照耀出为国家建设和社会发展贡献自己力量的进取之路。

3 主要经验与启示

通过两年“国创计划”的历练与实践，我经历了项目组工作的成功与喜悦，也体会了研究执行中的失败与失落。但正是项目研究带给我的这些教训和感悟，让我在“国创计划”之外仍然有所收获和成长，并且凭借着这些收获和成长取得了更多的进步。有鉴于此，基于在前述两项“国创计划”项目开展过程中所遇到的问题和取得的成果，我简要地总结了些许经验并由此延伸了几点启发。

首先是对自身而言：

（1）对经济民生、社会发展和国家建设等现实热点问题始终保持好奇与思考。根据两年“国创计划”项目成功立项的经验来看，科学合理、意义深远的研究项目应当始终与社会发展问题和国家发展需要保持一致，致力于对现实热点的挖掘和对实际问题的探索。尤其是在诸多学生参与“国创计划”初期，还没有充分的基础来对重大理论进行攻关和钻研，更应该亲自动手动脚，走到乡村、走进企业、走近政府单位，用实际的行动去解读、解构和解析问题，用看到的、听到的和分析得到的事实来阐释问题，最终用合理的、科学的和可靠的结果来尝试解决问题。在这过程中，让自己保持充足动力的源泉往往来自于对所学理论和社会现象冲突的思考和对突出问题的好奇心，正是好奇心不断推动着自己去学习新的前沿理论和相关领域的理论知识，进而尝试理解现象带给自己的困惑和思考，接着萌发解决问题的强烈冲动，最终有所收获。

（2）对自己有能力解决的问题保持跟进并全力以赴。不论是设计研究方案还是执行研究计划，无法对一个问题保持热情和精力集中往往是一个好项目失败的罪魁祸首。因此，在组织设计和论证项目可行性时，需要充分评估自己和团队的技能水平、研究能力和分工安排，同时还仰赖于前期对问题的详尽、全面地判断和剖析，尤其是需要对已就该问题已经做出过尝试和解答的相关文献进行细致梳理。基于此，在确定研究方向时应当知道自己是否有能力解决它，最终做到“知己知彼”。当然，更为重要的是面对需要解决的问题越发变得困难时应当坚定，并且自始至终都应该在项目研究中全力以赴，因为学术科研不是写作文，容不得半点糊涂和敷衍，做出的分析以及由此得到的结论都应该基于严格的事实基础，经得起推敲和重复，这就要求研究团队必须时刻跟进并且竭尽全力做到最佳。

（3）对科学研究始终保持热情和兴趣。人们常说“兴趣是最好的老师”，这句话用在学术科研上依然有效。在我参加“国创计划”的过程中，不乏成员因为其他的需求和考虑离开了团队，这是由于对问题的钻研和研究无法使其保持充足的热情和兴趣，那么他的研究工作就将变得索然无味，自然离去。因此，强调科研入手应从好奇出发，即是希望自己能够从好奇的问题上找到自己的研究兴趣和热情，并时刻为自己所做的研究工作感到自豪。

（4）对陌生的知识和所需的技能如饥似渴。“如饥似渴”在此形容一种状态，即形如海绵不断汲水般地学习。在“国创计划”项目的实施过程中，甚至是申报环节，遇到陌生知识的概率几乎为100%，这就要求我们自发、积极地学习相关知识和技能，在做好充分知识铺垫准备的同时，还需要在指导老师的带领下对新知识进行解构和集中学习。这一过程的重要性比肩项目本身，因为正是有了充足的知识和技能积累，才能更好地执行和完成研究工作；而正是研究本身才能带动我们自发地寻找和发现新知识并对其进行学习。

其次是对团队而言：

（1）充分沟通和理解是项目成功的前提。即便大家都知道充分的沟通和理解是极为重要的内容，但是在项目设计和执行的过程中，往往是以论据型的争辩开始，即在“同床异梦”的状态下有成员整理了新的研究方向来进行辩驳。这样的沟通不仅会伤害团队成员间的情感联系和合作可能，还造成了大量的资源浪费和损耗。与其如此，还不如在项目论证前期就进行充分沟通，并在对每一位有意愿表达研究方案的人的充分理解的基础上进行项目方案本身的讨论和修改。而在项目执行的过程中，充分的沟通不仅仅是保证项目实施的前提，同时也是避免成员“掉队”的一个有效方法。在为期一年的研究周期中，难免会有成员因为其他安排而逐渐淡出研究团队的核心，这时的沟通和调整就将是挽留“大将”的有效手段。

（2）充分学习和交流是项目成功的保障。正如前述提到的，项目准备和执行过程中的学习是直接影响项目是否可以成功的关键，因此团队成员也应当以共同学习、共同进步来保障项目的成功实施。然而，项目方案往往包罗万象并且涉及多个领域的诸多知识和技能，这就要求项目组经常召集和发布各自的学习任务，并且在组内会议上邀请指导老师和在某一方面进行学习的成员讲课，做到知识和技能的及时交流和共同学习。这样的学习方式不仅能够避免“偷懒”，还能够调动成员的积极性并且减少了相对冗余的学习误区。

（3）充分传承和引领是项目成功的意义。我始终认为，在“国创计划”的诸多意义中，传承和引领占据着极其重要的部分。就以我自己来说，正是由于学长的指引，我才能够逐渐步入学术研究的道路，得见论坛上的专家，听闻学科上的前沿，进而坚定了自己投身科研的决心和热忱。同时，我也秉持着“传承”之道，在执行项目的过程中，注重项目组成员的培养和引领，指导项目组成员学习新理论、新方法，鼓励项目组成员撰写属于他们自己的阶段性成果。最终，一个项目的成功实施不仅应当收获一份荣誉和成果，还应当让项目组成员能够在未来收获属于自己的荣誉和成功。

我与“国创计划”共成长

项目名称： 企业财务数据质量智能评价方法研究——基于 A 股中文本与数字财务信息的实证分析

完 成 者： 闫嘉文，亢艺蓉

完成时间： 2017 年

推荐学校： 西南财经大学

1 学生参与“国创计划”情况

十分荣幸我们有机会在本科期间受到导师的指导并参与到“国创计划”项目中。通过一年的训练，我们课题组成员了解了学术道路的不易、训练了扎实的科研功底、学习了严谨的科研态度、培养了良好的学习习惯。

在“国创计划”项目立项前期（2016 年 5 月），我们完成了诸多立项期间的文献收集、技能知识整理等基础的工作 。具体而言，小组成员完成了前期项目申请过程中文献资料整理工作， 并开始了下一阶段针对数据收集所用的网络爬虫构建等方面的文献搜索，继续完成关于文本财务信息收集的方法汇总。在专业技能方面，小组成员在项目组长的带领下利用课余时间阅读编程相关的专业书籍，学习提高专业知识技能。之后，组员针对数据收集所需的网络爬虫构建等方面的文献资料进行整理，仔细阅读并初步设立爬取方案，进行相关方面的准备。

在项目准备和开展的初期，我们也遇到了很多困难。在文献资料准备和技能培训时，我们发现自身细化工作不足，Java 工具箱不能够熟练操作，对 SQL 数据库缺乏实践经验等，而小组成员并没有被困难击倒，而是讨论出解决方法。我们进一步细化研究方案，通过查找文献寻找突破点，阅读 Java 相关专业书籍，继续收集汇总文献资料；与太原优联科技有限公司取得联系并取得进入公司学习的机会。

在 2016 年暑假放假期间，小组成员并没有停止学习与科研的步伐。在项目组长的带领下，共同学习 Webmagic 爬虫架构，在 Github 开源平台中阅读相关文档，并研读了使用手册，部署相关项目，尝试抓取简单的 HTML 网页。在每天的训练中都能感受到进步的喜悦。而项目组组长为了进一步提升，在太原优联科技有限公司学习 Java 开发并参加了关于 MySQL 数据库优化问题的研讨，并选定东方财富网作为爬取网站。

2016 年下半年，虽然项目组组长出国交换学习，而小组成员留在国内，但小组人员之间仍配合默契。在两个月内，组长编写 Java 网络信息爬虫，爬取超过 50 个小时后得到了 1 170 000 条上市公司公告类信息，48 584 条个股汇总研究报告信息和 42 721 条上市公司具体研究报告，14 062 条行业基础研究报告信息和 13 949 条行业详细研究报告信息，并将全部爬取到的数据结构化储存在 MySQL 数据库中优化，对数据量超过百万级别的表增加了时间和股票代码二叉树索引。紧接着，小组成员利用以语义分析为基础的中文分词 Java 程序对文本信息进行分类，搜索学习的文本关键信息提取方法，重点研究了 Google 开源的 Word2vec 开源神经网络套件。小组组长开始尝试配置阿里云服务器，阿里云服务器提供了简洁高效的版本，允许用户自行配置 CPU 性能，并支持长时间高强度训练时间，得到二进制模型文件。

在项目进行过程中，我们积极与老师沟通，提出 Scikit-Learn 机器学习过程中的良好表现，我们根据老师推荐的文献学习了该机器学习工具，重点研究了朴素贝叶斯分类器的实现。在此过程中我们也遇到了一些棘手的问题。首先，在我们的研究中，朴素贝叶斯方法是重点。但对于朴素贝叶斯机器学习法有一些困惑。其次，什么情况下会使用 two way clustered standard error 和 robust，两者又有何不同之处？为了解决这些问题，我们多次与上海纽约大学的王亚坤老师进行沟通，进行下一步学习。在 2016 年年末，项目组组长出国交换学习结束。在此期间，小组对 10 000 条语言标记进行人工分类，得出了基于 Python 的朴素贝叶斯分类器，准确率超过 76%，得到文本学习的情感评分 OPN 的信息；用 Java 将数据写入 MySQL 数据库不同表中并创建时间和关键字索引，建立了表与表之间的相互联系。之后，项目组组长受上海纽约大学王亚坤老师邀请，前往上海纽约大学进行课题研究，担任研究助理。在课题进行中继续对收集到的文本信息进行改进训练，采用深度训练机器学习方法等使准确率提高至 85%。

寒假到开学初期，项目组组长从上海回到太原，与项目成员会合，分享研究进展与研究成果。成员们对文本信息训练成果进行检验，衡量文本信息机器学习准确性，结果样本内准确率高达 96%，取得了令人满意的效果。半个月后项目组组长再次受邀前往上海纽约大学担任研究助理，继续进行课题研究。

小组成员使用工作站对所有上市公司文本信息进行分类整理，设计计量模型进行回归分析和数据挖掘。对于以上工作成果和研究结果进行总结并撰写题为《上市公司文本价值信息》论文，并且制订了进一步研究计划，对于所有上市公司文本信息构建的计量模型进行稳健性检验。小组成员也继续修改补充论文。在此期间，我们与指导教师密切沟通，总体来讲进展顺利。

幸运的是，在辛勤的付出过后，我们迎来了丰硕的果实。小组成员将完成的论文投稿至第七届全国高校本科生经济学年会，经过三轮审稿成功入选。项目团队参加西南财经大学计量经济学大赛，荣获二等奖，并且受到评委老师一致好评。

在项目尾声阶段，小组成员开始准备结项事宜，进行项目整理和成果汇总，完成结项工作，制作结项答辩 PPT，完成结项论文，同时，我们也对未来的课题发展进行了展望。在未来的研究中，小组成员将更加深入地进行课题研究，目前正在爬取中国证券协会证券分析师相关信息，从教育背景、团队文化、人像分析等多种有趣的角度开展研究。

2 学生后续发展情况

在接下来的研究中，项目组成员将依托上海纽约大学王亚坤老师主持的国家自然科学基金继续开展研究，课题名称为“企业会计信息在社交网络中的传播：信息质量、传播机制及其作用后果”，进一步对以下几个问题同步开展研究。

（1）分析师研究报告文本信息价值。

（2）分析师外在容貌、潜在性格特征与文本写作风格关系。目前已利用 Scrapy 框架编写 Python 爬虫脚本，完成所有券商分析师照片爬取工作。分析师教育水平、地域差异、资格水平考试分数、工作经历等因素同样会对分析师写作风格产生重要影响。

（3）衡量文本信息模糊度。由于文本信息具有不确定性特点，模糊的信息更容易被风险厌恶投资者理解为负向信息，我们将重点研究文本信息模糊程度的衡量标准和快速识别方法。

（4）收集新浪微博、雪球网、新闻网等社交媒体文本信息，发掘大众社交媒体对企业信息传递的渠道和作用效果。

目前项目组成员均为本科在读学生，通过这次为期一年的项目研究，我们不仅学习到了前沿的计算机科学与经济金融行业结合应用的前景，运用了课本中学到的理论模型，夯实了理论基础水平，也为今后学术研究的道路做好了充分准备。

3 主要经验与启示

总体而言，该课题结合了西南财经大学学校特色和课题组成员计算机程序设计优势，紧扣智能分析主题，在大数据 + 金融分析的层次上展开了诸多有意义的研究，也为本科生科研项目提供了一些启迪。

（1）兴趣是最好的老师。本科生阶段仍处于科研道路的萌芽与起步阶段，此时找到适合自己的方向是至关重要的。这个过程需要在实践过程中不断探索，根据个人的兴趣爱好，提出自己感兴趣的研究课题，这种源于内心兴趣的动力是做好一项课题的重要保证。

（2）树立踏实严谨的科研态度。做科研的确是一件漫长而辛苦的过程。“柳暗花明”的情况少之又少，更多的情况则是“衣带渐宽人憔悴”。这就需要我们有恒心和毅力，脚踏实地一步步按计划将科研过程的每一步做好。

（3）提供较为充足的经费支持。开展新时代大数据相关的研究，需要大规模存储设备，高性能工作站，数据拓展线等硬件条件。这就需要组织者对有潜力的项目在经费上给予支持。有了高性能的处理设备，科研课题可以在短时间内并行多项任务，极大地加快了项目的进展速度。

（4）多方位沟通与合作。项目开展过程中，应当积极与行业专家、技术人员及时沟通交流，学习专业人员的宝贵经验，并以适当的方式转化、应用到项目中。21世纪是一个协同进步的社会，更多的人带来更多的视角与看法，结合起来或许对项目的进展有着举足轻重的作用。

砥砺前行，追寻甜蜜事业

项目名称：成都永蜜源贸易有限公司
完 成 者：阿瑛格，王　浩，郑　爽，李　颖
完成时间：2016 年
推荐学校：西南民族大学

Part 1　走近我们的故事

——“国创计划”创业项目情况

西南民族大学“国创计划”项目“成都永蜜源贸易有限公司”是一个致力于通过“互联网＋农业”模式解决西部地区农牧民农业产品滞销难题的创业项目。目前，此项目已经在当地周边城市和成都的保健品市场完成总体销售布局。2016 年通过线下线上平台销售蜂蜜共计 3 650 瓶，销售总利润共计 296 600 元，项目覆盖地区蜂农人均收入增长近 3 000 元。

我们的故事从这里开始……

新疆伊犁，一个中国地理上一个不可不提的地标——中国的西部温带大陆性气候的过渡区。处于这样神奇的地理位置的新疆伊犁，野花繁密，成为全球八大薰衣草基地之一，同样也是唯一一个完整地融合了农耕文化和游牧文化的地域。一次偶然的机会，团队成员来到了伊犁那拉提草原那拉提镇——一个伊犁深处的人间秘境。这里空气清新、群山环绕、泉水潺潺、百花齐放，成员们仿佛身临桃源，与伊犁的“甜蜜”情缘由此展开，而我们的创业故事也由此开始……

1　好蜜源自大山中

曾记，初次来到那拉提镇时，热情朴素的村民便邀请我们品尝了自己养的黑蜂所酿的蜂蜜。这是在一种原始森林般的自然环境中孕育出的纯天然的优质百花蜜，香甜可口，一入口便有丝丝香甜沁入心脾，令人回味。但是，在经过短暂的与牧民的交流后，我们却了解到在这甜蜜的背后却有不为人知的酸楚。原来，由于那拉提镇地处伊犁草原腹地，交通不便、信号全无，造成的信息落后和发展落后使得牧民与外界沟通存在重重障碍，甚至有时候连最基本的生活物资需求都很难得到满足。

因此这里的大多数牧民不得不外出打工，留下来的几乎全是年老体弱的牧民。而这优质的蜂蜜也就成了当地人日常生活的主要经济来源。

2 甜“蜜”下肚的酸楚

经过深入调查我们发现，这里牧民们的生活远比我们想象的艰难。而蜂蜜的生产作为当地大多数人的生计来源，却正面临着一系列的难题：因消息闭塞而导致当地蜂蜜质量虽高却无人知晓，因缺乏规范的合作社运营而导致蜂蜜减产，因交通不畅、生产技术落后而导致蜂蜜大量囤积和浪费，因销路不畅导致牧民们只能将品质极高的蜂蜜以极低的价格卖给私人收购商……而这一系列问题导致的后果往往是牧民们辛苦劳作一年，结果却是入不敷出。牧民紧皱的眉头和期盼的眼神，我们看在眼里，也记在心上，我们很清楚，这里太需要援手，而我们确实需要也应该为了这个美丽的地方做点什么。

3 定下一个小目标

在了解到那拉提的情况之后，我们利用假期数次深入这个伊犁腹地的小镇，在广泛开展调研的基础上，我们开始为当地牧民提供一些力所能及的帮助，如给他们带来一些必要的生活物资，在学校募捐的爱心善款等。

我们知道，只要能使得这个美丽的小镇更加明媚，帮助这些艰苦朴素的牧民更加幸福，我们的任何付出都是值得的、快乐的和幸福的。而为了这个目标的实现，我们便开始深一脚浅一脚，无数次地奔波在伊犁与那拉提草原之间，将坚定的脚印一次次地印在了那拉提草原。终于，一年深入调研换来“尤努斯”项目（维语，“永蜜源”品牌的前身，意为创造没有贫困的世界）的诞生。我们知道，这对于我们来说既是一种肯定，更是一份责任。它将是我们坚定不移地实现更远目标的开始。

Part 2　梦想成长的秘密

——后续创业发展情况

回首过去一年的创业经历，我们发现创业是一个长期坚持的过程，永蜜源成长的每一步，都是团队成员们每一份心力的付出、学校创业部门每一次支持和当地政府的每一份鼓励的结果。今天的永蜜源见证了牧民们由愁眉不展到喜出望外，经历了团队由最初的四分五裂到现在的紧密团结，而更重要的是，不论是现在还是未来，永蜜源都将秉持初心，勇往直前，做互联网时代下最勤劳的优质蜂蜜的“搬运工”。下面，介绍一下我们团队的创业历程。

“开荒”初期，为了帮助当地养殖户解决中蜂养殖技术问题，公司多次邀请专业养蜂人到那拉提镇讲解生产技术、发放病虫害防治药品。

然而，随着项目的逐渐深入，我们逐渐意识到要真正助力此地牧民们脱贫致富，这些是远远不够的。于是，2015年年初，团队开始积极开拓市场，在线上线下同时宣传、展开帮销。2015年末，团队先与几家养蜂规模较大的蜂农联系，与其一起召集牧区养蜜人，成立养蜂合作社并申请农业补贴。

在2015年，努力初见成效之际，团队一鼓作气，与合作社成员一起努力，于2016年年初，建成规范化生产链条，成为当地第一家资质齐全的合作社；2016年年中，团队为进一步解决产销问题，将“尤努斯”改为“永蜜源”，成立成都永蜜源贸易公司，让蜂蜜“坐车”进军成都蜂蜜市场；2016年年底，我们从美容板块和保健品板块着手开始拓宽销售渠道。为进一步证明蜂蜜质量，我们在伊犁质量检测认证中心的支持和帮助下，对蜂蜜各项指标进行了量化质量检测，结果发现这里的蜂蜜达到了顶级蜂蜜标准。同时，为了让产品更加有吸引力，我们开始设计具有当地特色的包装等，以便于突出蜂蜜的优势，从而更有利于农户蜂蜜的销售。

目前，接受帮助的蜂农已有固定销路，保证了供求平衡，公司也已经在当地城市和成都的保健品板块完成总体销售布局。2016年通过线下线上平台销售蜂蜜共计3 650瓶，销售总利润共计296 600元，项目覆盖地区蜂农人均收入增长近3 000元。

2017年初，团队再次前往那拉提进行回访，看着熟悉的牧民们脸上洋溢着灿烂的微笑，3年前的愁容一扫而光，我们不禁热泪盈眶。确实，从最初的一个简单朴素的目标，到今天团队一起创造的小小的成绩，这一路走来的艰辛与不易仿佛在那一刻完全被释放，心中只留下和这里的蓝天一样的明媚，和这里的甜“蜜”一样的欣慰。

而对于未来，我们也有着自己清晰的规划，公司向更开放的社群经济方向推进，这其中就包括快消品领域，今年12月，我们采用公益扶持的形式，采用服务到家的方式，构建社区社群经济形态，让更多牧民享受到“互联网 + 农业”的新型农业模式的惠泽。

Part 3 “一席”话创业

——主要经验与启示

人们常说“听君一席话，胜读十年书”。可在此处，我们却没有这般的胆识和勇气和大家分享我们的创业宝典，因为到今天为止距离“永蜜源”的诞生仅有一年，我们谈不上有很老到的创业经验。然而，我们更愿意相信，每一次真诚地分享都必定有其价值存在，因此，告别励志鸡汤式的“夸夸其谈”，此处，我们唯一想和大家分享的是以下几点“干货”。

第一条：人脉圈与格局

中国有一句古语叫“物以类聚，人与群分”。医生身边的朋友是医生，企业家的朋友是企业家，教授的朋友同样是教授。当你想要跻身进入一个圈子并立足，就必须寻找机会与这个圈子里的人交流学习，融入这个圈子。这也是我们团队走到今天的一个重要法宝，在过去两年中，几乎每个月团队都会通过各种渠道寻找机会去与年销售额上千万的企业家进行交流，或去世界500强企业参观学习，从而打开自己的格局，发现自己与成功人士的差距，砥砺自己不断前进。

第二条：善于去自我暴露

现实生活中，大家都明白这样一个道理，“唯有知根知底的人才是值得信赖的”。团队合作，要产生优秀的团队，彼此的信任尤为关键。我们的团队，做得很好的一点就是，知道自己能做什么、该做什么，同时也了解对方能做什么、会做什么。这样高度的默契度自然是源自我们企业文化中包含的“敢于自我暴露”的提议。即使在今天，我们也都愿意花时间去给我们的项目成员坦诚自己的不足，因为我们确信有了这样的真诚的团队文化，我们便不仅仅是事业的开拓伙伴，更多的像是一家人，能在创业环境中一起迎难而上。

第三条：一个领导核心

总体来说，在一切条件都具备的情况下，创业还是有一个领导核心比较好，在创业初期我们有过几次的股权之争、公司领导权之争，甚至险些不欢而散，后来在一些老师的指导下，我们渐渐深刻地理解了“和气生财”的道理。当然，我们也渐渐形成了“领导核心有且仅有一个”的认识。其实，道理很简单，可是，越简单的道理却只有在实践中屡次受挫后才能有所醒悟，正如小到一个家庭的一家之主，大到一个国家的一国领袖，都不仅是意见的整合与决策的制定者，更是每个集体的根本的心灵归附者，其只要存在，就有一股隐形的黏合力与凝聚力将集体紧密地团结在一起。

第四条：选对行业就是成功的一半

中国自古有一句话叫作“男怕入错行，女怕嫁错郎”。在互联网创业的风口，是否独具慧眼地选择一个有长远发展潜力的项目是决定一个企业成败的关键。而团队最初选择蜂蜜事业入手，就是看中了三点：产品质量好，核心产品在手；二是与产源地展开合作相对容易；三是竞争对手在此行业的劣势明显。通过这三点去看一个领域好不好，一般成功率将大大提高。因为行业选择优势明显，在后期的持续运营中将有源源不断的动力，支撑它不断地成长。而在此我们最想强调的是如果创业者经历太单一，则很难选对创业领域，在我们正式确立创业项目之前，我们团队成员曾就该项目进行了为期一年的考察调研。事实证明，不断地发现问题并论证对于创业的成功而言至关重要。

第五条：为他人圆梦的初心

目前，在各大新闻网站上可以轻易地看到一些这样的信息，某某大学生创业一年获得千万融资、公务员辞职创业年赚上千万等。于是，在利益的驱使下，一批批的创业者跃跃欲试，盲目地选择一个行业开始投资，可是，结果往往是草草收场。因此，在当下各行各业竞争日趋白热化的阶段，所有的初创企业都要考虑的问题是自己是否能够为他人、为社会带来其最需要的产品和服务，即我们团队一直将其奉为圭臬的“为他人圆梦的初心”。当我们初次去往那拉提时，那里牧民的生活境况亟待改善，他们脱贫致富的梦想因为有优质蜂蜜的存在而近在咫尺，但对他们而言却好像可望而不可及。他们的热情、淳朴、期待的目光让我们为之动容，我们也真诚地要为他们圆梦。于是，一路走来，便觉即使辛苦，也很快乐。

第六条：给梦想一点时间

这里需要指出的有两方面。一方面，在开始梦想之旅之前，预留一点时间做充足的准备。很多人受到成功励志鸡汤的启发，往往迫不及待地开始去做事，结果一段时间之后竟发现事与愿违，这种南辕北辙的例子似乎不在少数，因此对于创业者而言，请预留给梦想一点提前准备的时间，很多人创业时，都想做一家百年老店，但往往不到三个月就人去楼空。怎么让自己的事业更具操作性？首先要进行创业初期精准试错，去看看你的想法是否前人已经做过，是失败还是成功；或者只先做一个学校的生意进行市场验证，成功再转入更大的市场进而制定阶段目标，化整为零去实行。另一方面，是对创业梦想的执着与坚持，虽有点老生常谈，但还是不得不提。相比较其他技能的学习，创业的周期可能会更长，过程更加艰辛，因此，创业从来都是勇敢者、坚毅者的游戏。在创业之前，不妨考虑一下自身是否具备这些素质。

后记

创业之帆的成功启航非一人之力可以达成，永蜜源项目最初在学校的“创客茶馆”孕育并逐渐成长起来，在成长过程中，我们的项目得到了许多社会创业人士的支持和学校相关领导的帮助。如今再回望过去一年的创业经历，我们发现，创业者所走的每一步都是在为等待成功的质变积蓄力量，今天的永蜜源可能算不上成功，但是，团队的每一个人都可以问心无愧地说一句“我们尽力了”。而在这个全民创新、大众创业的当口，能有机会向更多的创业者分享我们的心得与体会，我们感到莫大的幸运，因为我们清楚，曾经的我们可能也是由于某个创业成功者的一席话，我们才拥有了创业的冲动与契机。永蜜源，在路上，我们将心怀敬畏继续前进，我们的故事，未完待续……

愿更多的创业追梦者不负韶华，在创业路上砥砺前行，早日圆梦！

“国创计划”助我翱翔蓝天

项目名称： 简易搜救无人机

完 成 者： 孟凡博，施 磊，王 彬

完成时间： 2015 年

推荐学校： 昆明理工大学

1 学生参与“国创计划”情况

本“国创计划”项目研发团队是一支特别能吃苦、能奋斗的团队，在项目实施过程中，取得了多项研究成果及学科竞赛成果。2015 年，研究成果在哈尔滨工业大学举办的第八届全国大学生创新创业年会上，作为昆明理工大学唯一入选作品进行项目展示。项目研究成果曾获得第十四届“挑战杯”全国大学生课外学术科技作品竞赛三等奖，第八届中国大学生计算机设计大赛三等奖，2015 年云南省大学生计算机作品大赛二等奖，2015 年“汉柏杯”云南省大学生计算机设计大赛二等奖，第八届云南省大中专学生课外学术科技节一等奖。研究成果还获得国家授权实用新型专利 5 项，发表国际会议论文 1 篇。

2 学生后续发展情况

项目负责人孟凡博，因突出的“国创计划”项目研究成绩，获得推免生资格并被保送至西安电子科技大学继续深造，攻读硕士学位。

项目成员施磊，在“国创计划”项目研究中表现出其在机电控制技术方面的突出的研发能力，毕业后选择自主创业，发挥个人的技术特长。

3 主要经验与启示

首先真的很高兴可以有机会参加大学生创新创业训练计划项目。兴趣是最好的老师，在大学生创新创业训练计划项目中我学到了很多。在多次和指导老师刘泓滨教授交流的过程中，对现在中国的无人机市场现状等情况有了更深一步的了解，对无人机自动导航也有了进一步了解。

这次是以小组负责人的身份参加大学生创新创业训练计划项目，工作量非常大，

所以需要持之以恒的精神，每天都需要把课余时间利用好，调研各种不同模态的无人机控制系统。学会了如何使用Solidworks，也学会了很多编程知识。并利用寒假期间查了相关资料，对基础型无人机进行验证，关注国内外无人机行业的动态，深刻体会到国家对高新科技的重视。而我们作为新一代的大学生更有义务肩负这项使命，努力学习科学文化知识，在大学生创新创业训练计划项目中多多学习、多多思考，争取在以后的人生道路中可以对国家高性能无人机自主导航做出贡献。同时，在进行试飞测试功能的过程中，也了解到国家关于无人机升天等方面相应的法律、法规。

项目的开展需要学会自主学习，这是参加大学生创新创业训练计划项目与课堂学习最大的不同与收获。在平时的课堂学习中，老师都会给我们强调什么是学习的重点，同时又通过课下作业进行强化，把握知识相对较容易；但是在项目中，遇到的问题往往需要宽广的知识面及一定的开发经历来解决，没有人能直接地告诉我们问题的原因所在，也不能帮助我们及时地解决问题。在这种情况下，就需要我们能够分析出问题可能出现的原因，并通过网络资源及相关书籍进行学习，与自己的实验条件等信息进行比较，经过不断地修改、调试去解决问题。因此，自主学习的能力是非常重要的。

在后期的项目运行过程中，需要对所搭建的无人机样机的重要参数进行测量，要学会使用数据传输模块的相关通信协议。测量结束后，也发现我们制作的物理样机存在一些问题，比如有些零件在设计上并不合理，在使用中会出现断裂的现象，这也让我们意识到加工前进行必要的应力分析的重要性，毕竟进行相关仿真后可以根据仿真结果对零部件进行修改，然后优化仿真结果，这样可以提高样机加工后顺利运行的概率，同时这样的设计流程更加科学。

项目的开展需要团队合作交流，它不仅关系着项目开展的进度快慢的问题，而且关系着一个团队能否坚持到最后并是否能取得一定成绩。令我们开心的是这次比赛中每个成员都发挥了各自的长处，使得项目开展得很顺利，这也使我们明白团队合作的重要性。

但是项目进程并不是一帆风顺的。在项目初期，由于知识方面的欠缺，我们进展较慢。通过询问指导老师，及时调整方案，再花一段时间学习相关知识后，我们理解到，科研最重要的是要抓住项目所要研究的主要问题，再对研究方案做出合乎实际的设计，最后才能取得预期成果。

项目是我们团队共同的项目，大家的目标是一样的，在团队合作中难免会因为观点的不同而产生摩擦，这时候需要我们以团队为重，以项目为主，全身心投入，并充分尊重团队中成员的意见和建议。我们组从项目立项之初成员之间的不太了解到后来发展成为很好的队友、很好的朋友，这也说明了我们的团队合作精神。每一个人的力量都是有限的，在团队中我们能聚集起每个人的能量，将团队作用发挥到最大。

这次大学生创新创业训练计划项目让我们受益颇多，有能力上的提高，有思维上的创新，也有情谊上的收获。我们在忙碌中充实了自己，学到了很多东西，并坚持认真细致地完成了项目的研究内容。在实验中，尽管困难重重，尽管工作量较大，我们还是不断鞭策鼓励自己，做到有始有终。相信这次“国创计划”的经历，会对我们今后的学习、工作和生活产生很重要的影响，真诚地感谢国家、感谢学校给我们提供了这样一个难得的学习、锻炼机会，感谢刘泓滨教授的悉心指导和鼓励，感谢我们小组成员的互相支持和帮助，感谢同学们提出的宝贵意见。谢谢！

“国创计划”，我们的良师益友

项目名称：新型铝蜂窝夹层板成型机设计

完 成 者：杨丛为，张弯弓，张　号，龙艺航

完成时间：2013 年

推荐学校：昆明理工大学

1 参与“国创计划”情况

2012 年 4 月，我们在刘泓滨教授的指导下申报了“新型铝蜂窝夹层板成型机设计”大学生创新创业训练计划项目，并在为期一年多的时间里完成了该成型机的设计工作。五年时光匆匆逝去，带走的是回不去的时光，留下的是正在茁壮成长的我们。

这个项目是我第一次主持完成的项目，虽然之前参与过几个课题，但都不是很完整，脑海里并没有对项目运作比较全面的认知，刘教授不但指导我们如何从学术的角度解决项目问题，更是给我们讲解如何做好一个项目，如何推进一个项目。从初期的现状调查、需求分析，到后面的方案提出、设计验证，再到细化方案、完成设计，一步一步循序渐进，这让那时的我对项目不再感到畏惧，项目不是那么高深莫测，而且创新是有迹可循的，对我后面的学习和工作产生了极大的影响，可谓受益匪浅。

我们的成型机划分为 4 个部分分别进行设计，团队主要成员各负责一部分，分别是送料机构、裁剪机构、辊压机构和微调机构。这些主要是结构的设计工作，重点是分析铝箔的受力情况，以及影响成型精度的主要因素，并克服这些问题，给出结构上的解决方案，最终我们设计出了能够连续生产、辊轴位置可调、成型准确的新型铝蜂窝夹层板成型机。

在项目推进的过程中，作为小组长的我需要定期组织组员沟通进展、讨论方案，制订下一步工作计划，对项目的总体状态负责，这在项目初期执行的还可以，但随着时间的加长，热情渐退，作为主导者的我并没有能够坚持下来，或许是战线拉得太长，对时间的紧迫性认识不足，在后面每一次和老师汇报时都拖沓了，这种很不好的现象被老师提醒过多次，但还是临时抱佛脚，“汇报前后进展最快”，这是我们总结出的规律。

良好的团队合作关系以及协调沟通是项目顺利进行下去的重要保证，学习和生活中也难免遇到磕碰，这时候需要我们冷静沟通，讲出彼此的想法见解，并认真倾听，我相信我们团队中的每一个人现在都可以做到这一点。当然，如若遇到两人为某个

技术点争执不下，最好的做法是各自引经据典，寻找说服对方的理论支撑，这样互相都会有很大的提升，而我们身在校园，不会涉及任何的利益之争，为的是学习，为的是进步。我们在一个实验室里沟通方案、讨论计划，一起去上课，回来又一起画图，感觉其乐融融，现在回想起来也会情不自禁地咧嘴微笑，这也让我们收获了校园期间最伟大的友谊。

2 后续发展情况

在完成本科教育后，我有幸被保送到哈尔滨工业大学机电工程学院机械电子工程专业就读工学硕士（2013 年 09 月至 2015 年 06 月），在硕士研究生期间的主要课题为人体下肢关节力矩解算与预测的人体运动趋势感知研究，是外骨骼机器人中助力环节中重要的算法支撑，需要根据人体运动规律预测人下一步运动趋势从而控制骨骼服对穿戴者进行助力。

硕士顺利毕业后于 2015 年 8 月就职华为终端公司，从事自动化设备（手机生产相关）的开发工作。主要负责自动化设备的视觉应用开发，并负责所在部门的视觉能力建设工作，主导视觉实验室建设。工作中陆续参与、主导了多个技术项目，均取得了良好的应用效果，为公司创造了可观的价值。

3 主要经验与启示

作为一名有幸参与“国创计划”的学生，经过这个项目，我深刻认识到时间管理的重要性，如果管理不好时间，就难以保证事情的顺利进行，势必造成项目拖沓，降低项目交付成果的质量，甚至造成更为恶劣的负面影响。这对我后面的学习和工作有重要的警醒作用：做事事先规划好，按照时间节点不断推进，并加入风险的预判，若有变更须同相关人员沟通确认，以免影响其他相关领域工作，须知我们做的事往往是某件更大的事的一环。

当然，知识水平的提升也是项目的关键因素之一。一个完整的项目，要求我们实际应用多门所学知识去解决问题，机械设计、机械制造、理论力学、材料力学、互换性，等等，而且还需要查阅大量相关文献，寻找合理的解决方案，在此过程中不断地向老师学习，与同学进行交流碰撞，使自己的理论知识更加稳固并得以实践。

方案的筛选过程至关重要。认真对待每一次方案决策，当我们吃透、弄清楚每一个方案的优缺点，再做出决策，我们就可以避免弯路，并彻底搞清楚一个问题。

不积跬步，无以至千里，一次“国创计划”项目或许并不能决定太多，但这次

“国创计划”项目对我的影响潜移默化，使我学习到很多东西，获得能力上的提升，有思维上的创新，有友谊上的收获，这就是成长。真诚地感谢教育部和学校给我们提供了这样一个锻炼的机会，感谢老师的指导和鼓励，感谢团队成员的支持和帮助，感谢学长提出的宝贵意见。谢谢你们！

如今已踏上工作岗位的我，运用着学校里学习到的知识技能，解决实际问题，为社会的进步贡献自己的力量。而“国创计划”项目的影响也已深深印入我的脑海中，让我在工作中不断前行。我将牢记学校与老师的教诲，迎接以后的工作和生活。再次感谢那些为我们的成长不断提供帮助的教育工作者，谢谢你们！也衷心祝愿后来的学子们顺利成长、不断进步！

辎重前行，总有踏实的脚步

项目名称：1. 城市转型下重大民生工程对改善环境的评估及优化研究——以成都“北改”为例
2. 一体式便携画箱

完 成 者：林建斌，周　峰，周　平，林荔敏，谢子洋，许　磊，王慧冰

完成时间：2015 年，2017 年

推荐学校：西南交通大学

1 学生参与“国创计划”情况

在学校的有力支持和导师的辛勤指导下，所参与的项目均按计划完成，具体如下：

项目“城市转型下重大民生工程对改善环境的评估及优化研究——以成都“北改”为例”于 2014 年立项，2015 年结题，经过逐层选拔和评审被评为优秀。该项目成果获得联合国环境规划署“绿苗计划”奖，并受邀参加国际学生环境与可持续发展大会作主题报告，同时还获得 INE 杯第一届全国大学生能源经济学术创意大赛三等奖和“金川”杯第七届全国大学生节能减排社会实践与科技竞赛三等奖。项目结题时提交论文 1 篇，发表论文 1 篇。

项目“一体式便携画箱”于 2016 年立项，2017 年顺利结题。该项目成果受邀参加第九届全国大学生创新创业年会并作主题分享报告，同时荣获优秀团队称号（全国仅 10 队），此外还获得四川省创新春挑战杯金奖，获得双创赛三等奖等荣誉。

2 学生后续发展情况

通过“国家计划”的训练和成长，团队成员全部免试进入研究生阶段的学习，项目成员的后续发展如下：

谢子洋：2015 年研究生“推免”保送至同济大学研究生

林荔敏：2015 年研究生“推免”保送至四川大学研究生

周　平：2015 年研究生“推免”保送至西南交通大学研究生

林建斌：2016 年研究生“推免”保送至华中科技大学直攻博士

周　峰：2016 年研究生“推免”保送至大连理工大学研究生

许　磊：2017 年计划研究生“推免”保送至清华大学直攻博生（预录取）

王慧冰：2017 年计划研究生“推免”保送至厦门大学研究生（预录取）

3 主要经验与启示

双创记

21 世纪是信息爆炸、知识创新、产学研相结合的时代，单纯的创业若淡化了创新终将折戟沉沙。子曰：“学而不思则罔，思而不学则殆。”创新和创业俨然是学与思的关系，二者缺一不可，这里也想借用双城记的光辉来论述我所经历的双创故事。

路漫漫其修远兮，吾将上下而求索

迈着懵懂的步伐踏入了中国铁路工程师的摇篮——西南交通大学的校园，也许这座搬迁了足足 18 次的校园没有充满古道苍松，也没有民国时期的古老建筑，但却是最早成立的大学之一，正所谓“山不在高，有仙则名，水不在深，有龙则灵”。带着崇敬和向往的心情，我上了本科的第一堂课，但改变我未来经历的并非是这堂课的内容，而是在教学楼里摆放的优秀“国创计划”项目的展板以及墙壁上醒目的 SRTP 从申报到结题的流程，这也是学校用心良苦的地方，以一种高大上却很接地气的科学方式让每个人都会驻足观看，内心不禁都会问自己一句“这是什么？”后来得知，学校教务处每年都会对开展的项目进行认真评审、总结和整理，每一期都会评选出因优异而脱颖而出的项目和同学，让师弟师妹们“有章可循”。

如此诱人的字眼犹如一首天籁一直余音绕梁，期待能有这样的一次机会来提高和展现自己的能力，同时也锻炼团结合作以及沟通交流的能力。而这样的机会学校每年都会提供，教务处定期组织教学名师和科研“大牛”为学生提供项目支持，这也让迷茫在门外的我们，顿时充满了信心。这样美好的想法一直持续到了年初。然而，理想所需要的羽翼一般要远远高于雄鹰的翅膀，因为人类本身就比雄鹰重很多，想要翱翔于碧云蓝天之下，还是要深刻明白泰戈尔的诗句：“没有流过血的手指，就无法弹出世间绝唱。”

大一的我虽然兴致勃勃，但在学识和心智上不具备带领一个团队完成一个项目的能力。俗话说“巧妇难为无米之炊”，即使给我顶尖的导师和充足的实验平台也于事无补。第一次接触的经历也让我深深意识到了专业知识的重要性，广泛涉猎其他专业内容是有必要的，更要具备领导的能力，我需要的是静下心来沉淀自己。

经过一年的准备，在得知“国创计划”的流程和安排后，就可以开始着手确定研究的课题和方向、组建团队、寻找导师。学校教务处开发了基于教务系统的“创新网”，所有的操作都可以在网上进行。“创新网”有立项、申报、中期答辩、最终答辩、科研日志上传等各种功能。通过“创新网”，可以看到以往的申报信息，避免项目的重复；更可以借鉴以前师兄师姐的创新方法，这一点可以充分让学生站

在“巨人”的肩膀上，看得更高、更远；最重要的是学生和导师均可以发布自身的课题和想法，招学生和拼队友一起成立科研团队。“创新网”与学生的综合素质评定息息相关，这也促进了学生在创新创业方面有所建树，是一个很好的方向标。学校在这一方面提供的条件可谓得天独厚，所以最终能不能成事还得依赖自身是否愿意去尝试、去努力。

山重水复疑无路，柳暗花明又一村

2014 年 4 月，学校教务处如期发布了申报“国创计划”项目的通知，此时我早已借助“创新网”准备好了课题也组建了团队。在此需要注重的创新点的寻找。如果只是简单地重复前人的工作是可以用来提高自己的技能，但不能极大提升自我创新的意识和能力，因此广泛地进行文献阅读、信息检索十分关键。从查阅得到的进展再进行评估，与导师沟通后确定项目的创新点，再慢慢细化申报材料。经历了初选、盲审和公开答辩，我们团队的项目成功入选，题目是“城市转型下重大民生工程对改善环境的评估及优化研究——以成都“北改”为例”。项目申报成功后，我内心的兴奋久久无法平静。

然而，困难和挑战只是刚刚开始。

项目起初的做法是根据调查问卷的统计数据做一些分析，按照传统的思路进行。如此开展后完成了数据的采集，但结果却让人大跌眼镜，数据量的不充分导致结果杂乱无章。即使在前期的问卷设置上采取了比较先进的设计理念，但还是欠缺了方向性的东西，并且这样得到的主观分析不应该作为一种研究的支撑。想起教务处组织的名师分享会，那些老师严谨的作风深深烙印在脑海里，不能主观定性分析，一定要严谨、要定量。在迷茫和沉思了数月后，在大量的分析和实地考察之后我们总结出了 4 个具体研究方向，根据成都市“北改”发展的 4 个主要方向：交通先行、产业升级、旧城改造和生态建设提出本项目的具体研究方向，分别是：道路交通通行能力研究，产业结构研究，旧城改造中污染物研究，生态绿地环境效益研究。从这 4 个方面入手可以较为客观而全面地对城市转型下重大民生工程对改善环境的评估及优化研究。

在此以研究“道路交通通行能力”为例分享经历。当面对政府的工程数据不公开而欠缺道路数据的情况下，和队友周峰仔细分析过后一致认为可以利用当前成熟的 GPS 技术和谷歌地球，由此来采集信息详细描述每一条道路之间的关系，进而可以进行道路的流量模拟，确定出道路的瓶颈在哪里，借用弗洛伊德算法便可以较为迅速而准确地得到道路的交通情况。在此基础上，根据瓶颈进行道路优化，而道路的改造一般又受限于城市的发展，已建设好的城市建筑对此增加了难度。同样借用谷歌地图，可以清晰地得到道路与周边建筑的关系，在对图像确认后便可以根据实际的需要对道路进行改造升级。道路的改造不仅降低了能耗，而且会增加人们对城市的满意指数。而这样的创新点则在于充分利用了客观的实际数据，利用卫星地图的功能去规划路径，这比传统实际测量来得更为迅速并且可以大规模应用，虽然在精度上略微逊色，但具备很好的指导性。

期间，教务处数次组织了相关专家对项目的进展进行了考核和评估，督促导师和学生之间的沟通和项目的进展。与专家和导师的交流是让人迅速走出思维困境，踏上新的台阶的有效方式。本项目的研究目的在于促进“北改”的更好开展，如果只是纸上谈兵的话，就失去了原本的意义，只有将自己所做的事情成为一个成果展现出来并影响到“北改”，那才是有意义的。在导师的建议下，我们将资料整理成一篇论文并参加了“金川”杯第七届全国大学生节能减排社会实践与科技竞赛的校赛，成功获得第一名并进入国赛，但是很遗憾最终只是获得了三等奖。思索着这一年的付出时，继续坚定了自己的信心和想法，重整旗鼓将部分数据整理成论文并参加了INE 杯第一届全国大学生能源经济学术创意大赛，结果也是获得了三等奖。

世有伯乐，然后有千里马。千里马常有，而伯乐不常有。教务处的老师和导师都认为我们的工作不错，建议继续深化研究。时隔半年，在受到屡次打击后毅然将深化研究后的全部成果整理成“书”并获得了联合国环境规划署一年一度的“绿苗计划”奖（当年全国本科生仅 4 组入选），并受邀参加 2015 年国际学生环境与可持续发展大会作相关的主题报告。我在十分激动的同时却压抑不住内心一路走来的辛酸和苦水。

从立项到结题，再到成果申报，历时一年多的时间让我大受裨益，主要有以下三点。

第一，凡事预则立，不预则废。大一时并未仔细准备课题和筹备团队，就失去了一次机会，而在大二羽翼稍微丰满一些，一般都可以顺利申请到项目资金和平台的支持。在面对校内的选拔时，需要阐述清楚项目背景来源、研究思路、技术路线、研究计划和最终的预期成果，体现出自身的优势，让评委老师更加肯定这个项目是值得我们进行开展的。项目的申报前是需要做足够的准备，未雨绸缪会让项目申报更加顺利。

第二，不积跬步，无以至千里；不积小流，无以成江海。大一时内心踌躇满志却愿望落空的最大原因就是好高骛远，应该从自身的小事做起，慢慢积累自己的学识和经验，这样才能到达千里，成就江河湖海。在经历失败时进行深刻的反思，坚持绳锯木断的真理。失败也不可怕，毕竟那是成功之母。

第三，丘吉尔曾在剑桥大学时发表了至今令人震撼不已的演讲“Never give up!”，而“胜败乃兵家常事”同样印证了这样的一个观点，不要患得患失，一次的失败，甚至是 99 次失败也要依然相信会有成功的那一天，这是一个人应该具备的毅力。记得有一次和师兄做实验的时候，到了 102 次还不成功，但我依然坚持做下去，结果 103 次就成功了。也许 99 在实验里头只是一个虚数，运气好也许是 9 次，但也可能是999次。所以，相信自己，坚持下去，铭记丘吉尔的至理名言，永不放弃！在进展缓慢时，寻找教务处的帮助也是有必要的，因为他们可以提供更加专业的指导，也可以帮助你充分认识和利用学校的资源和平台。

一个创新训练计划项目的顺利开展，是离不开学校的大力支持，是离不开导师的悉心指导和队友的团结协作，是离不开自己锲而不舍的坚持！在此也感谢学校搭建的“创新网”等信息交流与技术支持的平台，感谢老师们的辛勤付出，学生的成长永远离不开他们的遮风挡雨！而这之间所收获的创新思维训练却足以让我受用一生，学校在开展创新训练过程中的有序组织、热诚帮助以及导师严谨治学的态度更是让学生在立德树人方面得到进一步成长。

随着项目的结题，创新计划的训练便由此暂告一个段落，我便安心复习专业课，准备期末考试，迎接新的挑战！

衣带渐宽终不悔，为伊消得人憔悴

我安静地待在图书馆自习，手机突然响了，“一位师兄师姐正在做一个创业项目，有兴趣帮助他们做一下结构设计吗？”来自我的一位好朋友胡娌嫚的短信，但我内心也是十分好奇，这么好的差事为什么她不自己来呢，后来才想到，第一是专业不对口，第二是这个项目着实需要耗费大量的时间和精力，最重要的是这是创业，不仅仅只是创新那么简单。创业不是空谈，需要大量的实践验证来推敲是否可行。然而等我明白这个道理的时候又两年时间就过去了，那时的我已被保送至华中科技大学机械科学与工程学院直攻博士学位，师从长江学者史铁林教授。

和师兄师姐第一次面谈在一家咖啡厅，很有创意的一个地方，也许在这里更容易迸发出创业创新的点子吧。了解得知，师兄师姐们还只是有一个想法，但是具体的设计还没实现。接手的时候我才深深意识到了一点，就是这完全是刚开始的萌芽，连基础的三维模型都没有，怎么让我来优化结构的设计呢，内心原有的热度一下子降低到了零点。但是答应别人的事情就不能打退堂鼓，我得从设计到建模再到优化，必须按时按量完成。只是我对于工业工程、人机工程学和美学设计可谓一窍不通。

每当回想到这里的时候，我便会想起丘吉尔的话，不要轻言放弃！也许到了最后即使没有很好的结果但是收获了友谊那也是很幸福的一件事情。背上电脑，一头扎进图书馆，带上充电器，一段苦行僧的生活开始了。产品的三维建模其实对于我而言是小菜一碟，毕竟曾经花费很多精力去培训这方面的技能，也是由于导师梁萍的悉心指导下才获得产品信息建模与设计个人全能一等奖，这为我在产品建模方面着实打下了基础。我们困惑的是，为什么要这么设计、画箱的厚度是3 mm好还是5 mm好、成本与结构的稳定以及美学角度如何等。透彻分析后就像是数学建模中的多目标优化问题，在很多限定的条件下寻找到最优解。从这样的思路出发，师姐从美学角度敲定了权重的比值，师兄根据材料的客观分析确定了成本的数值，再按照结构稳定，尺寸满足加工标准出发，建立优化模型后确定最终的方案，最后依照局部的细节进行修改，便可以得到一个较优的产品三维模型图。实验和仿真是两条腿，可以根据仿真的结果来预测和判断产品的质量和重量，以及力学性能等参数。设计周期长达半年，我们一边寻找代加工厂进行产品的开模加工，另外一边则进行专利的申请保护，避免造成知识权益的损失。历时数月，直到产品完整出现的那一天，才明白了什么叫作喜极而泣。

等到项目完成时，受邀参加了第九届全国大学生创新创业年会并作主题分享报告，同时荣获优秀团队称号（全国仅 10 队），此外也收获了四川省创新春挑战杯金奖，获得双创赛三等奖等荣誉。期间得到了学校大学生创新创业教育中心在场地和经费上的大力支持，若没有这样优越的条件，也许产品的制作周期更长。在此再向母校和教务处的老师们表示诚挚的谢意！

创业的过程不仅仅只是要求创新，更需要强大的内心坚信自己的定位与需求是存在互补的关系，需要对每一个细节进行优化创新，从视觉感官上去影响人们的决定，这也需要更多的视觉设计和设计心理学理论来支撑。创新和创业就像 DNA 的双螺旋一样，互相促进，虽然道路曲折，但总是盘旋而上的！

宝剑锋从磨砺出，梅花香自苦寒来

莎士比亚在《亨利四世》中写道：“Uneasy lies the head that wears a crown”，用中文来讲便是“欲戴王冠，必承其重”。历时 3 年的“国创计划”项目，收获的不仅是创新能力上的提高，更是为今后从事科学研究并努力将成果转化为实际的生产力奠定了创业的经验基础。三年来的通宵达旦也许容易忘记了深夜的寂静，也容易忘记在食堂里狼吞虎咽的饥饿感，但不会忘记母校老师认真、积极、严谨的态度，不会忘记导师和小伙伴们的相互鼓励、相互支持！正所谓“不经一番彻骨寒，怎得梅花扑鼻香”，在创新创业的道路上，我们一直在奔跑着！

与国创的一首协奏曲

项目名称： 基于树莓派的交互式语音步态平台
完 成 者： 邹 旭，孙瑞亮，冯 飞，任炳轩
完成时间： 2016 年
推荐学校： 西北工业大学

刚刚进入大学，我就从学长学姐的口中了解到了“国创计划”的存在。但从未想到自己能够有一天且能够带领自己的团队得到“国创计划”的支持与帮助，实现我们脑海中蹉跎已久的一个想法，帮助深陷泥潭的我们到达成功的彼岸。

成为西北工业大学的一员之后，我一直积极地参加在学校支持下的各类创新活动。在经历层层考核之后，我有幸加入西北工业大学舞蹈机器人创新基地。在这里我结识了一群为技术而发烧的“极客”。有别于普通学习生活的是，基地在黄英亮老师的大力支持下让我们能够将脑海里的想法照进现实。在基地前辈们的帮助下，我学习到了大量关于机器人的专业知识和得到了大量动手制作的锻炼。面对自己的成长，我燃起了更进一步的雄心，选择加入基地新成立的篮球机器人的项目，与此同时，又加入两台舞蹈机器人的制作与调试项目。

同时参加两个不同的项目，自然面临着更大的压力与挑战。幸运的是，每个项目都有可靠又干练的伙伴，能够和我一起面对出现的问题与失败。然而始终有一块乌云笼罩在这两个项目上。这是所有创新活动都面临的一个共同问题——资金。我们为了确保项目能够在比赛中拔得头筹，就不得不提高对这两个项目的技术要求。然而，基地的资金需要分摊到许多项目当中，而分到这两个项目的经费单单在完成硬件采购时就已经捉襟见肘，而雪上加霜的是，篮球机器人是新组建的项目，难以在第一年试水的同时得到足够的资金支持。为了能够有创新性的技术实现与提高，我们需要资金来实现想法。而基地资金的配给又需要以项目的技术水平为标准来进行分配。这一切仿佛走入一个死循环当中。

为了解决问题，走出困境，我与两个项目当中的几名核心技术成员将目光放到了国家级大学生创新创业训练计划上来。我们提出了开发一种可拓展专有机器人软硬件系统的设想，使两个项目的机器人的技术竞争力均得到较大的提高。如果我们的申请得以通过，就能够得到国家和学校两万元的资金支持。心动不如行动，我们立即组成了四人小组，向学校申报当年的国创项目。

对于技术烂熟于心的我们来说，书写项目的技术报告，易如反掌，而项目中所

依托的各类工具也能信手拈来。然而，用干练语言对外表达我们项目的内涵与技术内核则着实令我们犯难了一段时间。我凭着较多的交流表达经验，主动请缨担任了项目答辩论述工作。由于项目所联系的学科众多，我那时不得不化身一块海绵，疯狂吸收着其他成员提供的精炼化的项目技术内容。在最终的答辩现场，几名教授评委对我们的项目介绍的翔实与挑战性做出了充分的肯定。尤其值得一提的是，其中一名教授还向我们咨询起普通学生加入我们基地的流程，这让我们感到十分的自豪。然而，在创新实践的道路上快乐总是短暂的。在刚刚得到了国创项目申请通过的消息后，我们去参加了 2015“尚和杯”中国机器人大赛。在比赛中，我们的篮球机器人出现了软硬件不协调的问题，又因为临时的赛制调整，勉强拿到了 10 月国赛的入场券。舞蹈机器人方面则是因为创新性因素暂丢了一等奖的历史垄断地位，有一台仅获得了二等奖。

我们在赛后的总结会上，进行了批评与自我批评。为保证其他项目的经费，我们小组放弃了 10 月进军国赛的篮球机器人改制工作，直接进入下一年的比赛准备。而作为项目负责人的我则是十分的伤心与自责。然而，项目临危之际，我们国创项目的申请，成为我们手中最后一根救命稻草。我们有机会证明自己需要的只剩下了时间。我与冯飞对几种机械结构的设计方案进行了比较、选型，最终敲定动物四足构型作为我们的机械结构方案。电子专长的孙瑞亮则是进行了下位机的电路板设计和制作，同时进行上下位机通信匹配工作。软件开发则是我与任炳轩对树莓派下的 Linux 系统与 ros 相关开源包进行整合，对步态算法、语音识别以及图像处理进行代码实现、封装和界面化开发。我们的指导老师对我们在电子微陀螺仪和磁力计的整合上给出了很多切实可行的建议。通过紧密的分工与合作，我们最终得到了第一款舞蹈机器人。在它走上赛场的那一刻，我们反而觉得输赢已经不重要了，当它第一次向我们挥手时，喜悦早已充满了我们的胸膛。最终，这一款舞蹈机器人取得了国赛一等奖。

之后，我们趁着获奖的喜悦，重启二代篮球机器人的开发。出乎意料地是，我们轻易地解决了这一次开发中出现的问题，平台向完全不同功能类型的机器人上拓展十分顺利。我们凭借这样的成果取得了创新训练项目的结题。而就在结题后不久的 2016 年国赛上，令老师和其他项目组惊目的是，我们的二代篮球机器人取得了全国亚军的好成绩。好消息仍接踵而至，我们的创新项目又拿到了第九届全国大学生创新创业年会的入场券！在 11 月举办的全国大学生创新创业年会上，诸多的同学和老师对我们基于树莓派开发的专用平台表现出了浓厚的兴趣，在年会众多优秀作品的评选活动中，我们出乎意料地获得了二等奖。

可以说，“国创计划”对于我们的团队是独一无二的。它超越了帮助大学生团队进行创新实践工作的基本意义，它更帮助我们走出了大学创新实践生涯中的绝望沼泽。在它的鸣奏中，我们的团队凝结了人心，面对沉重的挫折与打击，仍保持明确的目标与方向。在一次次的彻夜攻关里，它让我们明白了创新实践对我们真正的意义。不需在意最终的成败与奖励，在路上的收获就足以将我们迷茫的心变得紧实而有力。

我们不知道国家推行的“国创计划”帮助过多少像我们一样的大学生，然而，它一定帮助了成千上万的大学生走出了传统的课本与应试。给出机会，让我们的想法与冲动能够从遥远的未来走到我们的面前。常年进行创新活动的我们知道，在一个个杰出的作品之后，一定存在着更多的失败、尝试与教训。失败并不可怕，可怕的是连失败的尝试都没有。而“国创计划”的推行一改传统考试对失败的零容忍，它给予学生“失败”的机会，并真正给予了学生成功的钥匙。“国创计划”，其强有力的创新经费的支持，是党和国家对新时代大学生坚定的帮助与支持。身为高校学生的我们清楚这样支持的来源，这不仅让我们对创新实践多了一份历史使命感，对实现中华民族伟大复兴有了参与感，更是在对我们失败尝试的宽容中，抱有对党和国家最真挚的感激之情。

经过这次创新训练之后，我和团队成员感觉出了自己与普通大学生已经有了内在的区别。我在学业上不仅因为受到了实践经验的锻炼，成绩稳步提升，更是在综合评比中，取得了学校推免研究生的资格。而在此基础上，因为“国创计划”锻炼出来的团队组织能力和专业技术表达能力让我得到了导师的青睐，能够与博士研究生一起，参加第三届“互联网 +”全国大学生创业大赛。

对于正在参与以及未来打算参与“国创计划”的同学，我有这样一些经验与你们分享。你们会发现“国创计划”是与以往学习截然不同的一个过程。在这里不会有人像以往一样，一步步地牵着你走，而靠自己与伙伴的力量才是前行的基础。所有的困难，都要靠你和伙伴的智慧来战胜。而指导老师更多的是打消掉你那稚嫩的、异想天开的、脱离现实的想法与方案。如果你选择放弃，没有人会挽留你。在这逆水行舟般的过程中，击败你的往往会是你的脆弱与矫揉造作。我切身知晓生活在国家最美好的一个时代的我们，缺乏前辈们革命精神的温室花朵般的我们，在现实的环境中是零落成泥还是怒放争鲜最需要的就是永不放弃的坚持。创新的道路永远是一条充满荆棘与刀斧的漫长道路，不存在一帆风顺，亦不存在暗藏在阴暗角落里的捷径小路。所有的帮助到扶你上这条路时可能就戛然而止，最多不过黑暗中偶尔闪现的几盏灯光。你需要依靠你的同伴，你需要团结你的同伴，如果作为项目的负责人，你则还需要对你的项目抱有比其他所有人都坚定的信心与努力。负面的情绪蔓延是可怕的，你需要快速、有方法、讲技巧地从团队中处理掉它们。只要坚持到最后，相信我，在黎明前都会有一段让你怀疑一切的黑暗。最后，记得什么时候都要保持微笑。

“国创计划”改变了我的大学生活，也必将长远的改变我的人生轨迹。我清楚我在未来遇到困难、挑战时，它给予我的经验将化身长剑，让我能够披荆斩棘，一往无前；在我未来遇到迷茫时，它给予我的果断将化身舟楫，让我能够长风破浪，乘风而行；在我未来遇到孤独的斗争时，它给予我的协作将凝结成胶，让我能凝聚团队，携手而进。

源于兴趣，唱响心中的呐喊

项目名称： IM95 商业资讯网站

完 成 者： 蔡 斌

完成时间： 2016 年

推荐学校： 潍坊学院

1 学生参与“国创计划”情况

潍坊学院信息与控制工程学院项目“IM95 商业资讯网站”列入 2015 年“国创计划”创业实践项目。

2 学生后续发展情况

我，江苏徐州人，2015 年毕业于潍坊学院电子信息工程专业。现任潍坊呐喊信息科技有限公司总经理、潍坊百夫电子商务有限公司总经理、苏州云感网络科技有限公司股东兼总经理。目前主要业务范围包括网站制作、APP 开发、智能硬件、微信开发、虚拟现实技术、电子商务等，已与山东多所高校建立互联网技术实践合作关系，每年提供就业实践岗位 50 个，已带动大学生就业人数 23 人。

3 主要经验与启示

3.1 不甘贫穷，立志创业

我是一个地地道道的农家子弟。1992 年出生在江苏省徐州市沛县的一个农村家庭，家中历来务农为生。大学临近毕业时，因家中经济原因只能放弃读研深造。2015 年，中国经济飞速发展，日新月异，国家又提出“大众创业，万众创新”。年轻气盛的蔡斌也有了一种闯一闯的念头，那年刚满 22 周岁的我只身一人在潍坊，恰好又逢创业有成的学长回校作报告演讲，那次报告深深地打动了我，于是想，潍坊的企业如雨后春笋，而且有的人也是空手起家然后逐步发展壮大的，我为什么就不能像他们一样办一个企业呢？由此萌发了自己创办企业的念头，自主创业，说起来容易，可当真正开始做的时候，就会发现那是一条崎岖坎坷的路。创业之初，首先摆在面前的问题就是选择哪一个行业进行发展。

通过多种途径进行市场调查，最终将创业项目锁定在自己热爱并熟悉的互联网行业，在老师帮助和学校支持下，我作为第一批项目人选成功入驻潍坊学院大学生创业孵化基地，正式走入了创办企业、改变贫穷的第一步。2015 年创业项目“IM95 商业资讯网站”被选为 2015 年“国创计划”创业实践项目。“国创计划”的成功申报也进一步增强了我的创业自信心，坚定了当初的创业理想。通过“国创计划”的平台，我将自己的创业项目进一步拓展和改善，让自己的创业项目一步一个脚印踏踏实实向前发展。

3.2 依托兴趣，发挥特长

我所学专业为电子信息工程，与信息科技并无直接关联，而谈起要创建一家“信息科技公司”，说实话完全是源于兴趣，再加上一腔热情。恰恰是因为兴趣，我自学了各种计算机信息技术。怀揣着梦想，公司从无到有，并一步一步发展。而谈起所学专业，呐喊团队的成员有来自美术设计、土木工程、计算机科学技术、光电信息科学等专业的同学，虽然学科专业跨度较大，但能够聚在一起，还是由于大家共同的爱好。

每个人的创业梦想都不是突然萌发的，必定有一个长时间的酝酿过程。我也不例外，创业前期经过了大量实践。2011 年，刚入学不久，我就和朋友尝试创建了“弘德湖”论坛，旨在为在校同学提供一个互相交流、信息共享的平台，但由于技术等原因，论坛最后失败了。这在一定程度上给了我不少打击，但另一方面更激发我通过不同渠道继续踏实学习，积累经验。如今，呐喊科技信息有限公司仍在继续做“弘德湖”的网站论坛。这是一个针对校园开发打造的免费平台，包括社团、资讯、二手、兼职等众多生活服务和休闲娱乐板块。如果在宿舍无聊时想知道最近的社团活动、老乡会活动兼职等信息都可以到“弘德湖”论坛上看一看。与网站配套的弘德湖手机客户端也已经正式上线，从此让沟通没有距离，随时随地。打开“弘德湖”的页面，鲁迅《呐喊》里的一句话映入眼帘：“他们应该有新的生活，为我们所未经生活过的。”这也是团队成员心中的“呐喊”，不怕失败，向着梦想勇敢并执着地追求。其实做“弘德湖”我们从没想过要盈利，就想着一定要做好。归根结底，就是一种“情怀”，是对学校的一种回馈，是对梦想的一种敬畏，也是对自己的一种证明。

我热衷于玩贴吧，通过线下线上的交往，结识了一群志同道合的朋友，创业梦想就是和这些小伙伴们在一起碰撞出来的。后来，在学校启动大学生创业孵化基地时，一群志向远大的热血青年，以此为契机，开始去追寻自己的梦想。对于团队成员，可以自豪地说，我们是一个团结的队伍，是一支有战斗力能以一当十的优秀团队。之所以说“优秀”，是因为团队中的每个人都是能独当一面，是在学校各专业出类拔萃的人才。团队成员赵庆鑫专攻互联网网站和后台建设，郑文霄擅长 PS、PHP 等技术。公司的技术团队是目前潍坊市一流的，是集 PHP、安卓、IOS 等技术于一体的优秀开发团队，特别是赵庆鑫在北京继续学习深造后有着过硬的技术本领和就职能力。从起初的三个人，到现在的九个人，呐喊团队不断吸纳有才和有梦之人，共同施展才华和抱负。

3.3 努力拼搏，艰辛创业

俗话说，万事开头难。企业创办之初，也走过了一段艰辛之路。为了筹建技术团队，我说服自己的舍友和来自美术设计、土木工程、计算机科学技术、光电信息科学等专业的同学和我一起创业。虽然学科专业跨度较大，但我们最终还是聚在了一起。企业刚创办时，公司只有我一个“光杆司令”，既是管理者、业务员，又是会计和产品经理。常常为了接一个单子，四处奔波，好不容易有了订单，又要自己设计生产。没有人脉，我就四处奔波结交人脉。为了添置设备筹资金，曾经跑遍了银行找寻贷款却因为外地人的身份吃了闭门羹。订单要交货，急得我团团转，常常和团队成员熬一个又一个通宵来解决技术难关。至今回想起来，对那段创业初期的经历依然唏嘘不已。靠着自己的脚踏实地，订单慢慢多了起来，公司成员也逐步稳定了下来，2015 年年末，公司在潍坊学院周边的写字楼上找到了合适的办公室，终于开始走向了正轨。2016 年，在学校领导、老师和朋友的帮助下，又进一步扩大了公司规模，凭借着自己的努力，公司发展步入了一个新的天地。在 2017 年年中，公司拥有员工 32 人，全部为大学本科及以上学历，实现年营业收入 500 多万元，为一方经济发展做出了贡献。

3.4 搏击商海，创新创业

呐喊信息科技有限公司自注册运营以来，感触颇多，最主要的就是脚踏实地。我认为，刚开始的时候心想一定要在短时间内把公司发展壮大，但一段时间之后就不会再有这种想法。并不是说自己的理想改变了，而是想要实现远大的理想，就要一步步地脚踏实地。目前，公司坚持以市场为驱动的研发模式进行自主创新，我们秉承着“提高创新品位，开发趣味人生”的理念，主要经营信息科技、计算机科技、电子科技、通信科技以及软件科技领域内的技术开发、技术咨询、技术服务，技术转让和相关的技术培训等业务。

企业要发展，要壮大，产品是根本，没有适应市场的产品作保证，企业就没有希望。为了确保产品符合客户需要，我常常亲自担任产品经理，确切熟悉整个项目后，再交接技术部开发。在生产中不断摸索，对产品进行技术创新，从客户需求的角度研发各类产品及其配套服务，逐步获得了客户的信任，技术创新带来了丰厚的回报，在获得口碑的同时，更为公司赢得了大企业的青睐，业务进一步拓宽至日本、美国。公司将科技创新作为一种新的动力推动着公司的发展与壮大。我觉得，创业的方式也同样需要创新，作为一名大学生创业，不仅需要事业心还要有责任心，不仅着眼于经济效益，还要有社会效益，不能仅满足眼前得失，还应着眼于未来。在2016年，通过广泛地查阅资料，借助网络了解农业信息，我发现潍坊大姜的深加工产业是适合潍坊眉村镇的好项目。为推动项目落地，我多次与镇上的大姜收购大户联系沟通，向他们详细讲解发展大姜深加工的优势，最终有5户村民同意尝试。为吸引更多村民开始从事大姜加工产业，我毅然创办了潍坊百夫电子商务有限公司，打算在原有技术公司的基础之上打造一家“互联网+农产品”的经营模式，在朋友的鼓励支持下，潍坊眉村镇的村民积极响应，一方面有利于集中资源，扩大种植规模，实现规模效益，同时也带动农户共同致富；另一方面也便于监管与预生产加工。目前，潍坊百夫电子商务有限公司已逐步发展成为拥有合作种植15户，注册总资产100万元，可为村民提供全方位农业服务的大型合作电子商务有限公司。总计种植大姜约30余亩，每亩效益达3万余元。

3.5 心怀感恩，知识创业

回忆起自己的创业经历，最大的感受就是学会了感恩：感谢父母的理解，感谢学校老师的帮助，感谢自己团队成员背后的默默支持。大三上学期，我曾打算考研，看了大量的专业书，但慢慢地觉得也许这条路并不适合自己。“不愿当小职员”的我决定去自主创业，向着自己热爱的科技信息领域去拼搏，并慢慢得到了父母的理解和支持。而在入驻创业孵化基地、注册公司时，我得到了学院老师的指导和帮助。对于老师们的无私帮助非常感激。如今，公司正常运转，我们制定了合理的分红制，也建立了相应的公司制度。而公司管理上的游刃有余，还得益于自己之前在学生社团和电视台的经历。大二期间，我和兴趣相投的同学创建了“草样年华电影协会”并担任会长，通过拍摄电影微短片，丰富课余文化生活，由于成绩突出，一年后协会便转为校级社团。此外，我还曾在学校电视台担任总编，积累了大量实践经历，结识了一群有着同样梦想的朋友，为现在的创业打下了基础。

发展无极限，追求无止境。我觉得，人的一生，总会时不时觉得现在的生活无味和枯燥，所以我们要不懈地追求新的生活，这样才更有意义。虽然自己拿到了工科学士学位，但是我对于自己的要求却也一直很高，创业初步成功的我依然每天阅读管理、经济、哲学等学科的书籍，今年更是自学计算机CAD制图，专心准备参加工程师的考试。知识就是财富，只有不断更新自己的知识，才能使公司再上一个新的台阶。

项目名称： 出院延续性护理服务平台的建立

完 成 者： 李思琦，刘亚男，厉　红

完成时间： 2017 年

推荐学校： 齐齐哈尔医学院

通过参加国家级大学生创新创业训练计划项目，我们所有人都收获良多。首先，是对这种实验项目的进一步认识。大学生创新性实验强调的是自主性、探索性、实践性和协作性，实施过程讲究长远效益，强调项目实施过程中在创新思维和创新实践方面的收获，不为得到成果而设计，重在实施过程中充分发挥主观能动性，运用所学的知识，使自己得到锻炼和提高。其次，创新创业人才培养是高等教育的重要使命。党的十八大明确把“创新人才培养水平明显提高”作为全面建成小康社会的重要目标，提出大力培养学生的社会责任感、创新精神和实践能力。当前，我国经济发展已进入新常态，更加注重加强教育和提升人力资本素质，更加注重科技进步和全面创新。加快创新创业人才培养，为“大众创业、万众创新”培养更多生力军，是高等教育适应和引领经济新常态的迫切要求。

“齐齐哈尔市养老机构老年人心理健康状况及护理对策研究”是我们的选题，我们之所以选择这个课题，是因为随着我国步入老龄化社会，老年人口日益增多，到养老机构养老已开始逐渐被人们所接受。了解老年人心理健康状况，采取最佳的心理护理措施，调节好老年人心理状态，才能更好地促进老年人健康养老。本项目把关注焦点放在老年人心理健康上，通过调查和分析齐齐哈尔市养老机构中老年人的心理健康状况及需求，关注老年人的情感感受，提出相应的护理对策，对提高齐齐哈尔市养老机构老年人生活质量、护士的职业素质与能力有一定的积极作用。老年人由于年龄增大，在养老机构中老人与外界不同年龄段的人群人际交往减少，伴随着老年疾病，心理上会慢慢出现一些健康问题。因此老年护理不仅需要解决其存在或潜在的身体健康问题，还要注重实施心理护理，以达到身心健康的整体护理，从而提高老年人的身心健康水平和生存质量。在齐齐哈尔市养老机构中加强心理护理在老年护理中的影响，不仅可以加强养老机构的建设，还可以培养护理人员的专业水准，给予老年人更多的精神慰藉，帮助老年人掌握心理调适的方法和技巧，提高自身适应能力，缓解各种心理障碍，改善心情，增强信心，从而促进身心健康。我国于 1999 年已经进入老龄化社会，现正处于人口快速老龄化阶段。老年人口规模巨大、老龄化发展迅速，地区发展不平衡，给社会带来了巨大的压力。特别是近年

来“四二一”家庭比例逐年上升，家庭式养老功能逐渐减弱。日益减弱的家庭式养老和不断增长的老年人口都要求增加社会养老机构。人口老龄化推动养老机构快速发展，这必将加剧养老机构服务理念、服务功能和服务质量的竞争。齐齐哈尔市自1994年开始进入老龄化社会，齐齐哈尔市的老龄化进程快于全国。截至2013年年底，齐齐哈尔市户籍人口中60岁以上的老年人口为86万人，占总人口的15.6%。但总体上的老龄化、高龄化、空巢化进程与全国进程相当。

近年来，随着人们观念的逐步改变，老年人进养老机构养老已开始逐渐被人们所接受，社会养老已成趋势。目前全国各种民办养老机构有4万余家，而且还在以更快的速度发展，在整个社会养老中的地位越来越突出。但养老机构多将工作重心放在生活照料方面，而缺乏对老年人心理健康和心理需求的关注。由于老年人身体机能不断下降，体力明显下降，对日常护理的需求量持续增加。在护理需求中，集中体现在对“衣”（衣物）、“食”（喂食）、“住”（清洁）、“行”（陪伴）、陪诊就医等方面的要求。越来越多老年人需要“心理慰藉”护理，这一情况正是反映当前老年人缺乏足够的关怀、交流、沟通的现象，很多家庭只满足老年人物质需求，却忽视了心理需求。老年期是一个特殊的时期，常会面临各种疾病、丧偶、死亡等生活事件，特别是在养老机构中，老年人很容易出现一系列的心理问题。所以，掌握养老机构老年人的心理健康状况，及时发现其心理问题，有助于改善养老机构中老年人的心理健康，提高其生活质量。

回想自己及组员参加创新的经历，从开始的选题对实验项目内容的理解认识到项目内容的讨论和确定，从对项目的整体把握到实验创新点的寻找，并制定详细的项目方案和进程，以及项目当中重要的实践环节，整个实验过程中我不仅学到了许多专业知识，更重要的是自己的思维能力、团队协作能力、实践能力都得到了锻炼，而且也学到了坚持不懈、善于思考、积极总结的可贵精神。

在前期选题时期，身为护理学专业的我们从身边的生活着手，从细节之处发现亮点，通过改善齐齐哈尔市老年人心理健康状况，来使人们的生活更加美好。虽说万事开头难，但项目进行的过程也从来都不是一帆风顺的，由于本科所学的知识不够深入，对很多老年心理问题及护理方面的实际应用知识我们都不是很了解，但是我们相信只要我们肯做就一定会有新发现，因此我们制定了相应的项目技术路线和研究方法。

（一）项目技术路线

1. 成立调研组、材料组，做好课题的组织与落实。

2. 对课题组成员进行培训。

3. 在齐齐哈尔市养老机构中进行调研。

4. 完成问卷回收、统计、分析工作。

5. 总结归纳，比较分析。

6．撰写论文，完成课题的研究报告并按期结题。

（二）研究方法

1. 文献研究：通过查阅有关文献，进行综合性的理论总结和研究，尽可能多的获得与本课题研究相关的资料和信息。

2. 调查研究法：通过调研、发放调查问卷、访谈，制订研究计划，同时结合调查结果从多角度进行分析，找出解决问题的方法和对策。

3. 比较分析法：在理论和实践中进行研究，结合调研结果找出存在的问题，优化设计内容，总结前一阶段的研究成果以及研究中存在的问题和对策。

4. 德尔菲法：是 20 世纪 60 年代初美国兰德公司的专家们为避免集体讨论存在的屈从于权威或盲目服从多数的缺陷提出的一种定性预测方法。为消除成员间相互影响，参加的专家可以互不了解，运用匿名方式反复多次征询意见和进行背靠背的交流，以充分发挥专家们的智慧、知识和经验，最后汇总得出一个能比较反映群体意志的预测结果。该方法主要用于研究中进行专家咨询。

“国创计划”是推动创新创业教育、培养创新创业人才的有效载体。以创新创业教育带动人才培养机制创新，促进教学与科研整合、学习与实践结合、研究与创新融合。开始的时候我认为我应该很快就能上手，时间也不用花上很多。但是真正到实践的时候，却远远没有那么简单。由于刚开始很多事情都没有固定的流程和规章，我自己也没有对事情进行一定的归类和区别，以至于刚开始事情做得很杂很乱，花上的时间也比较多，并且质量很低。后来几位小组成员给我提了一些建议，让我自己好好规划一下自己的工作。我现在自己想想，真的很感激当时能够为我提出意见和建议的成员，让我对于自己以后的工作可以很快地上手，知道按期将所有事情进行一定的归类总结，不管什么事情给自己制定一个固定的模式和流程。到后来对于行政方面的工作我都能应对自如。

在这当中我也遇到过很多的问题和挫折，我觉得自己以前是一个遇到问题只知道逃避和找别人帮忙的人，对于这样的缺点自己也想改正，却一直还是原地踏步没有进步。但是在这次创新项目过程中，我真正地学会了去面对问题面对挫折。比如说有时候我需要和小组成员进行关于运营方面工作的协调，但由于大家都在忙自己的事情，而我这边也没有做好时间上的调整，以至于出现了一些矛盾。可能在以前遇上这样的问题我会撒手不管了，但是这一次，我没有逃避、没有撒手不管。我想不管怎样都是自己工作的责任，自己要去面对问题，逃避只能把事情弄得越来越糟糕，因此我找到小组成员，好好地分析了自己的问题以及他的问题，进行沟通，直到后来把问题圆满地解决了。这一次的经历让我真正地感受到，在挫折面前要勇敢面对，逃避永远只会使事情越来越糟糕。在问题面前，永远都有解决的方法。

通过这次的创新项目，我不仅仅学习到了关于老年心理的专业知识，让我了解了养老机构的主要运营方式和流程，同时，更重要的是让我了解了创新的艰辛，最难的就是创新，知道一切都没有想象中的那么简单，只有付诸实践才能有真正的感受和体会。

即将毕业，回首过去的三年，我想最难忘的一定是这次创业项目。在这个创新项目中，我们遇到过无数的问题和挫折，但是我们都会一个个地解决，一次次地不认输不放弃，让我们一次次地进步。我们由刚开始的散乱到后来的团结合作，在团队中不断解决各种问题，我们都会铭记相互指出缺点、相互鼓励的日子。我不知道我在毕业之后踏入社会将会有怎样的遭遇和经历，但经历过这一次创新训练之后，我想不管以后遇到什么困难，我都能够乐观冷静地面对，不会再逃避，因为，路不过只蜿蜒到下个路口。

“国创计划”助我翱翔

——记北京信息科技大学无人机项目的成长与蜕变

项目名称： 双横流风扇新概念飞行器项目、以脉冲喷气式发动机为动力系统的固定翼飞机的设计等

完 成 者： 唐荣宽，李燕平，张文萍，等

完成时间： 2014 年

推荐学校： 北京信息科技大学

1 团队历程——国创助队伍建设

作为以信息科技为建设特色的高校，北京信息科技大学（以下简称“信息科大”）的校园里活跃着众多学生科技创新社团，而我们无人机团队（图 1）则是其中较具特色的一个。2013 年，在由国家体育总局、教育部和科技部联合主办全国航空航天模型锦标赛国际特技飞行比赛（F3A）的赛场上，我们团队一举荣获“国际特技表演”及“2V2 空中对战”组别比赛的双料冠军，信息科大的无人机领域的成果开始为业界所认识。

图 1 信息科大无人机创始团队部分成员

1.1 认识自我——信息科大无人机协会创始人

我是北京信息科技大学机电工程学院 2009 级机械制造及其自动化专业学生，从小就对机械情有独钟，考上大学后，更是对机械痴迷，从入大学校门开始，在连续两年的时间里，团队已组织完成三个和无人机技术开发相关的项目。2011 年，在学

校相关政策支持下，我们以已有成果为基础，通过联合20位来自全校各个专业的同学，历时3个月时间，筹备了北京信息科技大学无人航空器技术研究协会。目前我们已发展成为近百人的实践创新团队。从协会建立之初，我就把组织目标定位在“产、科、研”一体和科技创业孵化。协会运用现代公司式的管理运营模式，将学术研究和商业应用进行了充分融合，在学校资源支持下，联合无人机企业，着力培养关于无人航空器技术方面的人才，以达到团队的可持续发展。

2014年，无人机协会经过3年的磨砺后，通过借助“国创计划”项目的成果和创客大赛的平台，获得了广东泰一高新技术发展有限公司500万元战略投资，并成立了深圳市创翼睿翔天空科技有限公司，而我则受任公司执行总裁。

个人的成长促进了组织的发展，组织发展同样也提升了我个人的成长。就是这样，在这八年的过程中，我默默地与无人机团队循环进步着，同时不断地将有志向的人聚合在一起，共同携手前进。而“国创计划”，种下了这颗种子，给了我一个实现自己想法的机会，同样也给了团队提供了凝聚起一批有能力有抱负的年轻学子们的机会，使我们能共同成长，荣辱与共。

1.2 追根溯源——时光见证我们从稚嫩走向成熟

在学校和“国创计划”项目支持下，自2009年始的8年奋斗历程中，团队成员们将自己专业学习与工程实践相结合，奋发图强，学以致用，涌现了一批优秀的学子。

刘正阳，2011级自动化学院智能自动化专业学生。运用“国创计划”项目的参赛设备刻苦钻研，精通固定翼、多旋翼和直升机飞行，熟练进行无人机拆装，一人扛起了无人机协会技术负责人的大旗，毕业后，刘正阳进入国内知名工业级无人机企业任职。

李颜均，2013级仪器科学与光电工程学院测控专业学生。借助“国创计划”项目支持对设备进行深度改良，屡屡斩获全国航模最高奖项——全国航空航天模型锦标赛F3A国际特技表演及2V2空中对战比赛金牌，而李颜均不仅自身优秀，对于新人的培养也认真负责，其教导的学弟学妹陆续都成为协会技术骨干。

郭彬与顾凡松，两人均为2013级机电工程学院机械制造及其自动化专业学生。在协会组织的带领与“国创计划”的支持下，积累了充足的行业与技术经验。尚未毕业时已通过层层选拔，被招入中国航天无人机研究所。

高阳臻，2013级机电工程学院机械制造及其自动化专业学生。在“国创计划”的支持下组织研发团队，完成了一架多功能固定翼无人机的结构设计开发工作，并参与了消防机器人与消防无人机的横向课题。现已被贵州大学研究生录取，在技术方面得以继续深造。

王旭阳，2013级机电工程学院机械制造及其自动化专业学生。借助“国创计划”的支持和师兄的技术传授，自己设计制作了一台用于影视航拍的无人机设备，自此步入了无人机航拍领域，短短三年的时间，实现对外航拍商业广告宣传片并得到业界认可，至今已经有了属于自己的航拍品牌“千北阳”，并参与了《蛮荒记》等一系列影视剧和商业广告的航空拍摄，成为很多影视导演的御用航拍飞手。

在“国创计划”的一路支持下，我们从一颗颗种子到如今茁壮成长，无人机团队则已绿树成荫。而这些毕业的优秀人才并没有离开协会，逐渐形成了无人机协会顾问团队，继续为组织平台的发展贡献着自己的力量，为后续的学弟学妹提供了一条进步与成长的林荫大道。

2 创新道路——“国创计划”伴我成长

2.1 一步一个脚印，见证信息科大无人机团队的成长

无人机团队的发展与成长离不开“国创计划”的支持，在创新的道路上，团队每一位成员都在向着目标努力，从点滴做起，在细节上较真儿，为着梦想一步步攻坚克难，砥砺前行。

2011 年 10 月，北京信息科技大学无人机协会注册成立，这标志着学校在无人机领域深入探索和研究工作的开始。如果把信息科大的无人机发展历程比喻成一场 400 米的接力赛，信息科大无人机协会的成立无疑应该算作第一棒的完美起跑。经过广泛动员和宣传，协会规模逐渐由核心团队 5 人逐渐扩大为 40 余位骨干成员，初步建立起了结构合理、专业互补的创新队伍，在此基础上，一系列技术成果开始产生。

2011 年 12 月，围绕无人机项目，13 项北京市大学生科技创新计划项目立项。其中，“双横流风扇新概念飞行器项目”还被推选为国家级大学生创新创业训练计划项目，这为信息科大无人机项目上水平、上台阶打下了坚实基础，为项目的持续推进提供了不竭动力。以该项“国创计划”项目为例，在当时的市场上，各种飞行器琳琅满目，但却面临行业升级换代的技术壁垒。例如，很多飞行器飞行效率较高却无法悬停飞行，而同时，可悬停飞行的飞行器又存在飞行效率较低的问题。在项目研究过程中，团队成员刻苦攻关，通过将扇翼机这一最新航空器在应用原理上进行变形，既保证了扇翼机的较高效率，保持了扇翼机不失速、高载重的优良特性，又增加了可悬停飞行的能力，从而产生高效率的飞行升力，首次在无人机技术上实现突破。

2014 年 1 月，信息科大无人机团队在“国创计划”的支持下进一步强化创新实践，并首次提出了将 AR 科技眼镜与无人机航拍画面进行结合的创意。在此创意的基础上，团队成员奋勇拼搏、夜以继日的开展研发，成功制作出了原型机，并在当年的全国联想创客大赛中荣获全国九强的荣誉。

2014 年 7 月，信息科大无人机团队在研发上进一步加大人员投入，运用自身拥

有的成熟技术，对无人机产品进一步改进和提升，全面优化各项技能，在当年的国际特技飞行（F3A）比赛中荣获金奖，信息科大无人机团队开始从校内走向校外、从稚嫩走向成熟，信息科大无人机也开始在业界小有名气。

2015 年，无人机核心团队成员接受了投资人的注资并开始独立开发盖娅无人机（上市后更名为开拓者，以纪念该产品的多项突破性技术创新），主要研发测绘行业无人机产品。盖娅无人机包含两部分内容：基于翼身融合技术的无人机机体设计和新型无人机尾部布局设计。通过弱化飞行平台机翼和机身的分界线，使机翼和机身形成一个整体，从而极大降低飞行平台的阻力系数，提高飞行平台的升阻比，增大飞行平台的内部空间；新型尾部设计的关键点，是通过 V 型尾翼和常规尾翼的组合使用，增大整机在俯仰力矩方面的控制力。实现多个舵面的联动控制，即使 4 个伺服装置中任一装置出现故障，仍然能够稳定飞行平台的姿态，保证飞机安全返航。盖娅的研发成功是测绘行业无人机应用的一个新的里程碑。

2016 年 6 月，信息科大无人机团队以测绘无人机为主打产品在上海召开了盛大的产品发布会，地信领域的权威媒体——泰伯网与无人机领域专业互联网媒体——无人机网对此次盛会进行了深度报道。同时，信息科大无人机团队的各类衍生产品（如无人机消防机器人、无人机与 VR 旅游结合的产品以及无人机教育类产品）开始在各个方向上取得突破，受到业界的关注。

2.2 一点一滴积累，汇聚项目发展的持久动力源泉

2009 年，学校创新实践氛围日益浓厚，我们也在学习过程中不断强化实践，加强了对机械设计、CAD 绘图、三维建模与互换性的知识的学习，成功申请了“以脉冲喷气式发动机为动力系统的固定翼飞机的设计”的大学生科技创新计划项目，在项目研制过程中，团队成员走访京津冀 10 余家无人机企业，自学了航空理论和一些必要的航空空气动力学仿真工具，最终用可耐福泡沫雕刻了一架飞机的雏形。由于经验不足，原型机虽然未能成功起飞，但经此一役，我们也充分了解了无人机行业的现状，并且对整个飞行器的设计脉络有了更加清晰的认识。

如今，随着时间的积累，信息科大无人机协会已经夯实了设计制作无人机本身的相关技术，并通过标准化的人才培养方式，有了源源不断的团队血液。正式开启了“无人机 + 行业”的创新创业新篇章。在“国创计划”项目已有成果以及专业企业的帮助和参与下，目前已经有“无人机 + 建筑维护”（大楼立面检测机器人）、“无人机 + 消防救灾”（基于无人机的完整消防体系）、“无人机 + 国土测绘”（无人机倾斜三维数字城市建设）、“无人机 + 公路交通”（基于系留无人机的智慧公路建设，基于无人机的桥梁检测）、“无人机 + 科学教育”（模块化无人机教育）、“无人机 + 农业植保”（天地网智慧农业）等一系列最新的无人机创新创业赛道（图 2），

并获得了喜人的成果。我们相信，随着创新创业浪潮的推动，学生们将会更深入地挖掘现有赛道的行业问题，并且扩展出更多有价值的赛道，在为学校争取荣誉的同时，也真正推动无人机技术应用与发展。

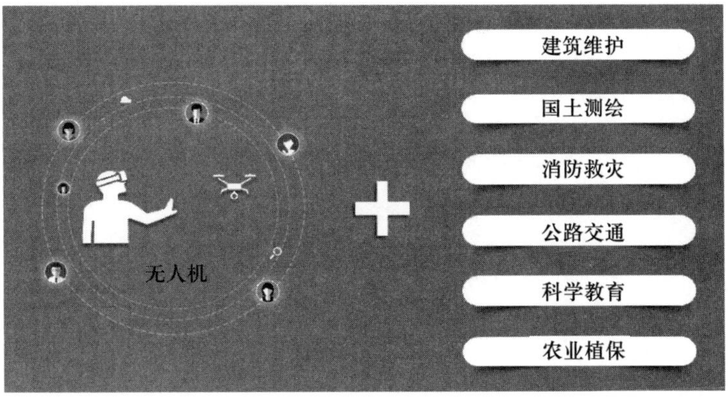

图 2　信息科大无人机团队已有的“无人机 +”创新领域

3　社会效益——来于学校、归于社会

信息科大无人机项目从无到有，从小到大，在砥砺中茁壮成长。回顾项目发展历程，成绩的取得离不开信息科大良好的科研氛围，离不开多位专业老师的悉心指导，更离不开“国创计划”项目的大力支持，项目来源于社会，来源于实践，项目发展的成果也必将回馈社会和实践，并且在实践中不断改进，不断提升。

3.1　立足教育，建设创新创业教育与专业教育有机结合的运行机制

信息科大无人机项目最初成长于“国创计划”，是基于学生专业学习和科研兴趣而开展的一项创新性研发工作，突出体现了创新创业教育和专业教育的有机结合。项目的成长离不开信息科大专业教师的指导，离不开信息科大人才培养机制的建设。

3.2　反哺学校，努力形成“传帮带”的优良传统，营造全员参与的文化氛围

信息科大无人机项目始终与学校发展紧密结合，注重以优秀项目凝聚科研团队，在学校里建设“传帮带”的体制机制。自 2011 年成立至今，信息科大无人机协会已发展到第七届，协会成员规模也由最初的 5 人发展到现在常年注册会员 60 余人，外围成员破百人，可以说无人机协会已经成为学校优秀学生科技社团的代名词。

3.3　服务社会，不断提升产品品质，打造“产、学、研、用”协调发展的孵化体系

经过 8 年的发展，信息科大无人机团队不断开拓创新，砥砺前行，由无人机项目衍生出的各类科技创新作品和项目也逐渐增多，如创翼睿翔天空科技有限公司、

启智天空模块化无人机教育、基于无人机的完整消防体系、城市建筑健康监测机器人以及 VR+ 全域旅游等。其中，创翼睿翔天空科技有限公司项目于 2015 年获得融资 500 余万元，启智天空项目预计将于 2017 年下半年获得融资 200 万元。另外，无人机项目及其衍生项目还注重社会效益，直接或间接创造社会就业岗位达 100 余个，项目在推动科技成果转化、培养创新型高科技人才以及深化创新创业教育等方面发挥着越来越重要的作用。

国创，让我体验不一样的大学生活

项目名称：高层住宅窗户清洗方法及装置研究

完 成 者：朱　冬，陈　达，刘树明，刘小帆，窦一鸣，王　宇

完成时间：2013 年

推荐学校：大连大学

1 学生参与“国创计划”情况

我叫朱冬，于 2011 年本科入学大连大学机械工程学院机械设计制造及自动化专业，于 2015 年研究生入学北京航空航天大学机械工程及自动化学院机械制造及自动化系，目前硕士研究生在读，并担任 Y705-1 制造系学生党支部书记。

参与“国创计划”项目的伊始，是 2012 年暑期。作为母校大连大学一名热爱数学的本科生，完成暑期实习后，与几位热爱机械、兴趣相投的不同年级大学生，在蔡军老师的帮助下组建了大学生创新创业训练计划项目团队。我们的想法来源于蔡军老师指导的“高层住宅窗户清洗方法及装置研究设计开发”课题。最开始，作为项目中的一员，我的主要工作是协助老师和高年级同学完成项目内资料调研和文件整理，并参与其方案讨论。虽然工作不是太多，但却培养了我勤于思考的习惯。

项目前期工作主要是对现有高层住宅玻璃清洗产品进行比较，新的产品设计雏形还未建立完善。因此，2013 年，我和团队中的成员开始思考如何结合现有研究结论，设计出成熟可行的工程化产品。这一想法获得了蔡军老师的同意和支持，并鼓励我们团队制作工程产品参赛展示。虽然只是一个想法，但集合我们学生团队的智慧和努力，我们真正地去实现了。之后于 2013 年 5 月，参加了学校组织的机械设计大赛并成功获奖。回忆这段的历程，其中对创新能力的培养和锻炼无处不在。

起初，我们结合市面上现有玻璃清洁器的结构调研，发现市场上较为流行的磁铁擦玻璃器，除了价格偏高，在安全性、实用性等方面也存在一系列的缺陷。为了改善不足，提高整体使用效果，小组讨论后决定对高层住宅窗户清洗方法及装置进行研究设计和开发，目的在于开发出一款特别经济实用、具有市场价值的玻璃清洗装置。

为此，针对磁力吸附可靠性问题、容易脱落的问题，我们团队进行了分工协作。首先购买了强磁铁和普通型号的磁力吸附清洁器，希望能结合使用实际情况和实验有所发现和突破。将强磁铁排布到普通型号清洗器的固定片中，其结果显示吸附力大大提高，玻璃清洁器的清洁摩擦力也得到增强，有效提高了清洁效率。

然而，仅提高效率我觉得是不够的，在现代自动化水平不断提高的时代，市场产品趋于智能化，我们设计的装置也应该具备自动化。为了能够实现自动化的玻璃清洁，小组成员和指导老师一起讨论思考，希望能够让清洁器像爬壁机器人一样在墙上运动，减少人工作业。也是基于我们的创新想法，我们团队后期又设计了曲柄滑块驱动臂和自动步进帖壁车体。

帖壁间隙合理的设计，一方面是要考虑磁力吸附的稳定性，另一方面又要保证自动前驱运动的顺利进行。当时这个问题成为困扰我们团队的一个难题。为此，结合蔡老师的建议，我们对吸附所需的摩擦力和机构整体重力进行了理论计算，并对不同间隙进行实验对比分析，确定了一个最佳的工程贴壁间隙。利用当时在机械原理课上学到的曲柄滑块机构，我联想到这可以作为清洁器的循环往复擦洗功能的机构。在小组讨论中我提出了这个想法，讨论后决定选购单片机和电控驱动舵机，利用舵机的旋转带动曲柄滑块机构运动，滑块部分恰好能用于清洁吸附装置的约束固定。虽然想法不是太成熟，但在当时具有实现的可行性。拿着这一方案和团队成员中负责电路控制的刘小帆同学交流之后，又听取了蔡军老师的意见，便开始了样机制作。除此之外，我们还设计制作了舵机固定件和限位件，结合装配空间适当减小了曲柄长度，解决了滑块旋转过程中的动平衡问题，提高了整体运行的结构稳定性。

虽然是一个小的机构设计，但从理论设计到实际加工装配再到自动控制实现，整个过程对于当时所学专业知识浅薄的我们是一次考验。实验材料的选购、实验方案的制定和实施、结构模型的绘制以及对实验过程中遇到的种种问题，这些很大程度上都是对我们学生全方位能力的锻炼。既要思考实际问题的解决方案，还要考虑如何进行工作任务分配和布置，最后还要保证计划的执行。

在蔡老师的指导下，我们小组完成了项目开题、中期检查、结题等训练环节，虽然过程比较曲折，但从那开始，作为当时青涩的大学生，体会到的是百折不挠和坚毅担当的团队品质，以及在勤于思考、敢于实践的个人行动力上得到了提升，这也是参与“国创计划”后我最为深刻的感受。

2 学生后续发展情况

参加完成“国创计划”后，从中受益的我并没有慢下脚步。出于对项目团队协作氛围的热爱，在大学本科的后三年中，我一直是大连大学学生素质文化基地领航大学生创新工作室成员。基于“国创计划”的经历，在后续比赛中，我多次担任比赛项目的团队队长，先后参加了工作室、学校组织的各项学生机械设计大赛、国家节能减排大赛以及辽宁省教育厅组织的高校大学生机器人比赛，甚至是企业组织的如大连英特公司的机构联动设计大赛，并获得多项奖励。而从“国创计划”中培养的勤于思考的习惯，更是伴随始终。在大学的后三年中，学业成绩一直保持在专业前列，并积极参与到高等数学竞赛中，先后获得大连市一等奖、全国赛辽宁省预赛一等奖。

大学本科学习的专业知识，也是在边学习、边比赛、边参加项目实践中一步步夯实基础。机械工程专业的基础绘图能力、力学分析能力及工程综合运用能力在“国创计划”项目中得到了启迪，也是从那个时候开始，我对专业工程实践中遇到的问题，总希望运用多学科知识进行分析和解决。如此学习与实践的交替，使得我的专业知识更加牢固，对新事物、新知识也能够更顺利地理解消化，分析解决实际问题的方法、方式也不断丰富。

本科学习的最后一年，出于对个人发展的考虑和知识能力上提高的需求，我选择继续攻读硕士研究生学位。和最初参加“国创计划”时的想法一样，希望从中能够获得更多的知识、丰富自己的专业能力，运用自己所具备的创造和创新能力，解决更多的学科难题和工程实际问题。经过大四学年的复习备考，我考取了北京航空航天大学的机械工程专业全日制学术型硕士研究生。而那段长时间复习的坚持也来自于“国创计划”中对坚毅品质培养。

研究生期间依然没有忘记曾经参加“国创计划”的那段经历。虽然现阶段研究的课题比较专一，但其思考问题的方法和个人能力培养的过程也和“国创计划”类似，需要我们自己去分析思考找问题、去自主学习找方法、去交流探讨做改变。一些科学前沿问题和工程实践问题，大多也都是需要具备严密的逻辑分析能力和多学科交叉的意识，不断提高自己对所要解决问题正确性的判断能力。作为大连大学“国创计划”项目中锻炼出来的一名学生，出于对机械专业、科学问题的热爱及对自我能力不断提高的追求。希望“国创计划”能使更多的学生受益。

3 主要经验与启示

能够完成“国创计划”项目，我的体会更多的还是集中在指导老师的指点和创新团队的交流上。

在现代信息快速发展的时代，我们都有很好的创新创业想法，但知识体系不完善的我们，需要在指导老师的指导下进行创新性训练，学习解决问题的方法，从中得到锻炼。指导老师的经验往往能够帮助我们更专业、更正确地完成我们的训练项目。

与此同时，作为一个团队合作项目，完善的团队分工和团队自主责任意识是项目完成的保证。对于创新创业计划团队来说，只有团结合作才能步履坚实，只有集思广益才能出团队精品。

个人参与“国创计划”的启示也来源自己完成的经验，以及和指导老师、团队成员的交流。总的来说："国创计划"能够培养大学生的创新创业意识，与此同时也能培养学生积极思考问题的优良品质，让我们能够结合实践思考问题，激发学生个人创新创业的发展潜力。很感谢能有机会参与其中，在此也感谢项目的指导老师蔡军和一起完成"国创计划"项目的成员。

国创，让我感受科研的魅力

项目名称：超临界 CO_2：超基性／基性岩水岩反应机理研究
完 成 者：李紫晶
完成时间：2015 年
推荐学校：中国地质大学（北京）

1 学生参与"国创计划"情况

刚来到大学时，大学的课堂似乎与高中课堂无异，按部就班地上课、考试；大学的社团活动也似乎与高中无异，甚至对于我而言稍显无趣，天文、摄影，合趣者寥寥无几。一个偶然的机会，我看到了有关大学生创新创业训练计划项目的申请通知。那时候我仅仅是一名大二学生，专业课也刚刚开始涉及，去申请一个由大三学生主导的实验项目并不占优势，身边的同学也在劝我再等一年，等学好专业知识再来。还记得当初执意要加入实验团队的自己，怀着困惑和迷茫，我向当时就任地球科学与资源学院的副院长陈家玮老师咨询相关问题，幸而得遇恩师。老师鼓励我积极申请这一项目，做到不留遗憾，同时也给我讲了他曾经带过"国创计划"项目的案例。"国创计划"项目就这样将我引入了一个我从未涉及的平台。参加"国创计划"项目的学生可以像研究生一样自由出入实验室，拥有相当程度的自主权，同时还有教育部和学校专项经费的支持，确保我们本科生的实验经费。

"国创计划"项目这个平台让我不再觉得课堂知识无用，由于我的项目是有关环境地球化学的领域，而我的专业又偏向地质学与地球物理，因此这就需要我平时涉猎热力学、岩石地球化学等诸多专业课程没有的领域。于是我在学习之余自学并查阅了大量地球化学以及化学方面的文献书籍，才得以保证我能顺利完成所申请的实验项目。这培养了我独立查阅文献与自主学习的能力，以至于我在后续的专业课学习中可以快速精准地查阅到想要了解的内容，而不需要向老师索要文献阅读。另外，对于上课所学的专业课内容而言，创新训练带给我的改变就是，我会想尽一切办法把课堂上学到的知识运用到实验项目当中。比如"数字信号处理"课程中学到的信号降噪，我就想到运用到实验数据处理中；"数值分析"中的几种插值方法我会想到运用到数据拟合当中；地球物理专业课学到的 Matlab 我也会结合相关的特征进行实验数据分析与解释；传统岩石学课程中讲到相关岩石的蚀变转化我也会跟老师讨论来验证我的实验结果。这样一来，实验就成了一条引子，帮我串联起所学的专业课程，并且牢牢记住其中的原理。从我的本科成绩单上也可以清楚地看到这一变化，大一大二初期的迷茫导致了成绩短暂下降，而自从参与了“国创计划”之后，学习专业课程的兴趣日益浓厚，成绩突飞猛进，学年平均分稳居 90 以上。

2 学生后续发展情况

本科阶段：获得李四光优秀学生奖、地球化学人才奖、希尔威矿业奖学金等奖励，以第一作者发表 SCI 论文 1 篇，EI 论文 1 篇，2016 年 6 月在日本 Goldschmidt 地球化学会议上做口头报告。

除了学业上带给我的惊喜外，“国创计划”让我渐渐喜欢上了科研。实验室的忙碌变得值得，那些看似单一的实验却有着非凡的意义与价值。每一次完成实验都让我倍感欣喜，感受那种个人认知在慢慢帮助一个领域推进的使命感。两年半的时间，“国创计划”带我走进科研，并乐于寻找创新点，而那一篇篇论文正是记录我发现的历程。

本科生发表高水平文章，对于很多不了解的人来讲，这几乎是很难完成的任务。但我知道，正是由于学校给我们提供平台，让我们可以在大二就体验到与研究生一样的培养模式。作为本科生，我们一样在实验室里奋斗通宵，一样在电脑前查阅文献、处理数据，一样在北京各大测试中心奔波。这些实验分析又是经过多少次尝试才确定的最佳方案，这些实验数据是我们熬了多少通宵才得以做出，这些文章又是经过多少次修改才得以刊出。这些艰辛与不易，我想是每个参与过“国创计划”的人都体会过的。

我庆幸的是，能有机会站到这个平台上，让我像研究生一样着眼于国际视角，参加国际顶级的地球化学年会，与斯坦福、耶鲁大学的博士生一起站到讲台上做报告。正是这些经历给了我勇气，申请了当届的“李四光优秀大学生奖”这一地质学子的最高荣誉，也正是这些积累让我以排名第一的身份获此奖项。这个平台给予我的，不仅是经历与荣誉，更重要的是开阔了我的视野与格局，让我有信心并且可以以本科生的身份成功申请剑桥大学博士课程。

3 主要经验与启示

作为一名刚刚毕业的本科生，回首望去，整个大学阶段的转折点就是决定参加“国创计划”的那一刻。或许很多人认为最终选择考研还是工作的那一刻才是决定人生之路的拐点，但对于我而言，自大二参加“国创计划”就已经确定了我未来的方向。

对于本科生而言，“国创计划”就是让本科生提前进入研究生的角色中去，去感受科研的魅力。而学校以及相关科研院所的大力合作使得我们这些置身其中的每一位大学生都获益良多。

可以说，“国创计划”就是我人生当中极其重要的转折点。是这个机会让我遇见了恩师，是这个项目让我重拾对专业课的热爱，是这个实验让我热爱科研，是这个平台让我得以一窥国际舞台。

还记得当初那个实验室晚归的自己，走在空无一人的学校主马路上，也曾疑惑究竟值不值得这样辛苦。然而我更庆幸自己当初的那份坚持，正是因为在未来不定的坚持、往来奔波的坚持、初心不改的坚持，得以站在这一平台之上，观赏别样的风景。

那些年——成长

项目名称： 基于广西 O2O 的有机生鲜配送平台的社区服务开发项目
完 成 者： 周星梅，林小惠，唐丽敏，张静航，石又好，陈敏萍，黄 彪
完成时间： 2016 年
推荐学校： 广西财经学院

她那时候还太年轻，不知道所有命运赠送的礼物，早已在暗中标好了价格。

——题记

作为一个专升本的学生，一开始对于来广西财经学院（以下简称“财院”）读书是抵触的。在经历过一段不长不短大概一年的工作经历后，很多像我一样的学生都会产生一个念头：“到底是学历重要还是工作经历重要？”而当我真正融入并享受所谓的“大学生活”的时候才发现，读“大学”的意义远不止于为了将来找到一份好工作。

1 遇见新财子

记得那时候刚来到财院，每天晚上的晚自习教室里总是时不时地就会来几个 ×× 社团、×× 协会、×× 组织的“学弟学妹们”，打着鸡血般略带生涩地介绍自己所在的组织、团队。而唯独有这样一个集体，从来没有在任何“扫楼”“进班”“设点宣传”等活动中遇见，她就是——新财子。

第一次知道新财子是从罗老师的课堂上，那时候每个星期最盼望的就是周二上午罗老师的课。有别于其他老师的是，这个课堂上从来不点名，从来不“照本宣科”，每个人都带着自己上课的“名牌”立在桌上。总是从生动有趣的各种小例子小故事开始课前秀，而课上很多案例都来自于财院的学生，准确地说是来自那些已经毕业的“优秀新财子们”，着实是让我们感觉到和平时“枯燥乏味”的所谓“经典案例”有着天壤之别。

每周五的晚上，在大家伙儿都欢天喜地的“出山”去玩耍的时候，有这样的一群人还在教室看着视频里的“商学大课”，认认真真地讨论、做笔记。说实话，那时候的自己对这些“文绉绉”的课程多少是觉得有些枯燥的。记得那个时候，身边的同学要么在追剧、要么打游戏、要么在忙着兼职。我记得罗老师那时候语重心长地说：“大学就应该好好读书，好好花时间修炼自己，不要忙着去兼职赚钱，将来

等着你的机会还有很多。”说来可笑，那时候我总是担心：自己从来不和舍友们一起出去兼职，显得自己特别不合群。直到听到这样一番话，才多少算是给自己躲在宿舍看一些猎奇的书籍和美食视频找了个借口，稍稍有了些安慰。

那个时候“不懂事”，不懂得珍惜那些难得的资源，也因此错过了不少的好课程，直到快要毕业了才开始后知后觉。

2 起源——黑马集训营

让我真正开始了解到“国创计划”是源自于“新财子”的“黑马集训营”。因为事先并不知晓参加的“冬令营”究竟是什么，哪怕是在拿到课程说明后心里都还是挺忐忑的。直到集训大巴缓缓驶入菩提山庄的时候，才真正觉得这一次的“冬令营”真不是闹着玩儿的。

还记得刚到山庄的那个夜晚，我心里充满着兴奋，尤其是在知道第二天要进行十公里徒步的时候，一想到和身边一同前来的小伙伴并不熟，和室友也是初次见面，还挺担心无法和他们打成一片。然而当我经历过这一切后回头想想，之所以在“冬令营”开头安排这一次徒步，不正是拉近大家的距离吗？虽说十公里并不长，嘻嘻哈哈中便也和大家熟识起来。虽说那天还下着淅淅沥沥的小雨，但丝毫不影响大家的热情，不知不觉就走到终点，要和领队分离时竟还有些不舍。

回到山庄稍作休息，我的心中满怀期待。接下来的课程究竟会是怎样？给我们上课的“神秘老师”究竟会是谁？我难掩心里的小激动，吃过晚饭后便早早去到教室等待“全新的任务”。而当我得知，这三天的封闭式训练营的终极任务是完成一份商业计划书并进行 PPT 展示的时候，我的内心难免各种不安。虽说商业计划书也写过几份，PPT 展示也常做，但在这么短的时间内就要完成，我打心底里是有些不自信的。便也时刻不敢怠慢，立即找到负责项目的老师再抓上团队成员连夜就开始讨论进度安排。

为了各队伍间的实力平衡，每支队伍都匹配了大三、大二、大一的队员，这样一来既可以让“老司机”带带新队员，也能让队伍里不同年龄层次的人互补。第一天的夜晚，我们连夜讨论到近四点才依依不舍地回到宿舍休息，总算是大致理清了接下来的思路。在接下来两天紧张的课程中大家更是没日没夜地讨论、“围追堵截”老师以改进方案。没有任何人逼迫、没有任何硬性要求，但是每一支团队在夜晚都充斥着热烈的讨论声，偶尔犯困时大家便轮流站起来活动活动，便又接着做方案。算算三天下来，睡眠的时间竟然连 6 个小时都不到，却也是乐在其中。

经历这样的一次冬令营，也算是初步了解了“国创计划”项目到底该如何下手，最重要的是在经过了三天的“苦战”后收获了一群最可爱、最执着、最可贵的队友们。

3 萌芽——新财子创新之旅

别以为“黑马集训营”就到此结束了，在大家愉快地享受周末的时候，在财院的实验楼里有这样一群孩子：他们身边摆满了彩笔、便利贴、A4纸，五六人围成一团，不停地写写画画。一个看似简单的商业模式，在经历过数轮修改后仍然显得不尽如人意。一个看似容易的人物画像，被贴上无数的标签却只能精简再精简。而运用到的工具对于当时的我来说，真的是体验到了一把“高大上”。

“商业画布”，一个听起来似乎有些遥远的词汇，总觉得显得和自己脸上的稚嫩有些不搭调。而在新财子创新之旅的课堂上，这不过是我们修改商业计划书内容的一个辅助工具。在创新之旅中，经历过黑马集训营洗礼的参赛项目会再一次重新进行项目调整，最终选出优秀者来作为创新之旅的磨炼项目。

记得那个时候为了优化自己的团队组合，更好地完成商业计划书，可谓是绞尽脑汁。从一开始的并不认识到听说某个人哪方面很不错，再到实际去接触并发现其身上的闪光点。宝贵的并不只是获得一个优秀的团队成员，还有在了解、努力过程中所经历的挫折、困惑和成长。而在这过程中让我感慨颇多的是这样一件事。因为一开始的团队分组并不是熟悉之后才合作，因此处于磨合期的我们看似表面风平浪静其实内心里多多少少都会有一些不如意的地方。说实话，虽然人前的我总能在舞台上侃侃而谈，但私下里的我多多少少都有一些自卑，很多时候总是用自己所谓的“强大”去掩饰，人前总是特别欢乐的样子。90后嘛，特别喜欢斗图，我也不例外。因为最开始彼此之间并不熟悉，一旦放松的时候团队内部就开启了“斗图模式”，可我也没有料到，我以为的“志同道合”的“斗友”却因为彼此在群里的斗图，误会我是针对她，在一天夜里因为一点点小事她爆发了，她性子直，直接就在QQ上对我开启了“吐槽模式”，一口气说出了这些天的不满。我的心里实在是万分委屈，但也只能耐心地道歉，到了最后竟偷偷崩溃地大哭起来。本以为这件事会这样过去，回到团队讨论时还是故作镇定的样子，直到有一天她递给我一个信封。等我回到家拆开却发现是一封长长的道歉信，那一刻的我心里是百感交集，觉得一切的委屈都值了。

要说筹备项目一路走来最大的收获是什么，我想并不是一份好的商业计划书，而是一份难得的人生体验。而在这过程中，哭过、笑过、崩溃过后，开始明白团队磨合的不易。聚，是一团火；散，是满天星。而这些“星”各有各的个性，这把“火”燃地着实是不易。我真正第一次感受到，原来维护团队并非易事。

4 成长——用比赛检验成长

在经历了大大小小的“新财子”内部演练后，终于，一支还算成型的团队就这样走了出去。设计、文案、制表、数据统计、PPT演讲，我们熬夜奋战了多个夜晚总算是交出了一份还算满意的答卷。从“创青春”到“互联网 +”再到“国创计划”，每当我们站在属于我们的舞台上，无论结果如何我们总是面带微笑，欣然接受着这些只属于我们的故事。

那时候，因为学业、家庭、工作等等原因，我们无法聚集在一起讨论项目。每天晚上八点，我们就相约在 QQ 上，开着群语音，断断续续地聊着项目改进方案。记得那天，一位成员因为要跟拍一个视频去到山里，信号极差却也坚持跟我们“艰难”地讨论项目。那些说熬夜就熬夜，说山寨就山寨的商业画布（拿草稿纸贴在墙上做画布），那些说通宵就通宵的我们，只要一句话就能立即聚集在一起，哪怕第二天要体测，哪怕第二天有考试。那段时间我们总是开玩笑道：“你说明天我们会不会熬夜猝死？”我第一次感受到什么叫“齐心协力”。没有抱怨也没有喊苦喊累，大家只是单纯地要做好一件事情。

以前总是自己“孤军奋战”，所谓的分组作业也总是有人抱怨自己太累、自己做得太多，而我宁愿自己多承担些也不想把作业拖延下去。而在这些训练、比赛过后才真正明白，有的人能陪你吃喝玩乐、有的人能陪你熬夜刷题、有的人能陪你一起上课，而有的人却能陪你“砥砺前行”。一段好的友谊不应该只是“聊得来、玩得好、嗨得起”，而是可以一起成长。就像那句话一样：“同行的人，比去哪儿更重要。”

5 绽放——孟君和食

不知不觉，两年的本科的日子就这样结束了。也算是抓住了青春的尾巴，在最后的一年里参加了大大小小的比赛，经历了各种各样的项目。相比刚开始的抵触到现在享受这样的生活，我经历了从迷茫、纠结到现在试运行项目的整个过程。幸运的是，我遇到了这一群可爱可敬的同行者。

约菜帮——互联网 + 金奖项目，一个曾经只在营销课堂当中出现的案例。而现在的自己正式运营这个项目，回头想想，的确是感慨颇多。一开始的我们，只是在财富国际广场居民区里一个叫作“海物语”的小店。每天只接待 20 位客人，没有固定菜单，只根据当天的食材私家定制菜品。说实话，一开始的我们是忐忑的，不知道这样“奇葩”的方式是否能被接受。在为期一年的摸索期中我们发现这样的体验方式虽然没有做任何的宣传，纯粹是靠朋友口口相传，却也逐渐站稳了脚跟。吃着地道的日本料理，在半开放的厨房前随意和留日八年的主厨聊聊菜品、谈谈人生，城市轻奢群体便也享受这样的方式。

在为期一年的摸爬滚打后我们开始了新的规划。也算是天时地利人和，我们遇到了一个开旗舰店的契机，没有犹豫太多便决定先走出这一步。记得刚签订合同的那天我刚从广州培训回来，一下高铁就急急忙忙赶回工作室，像模像样地和大家伙儿开了红酒庆祝。说实话，一开始的时候我们是想先把外卖做起来，却没曾想计划赶不上变化。“旗舰店”这个听起来有些遥远的词汇陡然间就出现在自己的生活里，让人猝不及防。

为了更好地了解日本文化、日本料理，我们一行人随着曾留日八年的主厨开启了为期八天的“日本溯源之旅”，远赴日本东京去感受真正的日本文化。从广州登上前往东京的日本航空的飞机的那一刻起，就深深地感受到日式服务的贴心，精致的餐点、温柔的日语问候、主动递上的毛毯，就连落地时填写入境卡的指导人员都温柔似水。除了主厨，我们都是日语盲，却深深地感受到了语言不通时日本人的热情。

在东京的街头最为繁华的路段，虽没有垃圾桶但街道却是一尘不染，就连不远处的工地都听不到任何的喧嚣吵闹。相向而行，避让的总是男士，嘴里一定还会不停地表示抱歉，这一切都让我们感动着。而当我们真正深入到各大餐厅、美食场所体验时，我们深深地被日本文化中的敬业、谦卑、礼貌所折服。

在箱根山上的日本怀石料理用餐，在预约时间前到达却被拒在门外，理由是他们的餐前准备并没有完全准备好。而在等待了好一会儿后，我们才在侍者的引导下进入。热毛巾、餐前酒、安静的氛围让我们都不敢大声说话。每一道菜都是视觉和味觉的享受，每一道菜的节奏都把握得恰到好处，侍者也不会过多地打扰，但当你需要他们的时候都不需要吱声他们却出现在你身边。

这餐饭我们足足吃了近两个小时，菜品虽然很精致却也饱腹感极强。这也恰好符合了日本“适可而止”的文化，不浪费不贪心刚刚好就好。而这对我们定位将来餐厅的出品影响很深。

除了这“高大上”的怀石料理，我们也探访了很多街边精致的小店。除了毫无挑剔的服务和出品外，更让我们佩服的是店内的师傅们。日本很多的小店都是所谓的“百年老字号”，由父辈甚至爷爷辈开始传承，手艺代代相传。要说他们“轴”也真的是一根筋到底，固执却又可爱。保持着体温的寿司饭团，早上鱼市最新鲜的鱼，对出品夸赞时所流露出的骄傲和自豪，这一切都在感染着我们。这让我们明白，出品既人品，这才是一个店的灵魂所在。

店内限量出售的菜品，没了就是没了，即使你出再多的钱也没用。他们觉得，既然人家辛辛苦苦排队、辛辛苦苦预约才能吃到的东西，这比你出双倍的钱更值得尊敬。如果点单的菜品过多，老板也会贴心地告诉你“适可而止”，避免浪费。

在回程的路上我一直在思考，究竟怎么样的预订途径、出品方式和服务才是最能让人舒心的。在“海物语”运营的这一年时间内我们积累的这一千多粉丝，究竟怎样才能真正地成为“死忠粉”。而旗舰店究竟该以一个怎么样的姿态出现在大家的面前？“不管怎么样，总要先走出去！”我们达成了共识。

从园林种植、餐具选择、装饰品摆放、人员培训，我们各司其职，却又团结一心地朝着目标努力。那时候还是冬天，我和前厅人员每天都早早来到“工地”帮忙。

这片看似荒芜的工地，却充满着我们的梦想。打扫卫生、清理建筑垃圾，就连门前园林里每一块草皮、每一棵植物都是我们亲手铺种下。从最开始草木稀疏到现在一片郁郁葱葱的景象，每次雨后看到时都会感慨良多（图 1）。

图 1　孟君和食园林小景

一开始的我们每天只限量接待 20 位客人，每当稳定一段时间我们就再开放 5 ~ 10 位客人。而在点菜环节上，我们做的也有些另类：客人需要提前一天在微信上和我们预约，没有菜谱只有餐标供客人选择。我们根据客人的人数、餐标、忌口来为客人根据当日空运的食材私家定制菜单。因为每天空运的食材并不相同，所以给客人每天安排的菜色也不尽相同。虽然有这么多的不确定性，在经过“海物语”一年的摸爬滚打后也初步肯定了这种模式是能被大家所接受且非常喜欢的，也总算是符合那句话：“孟君和食，搬运自然的馈赠。”而在菜品安排方面，我们同样本着“适可而止”的原则，并不建议客人点过多的菜品，如果客人来的过于频繁我们也会稍稍拒绝接待，把机会给更多想要来尝试的朋友。

因为旗舰店的店址较偏，我们心里都没有底。依靠着一千来个粉丝到底能否将现在这个 108 个座位的旗舰店支撑起来？时间就是最好试金石。从 2017 年 1 月 1 日开始试业到现在，已经从原来一千余人的粉丝量积累到了今天的四千余位，而我们没有做过任何的媒体宣传，纯粹是靠客人口口相传。每当听到客人夸赞我们的菜品、我们的服务，我心里的自豪感是任何事情都无法代替的。

记得一开始的我，纯粹是一枚吃货。南宁各大街头巷尾，只要是我能找到的美食，我一定会去尝尝。在家吃饭的时候，视频放的一定与美食相关的纪录片或者节目。俗话说：“兴趣是最好的老师。”对于日料，我也是疯狂地热爱着。可能也正是这样的热情，才使得我无意间积累了很多与日本、日料相关的知识，与这群“日料发烧友”们交谈起来才不至于生涩。虽然不知道未来发展的方向究竟是不是和预期一样，但至少现在的我们正努力往我们想要的方向前进。

很感谢一路见证我们成长的老师、朋友、粉丝们，很多不到位的地方都是你们给我们温馨提点。也许在别人眼里你们只是顾客，但是在我眼里你们早已是我们孟君和食大家庭的一员，没有你们也没有孟君和食的今天。从一个普通的“国创计划”项目到落地实施并成为南宁市日料界的前茅，这一路走来感慨良多，也真正明白，纸上谈兵和稳扎实干的区别。直到这一刻我才真正明白，学历和好工作也许并不画等号，找到人生的方向才最重要。而你们，就是我前进的动力。

最美好的你们，最努力的孟君和食。

未来，与你同在。

国创——照亮学习、工作之路的灯塔

项目名称： 四种有抑菌作用的正畸托槽黏结剂抑菌效果的体外对比研究

完 成 者： 卢　淼，孔利心，姚　琳，李若涵

完成时间： 2014 年

推荐学校： 四川大学

1 前　　言

1.1　学生参与“国创计划”情况

卢淼，2013 年“国创计划”项目负责人，项目名称：四种有抑菌作用的正畸托槽黏结剂抑菌效果的体外对比研究。

1.2　卢淼后续发展情况

2016 年 6 月取得口腔医学学士学位、英语（第二专业）学士学位。

2016 年 7 月至 2017 年 3 月工作于华美牙科。

2017 年 4 月被四川大学录取为攻读口腔医学专业硕士学位研究生。

2017 年 4 月至今于口腔疾病研究国家重点实验进行科学研究。

1.3　主要经验与启示

随着社会的发展和科技的进步，口腔医学生的综合素质教育越来受重视，科研对口腔医学生的影响越来越大。2013 年，正读本科二年级的我有幸参加了大学生创新创业训练计划，并成功申请到了国家级项目。下面我就我申报的课题“四种有抑菌作用的正畸托槽黏结剂抑菌效果的体外对比研究”，和大家分享一下我的心得体会，以及对我学习和工作的影响。

2 课题内容以及对课题的思考和体会

首先回顾一下我参加 2013 年“国创计划”的经历，以及关于这个课题的一些体会和思考。

2.1　关于课题

2.1.1　选题

由于从进入大学开始就对正畸充满了兴趣，所以从选题开始就一直围绕着正畸。

首先在许多网站上查了当今正畸方面的热点，再通过查找文献了解这些热点的研究现状，但是由于接触的专业知识还较少，我并没有信心对这些热点做出一些更好或更有创新性的研究，于是就开始思考比较适合我那个阶段的研究课题，后来想到了正畸托槽黏结剂。

在查了许多相关文献后，发现现有的关于正畸托槽黏结剂的研究几乎都是关于其物理或化学性能的，关于其生物性能的十分少，于是我们决定从其生物性能方面入手研究。后来结合了正畸常面临的牙釉质脱矿致龋的问题，我们就决定开始研究正畸托槽黏结剂的抑菌效果。再咨询了导师，得到了导师的认可，并在全国许多项目中被选为了国家级，在 2013 年 6 月被公示在教育部网站上。

在选题方面，我认为首先还是要从自身的实际情况入手，结合自己的兴趣，再查阅文献，总结出自己认为可行的课题。在此基础上，去咨询老师的意见，以及根据老师的意见进行一些改进。

2.1.2 实验

我们的实验地点是口腔疾病研究国家重点实验室，实验的主要内容是研究现有的几种有抑菌作用的正畸托槽黏结剂的抑菌效果的差别。因为在本科大二的微生物课程中我们正好学习了抑菌环法实验，所以我们就主要采取该实验研究黏结剂的抑菌效果。当然，实验室完善的器械和强大的师资力量都是我们实验得以顺利开展的保证。

2.1.3 结果统计

我们结果统计运用的工具是 SPSS 16.0，那时我们正好在学习统计学这门课程，所以对实验数据的统计也正好就是课后复习了，当然在很多问题上也咨询了统计学老师。

2.2 关于导师和组员

2.2.1 导师——保持联系，亦师亦友

确定课题后需要积极联系导师，在联系导师前，要先让自己明白整个课题的步骤，并把自己不懂的地方列个清单，以便有条理地咨询导师。我是以邮件的方式联系导师，告诉了导师自己的想法，以及整个实验的大概流程，不久导师给了回复，还给了我一些具体的建议。在导师的建议下我完善了自己的申报书。

在后来的实验中，我们需要经常进行总结，向导师汇报自己的实验进展，并且整理自己所遇到的问题，请教导师。我们一定不能因为怕被导师责骂而不懂装懂或不汇报不好的实验结果，有时候有的问题仅靠我们自己是解决不了的，强行按照自己错误的想法做往往只会拖延实验的进程。有时我们也会向各专业的学长学姐请教，这对实验的顺利完成也有很大帮助。

2.2.2 我们的科研团队——各取所长，充分信任

在确定了自己的课题、联系好了导师后，我们就需要根据自己的课题选择自己的组员。我的科研小组共有四人，除我之外，其中一名同学擅长排版和制作 PPT，一名同学擅长文献检索以及对外联系，还有一名同学比较实干。这样的团队组成，在我们日后的实验以及各种答辩中都给我们带来了极大的方便。当然，也并不一定要向我们这样去组成自己的团队，只要保证自己的项目能较好开展即可。

在实验过程中，要充分信任自己的组员。一个团队的凝聚力是非常重要的，而信任又是凝聚力形成的基础。当我们的实验中出现问题时，要大家一起分析原因，一起去解决，而不能一味地责备某一名组员，让他有心理负担。

2.2.3 关于项目研究计划和进度

在项目开始前我们都会拟订自己的项目计划，而且也会反映在项目申报书上。但在科研进行过程中常常会遇到一些自己事先考虑不到的问题，所以在制定计划时可适当放宽时间，当在某环节出现问题，不能按照时间安排完成时，应根据实际情况及时调整自己的计划。

2.2.4 心理方面

平时因为一些实验失败而产生挫败感是很正常的，但绝不能因为这个原因而放弃自己的实验，不是所有的事情都会一帆风顺，要摆正自己的心态，遇到问题和自己的组员一起分析原因，当解决不了时，可以请求导师的帮助。我在实验中也因为阶段性实验失败，而产生想要放弃、想要终止课题的想法，但后来自己静下心来，好好分析了原因，以及得到了导师及时的指导后，又有了信心，坚持完成了实验。

我们并不是为了科研而做科研，我们主要是要从科研中锻炼科研思维，为以后更高层次的科研奠定基础。当然在刚开始时能够得到比较有意义的结果是最好的。但就算最后失败了也没关系，我们只要经历了，也就收获了。

3 大学生创新创业训练计划对我产生的深刻影响

从开始参加大学生创新创业训练计划到结题，再到现在，这次经历一直在方方面面影响着我。

3.1 对我本科阶段的影响

“国创计划”的经历，为我以后的实验课打下了坚实的基础。实验课的很多内容在做“国创计划”的时候都接触过，所以实验课上起来就得心应手。而“国创计划”积累的理论知识更是与我之后的很多课程都相关，让我在学习书本知识时会有更深刻的认识。当然，“国创计划”还让我认识了很多老师，也让我收获

了很多朋友。

“国创计划”还对我产生了许多心理上的影响。“国创计划”经历让我变得自信了许多，经常自我暗示既然自己可以成功申请并完成这个课题，那么其他事也是一样可以做到的。“国创计划”也让我对“失败是成功之母”这句话有了更深的体会，在实验多次失败后终会换来成功的结果。“国创计划”也教会了我坚持，大二还在江安校区时为了做实验会坚持早起坐校车到华西校区，暑假在同学都回家后会坚持每天到实验室做实验，这样的坚持让我成功完成了实验，也让我在日后许多事情中都坚信坚持的力量。

3.2 毕业后工作的影响

2016 年 6 月我毕业了，同时取得了口腔医学学士学位以及英语第二专业学士学位，我选择了到华美牙科进行临床工作。到了一个陌生的环境，心里还是比较忐忑的，其实这与我为了做“国创计划”实验，初到口腔疾病研究国家重点实验室时的感觉很像，我就像当时一样，热情、大方、有礼貌地对待周围的人，很快就和大家融在了一起。而且周围的同事也因为我的学习和科研经历比较尊敬我。“国创计划”中做实验的经历，也锻炼了我的动手能力，口腔医生的动手能力对职业生涯是非常重要的。“国创计划”同时还训练了我的逻辑思维能力，这最直接地体现在了我工作后清晰的临床思维上。

3.3 对研究生阶段的科学研究的影响

2017 年 4 月，我被四川大学录取为攻读口腔医学专业硕士学位研究生，于是辞了工作，提前到了口腔疾病研究国家重点实验室进行科学研究。我因为“国创计划”时的课题与细菌有关，从而对这方面产生了深厚的兴趣，于是现在主要进行微生物研究，导师是中国著名的龋病学教授周学东教授。

现在做实验的平台也是做“国创计划”时的口腔疾病研究国家重点实验室，所以并不觉得陌生，很多基本操作在当时学习过，现在就会轻松很多。而当时学习的文献检索的方法，现在也对我帮助很大。可以说“国创计划”的经历为研究生阶段的科研和学习打下了坚实的基础，如果没有那次经历我一定会花很多时间为研究生的学习做准备。最重要的是，我通过“国创计划”锻炼了科研思维，这对我研究生阶段的科学研究是至关重要的。

4 总　　结

大学生创新创业训练计划对于我来说真的是一次重要的经历，选题、组队、实施、结题每一步都让我有许多收获，这些收获对我的影响已经体现在了我的本科阶段、工作阶段以及研究生阶段的方方面面，我相信这些收获还将对我的未来产生更加深远的影响。我真心感激教育部和四川大学能让我在本科低年级阶段就有机会参加“国创计划”，也很感谢在完成“国创计划”期间老师和师兄师姐的帮助。我坚信，在日后的科研道路上我能走得更远。

我让兴趣在“国创计划”项目中绽放

项目名称： 荧光原位杂交结合激光共聚焦显微镜探究生物膜中变异链球菌与血链球菌的时空关系

完 成 者： 郑　欣，高　源，杜　文，周陈晨，周玉乔

完成时间： 2014 年

推荐学校： 四川大学

1 学生参与“国创计划”情况

本项目负责人郑欣除负责该项“国创计划”项目外，另参与2项“国创计划”项目。本项目成果发表于口腔医学领域权威期刊 *Journal of Dental Research*，并当选为同期封面文章。

2 学生后续发展情况

本项目 5 位参与者现均为四川大学华西口腔医学院博士研究生，在牙体牙髓科、正畸科、黏膜科以及修复科开展相关临床工作及科研工作。其中，郑欣、周陈晨、杜文、周玉乔均在博士在读期间赴美进行交流学习，高源拟申请国家留学基金委公派项目。

负责人郑欣在硕士阶段以第一作者身份共发表 SCI 论文 2 篇（其中一篇包含本项目成果），在博士阶段以第一作者或共同第一作者身份发表 SCI 论文 2 篇。其余参与人均以第一作者身份发表过 SCI 论文若干。

3 主要经验与启示

我的科研生涯从传统的学徒身份开始，跟着课题组上的师兄师姐学习口腔生物膜研究的基本技术。在实验室摸爬滚打几个月后，我开始思考如何更好地呈现实验结果。口腔生物膜内存在着多种细菌，细菌间的相互作用影响着口腔疾病（龋齿、牙周病等）的发生，是当时口腔微生态研究的重点之一，然而对于多菌种生物膜的研究，课题组内现有技术所得数据都只是冷冰冰的数字。为了解答这个问题，我查阅大量文献，其中几篇环境微生物的文章给了我很大启发。文中应用的荧光原位杂交技术（Fluorescence in situ Hybridization，FISH）实现了不同细菌间的相互关系的直

观表达。FISH 技术在环境微生物学中已得到广泛的应用，这一技术在操作过程中对生物膜的破坏较小，且能够标记不同种细菌，国际上也已有几个课题组将其应用于口腔生物膜的研究中。我将此想法与师兄、师姐以及导师沟通，大家虽然对于可行性仍然存在疑虑，但都非常支持我对这一技术进行探索。

在摸索实验的过程中，遇到的第一个难题就是菌种特异性探针的设计，该设计软件的操作平台是基于 Linux 系统的，对于此系统我是知之甚少的，只能从零开始克服软件安装以及操作的难关。迈出这成功的第一步后，我渐渐充满了信心，坚信自己一定能克服相继而来的种种难题。在这样的信念下，我通过不断地摸索，确定了实验各方面的优化条件。在此过程中，一个问题始终困扰着我。FISH 技术在孵化染色过程中需要保持潮湿环境，对于这一要求，标准步骤上是将湿纸巾铺于玻璃培养皿之上，再将样本置于纸巾上来实现的。在实际操作中我发现，这一步骤存在着效率低、荧光燃料耗费大以及难以避光等问题。如何改善呢？我在实验室四处走动，观察各种能够利用的瓶瓶罐罐，我发现实验室常用的 EP 管储存盒正好能够放下培养生物膜的孔板，于是我将湿纸巾铺在这样的盒子里，生物膜长成之后，可以直接在孔板内进行染色前的操作，最后将孔板整体放入盒子中，盖上盖子，这就成功地为染色孵化营造了一个潮湿环境。之后，我又将 EP 管储存盒的盖子用锡箔纸进行包装，又成功地解决了避光的问题。这一改进大大提高了染色的效率，原来一次时长 90 分钟的染色只能完成 10 个样本，且需将样本在各容器中反复移动，既费时又增加样本破坏的风险，而如今一次染色最多可以完成 24 个样本，而样本也始终处于孔板之中，非常省力省心。至此，在将近半年的摸索后，我已能够熟练高效地使用 FISH 技术标记口腔微生物研究中常用的细菌。

在临床的工作中，我们口腔医师常常需要拍摄牙科 X 光片，而在读片时，我们往往会发现二维图像上的信息与实际情况存在差异。在使用荧光显微镜观察的过程中，我发现不同层面的细菌相互作用情况是不同的，那么我们使用这样特定层面的二维图片，必然也存在着信息的偏倚。于是我又开始摸索关于三维成像的方法。最终通过激光共聚焦显微镜的使用以及三维重建软件的使用，我终于将口腔生物膜的研究从二维空间拉入三维空间。

掌握了 FISH 技术以及三维成像技术之后，我跃跃欲试，希望能够小试牛刀、初露锋芒。那时组上一个师兄的课题研究遇到了瓶颈，他辛苦构建的突变株在表型研究上竟然没有显著差异，如此阴性的结果让他十分沮丧，每次和他一同吃饭，询问他的结果如何，总能感受到他淡淡的忧伤。为了缓解他的压力，我时常邀请他来我寝室玩游戏，那时我们经常玩的是足球类的对战游戏，在一次游戏中，我控制的球队中有一名能力垫底的球员被罚出了场外，心想如此普通的球员离场，对整个球队的实力应该不会构成任何影响，谁知在此之后，我方频频失球，师兄得意地笑了。那一夜，我辗转反侧、难以入眠，不是因为输了游戏，而是思考这样一个问题：一个不起眼的球员的离场，虽然对一个球队的自身实力不产生明显的影响，但在比赛中，在对方球队的进攻下，这样不明显的影响就会被无限地放大；师兄敲除的那一个细菌的基因，是否也如同这一个不起眼的球员，虽然在单菌种培养时，未表现出它的功能，但是说不定在竞争中就能暴露突变株的缺陷了。在这一猜想下，我找到与突变细菌具有竞争关系的另一种细菌，将两者混合培养，获得双菌种生物膜，再利用我所掌握的 FISH 技术及三维成像技术。果然不出所料，在竞争中，突变株与野生株相比，表现出了竞争能力上的缺陷，特别是防御能力的下降；再通过对竞争菌种攻击手段的查阅，我们就基本锁定了突变基因所涉及的功能。这一项研究成果，发表在口腔研究领域的权威期刊 *Journal of Dental Research*，并选为同期封面，而封面的图片，正是采用 FISH 技术得到的双菌种生物膜荧光染色图片。

如今，我深刻地理解到，科研是综合能力的考察，生活枯燥的人，学术也会变得枯燥，如果能将自己在生活中积累的兴趣与技能，投入到学术中，会让这个过程变得更为有趣。我向来是个爱玩的人，自入学以来，便不断体验了各种事情，而这些体验虽然不能让我精通于某些技能，但通过不断地尝试，首先扩宽了我的视野，其次增强了我的自学能力。就比如我曾学习过的摄影知识，帮助我更快更深入地掌握实验室中荧光显微镜、激光共聚焦显微镜的使用；平时对各种新兴软件的把玩，让我对软件的操作有了仿佛是天生般的敏感度，对任何新软件的学习都有足够的信心；甚至是游戏，也给了我许多灵感。正是如此，我认为，在当下应该凭着自己的兴趣，尽可能地尝试那些新鲜事物，不要怕“三分钟热度”，只会一点也比不会好，谁也不知道这一点在将来能够帮助你多少。

与“国创计划”结缘，练就不一样的人生

项目名称： 高压线无人巡检飞行器

完 成 者： 黄章健，张翔远，侯金瑞，徐绍轩，邵 清

完成时间： 2016 年

推荐学校： 北华大学

通过完成“国创计划”项目，我们所有人都收获良多。首先是对这类实验项目的进一步认识。大学生创新性实验强调的是自主性、探索性、实践性和协作性，实施过程讲究长远效益，强调项目实施过程中在创新思维和创新实践方面的收获，不为得到成果而设计，重在实施过程中充分发挥主观能动性，运用所学的知识，使自己得到锻炼和提高。回想两年多来自己参加创新实验的经历，从开始的选题时对实验项目内容的理解、认识到项目内容的讨论和确定，从对项目的整体把握到实验创新点的寻找并制定详细的项目方案和进程，以及项目当中重要的实践环节，整个实验过程中我不仅学到了许多的专业知识，更重要的是自己的思维能力、团队协作能力、实践能力都得到了锻炼，而且也学到了坚持不懈、善于思考、积极总结的可贵精神。

项目始于 2013 年 5 月。当时项目组参与高年级的学长的“国创计划”项目的立项工作。项目组成员也非常羡慕高年级学长有一个属于自己的项目。老师也鼓励我们去做一些社会调查，了解社会需要，利用我们所学的知识解决一个社会亟待解决的问题，并形成方案，要求方案要具有可行性，并可产生较大的社会效益和经济效益。在老师的提示下，我们几个人组成一个小团队开始收集资料。因为我们这个团队一直和学长学习开发四轴飞行器，所以我们的重点也放在四轴飞行器的应用上。我们团队在网上收集了很多信息，其中一条信息引起了我们的注意。2013 年 8 月 22 日早晨，邯郸大名县杨桥镇前桑圈村农田上空高压线脱落，正在浇灌农田的村民鉴平文夫妇二人被电身亡。看到这条新闻后，团队成员都沉默了。这是一个非常惨痛的教训。如果相关电力部门能够及时发现事故并做出防护措施的话，也许惨剧就不会发生。但问题是怎么才能及时发现事故呢？带着问题，团队又开始收集信息。综合找到的信息，我们发现了“电力线巡检”这样一个名词。原来专门有人开车或者徒步，沿着高压输电线进行检查，一旦发现危险，就立即向上级报告，并保护现场，防止人员伤亡。可是高压输电线常架设在不方便人员车辆通行的地方，以至巡检困难，工作效率非常低下。因此，很多危险不能被及时发现，结果还是造成了人员的伤亡。电力部门也认识到了这点。近几年，由于四轴飞行器的快速发展，各行各业都在积极寻求利用四轴飞行器解决本行业难题的方法。电力部门也不例外，并在这方面取

得了进展，开发出了巡检无人机系统。但该系统必须由车辆携带，虽然提高了工作效率，但不明显，因为很多地区是不适合车辆通行的。实验室的学长曾做过机器人的远程控制，因此我们也想是否可以进行远程控制，这样就不用车辆了。因此，我们打算将四轴飞行器自动巡检作为我们的研究方向。

方向确定后，我们又开始收集远程控制方案，但是相关的方案多如牛毛，而且很多技术内容完全看不懂。我们只是大概知道了一些控制方法，但具体应该选哪种方案，怎么实现该方案都是严重困扰我们的问题。团队里有的同学甚至产生了放弃的念头。因此，我带领团队找到了老师，请老师为我们答疑解惑。老师首先肯定了我们的想法，并给出了很高的评价，还让我们一定要坚持下去，不能轻言放弃。然后老师为我们分析了现今常用的远程控制方案，并做了分析。老师说，我们的远程巡检方案首先要实现远程控制，而这关键要看通信方式，现今常用的通信方式是Zigbee、GSM、GPRS；其次，由于巡检采用的是图像检测，在飞行器上进行图像处理的可能性很小。因为四轴飞行器的承载能力有限，最好将图像回传，这对传输速度就有很高的要求，因此Zigbee和GSM就被排除了。但最后GPRS也被我们排除了，因为流量很贵，这么大的流量，费用一定很高。老师又给我们提出一个方案，就是Wi-Fi。Wi-Fi传视频是没问题的，但Wi-Fi的覆盖面又成了短板。最终，我们决定采用Wi-Fi全覆盖的形式，在飞行器的巡检路径上覆盖Wi-Fi。老师还提出了一个问题，就是飞行器电源的问题。我们在一起也讨论出了解决方案。但是，由于时间和精力有限，我们只能着重去做通信部分。

方案终于形成了。接下来我们开始准备立项答辩。在准备立项材料的过程中，我们不断发现方案中不完善的地方，一次又一次地修改方案。在老师的帮助下，我们进行了十多次的模拟答辩，最终，我们站到立项答辩台上。与去年不同的是，这次的项目是我们经历一年努力才形成的，是我们自己的项目！因此，我们每个人的心里都非常紧张。不过评委老师并没有想象中严厉，在了解了我们的项目后，还给我们提出很多建设性的建议。最终，我们成功地拿到了国家级项目！在评委老师的点评和总结中，我们了解到了我们能够成功立项的原因。评委老师们认为我们抓住了用户的“痛点”，也就是用户亟待解决的问题，而且解决方案非常新颖，可行性强，其经济价值和社会意义也很大，因此我们的项目能够成功立项。老师同时提醒我们，立项只是万里长征的第一步，做事要有始有终，在项目实现的过程中，我们会碰到很困难，但一定要坚持到底，不能轻言放弃。回想过去的一年，我们也确实碰到了很多困难，也曾想要放弃过，如果没有老师的鼓励，没有我们的坚持，也就没有今天这个属于我们自己的“国创计划”项目了。

坚定信念后，我们决定立该开始执行项目计划，开始研究。可第一步我们就碰到了困难。“国创计划”与我们曾经的实验实习不一样。现在看来，实验实习还是比较简单的，所需要的实验材料都由学校准备；实验目的也非常明确，就是书上具体理论的应用；实验过程老师也为我们安排好了，我们只要按照步骤记录数据、分析数据、得出结论即可。而现在所有的过程都要由我们自己来安排，自己完成，自己验证结果的正确性和实用性。我们像即将离巢的小鸟一样，虽然对飞翔充满了向往，但却不会使用自己的翅膀，心里充满了迷茫和对未知的恐惧。

因此，我们又找到了老师求助。老师没有讲解我们的项目，他拿出了两个他自己的科研项目，并详细讲解了项目立项、形成及结项的过程，没有漏过任何一个细节。我们明白老师是要我们触类旁通、举一反三。我们将老师讲的内容记了下来。经过讨论后，我们完善、并细化了自己的执行计划，并做了初步分工，接下来思路也就清晰一点了。我们按照分工收集资料，进行设计，还常常在一起讨论，相互之间取长补短。在设计实现各功能模块时，我们也发现了问题。单靠书上的内容或只参考网上的设计经验是不行的。有些设计只能部分适合我们的系统，有的甚至是错的。因此两者必须相互印证，只有明白其工作原理和工作过程才能判断其正确性，才能知道它能不能用在我们的系统上。在走过很多弯路后，我们摸索出一些设计方法和实验方法。中间碰到了很多困难，但我们还是坚持下来了。我们永远不会忘记我们自制的四轴飞行器摇摇晃晃开始飞行的那一刻；我们永远不会忘记远程通信系统按照我们设计正确运行的那一刻。当系统联调成功时，我们知道我们成功了！两年半的日夜摸索，多少次不眠不休，所有的坚持，所有的努力都没有白费！我们成功了！但系统的成功运行并不是项目的结束，也不是这段历程的终止。在老师的及时指导下，我们没有盲目乐观，也差一点功亏一篑。我们总结了项目形成过程中的经验教训。

蓦然回首，我们感触良多。从设想到实现，我们经历了太多的努力，也学习了很多的知识、经验和方法。我们感觉仿佛进入了一个新的世界，前面的路也不再模糊了。我们把这些都收录到我们的结项材料中。在材料的整理过程我们知道，离巢的小鸟已经不再迷茫，不再恐惧，它已经做好准备，去迎接新的挑战！三年的汗水，三年的拼搏，终于结出了晶莹的硕果！

“国创计划”项目让我们受益良多。我们团队成员在毕业设计环节都获得优异的成绩，得到了老师们的好评。邵清同学成为他期盼大学的研究生，他的经历及实力让他的导师非常惊讶，并提前进入其项目。现在他已经是项目组的主要成员。侯金瑞比我晚一年毕业，他在大三暑假到北京的一家公司实习，到毕业时已完成试用期，并与公司签订了正式的劳动协议，年薪超过了 12 万元。张翔远也在北京找到一份满意的工作，年薪也超过了 10 万元。而我击败了众多竞争对手，得到广州一家公司的青睐。公司对我的“国创计划”项目非常感兴趣，并吸引我进入公司的研发部。“国创计划”项目为我们打开了一扇门，让我们找到了一条属于我们自己的路。我们坚信这条路带给我们辉煌！

时光飞逝，犹如白驹过隙。转眼间我们已经成长为可以翱翔天宇的雄鹰。回顾这三年，我们有很多感触和经验。

在研究方面，最深的体会就是要勤于思考，主动进行实践环节。创新性试验不同于传统意义上的基础实验，可以按照已有的实验步骤在老师的指导下完成实验，很多实验方法要去查找文献资料，去领会理解实验的内容，确定试验需要进行创新的方向。弄清楚自己要干什么，接下来要做的就是按照计划一步步的努力实施，而且每一个环节都需要独立的思考。这个过程当中难免会遇到或大或小的困难，这时候要么去向老师、师兄师姐求助，要么就是通过查阅文献寻找答案，最重要的还是要自己独立的思考，然后和小组成员共享自己的结论，讨论之后得出更为全面的结论。

在创新方面，首先要明确创新的方向和目标。创新点不一定必须是很高深很前沿的东西，只要不是照搬照抄，在自己力所能及的范围内就好。所有的实践和工作都要围绕创新点来展开，不能偏离主题，当然，本着“不纯粹为了得到成果而实验”的想法，所以更不能凭着个人的主观臆想来猜测实验的结果，而是参照创新点有根据、有目的地做出合理的预测，也就是要实事求是，完全尊重实验的科学性，然后再一点点地实践去论证自己的猜测。

大学四年里，我们都很少出去接触社会，是科技立项让我们有了走出校园与不同的人接触的机会。获取知识和提高技能有两条途径：一是从前人的经验中去获取，二是从自己的实践中去获取。而最重要、最可靠、最有价值的还是自己在实践中所获得的知识和技能。实践出真知，这是千古以来不变的真理。再说猜测带有很多的主观想象的成分，比如对未来找工作难度的过分渲染而造成的对自己所学专业的失望等。如果能积极投身实践，在实践中学习，在学习中实践，会发现生活或工作不是想象中的那么难，很多事情不是能否做到的问题，而是想不想去做的问题。若想做，就会去找方法；若不想做，就会找一大堆理由。

在这次创新性实验中，我们学会了理论联系实际，既加深了对自己专业知识的理解，也学会了如何在实践中运用自己的专业知识解决遇到的问题，同时还有敢于迎接挑战的创新精神和坚持不懈的务实态度，以及小组成员团队协作的工作方法。通过这次创新性实验也让我进一步认识到自己的不足，明白了自己今后的努力方向。

“国创计划”项目成为我们成长过程中的宝贵经验和财富，同时也是大学四年里最宝贵的一段时光，在这期间我们每一个人都不断地成长与蜕变，不断去认识与体验，在走出学校的同时也开阔了自己的视野和眼界。最后，感谢在“国创计划”项目过程中帮助我们的老师和师兄师姐，是他们的辛勤指导成就了我们今天的成果，同时也特别感谢母校能给我们这样一次锻炼自己、提高自己的机会，这一段经历会让我们每一个人终生难忘！

一个与国创一起成长的故事

项目名称：基于大数据的智能家居控制系统

完 成 者：宋永攀，迟胜凯，左立武，任炳先

完成时间：2016 年

推荐学校：湖南工程学院

如果有这样一艘船：鲜艳的旗帜迎风招展，洁白的风帆鼓劲高扬；掌舵的船长经验丰富，大家在他的带领下和谐、快乐地学习、进步并成长着；在百舸争流中，这艘船总能名列前茅；即使风雨兼程，船上的人们亦无惧无畏，笑往直前……你愿意乘着它去远航吗？

那年风华正茂、意气昂扬，年轻的心向往着远方。

初遇“国创计划”时，我还只是湖南工程学院大学生创新实验基地的一名新成员，在向科技前进的路上，半是迷茫半是探索。虽然艳羡学长学姐们深厚的软件实力与硬件功底，但我也深刻懂得天才始于勤奋的道理。大一的暑假，我留在了学校参加全国大学生电子大赛的培训，恰逢正在进行“国创计划”推选的学长想找个小助手，于是我便毛遂自荐。在提高自己动手能力的同时，我也从刚开始对“国创计划”的一知半解，到后来慢慢了解。原来“国创计划”项目是为推动高校创新创业人才培养，由教育部、财政部共同实施的国家级大学生创新创业训练计划，是一个让学生自主探索、自主试验、自主整合的平台。在该实践过程中，我开始真正爱上这项学习和工作。

大二下学期，不知道是我有意地关注，还是学校对“国创计划”的重视性提高，此次的宣传力度大大超乎往常，我身边的朋友对这件事情都非常感兴趣，与我志同道合的朋友们组成了一个团队，成员有迟胜凯、左立武、任炳先等人。在一次深刻的交流之后，大家一拍即合，决定也尝试参与“国创计划”项目的研究。既然要开始，团队成员们就一定要尽自己全力把项目做好。但做什么好呢？我们四位成员聚在一起开始讨论起来，有想做机器人的，有想做生活 APP 的……然而这些比较普遍的科技技术都已经趋于成熟，甚至部分产品化，我们就算想要对其进行创新，这么短的时间肯定是不够的。一个个想法提出又否定……在我灵感枯竭之际，两个女孩子之间的对话引起了我的注意，“你怎么总是这么健忘，早上出门寝室灯都不关，多浪费电呀”“我又忘了？”“还不是！你还忘了关窗户呢，要是有小偷爬进来，你电脑就该没了！”听到这些时，我心里有些不平静了，我感觉自己摸到了方向，如果能设计出一个智能家居控制系统，让那个女孩子不仅可以在自己的手机上看到寝室

里情况，还能用手机关灯、关窗等，岂不妙哉？我们整个团队一起听取了多位电气、自动化专业老师的分析与意见后，终于把项目定为：基于大数据的智能家居控制系统。信息爆炸是如今社会的一种发展状态，而大数据处理则是符合当下趋势的。

我们团队开始对该项目进行调研，进一步确定民众的满意度和需求度，同时，也进一步完善系统的性能指标和功能，提高我们项目的可行性。调研的时候，我们只能趁空余时间或者周末去进行，难免也会遇到恶劣的天气，但大家始终热情高涨，认真地完成自己的任务。调研结果出来的时候，我们都很兴奋，果然没让大家失望，这个项目的前景和市场都是非常不错的。接着，我们就开始了整个项目的重头戏——把一本薄薄的策划书做成了一个实实在在能感受得到的作品，这对我和整个团队来说无疑是个巨大的挑战。首先，电路的搭建就是一个复杂而纠结的过程，是采用摄像头监控直观地让用户看到家居状态，还是使用传感器检测家居状态再将信息传达给用户？在系统进行关窗功能的时候，是安装机械臂，还是采用电磁吸附装置？其次，程序的构建也是一个不小的工程，系统功能多，需要对其进行控制的部分就多，有时候一个参数错误就能让自己卡壳好几个小时，然而往往是这种时候，更加锻炼我的耐心与细心。

平常，我们团队内部是充满欢声笑语的，但是只要涉及项目的事大家都非常较真。在设计窗户控制部分时候，团队内形成了两种不同观点，经过口头上的讨论，我们谁也不能劝服谁。为了让项目能达到的最好效果，于是，我们决定分为两个小组，在一天内用实际的操作证明谁的方案更好。这个过程是非常艰辛而忙碌的，我们查资料，反复做多组实验……我以前从来没有感受到，一天是如此的短暂。后来在晚上，我们又经过一番激烈的讨论，方案终于出来了……有了新的工作方向，大家都干劲十足，并没有因为这个小插曲而有任何影响。那天，大家都根据选择的新方案加班到了凌晨。世界上能一蹴而就的事情是很少的，尤其是在科研这方面，几乎是没有的，所以我们所能做的就是抓住一切可能，多一次尝试就多一次成功的机会。

“基于大数据的智能家居控制系统”是我们口中的“大智”。经过团队日夜共同的努力，我们的项目终于初步成型了，它就像自己创造的孩子，即使稚嫩却饱含大家对它的期待。我们在学校附找到了一些愿意试点的住户，从中选择了几户户型不同的用户，对“大智”进行小范围的应用。理想与现实还是有很多差距的，我们在实际应用过程中发现了不少小问题，这些都还能调整。然而有一个棘手的困难——用户的窗户是不同的，而我们的关窗功能的设定是一样的，这从而导致该控制部分只能部分运行。“大智”试点完回来后，我们再次加班加点，对窗户控制这个模块进行再设计，为它增加了一个特殊设定的功能，窗户控制部分终于可以按照我们的预期进行正常工作了。

尽管智能家居在国内还只是一个新兴的行业，但它正以不可抵挡之势迅速崛起。随着物联网技术的完善与普及，以及人们对生活品质要求的提高，在未来至少 20 年时间里，智能家居将成为家居装饰潮流发展的新方向，而我们此次“基于大数据的智能家居控制系统”能够超精准且快速地满足用户的需求，市场前景广阔。

道虽阻且跻，我们仍一路向前。

在自主参加“国创计划”的过程中，我感觉到了自己在实践中不断提高发现问题、解决问题的能力，同时在创新能力与创新创业意识方面也得到了不断地加强。而在与团队协作中，我懂得了沟通与合作对于一个队伍的重要性。生活中，个人的力量是微小的，一支优秀的团队往往能促进个人的不断发展。在此次“基于大数据的智能家居控制系统”项目中，大家的进步是显而易见的。迟胜凯是一个很有耐力的人，但在刚开始讨论时他发现自己创新方面还有很多不足，项目许多可挖掘点都没有去深想。于是，他便主动与我们多交流，多思多想。在后期的工作中，他已经能不时提出让大家赞不绝口的方案。而左立武在慢慢探索的过程中，更加明确了自己的发展方向，他刚开始其实主要是负责软件的编写调试，但在深入的学习中，他觉得自己更喜欢硬件，他想朝着电路构建方向去努力，目前他的硬件功底已经有了飞跃性的进步。项目开始之初，我觉得任炳先其实在科技这块是很有天赋的，只是话太少了，别人在提出多个方案的时候，他都会默默地记在心里，然后进行比较选择，而他支持的方案一般都是可行性很大的。在研究的过程中，慢慢发现他的话多了，笑得也多了，甚至还能和大家开开玩笑。

至于我自己，我觉得自己喜欢自动化控制领域，而这个方向要求有较强的软件编程能力。于是，我利用课余时间与假期自学了计算机编程语言，如计算机网络、80X86 汇编语言、C 语言、C++ 语言、数据结构、嵌入式 C 语言编程等，同时，也通过了国家计算机等级考试（二级）。然后我从软件学习转向硬件学习，系统学习了自动控制理论、单片机原理与应用、电力电子技术，掌握了 51 单片机、MSP430 单片机与 STM32 单片机的硬件编程开发等各种知识。

“国创计划”总是尽可能地创造条件和机会，为大学生的成长、成才搭建平台，为有志青年展现风采提供舞台，鼓励大学生在工作中锐意进取，努力创新。在“国创计划”的支持下，我成功申请到了学校和省里给予经费资助的科研项目，完成了从专业基础学习到项目设计的一次转型。“不积跬步无以至千里”，唯扎根专业方立不败之地。我热爱我的专业，我内心有着对专业浓厚的兴趣，我认为学习最好的方式莫过于实践与理论的结合，而“大智”这个项目的研究过程，则是我踏上科技之路的最好引导。

在科技学习的这条路上，我自主组队参加“互联网 +”大学生创新创业大赛与湖南省大学生电子设计竞赛，并荣获了湖南省第二届“互联网 +”大学生创新创业大赛三等奖、湖南省大学生电子设计竞赛三等奖的优异成绩。同时，我还积极申报省级与校级大学生研究性学习项目，自己主持与参与省级大学生研究性学习和创新性实验计划项目共计 2 项，校级大学生研究性学习和创新性实验计划项目共计 5 项。

在 2017 年 1 月 17 日，在湖南省科技厅组织下，我作为湖南省大学生科技创新创业菁英培育计划首批 20 名学员中的一员飞赴新加坡，进行了为期 7 天的境外学习与培训。培训期间，我听取了多场关于科技的指导讲座，同时与新加坡国立大学、南洋理工大学等部分师生，以及互联网金融孵化器等初创企业家、风险投资家进行了面对面的交流座谈。我还有幸参观了新加坡新生水厂 NEWater、南洋理工大学计算机辅助工程学实验室以及生态文化产业区。此次培训不仅拓宽了我个人的知识面，感受到了国外大学生对于科技创新的活力与热情，还让我深刻体会到我在“国创计划”的光芒下完成了一个从量变到质变的完美蜕变。感谢这样珍贵的阳光和雨露，让我能在充分展示风采的同时，收获沉甸甸的成长。

雨果说：“即使你很成功地模仿了一个有天才的人，你也缺乏他的独创精神，这就是他的天才。我们来赞美大师吧，但不要模仿他们。还是让我们别出心裁吧，如果成功了，当然很好，如果失败了，又有什么关系呢？”创新，是大学生未来的导航灯，大学生要想在人生中有一番作为，就必须及时地给自己注射新鲜的血液与生机勃勃的活力。而创新科学就是一个运用先进知识和新技术、新工艺，采用新的生产方式和经营管理模式，开发新产品，提高产品质量，提供新服务的过程。作为一名工科生，我觉得我们每一位同学都应该具备创新精神。大学是追逐自己的理想兴趣的人生关键阶段，创新作为一个人发展的动力，不仅能让我们在追逐理想的道路上走得更远，还能为我们打开另一扇新世界的大门。同时，大学生在创新创业的不断探索的过程中，可能会遇到挫折和失败，但是请不要害怕，只要保持自强、自信、自立，初心不变，任何困难都将是一只纸老虎。

人之所以能，是相信能。每一个成功者都有一个开始，勇于开始才能找到成功的路。成长是无尽的阶梯，一步一步地攀登，回望来时的路，不惧未来的艰难险阻。信念为引，“国创计划”为舟，漫溯在梦想的江河，聆听一个又一个成长的故事。

在相互搀扶中奋力前行

项目名称： 智能安全滚轮排插的研发

完 成 者： 曾　成，陈　博，殷乾斌，谢　斌，刘章良

完成时间： 2017 年

推荐学校： 湖南工程学院

作为参与“国创计划”项目的成员之一，我和团队成员一起见证了“智能安全滚轮排插的研发”这个项目一步一步的成长与发展。通过一开始我和陈博同学的一个小小的想法，再通过不断精炼与研究，加上在过程中不断地完善，以及组员相互之间的加入并参与，最终完成项目结题。在“国创计划”项目中一起设计与相互探究的时光是我们整个大学最为值得纪念与回味的时光。经过此次项目，每个参与者都有自己在项目中的经历，都有自己的收获。

记得在 2015 年的一次校级大学生研究性学习和创新性实验项目的申报中，我和陈博两人了解到学校关于校级大学生研究性学习和创新性实验项目的相关情况，我们觉得可以尝试申报，于是我们就加班加点完成项目的初步设计与构思，在申报截止的前几天完成了申报书。当时我们联系了殷乾斌，请他助我们一臂之力。大概过了一个月，我们的项目如愿以偿地成功获批立项。我们几个人在之后的时间里不断完善作品，想争取早日结题，其中殷乾斌、谢斌和刘章良为项目做出了很多贡献。在 2016 年的时候，学校组织开展校级项目推荐省级项目的申报，为了让我们项目能够有一个更好的发展，我们决定再次尝试。在殷乾斌的介绍以及推荐下，我们提交了申报表。凭借我们项目的实用性和创新性，以及在答辩过程中出色的表现，我们获得了省级项目的立项。此次的省级项目的申报，使我们对自己的项目有了信心去迎接接下来的挑战。陈博和我因为要准备一系列的设计与实习，所以基本上没有时间准备创新项目，谢斌和刘章良也因为有自己的比赛和项目需要完成，殷乾斌因为在学生会有一些任务，导致我们的项目滞缓了很长时间。但是在那段时间里面我们组各个成员虽然在忙着奋斗自己的事情，我们之间的联系还是时刻保持的。在一个一个的难题下，我们不断地商榷，反复思考，分工合作。虽然时间比较紧迫，但是我们没有因此就停下步伐。在这段时间，我们不仅要完成省级的课题，还想继续进行国家项目的申报，虽然时间比较紧张，但是我们的进度没有因为其他事情的影响而延误。每天晚上，我们在实验室完成学习，再回到寝室用手机交流，大家都知道时间紧迫，刻不容缓。在我们“国创计划”项目申报表提交上去的时候，我们组每个成员的心都是悬在空中，直到我们的项目申报成功的时候，我们感觉非常开心，

感觉自己的付出有了回报。

记得刚成功申报“国创计划”项目后，因为我们的经验不是很足，指导老师反复给我们开小会。记得其中最为一个受益的事情是，老师教导我们，虽然我们的项目设计比较新颖、实用性比较好，但是如何将自己的作品完好地表达出来才是关键，也是我们缺少的部分。我们听到后就反复思考，这确实是一个问题。难道在申报表上就直接用一段话描述，让别人看着文字想象我们的作品？接着老师教导我们，现在的社会是一个快节奏的社会，所以如何更快、更好地表达我们的想法，让别人一目了然地知道我们的想法就是我们现在所需要做的，而通过一段动画或者运用图纸和文字相结合来说明是目前最好的一种方式。但是当时我们才大二，没有经验，也没有制作这些图片的技能，所以我们组开完会议后，回到实验室询问学长并在网上查阅相关的资料，以找到简易方便的制图软件。当时申报答辩的时候，给我们准备的时间比较短，所以我们没有那么多的时间，一两天里就要从什么都不知道到要做出项目图来。在我们的共同努力下，我们选择了 3ds MAX 作为我们的图形设计平台。因为 3ds MAX 我们都没学过，所以在制作的时候，都是在网上寻找相应的视频进行学习制作。在进行答辩的前一天晚上，我们制作完了动画图，并在 PPT 的演示上添加了我们图片的说明，指导老师也为此表达了对我们的赞赏。

经过整个的“国创计划”项目，我们最终完成了设计和结题。过程中有很多意想不到的事情发生，不管是在设计、答辩，还是组员的交流中，我们都有一些问题，但是我认为这是再正常不过的事情。首先，我们在这次项目中收获最大的就是我们的友情，我们学会了如何相互交流，如何在交流中解决问题。在一个良好的设计环境下，我们才有机会共同去创造，去设计项目。其次，我们懂得大学生创新创业强调的就是自主、探索、实践和协调。在设计的过程中，我们要先弄清楚我们设计每一步环节的目的，要做什么。最后就是按照我们的设计思路一步一步地努力去实现相应的结果，因为我们有相应的任务分组，所以每一个环节都需要我们自己去独立地思考。在这个过程中，每个人都有自己的方法去实现大家共同的目的，在实现的过程中我们可以相互学习、相互成长，有的成员喜欢上网查阅资料，有的成员喜欢问老师和学长。大家都会在这个过程中遇到挫折，但是不管结局如何，大家都是通过自己的努力，并没有从网上照搬别人的成果而放在我们的项目里，创新点虽然不是很突出，只是在排插的内部进行一些小小的修改，但是我们感觉，正是这些小小细节的改变，可以改变人们的生活。所谓的创新就是和别人不一样，只要在我们的能力范围内，实现相应的创新和改善，就是我们的成功。

在大学里，我们都是在自己的圈里面活动，一起探讨，但因为“国创计划”项目的开展，给予了我们机会去与社会中的一些人接触。在前期的工作中，因为需要一些调查，我们会一起去工厂调研。比如我们去一些排插制造商询问成本价、售价以及一些相应产品的特点。与此同时，我们小组还有另一部分人去使用人群中询问，了解他们对排插的使用体验以及排插的不足之处。在收集归纳中，我们不仅接触了很多我们平时接触不到的人，也了解到我们平常很多不知道的事情。通过与别人的交流和自己的实践，我们的项目才会有这么多的突破。通过这些事情我们了解到，当一个人完全没有头绪的时候，不要把自己困在自己的圈子里，蒙着头在那里一直做着自己的事情，应该多去听听别人的想法，多去学习前辈的经验，将这些吸收成自己的东西才能得到成长。在项目中，我感觉最为重要的应该就是在知道方法后，去努力将自己投入到这些实践中。实践才是完成项目取得成功最重要的因素，在实践中，我们才能发现问题，不论问题的大小，这些问题都有可能在以后的人生旅途中成为我们的绊脚石，当我们通过自身的实践，感受其中的过程，成为自己的经验，才能在以后的工作中少走一些弯路。

“国创计划”项目实施过程中多多少少都会有一些困难，在遇到困难的时候，我们不应该是先去抱怨、去埋怨。静下心来，保持一个良好的状态才是解决困难最为根本的事情，心态在完成项目的过程中起到很重要的作用。遇到困难不气馁，组员共同努力、互相体谅，每一次解决问题，都是我们心态上的一次突破，这会使我们在以后的生活磨难中更加坚强。成功是一个人的结果，但是失败却是一个人的过程，成功是由无数次失败得到的量变，每一次失败可以蜕变一个人，沉着、冷静积极地面对才是一个人遇到失败之后的最好的心态。

最后反复地总结、反复地归纳，我们也离不开“感恩”两个字。在“国创计划”项目实施的过程中，当我们失败、气馁、遇到困难时，都是我们小组成员相互扶持来解决的。首先要将“感恩”献给我们小组的每个成员，因为我们的坚强，我们不断创新的勇气是这次项目成功最重要的原因。其次要感谢在这次“国创计划”项目中帮助过我们的指导老师和学长学姐们，在我们每一次遇到问题、麻烦而陷入焦灼状态的时候，都是他们伸出援手来帮助我们渡过难关。最后要将“感恩”献给我们的学校，感谢学校能给我们一个锻炼自己、提升自己的机会，让我们开阔眼界，提升技能。这一段经历，让我们小组每一个人都永生难忘。